Heino Gehrts

Initiation, Einweihungsrituale und Wesensphänomene

Herausgegeben von Heiko Fritz

IGEL VERLAG

HAMBURG

Schriften zur Märchen-, Mythen- und Sagenforschung Band 3

Gesammelte Aufsätze 3

Heino Gehrts

Initiation, Einweihungsrituale und Wesensphänomene

Herausgegeben von Heiko Fritz

Mit einem Vorwort von Wolfgang Giegerich

Schriften zur Märchen-, Mythen- und Sagenforschung Band 3

Gesammelte Aufsätze 3

LITERATURWISSENSCHAFT

Heino Gehrts

Initiation, Einweihungsrituale und Wesensphänomene

Herausgegeben von Heiko Fritz

Schriften zur Märchen-, Mythen- und Sagenforschung Band 3, Gesammelte Aufsätze 3

1. Auflage 2016

ISBN 978-3-86815-707-9

Coverbild: pixabay.com

© IGEL Verlag *Literatur & Wissenschaft*, Hamburg, 2016
www.igelverlag.com

Igel Verlag Literatur & Wissenschaft ist ein Imprint der Diplomica Verlag GmbH

Hermannstal 119 k, 22119 Hamburg

Printed in Germany

Die Deutsche Bibliothek verzeichnet diesen Titel in der Deutschen Nationalbibliografie. Bibliografische Daten sind unter http://dnb.d-nb.de verfügbar.

Wolfgang Giegerich

Vorwort

Im ersten Teil („Begriff der Religion") seines für seine erste Vorlesung über die Philosophie der Religion (1821) ausgearbeiteten Manuskriptes schreibt Hegel: Die Geschichte der Religionen, „soviel sie gesammelt und bearbeitet ist, läßt vornehmlich so nur *das Äußerliche*, Erscheinende sehen; das höhere Bedürfnis ist, den Sinn, das POSITIVE, *Wahre* und Zusammenhang mit Wahrem – kurz, *das Vernünftige* darin zu erkennen; es sind Menschen, die auf solche Religionen verfallen sind; es muß also *Vernunft* darin sein, *in aller Zufälligkeit* eine höhere Notwendigkeit ..."

Es mag befremden, daß das einleitende Vorwort zu einem Band mit Schriften von Heino Gehrts mit einem Hegel-Zitat einsetzt, denn Hegel war für das Denken von Gehrts, der eher an Ludwig Klages und mehr noch, wie er mir einmal sagte, an Alfred Schuler orientiert war, in keiner Weise prägend. Es gibt jedoch zwei gute Gründe für dieses Zitat. Erstens trifft es genau auf die besondere Leistung der Gehrtsschen Forschungen zu, die sein Werk aus dem Gros der sonstigen mit denselben oder ähnlichen Gegenständen befaßten ritual-, symbol-, märchen- und altertumskundlichen Forschungen heraushebt. Und zweitens, um einen eigentlichen Zugang zu dem, worum es Gehrts geht, zu gewinnen und es in seinem tiefsten Gehalt erfassen zu können, erscheint es als sinnvoll, aus seiner eigenen Denkweise und Sprachwelt gerade einmal herauszutreten (denen man dann ja in seinen nachfolgend abgedruckten Schriften begegnet), um auch von außen, über eine Gehrts fremde Begrifflichkeit, ein Licht auf seine Einsichten fallen zu lassen und diese zugleich auch umgekehrt mit einem von woanders herkommenden Denken in Beziehung zu setzen.

Die in diesem Band versammelten Aufsätze von Heino Gehrts bedürfen eigentlich keiner Einleitung. Gehrts vermag das, was er zu sagen hat, deutlich genug darzustellen und plausibel zu machen. Dank seiner auf enormer Gelehrsamkeit und Belesenheit beruhenden, sich auf zahlreiche einander wechselseitig spiegelnde und ergänzende Belege stützenden sorgfältigen Beweisführung und dank der großen spekulativen Kraft seines Sinnverstehens gewinnen seine *Rekonstruktionen* des inneren Sinns der Zeugnisse aus der alteuropäischen Vorzeit und vergleichbaren völkerkundlichen Kulturen für den unvoreingenommenen Leser unmittelbar Evidenz. Ich brauche daher hier nicht die einzelnen Aufsätze vorzustellen und zu resümieren, womit der Leser nur einen dünnen und eigentlich nichtssagenden Aufguß vorgesetzt bekäme. Meine Absicht ist vielmehr, die das ganze Denken von Heino Gehrts bestimmende und allen Aufsätzen gemeinsame leitende Grundkonzeption von dem, was die Welt der altertümlichen Kulturen auszeichnet und im Innersten bewegt, die Gehrts selbst auf der Ebene der jeweiligen konkreten *Phänomene* überaus anschaulich herausarbeitet und erläutert, mehr grundsätzlich in ihrem inneren Zusammenhang zu *durchdenken* und jene Welt in ihrer logischen Struktur dem begreifenden Verständnis näher zu bringen.

Es war zu Hegels Zeit revolutionär, daß er nicht nur dem Christentum – und vielleicht noch, im Sinn der aufklärerischen Moralphilosophie, dem Islam und der „Religion" Chinas (soweit sie überhaupt in Europa bekannt war) – Wahrheit und Vernunft zubilligte, sondern gerade auch forderte, an die heidnischen, vorchristlichen und, wie er mit Goethe sagt, „ethnischen Religionen" mit dem Ziel heranzutreten, den Sinn, das Wahre, das Vernünftige in ihnen zu erkennen. Hegel verwarf den Gehalt der früheren Religionen nicht als Aberglaube, Priesterbetrug usw., wie das in der Tradition der Aufklärung damals weit verbreitet war. Allerdings folgt bei Hegel an der zitierten Stelle dann doch eine Einschränkung: „... sich mit dem zugleich auch *versöhnen*, was *Schauderhaftes*, *Abgeschmacktes* darin vorkommt, rechtfertigen, richtig, wahr finden, wie es in seiner ganzen Gestalt ist (*Menschen, Kinder opfern*), davon ist nicht die Rede ..." Diese Einschränkung ist freilich inkonsequent. Angesichts der altehrwürdigen, Jahrtausende überdauernden Traditionen der Opferrituale, die eben auch Menschenopfer einschlossen, mit nichts weiter als den Attributen „Schauderhaftes, Abgeschmacktes" zu reagieren, bedeutet, daß man an diesem besonderen Punkt selber nur bei „dem Äußerlichen, Erscheinenden" verharrt. Und Hegels Schluß: „es sind Menschen, die auf solche Religionen verfallen sind; es muß also *Vernunft* darin sein, *in aller Zufälligkeit* eine höhere Notwendigkeit ...", gilt selbstverständlich genauso für die Menschenopfer.

Wenn Heino Gehrts sogar angesichts solcher – zunächst einmal in der Tat als schauderhaft *erscheinender* – Opferrituale (und nicht nur ihrer, sondern auch vieler anderer absolut befremdlicher oder uns gar unsinnig und unmenschlich vorkommender Bräuche und Gedanken aus der Vorzeit) gerade das von Hegel herausgestellte „höhere Bedürfnis" festhält und versucht, die Vernunft, die höhere Notwendigkeit, das Wahre – oder wie Gehrts und Hegel gemeinsam sagen: den *Sinn* – darin aufzuspüren, dann wird dem von Hegel aufgestellten Prinzip erst wirklich Genüge getan. Zugleich jedoch stößt Gehrts damit die Tür zu jenen „ethnischen Religionen" auch erst recht eigentlich auf. Er durchbricht die Schallmauer, die uns von dem Verstehen der Vorzeit trennt.

Jedoch muß ich hier sofort einhaken, denn die Benennung „ethnische *Religionen*" für das, was damit bezeichnet werden soll, ist von Gehrts her gesehen gerade irreführend. Seine von ihm auch in diesem Band kurz dargestellte Theorie der Abfolge von Kulturstufen macht nämlich – aufgrund von zu beobachtenden grundsätzlichen Unterschieden in der jeweiligen ganzen Weise des Inderweltseins – einen radikalen Schnitt zwischen der Stufe der, wie er sagt, „initiatischen Kulturen" (die nochmals in „schamanische" und „rituelle" unterschieden werden) und der erst auf sie folgenden Stufe der „religiösen Kulturen". Die Kulturen der alteuropäischen Vorzeit waren eben nicht durch „Religion" im spezifischen Sinn eines ganz bestimmten Status des Inderweltseins geprägt. Religion – das religiöse Weltverhältnis – setzt den Untergang (das Untergegangen*sein*) der initiatischen Kulturstufe voraus. Die Rede von den „ethnischen Religionen" sowie überhaupt die Idee von einer unterschiedslos für alle Zeiten zuständigen Religionswissenschaft und Religionsphilosophie verdeckt diesen fundamentalen Bruch. Die Aufgabe, den in dem für uns so fernen und befremdenden Weltumgang der rituellen Kulturen liegenden Sinn und „höhere Notwendigkeit" aufzuschließen, setzt voraus, daß die klare Einsicht in diese Wasserscheide gewonnen ist, und es setzt die Bereitschaft voraus, hinter diese zurückzugehen.

Das ist jedoch gewöhnlich und bei einem Großteil der Forscher gerade nicht der Fall. Umgekehrt wird vielmehr zumeist stillschweigend die Voraussetzung gemacht, daß von Anbeginn an und zu allen Zeiten die grundsätzliche Verfaßtheit der Weise des Inderweltseins dieselbe wie die unsere gewesen sei, mithin daß eine zeitenübergreifende bruchlose Einheit und Selbigkeit des grundlegenden Weltverhältnisses des Menschen bestanden habe. Geändert hätten sich lediglich die einzelnen Vorstellungen, der Glaube, das Weltbild und die Welterklärung, also nur die besonderen Inhalte, aber nicht die ganze Form, Struktur oder Logik des Inderweltseins selber. Die Grundstruktur des Weltverhältnisses des modernen Menschentums wird in die Vorzeit retrojiziert. Und unter dieser Voraussetzung muß dann alles für uns Absonderliche des Altertums – unter Zuhilfenahme des Modells des Fortschritts von anfänglicher Unwissenheit zu heutigem Wissen – erklärt werden als bloße *Vorstellungen* der damaligen Menschen und näher als Aberglaube, als naive vorwissenschaftliche Naturerklärung, als bloß phantastisch. Die strukturelle Differenz zwischen den Kulturstufen wird in unterschiedliche Grade auf einer einhelligen Skala übersetzt. Die eigentliche Triebkraft hinter den Bräuchen und Mythen wird entsprechend ganz modern zweckrational interpretiert, letztlich als aus pragmatisch-utilitaristischen Motiven der Lebenssicherung und des Kampfs ums Dasein stammend. Daraus resultieren dann so beliebte Cliché-Vorstellungen wie Fruchtbarkeitsritual, Abwehrzauber, „Götter günstig stimmen", „Angst bannen" usw., mit denen nur ein Etikett aufgeklebt, aber die Phänomene nicht aus ihnen selbst heraus aufgeschlossen werden.

Besonders kraß wird die Retrojektion an der Theorie des Philosophen Hans Blumenberg ablesbar. Nach ihm hätten die ersten Menschen mit ihrem Verlassen des Urwaldes und der Aufrichtung zum aufrechten Gang vor der anfänglich unterschiedslos feindlichen Wirklichkeit als vor einer konturlosen Wand des Anderen, Fremden gestanden, die diffuse Angst eingeflößt hätte; und um diese Angst zu bannen und Distanz zur schlechterdings überwältigenden Wirklichkeit zu schaffen, hätten sie den Dingen Namen gegeben und Geschichten, eben Mythen, über sie erfunden. Hier wird das spätzeitliche, erst mit der industriellen Moderne entstandene Individuum, das sich als isoliertes „Ich" existentialistisch „ins Dasein geworfen" fühlt und, in sich eingekapselt, der Welt fundamental, d.h. durch einen unüberbrückbaren Abgrund getrennt, *gegenüber* steht, an den Ursprung zurückgeworfen. Die absolute Alterität ist sogar zur Feindlichkeit gesteigert, und mit Blick auf die Gehrtssche Geschichtskonzeption könnte man sagen, daß die geleugnete geschichtliche Andersheit – der Bruch, der die rituelle Kulturstufe von der religiösen und der ihr nachfolgenden Kulturstufe scheidet – als die Andersheit *zwischen Mensch und Welt* wiederkehrt. *Dieser* Mensch heißt zwar Mensch, aber er ist selbst nach seiner sogenannten Menschwerdung nicht wirklich Mensch, sondern bleibt gemäß dieser Konzeption nichts weiter als das um sein Überleben kämpfen müssende Tier, wenn jetzt auch *ausgestattet* mit höherer Intelligenz und Bewußtsein. Und die Welt ist nicht wahrhaft *Welt* des Menschen, „Kosmos", sondern lediglich positiv-faktische „Umwelt". Die hier imaginierte Ursituation ist absolut Geist-los, Sinn-los. Sprache und Mythos werden hier modern technisch gedacht. Sie sind nur Instrument, ein Trick zur Verbesserung der Chancen im Überlebenskampf.

Man sieht also, man *muß* nicht die Voraussetzung machen, daß Vernunft, daß Sinn in den zu betrachtenden Phänomenen der Vorzeit sei, und man *muß* sie nicht bei seinen Forschungen als die Erkenntnis leitende methodische Voraussetzung immer schon mitbringen. Man *kann* sie sehr wohl auch nicht machen. Jedoch: dann verfehlt man das Spezifische und Eigentliche dieser Phänomene. Das Besondere der Welt des Altertums ist es nämlich, daß angesichts ihrer es nicht in unser Belieben gestellt ist, ob wir methodisch mit der oder ohne die Kategorie des Sinns an sie herantreten. Wieso geht es hier nicht ohne die Voraussetzung von „Sinn"? Weil die Welt der initiatischen Kulturen in ihr selber diese Voraussetzung macht, sie immer schon gemacht hat und aus ihr heraus lebt, so daß der Forscher, der ihr wirklich Genüge tun will, gar nicht umhin kann, von ihr auszugehen. Die Sinn-Kategorie ist also gar nicht wirklich *seine*, des Forschers, frei gewählte Voraussetzung, sondern Teil des Befunds, zentrales Anliegen der zu studierenden Kulturen selbst. Genau dies ist das die Welt des Altertums und der initiatischen Kulturen überhaupt Auszeichnende, daß es ihnen – sogar primär und zentral – um „Sinn" geht. Man braucht nur an die für jene Kulturen charakteristischen, sie prägenden Opferkulte und Initiationsrituale oder die Errichtung von solchen monumentalen Bauwerken wie Stonehenge zu denken, um sofort zu sehen, daß sie nicht aus unmittelbar praktischen Motiven heraus vollzogen bzw. errichtet wurden und so auch keineswegs durch pragmatische Zwecke erklärt werden können. Das, worum es in ihnen in erster und letzter Linie geht, ist der „Sinn". Mit Hegel können wir sagen: es gab sie „nicht um eines Nutzens, sondern um des Segens willen".

Der „Sinn" ist dabei nicht bloßer Überbau im Sinn von Marx, nicht Zierrat an einem primär Praktisch-Realen zum Zwecke seiner Verklärung, kein Zusatz, bloßes Attribut. Sondern er ist der wesentliche Gehalt und das eigentliche Ziel, der höchste Wert. Selbstverständlich spielten für die Menschen des Altertums auch praktische Zwecke, die Daseinssicherung, das Überlebenwollen sowie der Wunsch nach einer Welterklärung eine Rolle, jedoch gerade nur als untergeordnetes, im Hegelschen Sinn des Wortes aufgehobenes Moment innerhalb eines völlig anderen, das Inderweltsein im ganzen bestimmenden Lebenszweckes, den wir hier eben mit dem Wort „Sinn" bezeichnen. Wir müssen für jene Kulturen geradezu von der Priorität des Sinns vor den praktisch-zweckhaften Belangen und vor dem Überlebenwollen ausgehen und können der erwähnten Blumenbergschen Phantasie geradezu die These entgegen setzen: Am Anfang war der Sinn. Der Sinn war das (gerade auch das praktisch Notwendige und ökonomisch Wichtige) Umfassende. Er war das Erste, das Übergeordnete.

Doch bisher ist „Sinn" für uns nur ein Wort. Was ist das eigentlich, Sinn? Was ist damit gemeint? Vielleicht ist es am besten, zunächst einmal diejenigen Vorstellungen hinwegzuräumen, die sich für uns heute zumeist als erstes mit der Kategorie Sinn verbinden. Sinn im Kontext des Altertums meint nicht, daß etwas sinnvoll ist, als sinnvoll erlebt wird. Wenn etwas sinnvoll ist, dann liegt schon – spätzeitlich – ein grundsätzliches Getrenntsein vor: da ist zuerst dieses Etwas, dem zusätzlich das Sinnvollsein zugesprochen wird, das ihm jedoch theoretisch genausogut auch abgesprochen werden könnte, ohne daß sich dadurch am Wesen dieses Etwas etwas ändern würde. In der einen Situation oder für den einen Zweck ist eine Sache vielleicht sinnvoll, für den anderen Zweck gerade nicht. Die Sache selbst bleibt davon unberührt. Der in unserem Zusammenhang jedoch gemeinte Sinn liegt gerade untrennbar in dem *Wesen* selber von demjenigen, das Sinnträger ist. Sinn ist nicht relativ (sei es sinnvoll *für* einen bestimmten Zweck oder *für* uns), nicht ein Prädikat, sondern selber Substanz, der eigentliche Gehalt der Sache. Er ist an und für sich und in ihm selber Sinn, eine substantielle Wirklichkeit. Daher wird Sinn hier auch nicht primär „erlebt", was nämlich bedeuten würde, daß der Sinn sich auf der Seite des Subjekts, in dem Inneren des Ich, als das Empfinden oder Gefühl des Menschen ereignen würde. Nein, Sinn ist gerade objektive Wirklichkeit, relativ unabhängig davon, ob und wie erlebt wird. Er ist beinahe stofflich, was sich im Charakter des „Sakralen" und dem „Geweihtsein" der Geweihten niederschlägt.

Aus diesem Grund stehe ich auch dem von Gehrts hochgehaltenen Begriff des Erlebens kritisch gegenüber. Es geht meines Erachtens z.B. beim Thema „Steine" gerade nicht eigentlich darum, „wie im allgemeinen der Stein erlebt werden kann" (wie Gehrts einmal formuliert), sondern wie er *ist*. Daher auch ganz zurecht Gehrts' Überschrift: „Vom *Wesen* der Steine"! Oder entsprechend: „Vom *Wesen* des Speeres". Das schließt Wahrheit ein. Bei Goethe heißt es einmal: „Wie wahr, wie seiend". Erlebt werden kann dagegen alles mögliche, gerade auch Unwahres, der Kitsch, die Shows, die Events der Massengesellschaft. Auch wenn Gehrts ähnlich wie Klages mit „Erleben" sicher etwas grundsätzlich anderes *gemeint* hat, so legt dieser Begriff doch innerhalb unserer modernen „Erlebnisgesellschaft" (Gerhard Schulze) unvermeidlich das rein subjektiv-psychologische Verständnis seiner nahe und ist insofern irreführend. Gehrts selbst begreift, ganz im Sinn dieser meiner Kritik, auch seinerseits die Reduktion der gesamten seelischen Wirklichkeit auf das „Spiegelkabinett" des Inneren und des Unterbewußtseins „in unserer jeweilig einzelnen Brust" als einen „der fundamentalen Irrtümer der Neuzeit".

So wie Sinn auf der Stufe der rituellen Kulturen nicht als subjektives Erleben im Innern des einzelnen eingesperrt ist, so ist er auch nicht in den jeweiligen einzelnen dinglichen Sinnträgern (dem Speer, dem Stab, dem Baum, Stonehenge usw.) oder rituellen Vollzügen als *ihre Eigenschaften*, also gleichsam ihr „Privateigentum", eingeschlossen. Nicht das einzelne Ding, Geschehnis, Ritual enthält je für sich den Sinn. Vielmehr kann das einzelne überhaupt nur Sinnträger sein, weil das Sein als solches auf dieser Stufe Sinn IST und der einzelne Sinnträger diesen allgemeinen, schlechthin waltenden Sinn (beziehungsweise einen je besonderen Aspekt von ihm) nur wie in einem Kristallisationspunkt in sich versammelt, lebendig vergegenwärtigt und unmittelbar zugänglich macht. Für diesen einfach waltenden Sinn benutzt Gehrts verschiedentlich den Namen „Metaphysik", womit natürlich in diesem Kontext keine Lehre oder Philosophie gemeint ist. Metaphysik ist sozusagen die Innerlichkeit des ganzen Inderweltseins auf der Stufe der vorreligiösen Kulturen, sie ist die innere Form oder Logik oder Verfaßtheit dieses Inderweltseins. Als diese Innerlichkeit oder Verfaßtheit ist sie primär impliziter, ansichseiender Hintergrund und nur sekundär auch expliziter Inhalt. Sie ist die das Denken, Leben und den Weltumgang „von hinten her" prägende Form, und sie ist wesenhaft mehr in die erfahrenen Dinge, Ereignisse, die hergestellten Gebilde und rituellen Vollzüge *versenkt* als bewußt artikuliert. Und auch da, wo sie artikuliert wird, ist die besondere Artikulationsform (die Form des symbolischen Bildes, Mythos, Märchens, der rituellen Handlung) in ihr selber noch weit mehr verhüllend, als daß sie klipp und klar ausspräche und erklärte, was auch der Grund dafür ist, daß das gelehrte wissenschaftliche Bewußtsein die mühselige Aufgabe des Deutens und Aufschließens hat.

Die moderne Frage hinsichtlich des Sinns ist: Hat das Leben einen Sinn? Gibt es Sinn? Und entsprechend macht sich der moderne Mensch vielfach auf Sinnsuche oder ringt er um Sinngebung. In den initiatischen Kulturen war Sinn nicht zu suchen und wurde er nicht gefunden, weil er immer schon waltete. Ich sagte ja: „Im Anfang war der Sinn". Sinn war das Medium oder Element, in dem der vorreligiöse Mensch immer schon lebte. So wie wir heute physisch von Luft umfangen und im ständigen Austausch mit der Luft um uns herum leben und so wie der Planet Erde von einer Atmosphäre umhüllt ist, so war auch die Existenz der frühen Menschen immer schon rings umfangen von Sinn und im lebendigen Austausch mit ihm. Aus ihm heraus lebte der Mensch und von ihm zehrte er. In ihm hatte er sein Wesen.

Der Sinn von „Sinn" ist gerade das Eingebettetsein, Umfangensein des Menschen von ihm, das In-Sein in der „Metaphysik", welches sich auch den von Menschen geschaffenen Geräten, Gebilden, Werken mitteilt und sie zu Sinnträgern macht. Auch sie sind also eingehüllt in – und zugleich durchwirkt von – Sinn. Ihre praktische Bestimmung, die sie natürlich zumeist auch haben, ist, wie angedeutet, aufgehobenes Moment in ihrer Sinn-Bedeutung. So ist z.B., wie Heino Gehrts dartut, der Speer auch dann, wenn er die praktische Funktion der Jagd- oder Kriegswaffe hat, gleichwohl *primär* Zeremonialgerät, also Sinnträger. Genauso wie den Handlungen und hergestellten Geräten teilt sich das Umhülltsein von Sinn aber auch den Dingen der Natur wie auch der Welt im ganzen mit. Die Dinge sind beseelt, ja sie „sprechen" zum Menschen. Es ist also gerade nicht so, daß der Mensch primär einer „konturlosen Wand des Anderen" gegenüberstand und den Dingen zwecks Angstbannung Namen gab. Nein, die Sprache hebt genau umgekehrt in den Dingen der Welt an. Die Welt spricht zum Menschen, mutet ihn an, und die Dinge sprechen sich dem Menschen zu, der ihnen erst aufgrund seines schon von ihnen Angesprochenseins ihre Namen gibt. Selbst dann, wenn, wie für Hölderlin, „Die Mauern stehn / Sprachlos und kalt ...", dann *sprechen* sie gleichwohl immer noch, nur sprechen sie diesmal eben diese ihre Sprachlosigkeit und Kälte dem Menschen zu. Es ist ein Wechselverhältnis. Das exakte Gegenteil von dem modernen „unüberbrückbaren Abgrund" zwischen Mensch und Welt, Subjekt und Objekt.

Eingangs zitierte ich Hegel mit der Bemerkung: „das höhere Bedürfnis ist, den Sinn, das POSITIVE, *Wahre* und Zusammenhang mit Wahrem – kurz, *das Vernünftige* darin [in den Religionen] zu erkennen". Was hier Sinn, das Wahre, das Vernünftige heißt, nennt Hegel auch „das Geistige". So sehr der Geist-Begriff in der Nachfolge von Klages negativ besetzt ist („Der Geist als *Widersacher* der Seele"), so erhellend scheint es mir, an dieser Stelle, wo von „Wechselverhältnis" und dem Umfaßtsein von Sinn die Rede ist, den Begriff des Geistes einzuführen, freilich nicht den schon ganz modernen, abgespaltenen, auf eine den Lebensstrom zersetzende Rationalität und technische Intellektualität eingeengten von Klages, sondern eben den Hegelschen. Allerdings wird der Geist-Begriff Hegels häufig von Menschen, die gar nicht in sein Denken eingedrungen sind, mystifizierend wie ein mythologisches Wesen vorgestellt, was einfach Unsinn ist. Geist ist bei Hegel weder der abstrakte, instrumentelle Intellekt des Menschen, noch eine mysteriöse Entität, überhaupt nicht ein Etwas, sondern vielmehr eine Struktur, ein Verhältnis: „Geist ist Sichwissen im Anderen seiner selbst." Er ist das Beisichsein im Anderen. „Die Vernünftigkeit des Geistes hat diese Gewißheit, in der Welt seinen Inhalt zu finden, nichts Fremdes, ihm Undurchdringliches vor sich zu haben. Der Geist sagt zur Welt: du bist Vernunft von meiner Vernunft." Wenn Gehrts einmal sagt: „... die Pflanze, wie der wachsende Baum, in dessen Gestalt, in dessen Anblick *wir selber uns finden*, innerlich aufrichten wie er; wie die Blüte, vor der wir Auge in Auge, Leibesherz zu Blütenherz dastehen" (meine Hervorhebung), dann hat er anhand von einem einzelnen anschaulichen Beispiel genau dieser Struktur oder diesem Verhältnis der Entsprechung Ausdruck gegeben, welches bei Hegel Geist heißt. „Das Andere" steht eben nicht als „konturlose Wand" in absoluter Fremdheit gegenüber. Und das Verhältnis der Entsprechung gilt, wenigstens in den Kulturen der Vorzeit, nicht nur für Pflanze, Blüte und Baum, sondern für alle Gegenstände (einschließlich Stein, Stab, Speer), ja für den Kosmos im ganzen.

Die Rede davon, daß „*wir* selber uns" im Anderen finden, ist freilich ungenau. Denn „wir selber" als buchstäbliche Personen oder empirisches Bewußtsein finden uns natürlich keineswegs im Baum. Vielmehr ist es einzig und allein der Geist in uns, der *sich* (nicht uns) im Anblick des Baumes findet und *sich* (nicht uns) aufrichtet wie dieser. Freilich, wenn der Geist sich in uns im Anblick des Baumes aufrichtet, dann richtet er – in dem Maße und bis zu dem Grad, wie er wirklich in uns am Werk ist – zugleich auch uns auf. Und umgekehrt resultiert die Theorie von der konturlosen Wand des Anderen und dem feindlichen Gegenüberstehen einer toten „Faktenaußenwelt" (Bruno Liebrucks) gerade daraus, daß Blumenberg als wesenhaft *moderner* Denker den Menschen auf den biologischen Organismus reduziert und den Geist – die höhere, über das Bewußtsein des empirischen Einzelnen hinausgehende und diesem gegenüber *autonome* Dimension des Menschseins (Gehrts: das „metaphysische[-] Wesen des Menschen") – einfach gestrichen hat.

Das Weltverhältnis der alteuropäischen Vorzeit ist also gerade dadurch bestimmt, daß es ein geistiges (oder auch „metaphysisches") war, ein geistiges in dem ganz bestimmten Sinn, daß der Geist in dem Anderen seiner selbst, in der natürlichen Welt und den unterschiedlichen Dingen dieser Welt, sich, seinen je besonderen Inhalt, fand: der Kosmos, die natürliche Welt, *als* Seelenland. Der Geist im Menschen, nicht die empirische Persönlichkeit, war das eigentliche Subjekt der Welterfahrung und des Weltumgangs des Menschen. In diesem Übergeordnetsein des Geistes oder des metaphysischen Wesens des Menschen über der positiv-faktischen oder Natur-Seite des Menschen als eines einzelnen Individuums besteht gerade das für das vorzeitliche Inderweltsein charakteristische Eingehülltsein in Sinn, von dem wir gesprochen haben.

Der Geist bei Hegel, so betonte ich, ist keine Entität. Vielmehr ist er ein Dasein, das *Wissen* ist (das heißt: ein daseiendes *Sich-Wissen* und nicht ein *Seiendes*, welches zusätzlich zu seinem Sein auch wissend ist). Aber er *weiß* sich nicht nur im Kosmos und allen Dingen, sondern *artikuliert* sich und *objektiviert* sich zugleich auch als dieses Sich-selbst-Wissen: in der Sprache, in der menschlichen, denkenden Welterfahrung, in den vom Menschen hergestellten Produkten, Werken, Vorstellungen und kultischen Begehungen. Der Geist bringt die Welt *als* Seelenland oder, anders gesagt, sich selbst *als* Welt *des Menschen* hervor (als geistige Welt ebenso wie konkret-leibhaft als soziales Gefüge, Organisation der Gesellschaft, als technisch-praktische Gestaltung der Umwelt und auch als Selbstformierung des Menschen).

Doch ist damit das Charakteristische und Spezifische des altertümlichen Inderweltseins – im Unterschied zum spätzeitlichen – noch immer nicht voll erfaßt.

Um ihm näher zu kommen, muß ich wieder auf Hegel zurückgreifen. Er unterscheidet beim Geist den „objektiven Geist" (den sich objektivierenden, sich die Form der Realität als eine von ihm hervorgebrachte *Welt* gebenden Geist: die Welt des Rechts, der Sitte, der Sittlichkeit, der das reale gesellschaftliche Leben ordnenden Institutionen) vom „absoluten Geist" mit den drei distinkten Formen Kunst, Religion, Philosophie, welche deswegen „*absoluter* Geist" sind, weil in ihnen der Geist bei seiner Selbst-Objektivierung nicht ein *anderes* wie die Organisation der Gesellschaft und ihres Lebens, sondern nur sich selbst, das Wissen und den Begriff *seiner selbst* – den Sinn –, zum Inhalt und Thema hat und diesen Inhalt allein um seiner selbst willen gegenständlich darstellt. Von dieser Unterscheidung aus eröffnet sich der Blick auf das Besondere, ja Einzigartige des Inderweltseins der initiatischen Kulturen.

Dieses ist nämlich dadurch ausgezeichnet, daß, um es mit den Hegelschen Begriffen zu sagen, der „absolute Geist" gerade unmittelbar ALS „objektiver Geist" erscheint, wie auch umgekehrt der „objektive Geist" (die Bräuche, Sitten, das gesellschaftliche Leben wie auch die Gegenstände des täglichen Gebrauchs) von Hause aus und in ihnen selbst immer schon unmittelbar sakral sind, also den „absoluten Geist" ausdrücken. Die alltäglichen Gebrauchsgegenstände, so sagten wir ja, sind zwar nicht nur, aber primär Zeremonialgeräte und Träger des kosmischen Sinns. Die „Metaphysik" existiert hier *konkret*, und *nur* konkret, nämlich *als* Sitte (in den Bräuchen, in den Initiationen, in den kultischen Vollzügen), *als* dingliche Wirklichkeit (z.b. als Stab, als Speer, als Korb), *als* real dargelebtes Leben des einzelnen, *als* gestaltetes Werk (z.B. Stonehenge). Dieses Inderweltsein liegt also gerade *vor* der Gliederung oder dem Auseinandertreten in objektiven Geist einerseits und absoluten Geist andererseits. Und daher zugleich auch *vor* der Differenzierung des absoluten Geistes in die distinkten Gestalten der Kunst, Religion und Philosophie.

Die bei Maskentänzen benutzten Masken der rituellen Kulturen (um nur ein Beispiel zu nennen), die von uns heute primär *ästhetisch* apperzipiert und als Kunstgegenstände wahrgenommen werden, waren gerade keine Kunstgegenstände, nichts Ästhetisches. Sie stellten die in ihrem hier und jetzt aufgeführten Tanz aktuale Präsenz der Geister dar. Aber diese Geister (sowie entsprechend überhaupt die Rituale und die mythischen Erzählungen) waren auch nicht Inhalte einer „Religion" dieser Völker. Sakral heißt hier noch lange nicht „religiös" im terminologischen Sinn. In der Religion erscheint nach Hegel bekanntlich das Absolute in der Form der *Vorstellung* und nach Gehrts in der Form der Lehre, des Glaubens. Aber auf der hier ins Auge gefaßten Stufe des Inderweltseins wird nichts gelehrt, hier muß nicht geglaubt werden (Gehrts wies einmal, nicht in diesem Band, auf das von Knud Rasmussen überlieferte treffende Wort eines Eskimos hin: „Alle unsere Bräuche kommen vom Leben und gehen zum Leben, wir erklären nichts, wir glauben nichts, aber in dem, was ich dir jetzt gesagt habe, liegt unsere ganze Antwort"). Die Gehalte der Vorstellung und der Glaubenslehren haben sich gerade von dem in der rituellen Kultur unverzichtbaren *je aktualen* rituellen Vollzug einerseits und dem konkreten Akt des Erzählens mythischer Geschichten andererseits abgelöst und ihm gegenüber verselbständigt, grundsätzlich entzeitlicht. (Doch soll damit natürlich nicht behauptet werden, daß sich die Menschen der initiatischen Kulturen bei den Ritualen und bei den mythischen Erzählungen nicht auch etwas „vorgestellt" hätten. Der kritische Punkt hier ist einzig der, daß dieses Vorstellen nicht aus der Zeitlichkeit hinaustrat und Inhalte als überzeitliche fixierte. Deswegen konnte es auch öfters mehrere miteinander nicht übereinstimmende mythische Erzählungen über dasselbe, abweichende Versionen derselben mythischen Begebenheit geben, ohne daß dies als Konflikt und Problem gesehen worden wäre.) Und natürlich ist – im Hinblick auf die dritte Form des „absoluten Geistes" – auch die „Metaphysik" hier, wie wir schon gesagt haben, keine Philosophie, kein theoretisches Denken.

Doch noch immer fehlt eine entscheidende Bestimmung, um der Verfaßtheit des vorzeitlichen Inderweltseins und dem, was Sinn hier heißt, gerecht zu werden. Die Brücke dazu liefern uns die gerade verwendeten Ausdrücke „*je aktualer* ritueller Vollzug" und „entzeitlicht", und der jetzt noch fehlende Schritt ist die Einbeziehung der dritten, bisher unberücksichtigten Form des Geistes bei Hegel (neben dem objektiven und dem absoluten), nämlich des „subjektiven Geistes" – des Menschen selbst. Es ist nicht nur so, daß auf der Stufe des Inderweltsein der initiatischen Kulturen das, was Hegel den absoluten Geist nannte, nur ALS das, was er objektiven Geist nannte, auftrat, bildlich gesprochen die „Metaphysik" unmittelbar nur ALS „Physik" (sinnliche Wirklichkeit), „das Geistige" nur ALS konkrete Realität (Handlung oder Ding oder als die erfahrene Wirklichkeit der Geister). Diese Analyse muß vielmehr um den weiteren essentiellen Punkt ergänzt werden, daß in die wesenhaft ungetrennte Einheit – ursprüngliche Verschmolzenheit – dieser beiden auch noch „der subjektive Geist" einging. Dieses Eingehen oder immer schon Eingegangensein in das ursprünglich Einheitliche vollzog sich ausdrücklich und ganz konkret in der Initiation, oder richtiger: es wurde durch diese je neu bestätigt, bewahrheitet und aktual. Die Initiation diente also keineswegs der Selbsterfahrung oder Selbstverwirklichung des Individuums. Sie stellte vielmehr gerade umgekehrt den Unter-Gang des Menschen in den „absoluten Geist", in den „Sinn" hinein dar, das rückhaltlose sich ihm Unterstellen. Das Moment des Unter-Gangs des Menschen und der Aufhebung seiner selbst zeigt sich überdeutlich in der vom Schamanen zu Beginn seiner Initiation ganz sinnlich-visionär durchlebten Zerstückelung sowie in der vom Initianden in den rituellen Kulturen rituell dargestellten Phase seines Leiche-Seins.

Entscheidend dabei ist zu begreifen, daß obwohl es sich bei den Initiationen jeweils um persönliche Erfahrungen von Individuen handelt, gleichwohl das, *was* da unter-geht, das *Wesen* des Menschen, die „Menschheit in der Person", wie Kant sagte, und eben nicht bloß die empirische Persönlichkeit ist. Es ist logischer Unter-Gang, nicht buchstäblicher, physischer. Weil es um das logische Wesen des Menschen oder die Menschheit als solche im Menschen geht, wird auch einsichtig, warum es möglich ist, daß in der *schamani-*

schen Initiation lediglich ein einzelner Schamane für seine Dorfgemeinde oder seinen Stamm im ganzen den Unter-Gang durchleben kann und nicht jedes einzelne Mitglied selber die Initiation durchlaufen muß.

Der Mensch *unterzog* sich also nicht nur der Initiation, so wie auch wir uns mancherlei Prozeduren unterziehen, er durchlief sie nicht einfach nur, sondern ihr spezieller Sinn und Zweck war es gerade, ausdrücklich – in der Form eines *sinnlich-leibhaften* Geschehens – jene *logische* Unterwerfung, Unterordnung des Wesens des Menschen unter den „Sinn" zu bestätigen und zu besiegeln, wobei das wesenhafte „Daruntersein" sich überdies noch einmal in der *Form* selbst der Initiation spiegelte, in der Tatsache nämlich, daß sie den logischen Akt nicht als rein logischen im Denken, sondern gerade als sinnlich-leibhaftes Geschehen, die „Metaphysik" in der Tat nur als „Physik" vollzog.

Der Unter-Gang machte den Menschen in seinem Wesen, so könnten wir vielleicht sagen, aktual zum „Untertan" („Subjekt" im vormodernen Sinn des Wortes), zum dienenden Vollzugsorgan und Träger des „Sinns". Als Träger des Sinns war er im substantiellen Sinn ein Geweihter, selber sakral. Als Sinnträger übernahm das Individuum in der Initiation gleichsam ein „kosmisches" Amt, weswegen Gehrts den Menschen der initiatischen Kulturen geradezu als „Nestling des Weltalls" charakterisieren kann, als „eigentlichen Einwohner der Welt unmittelbar, als wahren Kosmopoliten – mit einer Hauptverantwortung nicht gegenüber Genossen, Oberpriestern, Sektenführern oder Häuptlingen, sondern vor dem Kosmos insgesamt, so daß auch die geringste seiner Handlungen von kosmischem Sinn durchdrungen war". Die Ausdrücke „Nestling des Weltalls" und „eigentlicher Einwohner der Welt unmittelbar" verweisen dabei deutlich auf den durch den Unter-Gang bewahrheiteten logischen Status des Eingebettetseins im, Umhülltseins vom kosmischen Sinn. Als „Einwohner der Welt unmittelbar" hat der Mensch – innerhalb dieses Verfaßtseins des Inderweltseins – sogar seinen eigenen Leib sowie die körperlichen Dinge und Geräte um ihn herum *nur in* seiner „Metaphysik" und waren diese so durchdrungen von ihr, wie es nach Gehrts auch die geringste seiner Handlungen war.

Aber, und hier komme ich wieder auf die Zeitlichkeit zurück, die Welt, in der der Mensch *unmittelbar* Einwohner war, und der kosmische Sinn oder die Metaphysik, in der er wie ein Nestling eingebettet war, waren nichts einfach unabhängig von ihm „Vorhandenes", Positiv-Faktisches, sie waren nicht ontologisch. Der Mensch konnte sich nicht einfach in den Kosmos und seinen

Sinn wie in ein immer schon gemachtes Bett legen, um sich eingebettet zu fühlen. Der kosmische Sinn, der ihn, wie wir oben betonten, „*immer schon*" umfing, mußte gleichwohl dialektisch-uroborisch gerade umgekehrt von ihm selbst *erst hergestellt* werden. Beide Seiten sind gleichursprünglich. Das „immer schon" ist nur die eine, das selber Herstellen die andere Hälfte. Der Satz „Im Anfang war der Sinn" muß also durch seine eigene Kehrseite, den Satz: „Im Anfang war die eigene Tat", ergänzt werden. Und dies selber aktiv in jenen Anfang, in den Ursprung *Hineinverwickeltsein* allein erklärt auch die „Unmittelbarkeit" seines „Einwohner-Seins in der Welt *unmittelbar*" und seine unhintergehbare Inständigkeit in ihrem Sinn. Der kosmische Sinn lag unbeschadet seines „immer schon" nicht einfach als Faktum vor. Der Mensch selbst mit seinem ganzen leiblichen und geistigen Sein war vielmehr in die Schranken gerufen, mußte den kosmischen Sinn, die „Metaphysik" und die Welt *als* „Kosmos" (griech. = „Schmuck", d.h. für uns: als *Welt* im Unterschied zur Umwelt, als geordnete Welt des *Menschen*) und ebenso auch sein eigenes wahres Menschsein durch sein rituelles Tun selber erst ursprünglich erzeugen. Daher die Opfer, die Initiationen, die rituellen Akte der Setzung einer Mitte und der Schaffung eines „Mundus" aus dem bloß Gegebenen und Vorgefundenen. Und diese zeugerischen Akte des Menschen mußten nicht etwa nur einmal, ein für allemal, vollzogen werden, so daß dann für alle Zukunft ein fertiger Zustand erreicht wäre. Sie waren vielmehr wesenhaft zeitlich, jeweilig, *performativ*: angewiesen auf den lebendigen Vollzug, das aktuale Einstehen des Menschen mit seinem Leiben und Leben für den Mundus, für den kosmischen Sinn, für das metaphysische Wesen des Menschen.

Wenn wir das Unterstelltsein des Menschen unter den kosmischen Sinn und das mit seinem Leben für diesen, für „die Metaphysik" Einstehenmüssen des Menschen mit unserer oben gewonnenen Einsicht zusammennehmen, daß es dabei nie um die einzelne empirische Person und ihre Selbstverwirklichung, sondern um das Wesen des Menschen, die Menschheit in der Person ging, wird auch verständlich, warum es gelegentlich Menschenopfer oder so etwas wie die Kopfjagd geben konnte. In dem Töten von einzelnen wurde die *Logik* des Menschseins (die Logik des Unter-Gangs des natürlichen, empirischen Menschen in den Sinn um der Geburt des metaphysischen Wesens des Menschen willen) auf dieser Stufe für alle als *sinnlicher, physischer* Akt vollzogen und so objektiv zur Anschauung gebracht. In der Opfertötung des einzelnen wurde nicht *dieser als solcher, als einzelner* geopfert, sondern in ihm opferte sich *das Wesen* des Menschen überhaupt, ganz ähnlich, wie auch nur der Schamane als einzelner für die Dorfgemeinschaft im ganzen die Initiation durchlebte. Daß die „Metaphysik" nur *als* „Physik" wirklich wurde, heißt also nicht nur, daß die Logik des Menschseins als sinnlicher Akt vollzogen wurde, sondern ebenfalls auch dies, daß der konkrete einzelne als solcher nicht zählte, sein *Leben* nicht der absolut höchste Wert war, sondern daß er der „*Menschheit* in der Person" in der Tat *unmittelbar* unterstellt war. Die Existenz des Menschen war ja in den Sinn *versenkt*, der Mensch selber in das metaphysische Wesen des Menschen, das Einzelne in das Allgemeine, und das reale praktische Leben spielte sich primär auf der Ebene des „absoluten Geistes" ab.

Der Mensch auf der Stufe der initiatischen Kulturen bekam also das Menschsein nicht wie wir heute in die Wiege gelegt, nicht qua „Menschenwürde" sogar schon *biologisch*, also positiv-faktisch, ab der Verschmelzung von Ei- und Samenzelle im Mutterleib oder im Reagenzglas als unveräußerlich zugeschrieben. Er mußte es vielmehr durch das Bestehen des Wagnisses der Initiation oder gar durch den Einsatz, ja gegebenenfalls des tatsächlichen Opfers des Lebens erwerben und immer neu bewähren – weil es nämlich ohne diesen *seinen eigenen* aktualen Vollzug der Logik des Unter-Gangs dieses sein Menschsein (das „metaphysische Wesen des Menschen") gar nicht gäbe.

Das bedeutet aber, daß das Sein des Menschen als „Einwohner der Welt *unmittelbar*" grundsätzlich ein Sein an, nein, auf der *Grenze* war und das fundamentale Wagnis der Grenzüberschreitung einschloß. Schon jede Initiation bedeutete auch Risiko, Wagnis, aber besonders in den von Gehrts erörterten initiatischen „Hängeritualen" und „Hängespielen" mit möglicherweise in der Tat eintretender Todesfolge wird das absolute Wagnis und das Sein auf der Grenze aufs drastischste sichtbar. Und die Grenze selbst verbildlicht sich gegenständlich in den Klappfelsen, den Symplegaden, wie auch z.B., als ihre konkrete Veranschaulichung, in dem durch die beiden mit Nute und Feder ausgestatteten Basaltpfeiler 66 und 68 gebildeten Schließstein im kultischen Steinring am Stonehenge als Tor hinaus ins Ungeheure. Sie trennt den Raum des biologischen, positiv-faktischen Seins des Menschen vom metaphysischen Wesen des Menschen, den gehegten Binnenraum von dem Draußen, dem Offenen, Unbetretenen.

Wieder muß nicht jeder einzelne den Mut und den Willen, das unstillbare Verlangen aufbringen, koste es, was es wolle, die Grenze zu durchbrechen, das Tor zur Unterwelt, zum Seelenland, zur „Anderwelt" der Geister oder des

Geistes zu durchschreiten. Es genügt, daß von jeweils einem einzelnen das Wagnis des Heraustritts aus dem gehegten Dasein und der Durchbruch ins Unbetretene geleistet wird, durch den der Mensch überhaupt erst sein wahres Menschsein erwirbt, damit *für alle* in der Stammesgemeinschaft das *Wesen* des Menschen seinen logischen Aufenthalt auf der Grenze hat und somit sein „gleichzeitig hier *und* drüben Sein" bewahrheitet ist und mit ihm zugleich die „Metaphysik", jene „Metaphysik", welche die Welt, wie Gehrts sagt, zu „einer durch und durch zaubrischen, einer märchenhaften Welt" macht und die menschliche Existenz in der Tat in der *Gegenwart* (der Präsenz der *Ewigkeit*) ansiedelt. (Es versteht sich, daß mit „zaubrisch" und „märchenhaft" keine Bewertung, kein Lobpreis ausgesprochen ist, und schon gar nicht ein Lobpreis des empirischen Weltzustands und der Lebensbedingungen damals, sondern die objektive innere Verfaßtheit oder Logik dieser Welt charakterisiert wird.)

Von diesem Weltzustand sind wir durch einen Abgrund getrennt. Es ist, sagt Gehrts, ein „Zustand, von dem wir nur noch träumen können". Der moderne, a priori mit Menschenwürde als seinem permanenten Besitz ausgestattete Mensch ist grundsätzlich vor dem Drüben, vor einem kosmischen Sinn, vor einem metaphysischen Wesen des Menschen, gefeit.

Aber schon sehr früh, mit Verlassen der Stufe der initiatischen Kultur und dem Eintritt in die Stufe der religiösen Kultur, hat der Mensch das Sein auf der Grenze – und damit zugleich natürlich auch das Sein als „Nestling", als „Einwohner der Welt *unmittelbar*" sowie das Eingebettetsein in Sinn – aufgegeben und sich ein für allemal von der Grenze in den gehegten Binnenraum und in sein eigenes Selbst-Sein zurückgezogen (in jenen logischen Binnenraum, der sich spätzeitlich seinerseits dann noch einmal zum psychologischen „Inneren" in der eigenen Brust zusammengezogen und verbuchstäblicht hat, und in jenes Selbst-Sein, das sich spätzeitlich zum Bloß-Empirisch-, Bloß-Natur-Sein verengte). Das hat mehrere Konsequenzen.

1. Durch diesen mit der religiösen Kultur erfolgten Rückzug von dem Sein auf der Grenze ist der Mensch in seinem Wesen einerseits (wenn auch auf dieser Stufe nur in erster Unmittelbarkeit) *souverän* geworden.

2. Andererseits bedeutete die so erworbene (rudimentäre) Souveränität zugleich das prinzipielle Herausgetretensein des Menschen aus seinem (dem kosmischen Sinn sowie dem eigenen „metaphysischen Wesen") grundsätzlich *Unterstelltsein* und ebenso aus seinem selber aktiv und mit

seinem ganzen, auch leibhaften Sein *Hineinverwickeltsein* in den Anfang und Ursprung der Welt. An die Stelle des ganzen, auch das Leibhafte (man denke z.b. an die schamanische Zerstückelung und die Opfertötungen) einschließenden Seins des Menschen als Ort des Geschehens ist auf der religiösen Stufe das Mentale getreten (fromme Befolgung der Vorschriften und Gebote, später Frömmigkeit der Haltung, der Gesinnung, und moralischer Lebenswandel); an die Stelle des Initiatischen und der eigenen Sinn *stiftenden* Tat (sacrum *facere*) sind das Vorstellen, Glauben, das Hören auf die *geoffenbarte* Lehre und die Anbetung getreten.

3. Und die vormalige „Grenze" ihrerseits, das heißt die dialektisch-widersprüchliche *Einheit* von *gleichzeitig hier UND drüben* Sein, von Gegenwart UND Ewigkeit, von ursprünglichem, weltstiftendem Anfang durch eigene Tat UND Immer-schon-Sein von Sinn, hatte sich aufgespalten in zwei Getrennte:

a) In zeitlicher Hinsicht: Der zuvor immanente, überhaupt erst eigentliche Gegenwart und Welt *konstituierende* Anfang durch die eigene *Tat* des Menschen war nunmehr zum buchstäblichen, das heißt unwiderruflich *hinter* dem „souverän" gewordenen Menschen liegenden und so als grundsätzlich *vergangen*, „historisch" vorgestellten Anfang (Weltschöpfung, heute „Urknall") geworden, Tat war durch Faktum abgelöst worden, womit zugleich auch die wahre „Gegenwart" ihrerseits vergangen war. Die neue Gegenwart war dann die Lücke zwischen unwiderruflich zurückliegendem Ursprung und zu erwartendem Leben nach dem Tode. Diese beiden Pole in ihrem Auseinander sind, gleichsam ontologisiert, die *disiecta membra* der vormaligen (nur *performativ*, das heißt im Darleben wirklichen) Grenze.

Und b) in räumlicher Hinsicht hatte der Mensch umgekehrt mit der Aufspaltung der „Grenze" auch zwangsläufig das Drüben unaufhebbar *sich gegenüber*, und zwar als ein paradoxerweise nur noch *hüben*, nämlich in der *Form* der *Vorstellung* und im persönlichen Glauben als dogmatischer Lehrinhalt zugängliches – also als bloß vorgestelltes oder geglaubtes – *buchstäblich* jenseitiges und vornehmlich in die Zukunft verlagertes Jenseits (im Gegensatz zu dem vormaligen *weltimmanenten* und im Wagnis der Initiation in der Tat *betretenen* Drüben „jenseits der Grenze", durch welches die wirkliche Welt-hier-und-jetzt ehedem – logisch, nicht positiv-faktisch – zu „einer durch und durch zaubrischen, einer märchenhaften Welt" und die Zeit zur ewigkeitsdurchwirkten *Gegenwart* geworden war). Das buchstäbliche Jenseits hat sich dann im Lauf der weiteren geschichtlichen Entwicklung über die Stufe der religiösen Kultur hinaus seinerseits gänzlich in Luft aufgelöst, so daß das vormalige Hüben in der Moderne zum totalitären Ganzen der Welt geworden ist, zur Faktenaußenwelt, welcher, als seinem Objekt, der (in einem damit zum seiner selbst gewissen Subjekt im *modernen* Sinn gewordene) Mensch nunmehr prinzipiell getrennt *gegenübersteht*.

Das Inderweltsein der initiatischen Kulturen also ein „Zustand, von dem wir nur noch träumen können"? Offenbar doch nicht nur *träumen*. Heino Gehrts zeigt in diesem Band und in seinem Werk überhaupt, daß man diesen Weltzustand sogar vom anderen Ufer, *unserem* Ufer, aus sehr genau, fundiert wissenschaftlich und vor allem kongenial rekonstruieren kann.

Anmerkung des Herausgebers

Grundlage der hier vorliegenden Arbeiten von Heino Gehrts sind entweder die ursprünglichen schreibmaschinengeschriebenen Originale aus seinem Nachlaß, oder die vom Autor selbst autorisierten Veröffentlichungen in „Gorgo" und „Antaios" sowie der „Hestia". Kam es zu einer Publikation eines Aufsatzes, ist dies bei der Überschrift erwähnt.

DIE OPFERUNG DES ZEUGERISCH VERBUNDENEN PAARES

[Erschienen in „GORGO". Zeitschrift für archetypische Psychologie und bildhaftes Denken, Jg. 1979, Heft 1, Verlag Adolf Bonz GmbH Fellbach-Oeffingen, S. 22–37]

Die eigenartige Form des Opfers, bei dem ein tierisches oder menschliches Paar unter der Begattung getötet wird und die ich kurz das Zeugungsopfer nenne, hat als solche anscheinend noch keine wissenschaftliche Behandlung gefunden. Der eigentliche Hauptfall ist *der*, bei dem *beide* Partner jäh zu Tode kommen; doch müssen wir auch die Fälle einbeziehen, in denen allein der männliche Teil getroffen wird, – während der weibliche nur insofern allerdings ebenfalls zu Tode betroffen ist, als der tödliche Hieb den Mannesteil trifft, bevor dessen Same sich in den Schoß der Partnerin ergossen hat, – so daß im Nu das Wesen der Empfangenden in das der Unfruchtbaren verkehrt ist.

Das Beispiel, mit dem wir in die Sache eintreten, ist ein überraschend spätes, europäisches Vorkommen. Es findet sich in der „Sylva Sylvarum" des Francis Bacon, also jenes zwielichtigen elisabethanischen Staatsmannes, der als einer der philosophischen Begründer der naturwissenschaftlichen, induktiven, experimentierenden Methode gilt[1].

Dort handelt es sich um eine Wundsalbe, die bei Schwerthieben oder Speerstichen verwendet werden soll. Die Grundlage ist Keiler- und Bärenfett zu gleichen Teilen, dazu kommen, fein gepulvert, die folgenden Wirkstoffe: Hämatit, das heißt Roteisenstein, rotes Duftsandelholz – mit diesen beiden Stoffen gelangen wir zur Blutfarbe –, ferner Mumia, also jenes officinelle Erdpech, das im Altertum bei der Mumifikation verwendet wurde –, und endlich getrocknetes Eberhirn, überm Feuer gedörrte Regenwürmer und Moos vom Schädel eines Erschlagenen, der unbestattet geblieben ist. Eine solche Salbe wird nicht etwa in die offene Wunde gestrichen, sondern auf die Waffe, von der die Verletzung herrührt, und wenn diese nicht mehr zu erlangen ist, so genügt es, einen Spatel in der Wunde umzudrehen, bis sie wieder blutet, und diesen in die Salbenbüchse zu stecken. Das für uns Entscheidende

---

[1] Fr. Baconis de Verulamis Sylva Sylvarum sive Historia Naturalis et Novus Atlas, Lugdunum Batavorum 1648, Cent. X, § 998, p. 606f. – The Works of Francis Bacon, Philadelphia 1841, Vol. II, p. 136.

ist nun, daß die Salbengrundlage, also das Keiler- und das Bärenfett, von Tieren stammen muß, die bei der Begattung getötet worden.

Francis Bacon führt das Rezept selbstredend unter Zweifeln an, wiewohl er nicht verschweigt, daß er die Sache von einem höchst glaubwürdigen Manne habe. Dazu beruft er sich auf den deutschen Mediziner Oswald Croll und seine „Basilica Chymica", eine Arzneikunde, von der in den Jahren 1609 bis 1658 insgesamt 24 Auflagen erschienen, zumeist in lateinischer Sprache, aber auch in mehreren deutschen, französischen und englischen Übertragungen.[2] Die Auflage, die ich einsehen konnte, ohne Titelblatt, doch wahrscheinlich eine der frühesten, enthielt zwar das Salbenrezept, aber dieses ohne das Zeugungsopfer. Ebensowenig fand es der Herausgeber Bacons, der eine spätere verglich (1643). Demnach rührt die Angabe vermutlich von Bacons Gewährsmann her, der ihm die Wirksamkeit der Salbe verbürgte, und dann entstammte sie noch dem Zeitgeist, dem Zeitalter Shakespeares, noch dessen lebendiger Praxis. Croll war übrigens ein Verehrer und Verteidiger des Paracelsus, und seine Beschreibung der Wirkungsweise der Salbe entspricht den Anschauungen seines großen Vorbildes: die Salbe auf der Waffe aktiviert die kosmischen Kräfte, die der Gestirne und der Elemente, für die Wunde. Fügen wir hinzu, welche Vorstellung vermutlich mit dem Fett der erschlagenen Tiere verbunden war, wie man sich dessen Wirkung dachte. Es wäre dies die unausgeübte, in der Begattung aufs höchste gesteigerte Lebenspotenz, die im Fett – als Inbegriff der Kraft – und damit in der Salbe anwesend und wirksam bliebe. –

Daß nun dies Zeugungsopfer nicht etwa aus importiertem Aberglauben stammt, sondern auch in Europa heimisch und allgemein verbreitet war, ließe sich durch mancherlei Paaropfer der Griechen und der Römer, der Slawen und der Balten wahrscheinlich machen.[3] An dieser Stelle will ich mich auf

---

[2]   Zu Oswald Croll „Allgemeine deutsche Biographie", Bd. IV, S. 604. – „Basilica Chymica Osualdi Crollii, illustrissimi Principis Christiani Anhaltini Medici", in einem Convolut der Bremer Staatsbibliothek, Sign. XIVb 8, wo das Werk mit drei anderen aus der Zeit von 1602 bis 1608 zusammengebunden ist: p. 278–282, „Unguentum sympatheticum seu stellatum Paraceli". – James Spedding, der Herausgeber Bacons, zu Crolls Rezept „The Works of Francis Bacon etc"., Collected and Edited by James Spedding etc., New Edition, London 1887, Vol. II, p. 671, n. 1. – Nach Auskunft eines Paracelsus-Kenners findet sich das Zeugungsopfer auch nicht bei Paracelsus, eine Angabe, die nachzuprüfen bliebe.

[3]   „Paaropfer", zur Unterscheidung vom „Zeugungsopfer" so zu nennen, wenn das Paar, Knabe und Mädchen, Jüngling und Jungfrau, Mann und Weib, nicht in coitu geopfert wird oder der Bericht doch davon schweigt. – Griechen: Pausanias berichtet VII, 19 von einem uralten Opfer zu Patrai, wo zur Sühne für den Liebesfrevel einer Priesterin alljährlich ein junges Paar

zwei einleuchtende germanische Beispiele beschränken. Das eine ist die sogenannte „Heilige Hochzeit" auf altskandinavischen Felsbildern, wo wiederholt menschliche Paare in Zeugung verbunden erscheinen. Einige zeigen das Paar von Schuß oder Hieb bedroht.[4] Es steht etwa ein Schütze mit dem Bogen hinter den beiden, oder ein Mann oder auch ein Riese reckt über sie die Axt. Man spricht bei diesen axtbedrohten Paaren gewöhnlich von einer Weihung der „Heiligen Hochzeit" durch den Axtgott. Weihung – gewiß, aber die Gebärde des Gottes kann nur bedeuten: Weihung in den Tod hinein! – Dafür spricht nicht nur der zielende Pfeil des anderen Bildes, sondern auch der Sinn der Axt. Dieser liegt ganz eindeutig im niederfahrenden Todeshieb. Skeggǫld, Beilalter, nennt die altnordische Seherin das Mordzeitalter, und

---

geopfert wurde. – Griechische Sagen vom Begraben eines Pferdes mit einer Jungfrau zitiert Eitrem, Festskrift til A. Kjaer, Kristiania 1924, S. 3, – bei Franz Rolf Schröder: „Ein altirischer Krönungsritus und das indogermanische Roßopfer", Zs. f, celt. Phil., XVI. Bd., 1926, S. 310-312, woselbst das merkwürdige irische Stutenopfer, nach Begattung durch den König, behandelt wird. – Teiresias erlangt seine Sehergabe dadurch, daß er von zwei gepaarten Schlangen einmal das Weibchen, später das Männchen tötet oder verwundet: Pauly-Wissowa, RE, Neue Bearb., II. Reihe, 9. Hbd., Stuttgart 1934, Sp. 130. – Römer: Wiederholt wird von Paaropfern zur Abwendung von Kriegsgefahren berichtet: Friedrich Schwenn „Die Menschenopfer bei den Griechen und Römern", RGVV XV, 3, Gießen 1915, S. 148-152. – Slawen: Bei dem Wiederaufbau der eingestürzten Narenta-Brücke bei Mostar wurde der Sage nach auf den Rat einer Vila ein Liebespaar mit eingemauert: Hans von Hentig „Vom Ursprung der Henkersmahlzeit", Tübingen 1958, S. 66f. – „Beim Totenopfer schlachteten die Slaven einen Hahn und eine Henne … die alten Preußen opferten beim Ozinek-Feste einen Schafbock nebst der Schafmutter, einen Ziegenbock mit der Ziege, Hahn und Henne etc.": E. Goldmann „Die Einführung der deutschen Herzogsgeschlechter Kärntens etc.", Untersuchungen zur deutschen Staats- und Rechtsgeschichte, Heft 68, Breslau 1903, S. 82, Anm. 3. – „Die Litthauer opferten dem Zemiennik, ihrem Erdengott, utriusque sexus domestica animalia": Jacob Grimm „Deutsche Mythologie", 1.Bd., S. 44, Anm. 2. – Etrusker: „Im sakralen Ceremoniell der Städtegründung, das die Römer von den Etruskern entlehnten, wurde ein weißer Stier und eine weiße Kuh verwendet und nach geschehenem Gebrauch geopfert": E. Goldmann „Die Einführung der deutschen Herzogsgeschlechter Kärntens etc., Untersuchungen zur deutschen Staats- und Rechtsgeschichte", Heft 68, Breslau 1903.

[4] Oscar Almgren „Nordische Felszeichnungen als religiöse Urkunden", Frankfurt am Main 1934, S. 118-125. – Jan de Vries „Altgermanische Religionsgeschichte", Bd.1, Berlin 1956, S. 106, Abb. 2b, unter der erhobenen Axt, Hvitlycke und andernorts, Abb. 2 c, vorm gespannten Bogen, Varlös. – In einem eisenzeitlichen Grabe in Thüringen Hengst und Stute: „Vorgeschichte der deutschen Stämme", hrsg. von Hans Reinerth, Bd.1, S. 447 und Tafel 156, 1. – Zu vermerken ist auch das Totenopfer bei den Rus, wo die freiwillige Opfermagd dem Toten nachgesandt wird – mit dem Schoß voller Samen von seinen Freunden: „Ibn Fadlân's Reisebericht von A. Zeki Validi Togan", Abh. f. d. Kde. des Morgenlandes, XXIV, 3, Leipzig 1939, S. 88-97. – „Sieht man in der Provinz Preußen im Frühling zwei Frösche im Begattungsakte, so durchsteche man sie mit einer Nadel und stecke diese unvermerkt in das Kleid des Mädchens, das man gerne haben möchte." „Handwörterbuch des deutschen Aberglaubens", Bd. III, 1930/31, Sp. 133f.

noch zur Wikingerzeit gehören die eine Streitaxt führenden Krieger zum Typ des jeden Augenblick hiebbereiten Totschlägers.[5] Auch an Richtbeil und Fallbeil ist dabei zu denken, – Im verwandten Indien entspricht die Symbolgestalt Ramas-mit-dem-Beil, des mitleidslos ausrottenden Brahmanenkriegers.[6] – Für den Sinn der *Tötung*, nicht einer unbestimmt gedachten „Weihung", wenn auch nicht unbedingt für die *tatsächliche* Tötung bei jedem Vollzuge, spricht ferner ein Kultspiel, das in Thrakien noch bis in unsere Zeit hinein gespielt wurde und das Almgren mit den skandinavischen Felsbildern vergleicht.[7] „Hier findet eine Scheintrauung zwischen einem als Braut verkleideten Knaben und einem mit Bocksmaske und Holzphallos versehenen Mann statt. Ein zweiter Mann mit Bocksmaske erschießt den Bräutigam von hinten mit einem Pfeil und stellt sich darauf so, als ob er ihm das Fell abzöge. Die Braut wirft sich unter lautem Gejammer, in das die Umstehenden einstimmen, über die Leiche. Darauf findet eine scheinbare Beerdigung statt; der Tote wird weggetragen, erwacht aber plötzlich wieder zum Leben." – Angesichts dieser Überlegungen und Zeugnisse dürfen wir mit um so größerer Sicherheit schließen, daß im europäischen Norden das Zeugungsopfer schon zur Bronzezeit belegt ist.

Im Deutschen Reich begegnen wir ihm noch nach Bacon, noch vor 250 Jahren, im Prozeß eines Freischützen. Die nie fehlende Kugel, die Freikugel, erlangt man durch einen Schuß, der ein Sacrileg bedeutet. Am bekanntesten ist der Schuß auf die Hostie, doch kann das Ziel auch ein Crucifix oder ein Bildstock sein – oder der Himmel, die Sonne oder – eben so noch im 18. Jahrhundert bezeugt – ein sich gattendes Hirschpaar.[8] Der Schuß in den Himmel oder in die Sonne ist sicher schon aus heidnischer Zeit ererbt; mit dem Schuß auf das Hirschpaar gelangen wir in sehr altertümliche Zusammenhänge, – nämlich in den der jägerzeitlichen Tabus und Rituale. Leider bedeutet die Begegnung mit einem solchen Überlebsel des Altertums in Eu-

---

Skeggold „Edda", Voluspá 45. – Ein beilbewährter Totschläger ist beispielsweise der Skarphedin der Njálssaga.

[6] Zu Rama mit dem Beil siehe Heinrich Zimmer „Maya, Der indische Mythos", Zürich 1952, S. 185ff.

[7] Oscar Almgren „Nordische Felszeichnungen als religiöse Urkunden", Frankfurt am Main 1934, S. 118-125.

[8] Zum Freischuß: „Handwörterbuch des deutschen Aberglaubens", Bd. III, Sp. 2-22. Unser Beleg dort Sp. 4, nach Kind: „Freischützbuch", S. 220. Dies Buch beruht zum Teil auf der novellistischen Ausgestaltung von Apel eines 1710 in Taus, Böhmen, gegen einen achtzehnjährigen Georg Schmid geführten Verfahrens; 1731 in den „Monatlichen Unterredungen von dem Reiche der Geister" in Leipzig erschienen.

ropa fast stets, daß der Sinnzusammenhang verloren gegangen ist. Um des Sinnes wieder habhaft zu werden, müssen wir daher auch in diesem Falle eine Weltreise antreten. Die von solchen Reisen mitgebrachten Ausbeuten werden freilich meist mit sehr zweifelnden Blicken betrachtet, weil man in der Tat nicht erwarten darf, daß ein kultisches Ereignis bestimmter Art in allen Stammesbereichen der Welt dieselbe Funktion hat. Wir machen uns trotzdem auf, – im Vertrauen darauf nämlich, daß uns eigentlich menschliche Verstehens-, Gestaltungs- und Anwendungsmöglichkeiten begegnen – und daß wir damit auch im heimischen Bereich, beim Schweigen der Quellen über den Sinn, das stumme Bild zum Sprechen bringen können. Auch glauben wir in unserem Falle ein um so entschiedeneres Recht auf menschheitsweite Vergleichung zu haben, als es sich bei Zeugung und Tod wirklich um allgemeinmenschliche Urerlebnisse handelt.

Das älteste und ehrwürdigste *redende* Zeugnis für das Zeugungsopfer ist zugleich auch ein Beleg für den Schuß auf das vergattete Hirschpaar. Es ist der seit langem diskutierte indische Mythos vom Schöpfer Prajāpati, seiner Tochter Uṣas und Rudra, dem Bogengott. Schon im Veda wird dunkel auf das Ereignis angespielt, also vor rund 3000 Jahren – ausführlicher erzählen davon die späteren Ritualschriften, die Brāhmaṇas, also vor etwa 2500 Jahren.[9] Den Prajāpati verlangt es nach seiner Tochter, er verwandelt sich in einen Hirsch und wohnt ihr in dieser Gestalt bei. Die Götter verurteilen seine Handlungsweise und vereinigen alles Fruchtbare ihrer Naturen zu einer neuen Gottheit, eben Rudra, der den Gamos durch einen Pfeilschuß unterbricht. Tödlich ist für das Götterpaar der Schuß nicht, weil es eben Götter sind. Da indes auf diesen Schuß die Opfertheorie angewandt wird, da Gliederung des Opfers und Zerlegung des Opfertieres in jenem Urgeschehen begründet werden, so haben wir es eben doch mit einer Opfer*tötung* zu tun. Es handelt sich in der Tat um das Uropfer, aus dem – in gewisser Weise – die Schöpfung hervorgeht. Ein Teil von Prajāpatis Samen fließt auf die Erde, dieser Same wird von den Göttern sorgsam gehegt – so wie die Menschen es mit Opferspeise und Opferfeuer tun –, und es gehen aus dem Feuer und aus dem Samen am Ende allerlei Wesen hervor, die Sonne, die Geschlechter der Urbrahmanen, schwarzes und rotes Rindvieh, Büffel, Esel und andere Nutztie-

---

[9] „Rigveda" 10,61,5ff.; „Aitareya-Brāhmaṇa 3,33ff.; „Śatapatha-Brāhmaṇa 1,7; 4,1ff. – Vgl. auch Adalbert Kuhn „Sonnenhirsch", Zeitschrift für deutsche Philologie I, 1869, S. 89-119, besonders S. 96ff.; Madeleine Biardeau, Charles Malamoud „Le sacrifice dans l'Inde ancienne", Paris 1976, S. 94ff.

re – und dazu auch die Fortpflanzlichkeit der Wesen. Dies alles jedoch, der Potenz nach, als Erfolg menschlichen Opferns. Umgekehrt noch deutlicher: In der Urmythe vom Schuß auf die einander begattenden Ureltern – erscheint die potentielle Fruchtbarkeit des vom Menschen durchgeführten Schlachtopfers im Bilde.

Rudras Schuß auf das vergattete Schöpferpaar hat unter den menschheitsweit verbreiteten Mythen einen nahen Verwandten, – nämlich den Mythos vom Welteltenpaar, dessen Gamos die Urgötter gewaltsam zersprengen.[10] In Hellas war dies der Mythos von Kronos, der den Gamos von Uranos und Gaia mit der scharfzahnigen Hippe blutig zerschneidet. Fassen wir beide Mythen deutend zusammen, so dürfen wir sagen, es seien der Hieb oder der Schuß Symbole für das freie menschliche Handeln überhaupt. Der Gamos der Welteltern ist das lückenlose ineinanderwirkende Geschehen, von dem sich der Mensch ursprünglich als willkürlosen Webfaden erlebt. Der Mythos vom Schuß oder Hieb in den Gamos begründet die Möglichkeit des Menschen, in das Geschehen einzugreifen, und er bedeutet opferkundlich, daß er den göttlichen Samen als menschlichen Opfergewinn verfügbar macht. Denn was der Mythos von den Göttern erzählt, daß sie den Samen hegen und daraus Gewinn erzielen, – das ist ja eben menschliches Handeln im Opferritual. Der Opferer, in das Geschehen eingreifend, macht den goldnen Überfluß der Welt sichtbar und verfügbar, leitet ihn in die Sphäre des Einzelnen und der Opfergemeinschaft ein. – Wahrlich, eine tiefsinnigere Opfertheorie als das klapperdürre, ewig nachgeplapperte römische „do ut des!“ –

In Indien kehrt der Schuß auf das vergattete Tierpaar noch dreimal in den großen Epen wieder, also abermals 200 – 500 Jahre später.[11] Auch dort erweist sich der Schuß zwar als produktiv, gilt aber an sich selbst als ein Frevel, der gesühnt werden muß. Überhaupt handelt es sich offenbar beim Schuß auf das Tierpaar um einen seit alters tabuierten Schuß, und noch ein Jagdliebhaber der Gegenwart erzählt, daß es zwischen ihm und einem Frevler dieser Art fast zu Tätlichkeiten gekommen sei. Angesichts dieser jägerischen

---

[10] Willibald Staudacher „Die Trennung von Himmel und Erde", Philos. Diss. Tübingen 1942.

[11] „Mahābhārata" I, 118-127. Pāṇḍu schießt auf ein vergattetes Hirschpaar, trifft das männliche Tier tödlich und wird von dem sterbenden Hirsch verflucht, selbst die Zeugungskraft zu verlieren. Doch zeugen an seiner Statt fünf Götter mit seinen beiden Frauen Göttersöhne. – Ein verwandtes Geschehen auch „Mahābhārata" I, 182. – Im „Rāmāyaṇa" I, 2, beobachtet der Verfasser des Epos, Vālmīki, wie ein Jäger von einem gepaarten Brachvogelpärchen das Männchen erschießt; er verflucht den Jäger und bemerkt nachher, daß er mit den Fluchworten den epischen Vers, den Śloka, erfunden hat.

und altjägerlichen Zusammenhänge erinnern wir uns daran, daß der Bruch eines Tabus auch den Anhub eines geordneten rituellen Ablaufes bilden könne. Das Ritual selbst ist dann das sichere Geleise, auf dem das Geschehen zum erwünschten Ziel gelenkt wird: vom Bruch des Tabus an über die Sühnungen bis zur Bindung an den Gott als Heilsgewinn. Denn ein Freiheitsverlust am Ende steht der anfangs gewillkürten Freiheit gegenüber, eben die *religio* an die Gottheit, also die Gebundenheit an den Gott. Auch an dem Freischützen offenbart sich jener Verlust, am Ende wird er selbst als das gebundene Opfer enthüllt: schießt er nämlich die Freikugel auf etwas Totes ab – eine merkwürdige Umkehrung gegenüber dem Sinn des ursprünglichen Schusses – dann trifft sie ihn selber zu Tode.

Indem wir dergestalt mit den Begriffen Leben und Tod argumentieren, angesichts eines bestimmten Ritualablaufes in spätzeitlicher Anwendung, – könnten wir freilich von dem Gesamtzusammenhang einen wichtigen Zug außer acht gelassen haben. Es könnte ja sein, daß der Pfeil nicht allein auf den Tod abzielt, sondern auch auf ein Leben, das nur ein anderes Leben ist als das zeugerische Leben herüben. Ja, es könnte sein, daß der Todesschuß das zeugerische Paar auf eine tiefere Lebensstufe zurückwirft, aus der die zeugerische Kraft um so mächtiger heraufwirkt. Daß dies wirklich so sein könnte, mag für den Augenblick ein höchst sonderbares Kultbild bezeugen, das mir in seinem Urgedanken mit dem Zeugungsopfer verwandt zu sein scheint, – ich meine das Beilager der Göttin mit dem toten Gatten. Osiris liegt als Toter hingestreckt; über den Phallos des Toten aber schmiegt sich – im Gefieder des Falken – Isis, um den Horus zu empfangen.[12] Vergleichen wir andererseits dieses Bild mit dem Korn-Osiris, – der Korn-Osiris ist ja ein liegendes Erdbild des toten Osiris, in das man Korn eingesät hat und aus dem das Korn lebendig emporgrünt,[13] – so begreifen wir vollends, daß der Same, die Keimkraft von drüben, von drunten kommt. Ebenso erhebt sich der Phallos des Osiris aus der Totenwelt und quillt der Same von dort zur Isis, zur Gottesgebärerin empor.

Verwandtes drückt in Indien das Beilager der Großen Göttin, der Durgā, mit dem sogenannten Leichen-Siva aus, dort nun allerdings auch als Aus-

---

[12] Eberhard Otto „Osiris und Amun", München 1966, T. 16ff.
[13] Ebenda T. 15.

druck begrifflich formulierbarer metaphysischer Spekulation.[14] Der Leichnam Śivas stellt die jenseitige Wesenheit des Gottes dar; die Durgā wird oft zugleich in zwei Aspekten abgebildet: einmal über den Śiva als Empfängerin des jenseitigen Samens – und zweitens, aufrecht stehend, mit dem Schwerte in der Hand sich selber köpfend. Das hervorsprudelnde Blut ist dann ein Zeichen für die Wandlung des Samens in der Göttin: Blut nämlich als Bild der manifest-diesseitigen Lebendigkeit. In diesem indisch-tantrischen Gebilde tritt also eine noch nähere Verwandtschaft mit unserer Thematik hervor. Überdies wird darin auch eine Polarität von aufsteigendem Samen und niederfließendem Blut anschaulich, die weit durch die urvölkerliche Symbolik geht. – Auf jeden Fall mögen uns die beiden Paare, das ägyptische und das indische, davor warnen, das Zeugungsopfer allzu einseitig als Tötung, als Frevel und Bruch eines Tabus anzusehen. Vielmehr eröffnet es auch einen Zugang zur Lebensfülle innerhalb des Todes. Und damit wende ich mich nunmehr drei großartigen Beispielen für das Zeugungsopfer aus drei ganz verschiedenen Weltgegenden zu.

Ich beginne mit einem mittelamerikanischen Stamm, den Chortis, der in der Maya-Tradition fortlebt.[15] Dort findet im April eine Winteranfangszeremonie statt. Sie wird mit ihrem heiligsten und bedeutungsvollsten Teile nicht im Tempel abgehalten, sondern man begibt sich dazu bei einfallender Nacht auf einen weiten Weg, der an die Quelle des heiligen Flusses führt, des Flusses, der das Tal mit Wasser versorgt. Der Fluß entspringt in der Unterwelt am Mittelpunkt der Erde. Die Schlucht, durch die man dahingelangt, verengt sich an einer Stelle, und dort schließen sich in der Nacht die Berge sogar zusammen. Es bedarf besonderer Riten und einer geweihten Kerze, die man dort entzündet, um die Klamm gefahrlos zu durchschreiten. Hier haben wir die Klappfelsen also noch im vollen Leben, die Symplegaden als Unterweltstor, die in der alteuropäischen Epik, bei Homer, vor fast 3000 Jahren, schon zum Seemannsgarn herabgesponnen waren. Die Kultgenossenschaft erreicht die Quelle etwa um 10 Uhr nachts und beginnt nun mit den umfangreichen Vorbereitungen für den Kult, – der Herrichtung der Kultstätte, die nach den vier Hauptrichtungen geortet ist, der Speisen, der Getränke, – mehrerer Tische, die auf dem Boden gedeckt sind und von denen einer die Erde, ein anderer,

---

[14]   Heinrich Zimmer „Mythen und Symbole in indischer Kunst und Kultur", Zürich 1951, S. 234-240, T. 66–69. – Philip S. S. Rawson „Ajit Mookerjee, Tantra", Katalog der Ausstellung „Tantra Art", deutsche Ausgabe, Stuttgart o.J., S. 44-47, 106.

[15]   Rafael Girard „Die ewigen Mayas", Wiesbaden o.J., S. 101ff.

etwas höher, den Himmel darstellt. Die Officianten selbst übernehmen die Götterrollen.

In der Mitte des Erdentisches wird eine kleine Grube ausgehoben, Mitte der Erde, ihr Nabel und zugleich Vagina der Erdgöttin. Zu dem Ritual hat man auch eine Pute und einen Truthahn mitgenommen, die man bis dahin getrennt gehalten hat, und die nun, an langen Schnüren nah beieinander angebunden, anfangen, sich zu begatten, und die darin fortfahren, bis sie geopfert werden. Um Mitternacht beginnt das Himmelsritual – mit der Ladung der Götter, ihrem Herabkommen und der festlichen Speisung ihrer Officianten. Dieser Teil ist um ein Uhr beendet, und es beginnt das Erdritual. Aus fünf geortet aufgestellten Trinkschalen wird der Weihetrank in der Mittengrube zusammengegossen, und dann werden die Tiere geopfert. Über der Grube wird mit einem Messerhieb zunächst dem Truthahn der Kopf abgeschlagen; man achtet darauf, daß alles Blut in die Grube fließt; Herz, Eingeweide, Füße und Gefieder werden dazugeworfen, und dann wird dasselbe mit der Pute durchgeführt.

Im Vergleich zu dem, was wir über die Durchführung solcher Riten erfahren, ist das, was von ihrem Sinn verlautet, gewöhnlich recht dürftig. Doch vermeldet in unserem Falle der Feldforscher, es erkläre sich die „für unsere westliche Mentalität so seltsame Verknüpfung von Begattungsakt und Tod aus der Auffassung der Mayas, daß sowohl Koitus als auch Tod neues Leben entstehen lassen."[16] – Auch handle es sich bei Tun und Tod des Truthühnerpaares nicht um ein beiläufiges, sondern um ein besonders bedeutsames Ritual innerhalb des „Fruchtbarkeitskultes". Nach Auffassung der Träger des Kultes, enthüllt uns der Gewährsmann, „symbolisieren die Truthühner das göttliche Paar, das die Pflanzen hervorbringt, und müssen deshalb den Urvorgang der Befruchtung verwirklichen, …". – Für uns schließen sich an diese Mitteilungen selbstredend mancherlei Fragen an, die der Ethnologe im

---

[16] Girard ebenda. S. 106. Der Feldforscher versteht hier die westliche Mentalität allzu beschränkt; die Verknüpfung, die er seltsam nennt, ist auch bei uns die Voraussetzung von allerlei Liebessymbolik und tritt unmißverständlich in der Metapher vom kleinen Tode hervor, die in Deutschland wie in Frankreich den Beischlaf meint. – Amerikanische Belege für das Paaropfer ferner im alten Peru, wo es das „Begraben von Lebenden und von Männern und Frauen paarweise" gab – Richard Thurnwald „Des Menschengeistes Erwachen", Berlin 1951, S. 280 – und bei den Hopis in der Sage von der ursprünglichen Besiedlung ihres Landes – Frank Waters „Book of the Hopi, Ballantine Books", New York 1976, S. 66f., 337 – zwei verschiedene Fassungen von der Opferung eines sehr jungen Paares bei der Festlegung der Landesgrenze.

einzelnen nicht beantwortet. Unmittelbar einleuchten wird uns das Blutopfer aus dem dargebrachten Paar in die Vagina der Erdmutter. Erinnern wir uns nämlich an das herabströmende Blut der Durgā, so finden wir, daß auch hier im Blutopfer das ausgeborene Leben in den Ursprung zurückkehrt; Blut wird libiert, daß es sich im Keim erneure. Fragen wir des weiteren, was es bedeute, daß sich dies alles vollzieht um Mitternacht in der Unterwelt, am Urquell in der Erdenmitte, so wird uns bewußt, daß sich in unseren Frageworten selbst schon ein zentraler, menschheitlicher, nicht kulturgebundener Sinn von ferne andeutet. Auf ihn kommen wir noch zurück.

Ein Wort nur müssen wir noch, um die Erweiterung des Sinnes vorzubereiten, dem zweifelhaften Begriff des Fruchtbarkeitskultes widmen. Natürlich sind die Mayas Maisbauern, natürlich geht es in wesentlicher Weise auch um Regen und das Wachstum des Maises. Im Hinblick auf umfassende Sinndeutungen aber stehe ich dem Begriff des Fruchtbarkeitskultes mit tiefstem Mißtrauen gegenüber. Ich möchte ihn eher als eine Erfindung moderner ökonomiebedachter Forscher betrachten, die damit so etwas wie ein Produktivitäts-Zeremoniell ins Auge fassen. Natürlich *haben* die Kulte eine ökonomisch bedeutsame Seite, genauso wie sie metaphysisch, historisch, gesellschaftspolitisch, pädagogisch, psychohygienisch, erotisch, totenkultlich, medizinisch bedeutsame Seiten haben. Aber im Grunde gibt es, meine ich, nur kosmogonische Kulte, das heißt Kulte, die cyclisch die Welt von Grundauf erneuern, und sollte es irgendwo den nackten Fruchtbarkeitskult geben, so hätte ich ihn im Verdacht, bloß stückhaftes Überbleibsel eines ehedem kosmogonischen Kultes zu sein.

In Afrika bedeutete im Bereiche des heiligen Königtumes der Tod des Königs einen Stillstand des gesamten Lebens.[17] In den verschiedenen Reichen waren nicht überall dieselben Lebensäußerungen verboten, aber im Wesen stimmten diese Verbote überall zusammen. Die Staatsfeuer erloschen, die Kultstätten wurden geschlossen, verboten war die Arbeit, zumindest die Feldarbeit oder jede geräuschvolle Arbeit, die Jagd, die Fischerei, alle Lustbarkeit, Lachen, lautes Reden, Niesen, Husten, – Liebesverhältnisse, Heiraten, ja selbst die Namengebung für die Neugeborenen (dem Wesen nach ein Verbot des Gebärens). Kein Hahn durfte krähen, die männlichen Tiere muß-

---

[17] Tor Irstam „The King of Ganda, Studies in the Institution of Sacral Kingship in Africa", Lund 1944, S. 152ff. – Pechuël-Loesche, E. „Volkskunde von Loango", Stuttgart 1907, S. 155ff.

ten von den Weibchen getrennt gehalten werden, kein Ehemann durfte seiner Frau beiwohnen. Die letzten Bestimmungen sind besonders bedeutsam: der Tod des Königs traf das Leben in seinem Kern, er unterbrach den welterhaltenden Gamos überhaupt. Darum zerbrechen auch die Gesetze, eine Art Anarchie trat ein, so daß stellenweise sogar Mord und Raub straflos blieben. Insofern freilich gewisse Riten immer fortgingen, der Diebstahl nur bestimmten Gruppen freistand, das rechtliche Chaos zeitlich begrenzt war, manchenorts auf wenige Tage, kann man von Anarchie im eigentlichen Sinne nicht sprechen. Ein ritueller Sinn umfängt die gesamten Vorgänge, und die gekennzeichnete Phase hat den Sinn eines rituell dargestellten Urzustandes. „Rituell dargestellt", – das bedeutet nun allerdings nicht etwa rituelles Theater. Die Raubzüge waren wirklich, die Verluste blieben erlitten, die Tötungen geschahen leibhaft. Rituale sind wirkliche Wirklichkeit, – sie sind nicht ein Schaubild am Ufer des kanalisierten Lebens, sondern durch sie ergießt sich der Strom des Lebens selber. Hierin gründet ja auch der Sinn gerade der Menschenopfer. Tod und Tötung gehören zur Lebenswirklichkeit, mithin gehören sie auch zur rituellen Wirklichkeit. Ja, gerade durch die Opfertötungen erhält das Ritual jenes Schwergewicht, durch das es im Lebensstrome als lebenswirklich besteht. Ritualsymbolisches Geschehen ist nicht *bloßes* Symbol, nicht *veranstaltetes* Symbol, sondern die ritualisierte Wirklichkeit selbst.

Mit diesen Worten habe ich schon das gegenwärtige und das folgende Beispiel vorbereitet. In Loango, einem alten Negerreich an der Atlantikküste, heute geteilt zwischen Gabun und den beiden Kongostaaten, ging die Rückkehr aus dem ritualisierten Chaos folgendermaßen vor sich. Der neue König ließ das Staatsfeuer neu entzünden, und dies Werk mußte von einem Jüngling und einer Jungfrau verrichtet werden, die eigens dafür erzogen und behütet waren. Auf einem öffentlichen Platze, in Gegenwart von König und Hofstaat, vor versammeltem Volke und unter großem Schaugepränge mußte das Paar kudyēmba machen, – und dieses Wort bedeutet, auch gemäß einer weltweit verbreiteten stellvertretenden Symbolik, zugleich Feuerbohren und Beiwohnen. „Auf einen Wink wurden dann die beiden Ahnungslosen jählings in eine verdeckte Grube gestoßen und in rasender Eile mit Erde verschüttet. Daran beteiligten sich unter ungeheurem Gelärm möglichst viele."[18] Das neue

[18] Pechuël-Loesche, E. „Volkskunde von Loango", Stuttgart 1907, S. 170ff. – Tor Irstam „The King of Ganda, Studies in the Institution of Sacral Kingship in Africa", Lund 1944, S. 153 berichtet Vergleichbares, Paaropfer jedenfalls, noch von den Schilluk, den Jukun und den Nyamwesi.

Staatsfeuer trugen die Königsboten in Glimmstoffen durch das ganze Land. Seine Annahme bedeutete Unterwerfung, die Ablehnung ward mit der Sendung einer hellodernden Fackel beantwortet: eine Kriegserklärung; dem im Kampfe Unterlegenen wurde das Feuer gelöscht. An die Entzündung des neuen Feuers schließt sich also eine Kette symbollogischer Handlungen an. Der Königsspeer wurde wieder aufgerichtet, das Königsrecht war damit aufs neue bestätigt, das Leben nahm seinen Fortgang, der Gamos war von grundauf erneuert. Das junge Paar im ersten Gamos aber lag tot unter der Erde. Oder nicht? War es etwa im Gamos verewigt? Bedeutet die Eile, mit der es lebend verschüttet wird, daß es, immerfortlebend, des Königs Feuer erneuert, daß es im immerwährenden Gamos dieses Königsheil bildhaft erzeugt und bedeutet? –

Gerade so, glaube ich, war es, und ich möchte das mit einem anderen Beispiel aus Afrika, ebenfalls von einem Bantu-Volk, belegen. Darin wird unserem Verständnis das Wesentliche eines solchen Rituales um so leichter aufgehen, als es sich diesmal nicht um den zwiegeschlechtigen Gamos handelt, überhaupt nicht um den Sexus, sondern um den heroischen Eros zwischen zwei Kriegern.[19] Der Zulu Credo Mutwa erzählt, daß durch arglistige Intrigen zwei nahverwandte Stämme in einen mörderischen Bruderkampf verwickelt worden waren. Spät, doch nicht zu spät, kommt ihnen die Erkenntnis, daß sie, statt einander auszurotten, sich verbrüdern müssen, und es wird eine große Friedensfeier anberaumt. Ich kann hier die ungemein eindrucksvollen Einzelheiten der Feier nicht wiedergeben, sondern muß mich auf den Höhepunkt beschränken. In einer großen Felsplatte, dem Friedensstein, ist in der Mitte eine Vertiefung ausgehöhlt worden. In ihr wurde das Blut aller Krieger beider Stämme gesammelt, aus ihr haben alle einige Tropfen zu sich genommen und sich dergestalt insgesamt verbrüdert. Priester haben, einander dort gegenüberstehend, den Speer des Krieges zerbrochen, haben Worte der Versöhnung und währenden Friedens gesprochen. Zwei Häuptlingsfrauen haben auf dem Stein gestanden, haben sich gegenseitig aus ihren Kalebassen mit Wasser erquickt und sich dann umarmt. Der große Lebensreigen ist getanzt worden und zwei Szenen der Urmythe sind aufgeführt worden: die Zeugung der ersten Menschen durch den Lebensbaum und die Göttin, die Rettung des Menschenpaares aus der Urflut.

---

[19] My People „The Incredible Writings of Credo Vusa 'Mazulu Mutwa", Harmondsworth 1971, S. 86ff.

Die großartige Abschlußszene gestaltet sich folgendermaßen. Der Stein des Friedens ist in einen Schacht in der Mitte des Kraals hinuntergelassen worden. Nun werden zwei Freiwillige gesucht, zwei edle, tapfere und kräftige Krieger. Niemand von Tausenden darf sprechen, nur Zeichen sind zur Verständigung erlaubt. Schließlich tritt ein Mambo-Krieger vor, danach ein Nguni. Man hört den Entsetzensschrei einer jungen Braut. Rauhe Hände packen sie und schleppen sie beiseite. Die beiden Krieger helfen einander in den Schacht hinab, setzen sich einander gegenüber, lächeln, reichen sich die Hände, – und in rasender Eile schaufeln fünfzehn Amtsträger Erde in die Grube. Als nur noch der Kopfputz der beiden Krieger zu sehen ist, finden die Wächter der Braut, daß auch sie aufgehört hat zu atmen und legen sie mit in die halbgefüllte Grube. Rasch ist diese vollends aufgefüllt und die Erde festgestampft. Dort nimmt nun der Zeremonienmeister seinen Stand und spricht: „Sagt euren Kindern und ermahnt sie, es ihren Kindern zu sagen, daß hier inmitten des Kraales der Stein des Friedens begraben liegt. Sagt ihnen, daß hier die Mambo und die Nguni den Speer des Krieges zerbrochen und Frieden geschlossen haben auf ewig. Hier haben wir die Irrtümer von gestern begraben, und zwei tapfere Jungmannen opferten ihr Leben auf, damit ihr in Frieden zusammen leben könnt – bis ans Ende der Zeiten. Geht nun auseinander, heim in eure Hütten und nehmt in eure Hütten mit das Andenken an das, was hier geschah" –

Dieser Bericht liefert uns ein Beispiel für den unabdingbaren Sinn des sogenannten Menschenopfers und für die Wirklichkeit der Magie. Die Erdgrube bewahrt für alle künftigen Generationen das Bild von den im freiwilligen Tode verbrüderten Kriegern. Die Macht dieses Bildes ist unvergänglich und unumgänglich, es prägt den Lebenssinn der künftigen Generationen, so daß die beiden Toten fortdauernd das wirken, wofür sie gestorben sind. – Ebenso wirkt – was wir jetzt besser verstehen – das Bild der beiden Toten fort in Loango. Die fortdauernde Urzeugung des Königsfeuers, der fortwährende urzeugerische Gamos unter der Herrschaft des neuen Königs, ist in ihnen unzerstörbares Bild geworden.

Wir erfassen die Wirkungsweise eines solchen in der Erdgrube verhüllten Bildes noch genauer, wenn wir uns eines von Alfred Schuler in diesem Sinne geprägten Begriffes bedienen.[20] Es ist das Wort „Zelle", das uns sogleich an

---

[20] Alfred Schuler, „Fragmente und Vorträge", Leipzig 1940, an vielen Stellen, u.a. S. 148: „In der Urzelle ‚Kult' meldet sich alles Künftige." – Der Versuch, Schuler mit dem Hitlerismus

die Cella des Tempels erinnert, in der die Götterbilder stehen, aber auch an die biologische Keimzelle, von der die Bildungskräfte ausstrahlen. In diesem Sinne gebraucht Schuler das Wort: ein bildträchtiger, ein bildschwangerer Innenraum, der die Bildungen in der Außenwelt bestimmt. Der geheime Sinn sprachlicher und wirklicher Zusammenhänge tritt dabei aufs schönste hervor, wenn wir uns darauf besinnen, daß das lateinische Wort „cella" unmittelbar verwandt ist mit altgermanisch „helan" = verbergen, mit Hülle und Höhle, mit Hölle = Unterwelt und auch mit Halle. – Es erscheint uns nun, angesichts der afrikanischen Beispiele und mit Hilfe des Begriffes „Zelle", wie Schuler ihn geprägt hat, unmittelbar sinnvoll, zu sagen: jener Maya-Ritus, um Mitternacht, am Urquell in der Mitte der Erde, jener Tod des urzeugerischen Götterpaares, dessen Blutungen in die Vagina der Erdmutter herabregnen, – jene urbildhaften Begebenheiten in der Unterwelt, sie sind eben jene zellare Wirklichkeit, die auf das Ausgeborene, seine Beschaffenheit und sein Werden und Reifen bildhaft hinauswirkt.

Mit dem letzten Beispiel, das wir bringen, befinden wir uns wiederum in einer ganz anderen Weltgegend, in der Südsee, im ehemaligen Niederländisch-Neuguinea, bei dem höchst merkwürdigen Stamme der Marind-Anim, der für unseren auf ihr Alltagsleben gerichteten Blick im Primitiven zu verharren scheint – und der in seinen Kultfesten eine faszinierend farbige und wunderbar sinnreiche Bilderwelt entfaltet.[21] Der Kultplatz für die Einweihung der Jugend ist wie folgt hergerichtet. Seine Mitte nimmt ein Langhaus mit Satteldach ein. Quer zur Richtung des Firstes wird das ganze Haus mitsamt dem Hofraum und dem benachbarten Buschwald zur Hälfte geteilt durch einen mächtigen Blätterschirm, der noch über das Haus hinausragt. Auf der einen Seite des Schirmes und Hauses sind die Frauen und Kinder vereint, auf der anderen die Männer und die Initianden. In dem Hause liegen nebeneinander, im Abstand eines Fußes, zwei mächtige entrindete Baumstämme. Sie begleiten die Längsachse des Hauses, liegen im Frauenteil auf dem Bo-

---

zu identifizieren und dadurch die Nachwirkung seiner Befunde zu blockieren, ist fehlgeschlagen. Dazu: Hans Kasdorff, „Ludwig Klages, Werk und Wirkung", Bonn 1969, S. 764f. – Gerhard Plumpe, „Alfred Schuler", Berlin 1978, S. 179-191. – Schuler war kein „Rassist", sondern – römischer – Heide und lehnte ebenso den Hitlerschen Antisemitismus ab wie die mosaische Religion.

[21] Paul Wirz, „Dämonen und Wilde in Neuguinea", Stuttgart 1928, S. 282-284. Ders., „Die Marind-Anim von Holländisch-Süd-Neu-Guinea", Abh. a. d. Gebiet der Auslandskunde, Hamburg 1922-25, Tl. III, S. 40ff. – Dr. J. van Baal, „Dema, Description and Analysis of Marind-Anim Culture (South New Guinea)", The Hague 1966, S. 569-588, vgl. auch S. 540.

den, durchbrechen die Blätterwand im Innern und die Giebelwand der Männerseite und lasten dort draußen auf einem Querbalken, der seinerseits auf drei Gabelpfosten gelagert ist. Die zwei großen Stämme, Uk-Balken genannt, stellen die beiden rituellen Stammeshälften dar; diese sind gegeneinander mann-weiblich polarisiert und sind exogam, – das heißt Heiraten sind nicht innerhalb einer Hälfte möglich, sondern nur zwischen beiden. Ein wichtiges Festzubehör stellen die Schwirrhölzer dar, jenes weltweit verbreitete Musikinstrument, das besonders in der Südsee und in Australien kultische Bedeutung hat. Unter ihnen sind zwei ausgezeichnete, von denen eines die Stimme des Festgottes, das andere, kleinere, die seiner Frau hören läßt. Auch Bambustrommeln werden verwendet. Vor dem mittleren Gabelpfosten liegt eine Kokosnuß, in die ein Mannsgesicht eingeschnitten ist, – das ist Babé, der Festgott, – eine zweite Nuß vertritt sein Weib. Das gesamte rituelle Geschehen spielt sich auf der Männerseite ab, – so scheint es uns. Aber die Frauen haben *akustisch* daran teil. Sie hören das große Schwirrholz und wissen, daß Babé gekommen ist; sie hören, wenn die Initianden geschlagen werden, und wissen, daß Babé das tut. Die Seele der Frauen ist die Schaubühne, auf der sich, aufgeregt durch die Töne, das wahre Urbild des rituellen Geschehens abspielt. Dies unter anderem ist der Sinn des großen Schirmes, der „die ganze Welt" in zwei polare Hälften teilt. Wobei es von höchster symbolischer Wichtigkeit ist, daß die Uk-Balken auf der Frauenseite der Erde aufliegen, während sie auf der Männerseite emporgestemmt sind.

Es ist nun aber äußerst merkwürdig, daß parallel mit dieser Scheidung im sichtbaren Bereich – in der Nacht und im Buschwald die Getrennten während des ganzen Festes im rituellen Beilager vereint sind. Dies entspricht ja auch ganz und gar den die Scheidewand durchbrechenden Uk-Balken. Nach einem Bericht haben dabei die Frauen Gesicht und Oberkörper mit Matten bedeckt, bleiben also, nur als empfangender Schoß, so namenlos wie der Wald und die Nacht. Die Geschlechtssekrete von Mann und Weib werden gesammelt, mit Wasser vermischt und stellen ein Lebenswasser dar, das als ein mächtiger Urstoff zu allerlei belebenden Handlungen verwendet wird. Insbesondere werden die Trommeln und die Schwirrhölzer damit bespritzt, die Initianden damit gesalbt. Schon tritt hierin ein Motiv auf – Vereinigung von männlicher und weiblicher Lebenssubstanz im Schoße der Nacht –, das mit dem Maya-Ritual verglichen werden darf.

Die Initianden nehmen zunächst an dem Beilager nicht teil, sondern erst auf dem Höhepunkt des Festes. Was da nun geschieht, ist schwer mit einer

Zunge zu verlautbaren. Hören wir zunächst, was man dort vernimmt, wo die Uk-Balken auf dem Boden liegen. Alles Vorbereitende ist beendet, die jungen Burschen haben gefastet, waren Speisetabus unterworfen, haben die Enthüllung des Schwirrholzes erlebt, lernten selber es zu schwingen, die Trommeln zu schlagen, die Rituallieder zu singen. Nun wird unter den Uk-Balken ein Lager aus Eukalyptusrinde bereitet, einige mit Öl und Farbe eingeriebene Mädchen werden dorthin geführt, und die Initianden liegen ihnen nach und nach bei. In einer bestimmten Nacht werden während eines solchen Beilagers alle Musikinstrumente zum Tönen gebracht, die Männer erheben ein gewaltiges Gebrüll, von einigen auf dem Hofe stehenden Kokospalmen lassen sie Nüsse herabpoltern und zugleich reißen sie die Stützen unter den Uk-Balken weg. Die Stämme brechen herab und zerschmettern das unter ihnen liegende Paar. – Im voraus, sagt uns der Berichterstatter, weiß niemand, wer das Festopfer sein wird; auch die Eingeweihten hegten keine persönliche Absicht. – Die Leichen des Paares werden unter den Stämmen hervorgeholt und von den Männern und den neu Initiierten verzehrt.

So vollzieht sich dies dem Inbilde nach, so wurde es unserem ersten Berichterstatter, Paul Wirz, der ja auch „vor dem Schirme" blieb, erzählt, und jahrzehntelang hat auch die Forschung das von ihm Berichtete als Tatsache hingenommen. Erst später sind den Feldforschern Bedenken gekommen, und man schenkt heute der Marind-Versicherung Glauben, daß es bei ihnen weder rituellen Kannibalismus noch die Aufopferung eigener Stammesgenossen je gegeben habe. Was tatsächlich geschieht, ist, daß jene Kokosnuß, die Babé darstellt, mit einem einzigen Hiebe zerschmettert wird und ebenso jene andere, die sein Weib bedeutet. Das Fleisch der Nüsse wird in ritueller Weise verzehrt, auch begibt sich ein alter Mann mit einigen Stücken in den Frauenteil und befeuchtet die Stirn der Kinder und der Kranken mit der eropferten Kokosmilch. Van Baal, ein ausgezeichneter Kenner der Marind, dem wir diese neue Einsicht verdanken, ist aber nach wie vor der Überzeugung, daß das von Wirz Berichtete das eigentlich sinnträchtige Inbild der rituellen Verrichtungen darstelle. Auch verstehen wir, daß wirklich *beiderseits* des Schirmes das Götterpaar unter der Zeugung zerschmettert wird, und das Motiv der vermischten Geschlechtsekrete tritt zum andern Mal in Erscheinung, wenn das geopferte Paar von den Kultteilnehmern einverleibt wird. Indem aber hier wie dort die Geschlechterspannung, die Polarisierung der Welt zusammenbricht zugunsten des fruchtbaren Urstoffes, brechen auch die Uk-Balken nieder, – das heißt auch die Spannung zwischen den Polen der Gemeinschaft bricht momentan zusammen, – natürlich in dem positiven Sinne, daß sie sich im Fortgang des Rituals zu erneuerter Kraft aus dem Chaos wieder auferbaut – ganz wie in jenem afrikanischen Königsritual von Loango.

Indem wir lediglich auf derlei Hauptzüge hinweisen, entgeht uns freilich die ineinandergewirkte Fülle des Gesamtgeschehens. Läßt sich nun diese auf wenigen Blättern auch von weitem nicht erschöpfen, so möchte ich doch wenigstens *ein* Motiv noch hervorheben, in dem der Symbolreichtum urvölkerlicher Feste in all seiner Pracht und mit all seiner Sinnbegabung mächtig hervortritt, – nämlich die Symbolik der Kokosnuß. Die mit dem Zusammenbruch der Uk-Balken zugleich herabgeschleuderten Kokosnüsse sind untergehende Sonnen, und die Sonne geht unter zum nächtlichen Beilager mit der Erdgöttin, – beide sind selbstredend ihrem Wesen nach auch in den Stammeshälften enthalten. Aber auch das Totenritual hängt mit dieser Einzelheit des initiatischen Rituales zusammen: beim Tode eines Mannes wird sein Kokosgarten tabuiert. Die Nüsse werden nicht mehr gegessen, sondern man läßt sie herunterfallen und keimen: Die Totennuß ist nicht mehr Speise, sondern zeugerische Ursubstanz. Aber die abgeschüttelten Nüsse sind auch die abgeschlagenen Köpfe der Kopfjagd, und auch der abgeschlagene Kopf ist neues Leben: sein Name wird dem neugeborenen Marind-Kinde gegeben. An die Initiationsfeier aber schließt sich ein Auszug zur Kopfjagd an – zur Erbeutung lebenverleihender Namen.

Mit dem Symbol der Nuß habe ich auf die eigentliche, aus zahlreichen Fäden gewobene Lebensfülle des Rituals wenigstens hinweisen wollen; von vielerlei anderen sinnreichen Einzelzügen müssen wir absehen. Trotzdem bleibt uns, meine ich, ein großartiger Eindruck von dem kosmologischen Zauberwerk der Marind-Anim. Wir nehmen ihn zum Anlaß, um abschließend und zusammenfassend zu sagen, daß in diesem Ritual, wenn die herunterbrechenden Uk-Balken das zeugerische Götterpaar erschlagen, wohl am stärksten zwei Grundzüge des Zeugungsopfers hervortreten, die wir mit zwei bedeutungsträchtigen lateinischen Formeln benennen können: „coincidentia oppositorum" – das Ineinanderfallen der Daseinspole – Mann und Weib, Tod und Leben, Himmel und Erde – und „corruptio rerum" – der Zusammenbruch der Dingwelt, ein alchemistischer Begriff, der das Chaos als Durchgangsstätte des „Großen Werkes" bezeichnet, – des Werkes, an dessen Ende der Lapis entsteht – als Heilmittel, wie die Formel lautet, für Menschen und Metalle. – Mit diesen Worten wären wir dann auch nach Europa zurückgekehrt, zu Francis Bacon und zu unserem anfänglichen Salbenrezept.

INITIATION

[Erschienen in „GORGO". Zeitschrift für archetypische Psychologie und bildhaftes Denken, Heft 8, Jg. 4, Verlag Adolf Bonz GmbH Fellbach-Oeffingen, S. 1–62]

Durch nichts unterscheidet sich das späteuropäische Menschentum wohl stärker von dem der eigenen Vorzeit und dem seiner urvölkerlichen Umwelt – so lange sie noch heil war wie etwa vor zweihundert Jahren – als dadurch, daß jenes andere Menschentum insgesamt ein geweihtes war, daß alle Welt und Vorwelt von Geweihten bevölkert war. Die späteuropäische Menschheit dagegen ist weihelos und ihre Welt infolgedessen entweiht. Daher werden wir, wenn wir im Folgenden uns mit einigen Weihungen der Urvölker und Alteuropas befassen, in der dazu gegensätzlichen Weihelosigkeit Neu-Europas eine der Hauptursachen erblicken dürfen für seinen kläglichen Zustand, – nicht nur für das weisungslose Dahintaumeln am Rande der totalen Katastrophe, sondern auch für den Mangel an Sinn in Kunst und Wissenschaft, für die Werte-Armut in Erziehung und Ausbildung, für die Hohlheit aller Ersatzbefriedigungen, zu denen der Mangel an ursprünglich kultureller Fülle treibt. Während die Kulturen, die ihre jungen Menschen einweihten, also die initiatischen Kulturen, wie wir sie nennen wollen, keinen Jugendlichen aus der Kindheit entließen, ohne ein kosmisches Sinnerlebnis in seiner Seele einwurzeln zu lassen, strebt umgekehrt die neuzeitliche Ausbildung in unfaßlicher Borniertheit dahin, jede eigentliche Erziehung zu verpönen und ein wertefreies pluralistisches Menschentum zu erzeugen – mit der Vorstellung, daß der so beschaffene Mensch in unbeeinflußter Weise Werte abzuwägen imstande sein müsse. Als ob jedermann zum axiologischen Theoretiker bestimmt sei, als ob Wertbestimmung überhaupt möglich sei ohne ein Urerlebnis von Grundwerten, als ob ein Individuum allein aus sich ein ganzes Kulturgefüge zustande bringen könnte. –

Schon vor 150 Jahren verurteilte ein verschollener schwäbischer Mystiker unser gesamtes Erziehungssystem mit den Worten: „Statt ... den Menschen von Jugend auf zu leiten, daß er sich in die Weisheit und von dieser in die Wahrheit hinein*lebe*, treibt man ihn mit Mühe und Frevel in den Händen, sich hineinzu*lernen*!"[1] – Wir müssen nur noch hinzusetzen, daß der junge Mensch in wesentlichen Dingen unbelehrbar ist, daß er in Lebensfragen die Erfahrungen der älteren Generation verstandesmäßig nicht zu übernehmen gesonnen oder fähig ist, daß er darin erst selbst seine Chancen und Rückschläge *erlebt* haben muß, – um zu erkennen, daß in den grundliegenden Anliegen der Schicksalsweisung und Charakterbildung unsere sogenannte Erziehung einen schweren Stand hat. Wir sind wohl imstande, das Hirn des Reifenden mit einem gewissen Begriffs- und Formelinventar auszustatten (und es gibt ja in der Tat didaktische Theorien, die sich toto coelo darauf beschränken wollen) – aber wir sind nicht imstande, dieses Inventar mit dem, was reift, und dem, in dem es reift, in einen lebendigen Zusammenhang einzufügen, der mit dem Wachstum zugleich seinen weltgeschichtlichen Sinn lebendig macht, – was zu dem umfassenderen Ergebnis ja nötig wäre.

Es ist unter diesem Gesichtspunkt höchst bezeichnend, daß die grundlegende Verflechtung des Einzelmenschen in das Gewebe von Zeugung und Geburt als eine „Aufklärung" vermittelt wird, als Erlernen von Vokabeln und Tatsachen – „the facts of life", wie man im Englischen ironischerweise sagt –, unter Auslassung des Sterbenmüssens, wie sich versteht, also unter Vernachlässigung dessen, was über den engbegrenzten, der Verdinglichung fähigen Kreis hinausliegt. In der urvölkerlichen Erziehung aber, das heißt uns jetzt: in der Jugendinitiation der rituellen Kulturen, kann beides gar nicht anders als verbunden für den Jugendlichen erscheinen, denn das Ritual drückt immer zugleich den Sinn des Menschseins mit aus.

Zu einem Vergleich der Kulturen ist heute wohl am besten der gebildete nordamerikanische Indianer imstande, da er nicht nur die indianische Kultur und die Yankee-Zivilisation zugleich vor Augen hat, sondern auch über die Begriffe verfügt, mit denen er den Gegensatz ausdrücken kann. So bekräftigt ein Medizinmann der Schoschonen es geradezu, daß „Wahrheit nicht in Worten ausgedrückt werden könne, sie könne nur erlebt werden, und dann kommst du vielleicht dahin, zu wissen." Noch treffender wäre es wohl, hier das Wort „truth", „Wahrheit", mit Wirklichkeit zu übertragen, und dann hieße es an einer anderen Stelle: „Der Rollende Donner hatte mir von Anfang an erklärt, daß niemand die Wirklichkeit („truth") erklären könne wie eine

---

[1] „Interessante Nachrichten von einer Somnambüle eigener Art in Großglattbach"; mitgeteilt von J. R. – richtig: Georg Albert Adam – Siglen, Königl. württemb. Kameralverwalter. Ulm 1848...Zweite –(Titel-)Auflage. Erste bis dritte Abtheilung. Abth. I, S. 202.

Maschine."[2] Angesichts solcher Worte erscheinen alle unsere Erklärungen und Aufklärungen, die wir als wesentliche Bestandstücke unserer Menschenbildung verwerten, als völlig wirkungslos in jeder wesensbezogenen Hinsicht, als Hirnbestände, die in allen Entscheidungsfragen, in allen schicksalhaften Lebenswenden, für alles Wachstum und alle Reife ohne Keimkraft und Richtweisung bleiben.

Dieser Wirkungslosigkeit des Angelernten auf der einen Seite entspricht auf der anderen die Ohnmacht der Initiierten, soweit es deren in dem gegenwärtigen Zustand noch gibt. Auf welchem Wege immer der einzelne eine gewisse Weihe erlangt und wie tief oder flach er davon durchdrungen sein mag[3], – er hat doch dadurch in der Gesellschaft keinen Stand, und er geht doch die Allgemeinheit nicht aus diesem Grunde etwas an. Vielmehr scheint es umgekehrt gerade so zu sein, daß Initiation das Ausscheiden aus der gegenwärtigen Verfassung bedeutet, jedenfalls derjenigen Persönlichkeitsanteile, die in besonderem Maße der Weihe teilhaft sind, und den Eintritt in ein Außenseitertum, das einflußlos bleibt und bei dem man fast sagen könnte: je initiierter desto wirkungsloser, je höher die Weihen, desto niederer der Stand. In der Umkehrung würde das bedeuten; je desecrierter, je profaner der innere Sinn, desto höher die Auctoritas. Von dem Behaupteten gibt es freilich noch eine einzige Ausnahme, den Priesterstand unserer Kirchen, in dem durch eine ununterbrochene Reihe von Handauflegungen die Weihe auf den Religionsstifter selbst zurückführt. Doch besitzt diese Weihe ihr eigentliches Gewicht nur innerhalb von Grenzen, während außerhalb von diesen der „Stand" auf eine ganz andere Weise gegründet ist, etwa in der Herkunft oder der „Popularität" des Betreffenden. Ein typisches Beispiel für diesen profanen Zugewinn zum Weihestand wäre der Beichtvater, der sich zum Psychotherapeuten ausbilden läßt. – Indem wir so zu wesentlichen Lebensfragen der Moderne Stellung nehmen, wird uns bewußt, wie zentral das Thema der Initiation ist, obwohl es zugleich antiquiert erscheinen mag. Versichern wir uns zunächst jedoch der Grundbegriffe.

Was bedeutet Initiation, was Kultur? Dem Wortinhalt nach heißt Initiation, auf einen Weg geführt zu werden – „in-ire" –, und es ist in der Tat merkwürdig, daß Initiation in vielen Kulturen, unter anderem, aber doch in we-

---

[2] „Rolling Thunder", by Doug Boyd, Delta books 1979, S. 71, 198.
[3] Die Geschichte einer heutigen, spontanen Initiation in dem autobiographischen Werk: Elisabeth Heich, „Einweihung", Thiele 1960.

sentlicher Weise, darin besteht, in einen bestimmten Weg eingeführt zu werden, – und das heißt auch, Schwellen zu überschreiten, Tore zu eröffnen, Bereiche zu betreten, – und der Begriff Bereich enthält die Merkmale des Abgegrenztseins und einer bestimmten eingeschränkten Offenheit – eben dort, wo sich Tor und Schwelle befinden. Rein raumhaft ausgedrückt und damit allerdings schon verbesondert: Initiation ist das erstmalige Beschreiten eines Kultweges, das Überschreiten eines Hegungsringes an der ungehegten oder enthegten Stelle des Ringes und das Betreten eines geweihten Bezirkes – auf jenem Wege und über jene Stelle.

Wir werden uns von dem Wortsinn „in-ire" nicht verleiten lassen zu einer bloß raumbezogenen Anschauung von der Initiation. Wohl aber wollen wir festhalten, daß derartige räumliche Bewegungen allerdings in wesentlicher Weise zu vielen Initiationen gehören und daß sie vielerlei Arten der Initiation auch zutreffend raumsymbolisch spiegeln. Darum haben sich auch Spätformen solcher Wegbegehungen erhalten, deren initiatischer Charakter auf den ersten Blick als solcher gar nicht zu erkennen ist – wie die „tour de l'Europe" beim jungen Adelsherrn vor 1800 – oder auch die Mulusreise des Schülers nach der Reifeprüfung und vor dem Beginn des Studiums. Gehen wir etwas tiefer in die Ursprünge und in die Bedeutung zurück, dann finden wir dort, aber noch bis in unser Jahrhundert hineinreichend, beim Handwerksgesellen nach dem Abschluß der Lehrzeit die Wanderjahre, zu denen er verpflichtet war und ohne die er nicht Meister werden konnte. Die Wanderung, die Walz, ging oft über die Reichsgrenzen hinaus, womöglich gar bis zu den Zentren Rom und Jerusalem, und sie war, unter diesem Gesichtspunkt betrachtet und im Hinblick auf ein altes Weltbild, eine wirkliche Reise in die Welt.[4] Und welthaften Sinn muß die Initiandenfahrt, um eine solche zu sein, auch haben.

Noch tiefer in der Zeit stoßen wir auf das mittelalterliche Abenteuer, die „aventiure", ein Wort, das Begebenheit, Ereignis, Erlebnis, Zufall und Geschick bedeutet und auf das durchsichtige spätlateinische Wort „ad-ventûra" zurückgeht, also auf ein Entgegenkommendes, was ja alles in den angegebenen Bedeutungen darin liegt. Indem der Ritter auf Abenteuer ausreitet, setzt er sich der Möglichkeit aus, wesentliche oder gewinnbringende Begegnungen zu haben. Der Gewinn ist freilich eigener Art. Es geht nicht darum, nicht in erster Linie darum, Gold und Land zu gewinnen, einen Schatz und ein Reich – das mag freilich oft die Folge des ersten Gewinnes sein –, sondern dieser

---

[4] Eugen Weiß, „Die Entdeckung des Volks der Zimmerleute", Jena 1923, S. 50.

erste Gewinn zeigt sich unmittelbar vor der Spitze des eingelegten Speeres – in zweierlei Weise. Ist der Lanzenstich auf den Wappenschild des Gegners gerichtet, so ist er darauf angelegt, zu erwerben, was der Schild repräsentiert: den Stand des Gegners in der Rittergesellschaft, das heißt, dessen eigenen Ruhm, der mit dem erfolgreichen Stich auf den Sieger übergeht. Letzten Endes wird der Ruhm aber erst hinter dem Schilde, in der Brust des Gegners entbunden und gewonnen – ein altes Blutopfer als Lichtraub. Der strahlende Ruhm hat zur Voraussetzung die Niederringung des Gegners, das Anzapfen, das Ausbluten seines Herzblutes. So sehr diese Anschauung in der hochmittelalterlichen Dichtung schon literarisiert ist, so sicher hängt sie doch mit einem uralten Sinn der initiatischen Abenteuerfahrt zusammen; sie zielt nicht ab auf die Eröffnung eines geweihten oder heiligen Bezirks, letzten Endes der Welt, sondern auf den Erwerb einer Substanz, die auf keine andere Weise errungen werden kann, als indem man das eigene Leben aufs Spiel setzt. Damit gelangen wir in sehr tiefe, wesentliche Bezüge – und haben es doch offensichtlich noch immer mit einer Spätform zu tun.

Die Forderung, daß der Initiand einen Gegner töte, damit eine solche angebahnte oder auch schon vorläufig abgeschlossene Initiation vollendet werde, begegnet uns in sehr weiten Bereichen. Wir finden sie ausdrücklich bezeugt bei germanischen Stämmen, aber auch sonst bei vielen Völkern in der Welt.[5] Das zu tötende Wesen muß indes nicht ein Mensch, es kann auch ein wildes Tier sein; auf diese Weise gewänne der Mann sein Wappentier und machte sich dessen Wesen zu eigen, eine initiatische Bedingung, die ebenfalls in Germanien sowohl als geschichtliche Nachricht wie in der Sage überliefert ist.[6] Oder er muß ein „Ungeheuer" töten, was immer dies sein mag, und damit wären wir zu dem ältesten Zeugnis einheimischer Initiationen gekommen, nämlich zu den Volksmärchen. Denn in vielen altererbten Märchen erscheinen die bisher erwähnten Wesenszüge der Initiation als Hauptbestandteile der epischen Handlung.[7] Der Held betritt einen Weg, dessen Ende er nicht absieht, manchmal durch Wegweiser noch besonders angezeigt, die in jeder Richtung fast unumgängliche Lebensgefahren ankünden. In der Tat geht der Held dem Tode entgegen, vielfach bis in einen

---

[5] Tacitus, „Germania" c.31. – Ad. E. Jensen, „Über das Töten als kulturgeschichtliche Erscheinung", in: „Mythe, Mensch und Umwelt", hrsg. v. dems., Bamberg 1950, S. 23-38.

[6] „Das alte Germanien. Die Nachrichten der griechischen und römischen Schriftsteller", hrsg. von Wilhelm Capelle, Jena 1937, S. 372. – Wolfdietrich A, Strophe 425.

[7] V. I. Propp, „Le radici storiche dei racconti di fate", Torino 1949.

Bereich, wo die auf Pfähle gesteckten Köpfe derjenigen, die vor ihm dort gewandert sind, und der eine noch leere Todespfahl nun doch das Ende des Weges zu bezeichnen scheinen. Doch just auf diesem Wege hat der Held die Mittel und die Helfer gewonnen, die zur Bewältigung der Aufgabe gereichen, und dergestalt fällt ihm schließlich als Preis sein eigenes gesteigertes Leben zu – oft als die Braut, die zugleich das Reich, die Herrschaft bedeutet, – und sicher ist die Braut in manchen Märchen gar nicht als eine Person zu deuten, nicht als die Erbtochter eines politischen Reiches, sondern als ein Sinnbild für die Krone des Lebens, in deren Besitz die Initiandenfahrt den Jüngling führt und die sich allerdings auch in der strahlend schönen Braut leibhaft darstellen kann.

Wir haben damit einen vorläufig einführenden Weg in die Initiation begangen, müssen nun aber noch einmal zurückwenden zu der abstrakteren Betrachtung, mit der wir eingesetzt haben. Was bedeutet Initiation? Sie bedeutet einen Wandel von grundauf im Selbstgefühl und im Weltverhältnis, und er wird herbeigeführt durch erprobende und prägende Begegnungen und Erlebnisse, die meist auch untermalt und vertieft werden durch Unterweisungen, die Initiierte erteilen und die Dasein deuten und Kenntnisse vermitteln, und durch Übungen, die mit lebendigen Fertigkeiten begaben. Oft ist die Unterweisung nicht lehrhaft bezogen auf Sachen und künftige Taten, sondern ist episch und bezogen auf ehemalige Geschehnisse, zumal auf initiatische Geschehnisse. Das initiatische Geschehnis par excellence ist diejenige Urzeitgeschichte, die schildert, wie der Gott sich selbst, die Welt und den Menschen initiierte, – eine erste Initiation, die zugleich das Vorbild abgibt für alle weiteren Initiationen. In ihr findet der Initiand eben sich selbst und was mit ihm geschieht, gespiegelt und versteht auf diese Weise sich selbst und seine Welt. Sich selbst bedeutet: sein Leben, seine zeugerische Kraft, seine Schicksalsweisung und seinen Tod, – und seine Welt bedeutet: einen ihm zugewandten und mit ihm zusammenwirkenden Kosmos helfender, hegender und nährender Wesen – und am Ende jene Doppelwelt aus gelichteter Gegenwart und aufleuchtender Ewigkeitswelt, in der Urzeugung und Untergang coincidieren.

Die initiatische Wandlung bedeutet die Umprägung des Vormenschen mit vorläufigem Weltverhältnis in den eigentlichen Menschen, der sich in der voll verwirklichten Welt findet, die von ihrem Sinn getragen wird. Erst diese Wandlung befähigt den Menschen, im vollen Sinne lebendig zu sein, alles, was er tut und erlebt, mit Sinn zu tun, und als Gewandelter vermag er auch erst die Aufgaben zu erfüllen, die Leben und Gemeinschaft ihm stellen. Nun erst ist er zu Amt und Aufgabe befähigt, und diese Fähigkeit ist oftmals nicht nur selbstverständliches Ergebnis der Wandlung und Unterweisung, sondern sie wird ihm häufig zuteil in Gestalt besonderer Mittel oder eines Schatzes, wie wir das eben genannt haben. Dieser Schatz stellt oft ein besonderes Vermögen dar: zu erjagen, zu siegen, zu heilen, zu zaubern, und es kann verankert sein in stofflich erworbener oder ererbter Gestalt: als Fetisch, als Talisman, als Medizin, als Tracht, als Maske – oder auch als Wort in Lied, Jagdruf, Zauberspruch und Kriegsgeschrei. Darin und dahinter liegt indes oft noch die Bindung an wohlunterscheidbare seelische Mächte: die Hilfsgeister, das Individualtotem, das heißt an einen hilfreichen Tiergeist, einen Toten, den Ahnen, einen Dämon oder auch an den Gott.[8]

Haben wir mit diesen Sätzen einen allgemeinen Begriff vom Initiiertwerden bekommen, so müssen wir dazu noch eine Vorstellung von dem Rahmen gewinnen, in dem Initiation allein vor sich gehen kann. Wir verstehen den initiatischen Wandel nicht, wenn wir die Welt nicht kennen, die ihm den Sinn verleiht, – das heißt, wir müssen uns ein Bild machen von der Kultur oder den Kulturen, in denen Initiation im eigentlichen Sinne möglich ist. Unter Kultur verstehen wir das gestalthafte Sinn-Ganze, in dem menschliche Gemeinschaften leben, in dem sie im Einklang sind mit ihrem Wesen und ihrer Welt und das in seinen Gestaltungen auch fruchtbringend auf Gruppen und einzelne zurückwirkt. Dabei verstehen wir Welt sowohl als die umweltliche Natur wie als die in dieser Natur erlebte Welt der Wesen und des Wesentlichen, die ihr Sinn verleihen und die ihr Nebeneinander zum Kosmos machen. Wir können dann auch kurz sagen, Kultur sei der gestalterisch-schöpferische und sinngebende Einklang einer menschlichen Gemeinschaft mit dem Kosmos. In der Jugendinitiation erkennen wir dann die innere Prägung des Jugendlichen und seine Begabung durch die ereignishaft eingeführten Hauptgestalten seiner Kultur. Wir dürften statt Hauptgestalten auch sagen: Sinnbilder oder Symbole, nur müssen wir diese dann nicht als eine abgezogene, verdünntere Darstellung der Wirklichkeit ansehen, sondern müßten sie gerade als die wesentliche, in Bildern sich darstellende Wirklichkeit des Sinnes selber verstehen, eines Sinnes, der sich auch angesichts solcher Sinnbilder

---

[8] Zur Definition der Initiation siehe unter anderem: Arnold van Gennep, „Les rites de passages", Paris 1909. – Mircea Eliade, „L'initiation et le monde modern", in: „Initiation, Contributions…", ed. by Dr. C. J. Bleeker, „Studies in the History of Religions", Supplement to Numen, X, Leiden 1965, S. 1-14.

rein definitorisch, verbal nicht erschöpfen läßt, der sich vielmehr mit dem Versuch, ihn sagbar zu machen, eher verflüchtigt. Da wir stets dazu neigen, den Symbolbegriff rein im Hinblick auf Bedeutungen zu definieren, nicht, ihn mit Wirkungen zu verbinden, so sei hier eine Kennzeichnung von Ludwig Klages angeführt, die zwar poetisch klingt und den Logikern nicht durchsichtig genug erscheinen mag, die aber doch ein für allemal klarstellt, daß symbolische Begegnungen sich nicht in Bedeutungswahrnehmungen erschöpfen. Vielmehr liegt in ihnen die Kraft, Wandlungen und Ereignisse auszulösen, und dies ist es ja eben auch, was sie durch ihr Auftauchen innerhalb der initiatischen Begebenheiten bewirken. Symbole, heißt es nämlich bei Klages, „sind Achsen, um die zu unabsehbaren Wirbeln Seelenstoff zusammenschießt."[9]

Aus dem Gesagten ergibt sich, daß es zu einer wahren Initiation einer Gemeinschaft bedarf und einer Kultur. Diese Bedingung wäre selbstredend auch dann erfüllt, wenn diese gemeindliche Kultur bloß eine Enclave ist in einer fremden Kultur oder auch in einer lediglich zivilisierten Umgebung. Beispiele bietet die Geschichte der Kulte genügend. Es sei an die vielfältigen Kultgemeinschaften des ausgehenden Altertums erinnert, unter ihnen an den verbreitetsten, den Mithraskult mit seinen stufenweisen Weihungen zu den höheren Graden; an die Alchemisten-Gemeinde des mittleren Zeitalters und bis in unsere Gegenwart hinein – mit ihren merkwürdigen Initiationen: anfangs auf der religiösen Stufe der Allgemeinheit, dann mit eigener Vertiefung durch das Lesen der Weisheitsschriften, verbunden mit dem immer erneuerten Anlauf zum Großen Werke – und schließlich in der letzten initiierenden Führung durch einen Meister, einen lebenden oder toten.[10] Endlich sei auf die seit hundert Jahren in England wieder auftauchenden druidischen, magischen, hexerischen, diabolischen Gemeinden hingewiesen, deren Feste im unvereinbaren Widerspruch zu der modernen Cliché-Welt stehen. Wir wollen derlei Enclaven jedoch völlig außer acht lassen und uns zumal den Kulturen zuwenden, die für ihre Glieder noch die ganze wirkliche Welt umfaßten; in denen sich der einzelne nicht als den vielflächigen Kern ineinandergeschachtelter Interessenverbände, Ränge und Stände vorfand, sondern als den Nestling des Weltalls erlebte oder als eigentlichen Einwohner der Welt unmittel-

---

[9]   Ludwig Klages, „Stefan George", Berlin 1902, S. 16.
[10]   Alexander von Bernus, „Alchimie und Heilkunst", Nürnberg 1948, S. 6, 94. – Ders., „Das Geheimnis der Adepten", Sersheim 1956, S. 17.

bar, als wahren Kosmopoliten – mit einer Hauptverantwortung nicht gegenüber Genossen, Oberpriestern, Sektenführern oder Häuptlingen, sondern vor dem Kosmos insgesamt, so daß auch die geringste seiner Handlungen von kosmischem Sinn durchdrungen war, – ein Zustand des Menschen und der Gemeinschaft, von dem wir nur noch träumen können, der aber einstmals wahrhaft verwirklicht war und von dem wir zu unserer Zeit noch einige Trümmer vorfinden.

Zu erläutern ist, inwiefern diese alten Kulturen wirklich weltumfassend genannt werden können, zumal im Hinblick auf die Einordnung der anderen, scheinbar nicht mit umfaßten Menschen. Nun, auch diesen wird eine entsprechende Rolle zugewiesen. Ist die Kultur der Nachbarn nahverwandt, so kann sie als homogene Fortsetzung der eigenen Sinnfigur gedeutet werden und ihre Symbole als sinngleich mit den eigenen. Gibt es dort beispielsweise die gleichen oder einige gleiche Totems, so erblickt man darin mit Recht eine wirkliche Verwandtschaft. Erscheint der andere dagegen oder darüber hinaus als Feind, so ist damit ebenfalls eine welthaltige Rolle für das eigene Sinnsystem bestimmt. Da die kriegerische Begegnung und insbesondere der initiatische Kampf rituell eingeordnet sind, so umfaßt das Kulturbild auch den Fremden in einer kulturgemäßen Rolle mit, in diesem Falle als den rituell notwendigen Gegner, als den die eigene Lebensleistung steigernden Feind, als den Ruhm und Sieg erst möglich machenden zu Besiegenden, letztlich als das Opfer. So wenig sympathisch uns heute kriegerische Kulturen, Kulturen mit Menschenopfern dünken mögen, so genau sollten wir uns andererseits auch daran erinnern, daß es dort den welt- und lebensbedrohenden Machtkampf, das Ideal der Ausrottung nur ausnahmsweise gibt; denn ein so beschaffener „Sieg" beraubte die Kultur nicht nur ihres Gegners und damit künftiger Siege, sondern wäre auch ein verpönter Eingriff in den Kosmos, der Harmonie ist und gebietet – und daher auch „des Gegenstrebigen Fügung", die Harmonie in den Feindschaften fordert und fördert; aus diesen Spannungen entspringt, wie Heraklit andeutet, der kosmische Wohlklang (fr. 51).

In diesem Zusammenhang wäre zu erinnern an die Kopfjägerkulturen, die im Feindeskopf ihre Steigerung innerer Lebensmächtigkeit erringen, und etwa an die Azteken, die in vereinbarten Gefechten, in den Blumenkriegen, wie sie genannt wurden, sich die notwendigen Menschenopfer zur Machtsteigerung ihrer Götter erkämpften.[11] Zu diesen Musterbeispielen gibt es vielerlei

---

[11] G. C. Vaillant, „The Aztecs of Mexico", London, Penguin 1953, S. 108 f., 214 f.

verwandte rituelle Feindordnungen. Besonders merkwürdig erscheint die Einordnung des Feindes im altägyptischen Reich, da in seinem König zwei Götter verkörpert waren, von denen der eine, Horus, der Gott des Heimatlandes war, der andere aber, Seth, der Herr der Fremdländer. Auch gibt es schon in der ältesten Zeit und bis über die Ramessiden hinaus typisierende Bilder, in denen der Pharao dem Herrscher des Auslandes den Schädel zerkeult, ein bildhaftes Machtopfer, die eigentliche Verwirklichung eines wie immer errungenen, wie zweifelhaft immer real sich darstellenden Sieges. Jedenfalls aber bedurfte es, um dergestalt die eigentliche Königsrolle in Ägypten zu ersiegen, eines dem Heimatlande polar zugeordneten Feindlandes.[12]

Schenkt eine initiatische Kultur dem Initianden ein abgerundetes Bild der Welt, an dem er selbst bildend, und wo es gestört ist, aufs neue ordnend mitwirkt – und verstehen wir darunter das umfassende Eingelebtsein in der Welt, so müssen wir das, was wir über die Weltunmittelbarkeit des einzelnen gesagt haben, noch näher bestimmen und teilweise einschränken. Im eigentlichen Sinne verwirklicht ist sie im Grunde nur in den schamanischen Kulturen.[13] Als ihr Symbol sehen wir den Weltbaum an, eine Mitte in der Unendlichkeit. In den typisch schamanischen Kulturen wächst er als eine kosmische Achse von der Unterwelt her durch die Mittlere in die Obere Welt empor, gliedert in dieser Weise die Welt in der Vertikalen und hält sie in der Horizontalen offen. In dieser Kultur ist daher der Hauptrollenträger ein Weltenwanderer, der die Höhe, die Tiefe und die Weite eigentlich erfährt, eben der Schamane. Darum ist er in der schamanischen Kultur der einzige aktiv Geweihte, während alle anderen an *seiner* Weihe zum Geisterkosmos nur passiv teilnehmen, das heißt, die Weihewelt nur durch ihn und mit ihm – in der Séance – erfahren, und zwar seit eh und je, wie selbstverständlich und ohne Initiation. In der schamanischen Kultur gibt es daher nur eine einzige Art der Initiation, die des Schamanen, und sie beruht überall auf den gleichen Grunderlebnissen, zumal aber auch auf ein und demselben Grunderfordernis, der besonderen Eignung des Kandidaten. Ihr entsprechen Berufungserlebnisse, die nicht in Berufswünschen des Erwählten wurzeln, sondern die sich als objektive Ansprüche der Welt darstellen, als die der ihr innewohnenden außermenschlichen Wesen nämlich. Die Geister selbst sind es, die dem Wer-

---

[12] Siehe Heino Gehrts, „Drachensieg und Bruderkampf", in: „Antaios" Bd. VII, Stuttgart 1965, S. 166-195, besond. S. 188 ff. und die dort angegebene Literatur.
[13] Hans Findeisen / Heino Gehrts, „Die Schamanen", Köln 1983, besonders S. 112-125: Der große und heilige Schamanenbaum.

denden, dem Neophyten die Initiation abverlangen und die ihn in den klassischen Fällen auch allein auf dem Initiationswege führen. In diesen Fällen leisten die Amtsbrüder, wenn sie überhaupt zur Verfügung stehen, nur Hilfsdienste, – ja, im Grunde vermögen sie *stets* nur Hilfsdienste zu leisten, da sie auch dann, wenn die Geister sich nicht von vornherein als Initiandenführer aufdrängen, den Neuling nur bis dahin geleiten können, wo die Jenseitigen ihre Hauptrolle freiwillig oder darum angefleht übernehmen. Das heißt, die Amtsbrüder können den Neuling nur auf das Initiationserlebnis vorbereiten oder ihn dazu freistellen, selbst zuteilwerden lassen können sie es ihm nicht.

Besonders deutlich wird man diese Freistellung gewahr in dem Geleit, das Juan Matus seinen Schülern bietet, und in der Art, wie er es aufhören läßt.[14] Seine Anleitung ist zwar mit vielerlei Lehren vollgepfropft, alles Entscheidende aber geben diese nicht, nicht die Berufung und nicht die Einweihung in das eigentliche Allverhältnis des Neulings. Vielmehr wird die Berufung dem Lehrenden selber zeichenhaft aufgewiesen, sowohl im Falle des Carlitos, der für den Leser im Vordergrunde steht, wie auch in den anderen mitgeteilten Schülerschicksalen. Die Freisetzung für das schamanische Dasein-im-All aber wird mit unüberbietbarer Deutlichkeit bildhaft dargestellt als ein Sprung, zu dem Don Juan seinen Schüler an die Abbruchskante der Tatsachenwelt über der Weltunendlichkeit führt. Was sich hier als Vollendung des Einweihungsweges im Raume leibhaft abspielt, ist aber von vornherein auch schon der Gehalt der gesamten Führung, die Don Juan dem Zauberschüler zuteil werden läßt. Immer wieder nämlich setzt er ihn dem Tode aus, sei es, daß er ihn einem zaubrischen Widersacher gegenüberstellt, dem er kaum gewachsen ist, sei es, daß er ihm einen Hilfsgeist vorführt, den er noch gar nicht bezähmen kann. Don Juans Grundprinzip, schon in der bloßen „Erziehungsberatung", ist die Anweisung, den Tod, auf den des Schülers Leben wie jedes andere entworfen ist, jederzeit als Ratgeber gegenwärtig zu halten. Es ist klar, daß die Krönung einer solchen Lebensleite darin bestehen muß, den Schüler hineinzustoßen in eine derart unvermeidliche Fügung der Umstände, daß dort die Zeit des Sterbens nicht bloß gedacht wird, sondern der plötzliche Tod augenblicklich wirklich einzutreten droht. Gemessen an den Initiationen unserer Märchen kann daher an der Echtheit dieser Lehren, wie Don Juan sie

---

[14] Carlos Castaneda, „The Teachings of Don Juan", etc., 5 Bände, Harmonds-worth, Penguin 1970 ff. – Berufung: IV, S. 227, V. S. 50; Sprung: IV, S. 283; Tod: II, S. 157, III, S. 168 f.; Widersacher: II, S. 218 ff., V, S. 57 ff.

dem Carlitos zuteil werden läßt, gar nicht gezweifelt werden. – Haben wir einleitend zu unseren Gedanken über die Initiation in der schamanischen Welt von der Weltunmittelbarkeit ihrer Menschen gesprochen, dann hat uns die Erörterung nun auch auf eine gar nicht mehr zu überbietende *Daseins*unmittelbarkeit geführt: Sein und Nichtsein sind im jederzeitigen Erleben unauflöslich miteinander legiert.

Die Weltunmittelbarkeit stellt sich in Raumerleben der schamanischen Kultur als unendliche Offenheit der Welt dar. Das Zeiterleben scheint demgegenüber zurückzutreten; offener Raum meint Allgegenwärtigkeit; erst in der Undurchschaubarkeit beginnt die Zeit das Erleben verstärkt zu beherrschen. Damit ist der Wandel von einer frühen Phase der schamanischen Kultur zu der rituellen Kultur im Kerne bezeichnet. In zahlreichen Einzelheiten läßt sich dieser Wandel belegen. Schon in schamanischen Kulturen werden „Weltbäume" zeitweise zu bestimmten schamanischen Séancen stellvertretend errichtet. Doch sind sie noch unmittelbar dienliches Rüstzeug in der Raumeswelt, um *den* Weltbaum mit der Seele zu erklimmen. In den rituellen Kulturen werden zahlreiche Mitten eingerichtet, teils ebenso wie die schamanische Himmelsleiter auf Zeit zu einer bestimmten Begehung, teils aber und in der für die rituelle Kultur bezeichnendsten Weise für die Dauer. Doch wäre ein solches menschengeschaffenes Mal nicht beständig, wenn es nicht samt dem es umgebenden Raum beschützt würde durch einen Hegungsring, einen Zaun, einen Graben oder Wall, einen Steinkreis. Das Heilige ist aus sich selber beständig; die Goldkette, die am heiligen Baume aufgehängt wird, weiht ihn weder noch beschirmt sie ihn; sie ist nur eine ehrende, anbetende Gabe des Menschen an die vorgegebene Heiligkeit, und diese naturgegebene Heiligkeit ihrerseits weiht erst die Gabe. Das Geweihte aber bedarf des Schutzes, daß es der Weihe nicht verlustig gehe, und die Weihe, wenn sie ohnmächtig zu werden droht, bedarf der Erneuerung. Aus diesem Grunde muß der Raum verstellt werden durch den Hegungsring um die Mitte; auf diese Weise aber bricht auch das zeithafte Element kräftig in die Weihestätten des Weltgeheimnisses ein. Der begrenzte Kultbereich, das aus der Landschaft herausgeschnittene Temenos wird zum Ort rhythmischer Erneuerungen, meist im Jahresrhythmus erneuerter Weihungen.

In den erneuerten Weihungen aber werden auch die alten Weihungen erneuert; die Kraft jener rührt eben zum Teil daher, daß sie die alte Weihung noch einmal sind, und wenn sie die Weihung mit einem Opfer erneuern, dann wird in diesem Opfer auch das älteste, das erste Opfer erneuert. Das Zeiterlebnis auf dieser Stufe besteht also überwiegend in einer sich erschöpfenden Gegenwart, die sich aus der Vergangenheit aufs neue erfüllt und ermächtigt. Die paradeigmatische Geschichte, die eine solche Kultur erzählt, handelt mithin von jenem beispielhaften Opfer, aus dem die älteste Weihe, auch die urälteste Weihe des ganzen Erdtemenos, die eigentliche Heiligkeit des Kultplatzes der Götter selbst, herrührt. Wie könnte der Mensch seinen Ritualbezirk wirksamer und tiefsinniger weihen als so, daß er die Weihe auf die alte Art durchführt, mit dem Ritual, das einst die Götter zur Urweihe der Welt zelebrierten.

In der schamanischen Kultur ist die Gegenwart von Göttern und Geistern unmittelbar gegeben, sie sprechen aus dem Kultmedium, aus dem Schamanen und in besonderen Fällen sogar mit unvermittelten Stimmen. In der rituellen Kultur sind sie gegenwärtig im Träger ihrer Rolle, in dem, der sie darstellt. Ein Hilfsmittel dazu, das die typisch schamanische Kultur nicht kennt, ist die Maske. Der Schamane bedient sich der Tracht, und sie ist keineswegs darstellerisch, sie präsentiert keinesfalls etwas wesentlich Abwesendes, – ihre Wirkung geht gar nicht nach außen, sondern ist auf den Träger gerichtet; ihn befähigt sie zu seiner Aufgabe, der Fahrt in die Welt, in die Welten; darum ist sie auch oft, ihrer Bildung, ihren Symbolen und Emblemen nach, Reittier oder Reitvogel.

Die Maske verzichtet nicht völlig auf diese Wirkung nach innen, sehr wohl ist sie geeignet, ihren Träger zu verwandeln, zu dämonisieren. Möglicherweise stattet sie ihn dadurch auch mit außergewöhnlichen Kräften aus und zeitigt somit eine vergleichsweise schamanistische Wirkung. Sowenig sie aber auf diese Weise ihn zu einem Weltenfluge beflügelt, sowenig ist diese Innenwirkung ihr Hauptzweck. Dieser ist vielmehr, mit den sichtbaren Rollenträgern das Urzeitgeschehen für Volk und Welt zu vergegenwärtigen. Dies ist zwar auch dramatische Darstellung schon in unserem Sinne, doch keineswegs diese allein; denn sie reicht weit tiefer hinab in das wirkliche Geschehen, indem sie zugleich mit der Vergegenwärtigung auch Urzeitwirkungen zeitigt, – eben jene Erneuerung göttlicher Welteinweihung.

Für uns läge es nahe, eine solche Folge von Erschöpfungen und Erneuerungen zeitlich in einem Wellenzuge darzustellen. Wir würden dann aber unberücksichtigt lassen, daß die Erneuerungen keineswegs Geschenke immer neu herzuströmender Zukunftsflutungen sind, sondern vielmehr Neubelebungen der Urzeit, Zuflüsse aus dem einen unerschöpflichen Seegrunde der Vergangenheit. Für die rituellen Kulturen stellt sich die Zeit daher im Kreisbilde dar, und dies findet oft auch einen begrifflich klaren Ausdruck. So sagt der Zulu Mutwa: „Die Bantu glauben, daß die Zeit ein Strom ist, der in seine eigene Quelle mündet."[15] – Auch bildlich finden sich die Zeit und ihre Haupterscheinungsweise, das Jahr, oft als ein Kreis dargestellt.

Der grundlegende Unterschied in den beiden folgenden Stufen der Lebensformen, der religiösen Kultur und der technokratischen Zivilisation, ist der, daß auf diesen die Zeit sich voll entfaltet zeigt in Vergangenheit, Gegenwart und Zukunft, – mit einer von der religiösen Kultur zur Zivilisation noch steigenden Entworfenheit auf die Zukunft, womit sich mannigfaltige andere Wandlungen der Lebens- und Anschauungsweise verquickt zeigen. Indessen hat die religiöse Kultur die Zeit noch nicht völlig zu einer bloßen Meßreihe entwirklicht; für sie besitzt die Zeit auch noch nicht die uns vertraute, amorph-unendliche Erstreckung, sondern eine endliche Gestalt. Sie hat einen Anfang, es gibt eine Endzeit und einen zeitlichen Abschluß; sie hat eine ausgezeichnete Gegenwart, nämlich die des Gläubigen und seiner Aufgabe. Diese besteht darin, zu einem bestimmten zeitgeschichtlichen Ereignis der Vergangenheit sein Leben in das rechte Verhältnis zu setzen; der Augenblick, da das gelingt, ist der erfüllteste seines Lebens, und damit gelangt er auch in ein heilvolles Verhältnis zur Gesamtzeit, zumal zu Endzeit und Weltende. Das Vergangenheitsereignis ist das Hauptereignis der Geschichte überhaupt und von überzeitlichem Sinn, – also das Kreuzesopfer Christi, die Einkörperungsfristen Krishnas und Ramas,[16] die Erleuchtung des Buddha, die Predigt Mohameds. Von der Aufnahme dieses Ereignisses in das Leben einer je gegenwärtigen Individualität hängt deren weiteres Schicksal in der Weltgeschichte, zumal seine endzeitliche Rolle ab.

Im modernen Lebensgefühl unserer Zivilisation hat sich demgegenüber die Gestalt der Zeit völlig aufgelöst; Anfang und Ende verlieren sich ins Unabsehliche, jegliches Vergangenheitsereignis hat an Gewicht eingebüßt, beginnt sogar als nationales Datum es vollends zu verlieren, und infolgedessen ist die gesamte Wirklichkeit der Zeit eingeschrumpft auf die als mehr oder weniger erstreckt erscheinende Gegenwartsspanne. Die Zukunft hat Bedeutung als eine Gegenwart in statu nascendi, die noch einer gewissen Machbarkeit zugänglich ist; die Vergangenheit ist präsent lediglich insofern

---

[15] My People, „The Incredible Writings of Credo Vusa'mazulu Mutwa", Harmondsworth, Penguin 1971, S. 54.

[16] Doch sind in den Hindu-Religionen die Jahreskreise als gewaltige unüberschaubare Zyklen der Wiederkehr des Gleichen bewahrt geblieben.

sie den Zukunftsmachern im Machtkampf Handhaben gibt. Die Form, in der sie in die Gegenwart eingeht, ist daher die einer Art gerichtlichen Beurteilung, in der in spitzfindiger Weise zu ergründen ist, wie eigentlich diese Vergangenheit hätte beschaffen sein müssen, damit die Gegenwart um so gewisser und geschwinder ihre gewollte utopische Verfassung einnehmen könne: die Vergangenheit als unabgeschlossene, bei Gelegenheit demnächst zu erledigende Akte. Mit anderen Worten: unsere Zeitauffassung tendiert dahin, die Zeit eigentlich geschichtslos zu machen, – was sich auch in der Illusion spiegelt, daß die Utopie im Begriff sei, verwirklicht zu werden. In Wahrheit gelingt es auch, unter Einsatz eines Potentiales ungeheurer materieller Energien, geschichtliche Entwicklungen zu inhibieren, wenigstens in bestimmten Regionen, was indessen zweierlei zur Folge hat: um so gewaltsamere historische Explosionen in anderen Breiten und eine gefährliche Steigerung und Stauung der geschichtsbildenden Potentiale in Gestalt menschlicher Unruhe und ungeheurer strategischer Energiemassen. Die weltanschaulich-praktische Entwicklung der Zeit führt mithin zu einem Geschehen, das sich in Stauungen und Katastrophen zerscheidet.

Das Zeiterleben der späteren Zeitalter ist hier indessen nur im Vorübergehen als Kontrastfarbe zu erwähnen. Für die rituelle Kultur wiederholen wir noch einmal mit anderen Worten, daß die Gegenwart, die Tenne des alltäglichen Lebens, zugleich besetzt ist mit heiligen und geweihten Dingen, Bäumen, Felsen, Bergen, Hügeln, Grabstätten, – und einem zentralen geweihten Bezirk, der mit der Mitte der Wohnstätte zusammenfallen kann. Alle diese Stätten sind Quellorte der Vergangenheit, und alle Gegenwart wird dadurch potentiell zur Bühne, auf der Vergangenes zu erscheinen vermag. Zu den heiligen Zeiten, an den Festen, ist sie erfüllt davon, zu anderen Zeiten ist doch sein Andrang spürbar. Insofern, als die menschliche Innerlichkeit „erinnernd" die Urzeit herauszuheben vermag und insofern die Urzeit auch selbst die Innerlichkeit der Jetztzeit ist, haben australische Stämme für diese Art Vergangenheit den trefflichen Namen „Traumzeit" gefunden, einen Namen, der diese alle Zeit erfüllende Innenzeit keineswegs als bloße Phantasiezeit abtun soll.

Selbstredend ist Futurisches in diesen Kulturen nicht völlig abwesend, nicht einmal das Fest könnte man vorbereiten, wenn man das Kommende nicht ins Auge fassen könnte. Wohl aber sind Vergangenheit und Zukunft hier von ganz unterschiedlicher Artung, was am deutlichsten an einer Eigentümlichkeit mancher Indianersprachen ans Licht tritt.[17] Verschiedene von ihnen, so die Siouxsprache, die Hopisprache, unterscheiden in der Abwandlung des Zeitwortes Vergangenheit und Gegenwart nicht, wohl aber von beiden die Formen der Zukunft. Im Hinblick auf das Verbum sind Vergangenheit und Gegenwart von gleicher Art, nur die Zukunft ist von ihnen unterschieden, womit wohl ein eigenartiger Beleg für das ursprüngliche, innige Ineinander jener beiden gegeben ist. Fast möchte man sagen, daß Vergangenheit und Gegenwart zusammen die Ewigkeit bilden, der als einzige eigentliche Zeit die Zukunft gegenübersteht. Erzählerisch wird trotzdem die Vergangenheit von der Gegenwart ohne Schwierigkeit unterschieden, und zwar durch Redeteile, die das Berichtet- und Erzähltwerden betonen, und durch eigentliche Zeitangaben, die unseren Zeitadverbien entsprechen. Es wäre ein schwerer Fehler, wollte man um deswillen diese Sprachen als primitiv ansehen; sie sind, ihrer Gesamtbeschaffenheit nach, alles andere als dies. Vielmehr setzt sich die Erkenntnis durch, daß diese sprachlichen Eigentümlichkeiten der wirklichen Beschaffenheit der Zeit besser gerecht werden könnten als die uns beherrschende, auch grammatisch herrschende Vorstellung ihrer Dreiheit – mit einer allein realen Gegenwart, die eingeengt wird von der nicht mehr wirklichen und der noch nicht wirklichen Form der Zeit. In den rituellen Kulturen aber ist, wie wir sagten, die Gegenwart von Vergangenheit durchdrungen, während die andrängende, die Gegenwart abwandelnde Zukunft so wirklich ist, daß man die Form, die sie anzunehmen trachtet, in der Mantik gewahr zu werden sucht. Und zwar nicht etwa nur aus Neugier, Angst oder Erfolgswillen, sondern vornehmlich deswegen, um als Mensch, der handelt, sinngemäß, sinngerecht, das heißt eigentlich sinnvoll zu handeln.

Der kurzgefaßte Überblick über das Zeiterleben in den verschiedenen Kulturformen eröffnet uns nicht nur die Einsicht in ihre grundlegenden Unterschiede, sondern verhilft uns auch dazu, das besondere Wesen der initiatischen Erlebnisse klarer zu erkennen und zumal auch das besondere Gewicht, das die Vergangenheit und die Erzählung von der Vergangenheit in der rituellen Kultur besitzen, seiner Bedeutung nach richtiger einzuschätzen. Die Vergangenheit erscheint als der leuchtende Schatz, der allem Gegenwartserleben den Sinn gibt, der alles leibhafte Geschehen durchsichtig macht bis auf seine

---

[17] Werner Müller, „Glauben und Denken der Sioux. Zur Gestalt archaischer Weltbilder", Berlin 1970, S. 124 f. – Helmut Gipper, „Gibt es ein sprachliches Relativitätsprinzip?", Frankfurt a. M. 1972, S. 223 f.

seelischen oder göttlichen Wesensgründe hin. Der Traumzeit als sinngebender Urzeit inmitten der Allzeit entspricht ein Initiierter, der mit einem fortwährenden Sinntraum das erscheinende Geschehen begleitet. Initiation würde dann das Einüben des Sinntraumes bedeuten. Die von Urgeschichten erfüllte Zeitspanne der Initiation wäre dann der allezeit sinnspendende Initialtraum des Initianden, in dem sein Leben eingebettet erschiene in den Traum der Welt selbst. Da wir im allgemeinen nur die Außenseite der initiatischen Begehungen kennenlernen, so ist es geboten, zumal diesen inneren Anteil als das eigentlich Wichtige, als den eigentlichen Vorgang zu erfassen, auf den alles Äußere abzielt. Der junge Mensch, der aus der Keimzelle Kind erwächst, die ganz von unmittelbarem Erleben erfüllt ist, wird in der Initiation vom unmittelbar erscheinenden Sinn des Lebens erfüllt. Ohne die Initiation liefe die Zelle in der Wandlung leer ...

Wie wir gesehen haben, bedarf die rituelle Kultur zu ihrem Initiationsdrama der verkappten Spieler, der Larvierung alltäglicher banaler Hilfsmittel und Personen. Initiation heißt daher immer auch „Ent-Täuschung", Initiationen zu haben zwingt daher immer auch zur Geheimhaltung und zur Täuschung der Nicht-Eingeweihten. Für uns stellt sich damit unter anderem die Frage nach der Wahrheit von Initiationsdrama und Initiationsziel. Wie hängen Maske und Urwesen zusammen, wie werden sie in der Initiation verknüpft? Auch bei uns gibt es Masken. Soweit sie nicht der bloßen Larvierung dienen, läßt sich die Beziehung leicht knüpfen – oder vielmehr: wieder aufknüpfen. Sobald das Kind hinter die Maske des Weihnachtsmannes gesehen hat, wird ihm gesagt, den Weihnachtsmann gäbe es gar nicht. Die Masken in Fasching und Karneval sind ein Spaß, sind bewußt das Verstecken hinter dem Bilde dessen, was es gar nicht gibt – oder was tatsächlich personenhaft, dinghaft anderswo, zu anderer Zeit vorkam oder vorkommt. Ganz anders in der rituellen Kultur. Nehmen wir als Beispiel die Hopis, bei denen das Maskenwesen außerordentlich ausgebildet ist, so daß es viele Hunderte von Masken und Trachten gibt und sogar noch immer weitere hinzugeschaffen werden können; so viele Wesen es gibt und gab, so viele Masken sind auch möglich. Als Urwesen entsprechen sie den Dema-Gottheiten A. E. Jensens,[18] und tragen zumal als solche den Namen „Katschinas". In die Wirklichkeit dieser unter vielerlei Masken sich darbietenden Wesen läßt man das Kind hinein-

---

[18] Ad. E. Jensen, „Die getötete Gottheit. Weltbild einer frühen Kultur", Stuttgart 1966, S. 9 ff. – Ders., „Mythos und Kult bei Naturvölkern", 2. Aufl., Wiesbaden 1960, S. 103 ff.

wachsen. Eines Tages muß man es indes aus dieser Maskenwirklichkeit herausreißen, schon früh, lange bevor es für die eigentliche Reifefeier alt genug geworden ist, dann nämlich, wenn das junge Kind aufzumerken beginnt. Zunächst aber läßt man für die Kinder alle diese Wesen als Wesen erscheinen, so etwa bei einem bestimmten Fest Ende Februar, bei dem zeitweilig der Dorfplatz voll ist von Katschinas. Die Mütter sitzen auf den flachen Hausdächern und haben die jüngeren Kinder bei sich. Auf einen Ruf des Katschina-Leiters bedecken die Mütter die Kinder mit einer Decke, die Maskenträger steigen geschwind in die unterirdischen Kulträume, die Kivas, hinab, und wenn die Kinder aufgedeckt werden, sind die Katschinas sämtlich verschwunden. Alle Leute, auch die Mütter, starren in den Himmel hinauf und sagen, daß sie sie fortfliegen sahen. „Ich schaute auch auf, konnte aber nichts sehen. Da lachte meine Mutter und meinte, ich müßte wohl blind sein!"[19] – Es ist klar, daß ein solches Verschweignis nicht lange bewahrt bleiben kann. Sehr früh, lange vor den Reifezeremonien, schon im Alter von sechs bis acht Jahren, werden die Kinder daher in das Geheimnis der Katschinamasken eingeweiht, eben bei demselben Fest, da die Mütter den Scherz mit den Decken an den jüngeren Kindern ausüben.[20] Es ist das Powamufest, zu dem man in den unterirdischen geheizten Kulträumen Bohnen zum Keimen bringt, im Februar, also zu einer Zeit, da auch bei uns ein erstes Keimen, die vorlenzliche Kraft des zeugerischen Lebens sich regt – und die ehedem auch bei uns durch Maskenfeste dieses Sinnes gefeiert wurde.

Die Kinder erhalten in der Kiva einige Belehrungen, der Gott der Keimkraft tritt selbst auf und erzählt von seinem Wirken. Mit schrecklichem Getöse erscheinen dann drei Maskenwesen, eine Katschinamutter mit Yuccageißeln und zwei Geißler. Die Kinder erhalten einzeln eine besondere Weihe und werden dann, der Regel nach, viermal geschlagen. Doch haben sie alle einen Paten, der ihnen einige Schläge abnehmen kann. Unfolgsame Kinder können auch stärker geschlagen werden, manchmal bis Blut fließt. Nach der Geißelung der Kinder schlagen die Geißler die Mutterkatschina und einander gegenseitig, ebenfalls ohne Schonung, und stellen sich so auf eine Stufe mit den Gegeißelten. Der Katschinahäuptling nimmt die Schuld für die Vorgänge auf sich: „Ich bin euer aller Vater; dennoch habe ich es nicht zustande ge-

---

[19] Don C. Talayesva, „Sonnenhäuptling Sitzende Rispe. Ein Indianer erzählt sein Leben", Kassel 1964, S. 44, 201.
[20] Ebenda S. 78 ff. – Frank Waters, „Das Buch der Hopi", Düsseldorf 1980, S. 186 ff.

bracht, euch als meine Kinder zu beschützen. Es hat mich betrübt, zuzusehen, wie dies mit euch geschah!" Er warnte uns dann davor, jemals irgendjemandem zu erzählen, was wir gesehen hätten, denn dann würden uns die Katschinas noch härter bestrafen.

Am nächsten Tage gehen alle Leute mit den Neugeweihten in die Kivas, um den Katschinatänzen zuzuschauen, und dort erlebt der Neuling nun eine schlimme Überraschung. Die Katschinas kommen ohne Gesichtsmasken herein, und das Kind sieht, daß sie nicht Geister sind, sondern Menschen. „Ich erkannte sie fast alle", berichtet der damals achtjährige Don, „und fühlte mich sehr unglücklich, weil mir mein Leben lang gesagt worden war, daß die Katschinas Götter wären. Ich war erst recht betroffen und verärgert, als ich alle meine Oheime, Vater und Klanbrüder als Katschinas tanzen sah. Besonders übel empfand ich es, als ich meinen eigenen Vater sah, – und sooft er zu mir herüberblickte, wandte ich das Gesicht ab." – Später einmal erlebt Don das Umgekehrte mit seiner weit jüngeren Schwester, da ist sie neugeweiht, und er tanzt vor ihr ohne Maske: „Als ich … tanzte, wo Mabel saß, erinnerte ich mich an meinen eigenen Kummer, damals, als ich entdecken mußte, daß die Katschinas nur Menschen und meine eigenen Verwandten waren, und ich wandte mein Gesicht von ihren starren Blicken ab. Ich mußte befürchten, daß auch sie nun lange Zeit unglücklich darüber sein würde." – Von seiner eigenen Einweihung erzählt er weiter: „Als die Tänze vorüber waren, sagte der Leiter zu uns mit strenger Miene, daß wir nun wüßten, wer die Katschinas wirklich wären, und daß wir, wenn wir jemals uneingeweihten Kindern etwas davon erzählten, Prügel erhalten würden – noch schlimmer als am Abend zuvor. ‚Vor langer Zeit', setzte er hinzu, ‚wurde einmal ein Kind zu Tode gegeißelt, weil es das Geheimnis ausgeplaudert hatte.' Ich war dessen gewiß, daß ich es niemals ausplaudern würde."

Diese Berichte sind noch zu ergänzen durch das, was man dem Kinde nun vom Wesen der Katschinas erzählt, wahre Berichte, wie der Erzähler sagt, „aus der guten alten Zeit der Ahnen …, wo die Götter nahe bei Oraibi wohnten und sich unter das Volk mischten, wo die Geister für das leibliche Auge sichtbar waren und wo die Katschinas leibhaft und ohne Masken erschienen." Auch zeigten „meine Väter und Oheime mir die Masken der Ahnen und erklärten, daß vor langer Zeit die Katschinas regelmäßig nach Oraibi gekommen wären und auf der Plaza getanzt hätten. Sie erklärten, daß die Katschinas, seit das Volk so böse geworden sei – es wären nämlich jetzt so viele

Zwieherzer[21] auf der Welt –, aufgehört hätten, leibhaft zu kommen, und nur ihre Geister schickten, um an Tanztagen in die Masken einzugehen. Sie zeigten mir, wie man die Masken speist, indem man ihnen etwas zu essen auf den Mund legt, und sie lehrten mich, sie zu achten und zu ihnen zu beten."

Dieser Initiationsbericht sei noch durch einen anderen ergänzt, der von anderen Gewährsleuten stammt und offenbar durchsetzt ist mit den Anschauungen des „Weißen Bären", bei denen man sich nicht verbürgen kann, daß sie reine Tradition wiedergeben.[22] Indes ist das Entscheidende hier nicht seine Ansicht vom Wesen der Katschinas, sondern ihr Abschied in der Urzeit und das Nachleben in der Maske. – Die neuerdings ans Licht gekommenen Traditionen der Hopis verknüpfen ihre Urgeschichte mit einer großen „Roten Stadt" im Süden, also mit dem Gebiet der mittelamerikanischen Hochkultur, und es wird erzählt, daß die Klane, die in der Stadt leben, dort von anderen belagert werden und den Ort aufgeben und fortwandern müssen. Die damals noch leibhaft in der Stadt mitlebenden Katschinas schicken nun alle anderen Einwohner auf die Wanderung und bleiben selbst da, um die Stadt zu verteidigen, während jene flüchten. „Für uns ist die Zeit noch nicht gekommen, auf unsere weit entfernten Planeten und Sterne zurückzukehren. Aber es ist Zeit für uns, euch zu verlassen. Wir werden mit Hilfe unserer Kräfte auf einen bestimmten hohen Berg gehen, den ihr erkennen werdet, und dort werden wir eure Notrufe empfangen. Wann immer ihr uns oder unsere Hilfe braucht, macht ihr nur eure Pahos![23] – Und nun etwas anderes. Wir sind Geistwesen[24] und werden niemals mehr von euch oder eurem Volk gesehen werden. Aber ihr sollt euch an uns erinnern, und zwar dadurch, daß ihr unsere Masken und Trachten zur rituell gebotenen Zeit anlegt. Diejenigen, die dies ausführen, sollen nur solche Menschen sein, die das Wissen und die Weisheit, die wir euch gelehrt haben, erworben haben. Und diese Personen aus Fleisch und Blut werden dann unsere Namen tragen und als der Katschinaklan bekannt

---

[21] Spaltherzige, in sich widersprüchliche Menschen (so Paula Gunn Allen in: „Literature of the American Indians: Views and Interpretations", ed. by Abraham Chapman, New York 1975, S. 117), die daher zu gemeinschaftsfeindlichen Hexern werden, mit einem Tierherzen außer ihrem menschlichen (so bei Waters, „Das Buch der Hopi", Düsseldorf 1980, S. 258).

[22] Frank Waters, „Das Buch der Hopi", Düsseldorf 1980, S. 80 ff. – Weißer Bär Fredericks hat seine Katschina-Vorstellung anscheinend im Sinne der Astronauten-Gottheiten revidiert; so besonders in der Version bei: J. F. Blumrich, „Kasskara und die sieben Welten. Weißer Bär erzählt den Erdmythos der Hopi-Indianer", Wien 1979.

[23] Über Pahos bei Frank Waters, „Das Buch der Hopi", Düsseldorf 1980, S. 141ff.

[24] „Spirit people" – eine heidnisch-apologetische Begriffsbildung gegenüber der missionarischen Polemik gegen „Naturgottheiten".

sein. Nun ist es dunkel. Die Zeit ist da! Geschwind, macht euch auf den Weg!" – Dies ist ein Auftrag, der typisch ist für den mythischen Übergang vom selbst erscheinenden zu dem im geweihten Maskenträger sich darstellenden Wesen, beispielhaft für zahlreiche ähnliche Aufträge in der Urerzählung der rituellen Kulturen, Aufträge, in denen die Wahrheit der Maske wurzelt.

Angesichts der Härte, mit der hier nun sehr junge Kinder initiiert werden, sind einige besondere Überlegungen angebracht, und dazu seien verteidigende Sätze angeführt, die Werner Müller in der Auseinandersetzung mit den soziologischen Kritikern der indianischen initiatischen Erziehung geprägt hat.[25] Er sagt nämlich, daß zahlreiche Ethnosoziologen, die das indianische System mit schweren Vorwürfen bedenken, sich um den Sinn und Inhalt der betreffenden Gesellschaftsform nicht kümmern, „sie interessiert allein das ‚Funktionieren' der Gesellschaftsträger", und die indianischen Lebensgemeinschaften können für sie „nichts anderes sein als ‚repressive Gesellschaften'". Mit Bezug auf das Omaha- und das Hopikind werde behauptet, daß es „‚Spontaneität, Originalität, Extravertiertheit, Individualismus und so fort unterdrücken und neurotisch werden'" müsse. „Beherrschung der Gefühle, Zurückhaltung, Bescheidenheit, Ehrfurcht erscheinen hier als negative Eigenschaften."

„Natürlich steckt in solchen Ausbrüchen ein anarchistisch-utopisches Element, das allen Ernstes Spontaneität, Originalität, Enthusiasmus für ein allverbreitetes Erbe hält und jedwede Form menschlicher Kultur als Blockade dieser Individualeigenschaften abwertet. Daß der schöpferische Funke zu den seltensten Erscheinungen gehört, daß die Masse der Individuen ohne vorgeprägte Form dem Nichts verfällt, daß ohne Modell gar keine menschliche Existenz ins Leben treten kann, solche Erwägungen liegen den Soziologen bei ihrer Jagd nach Konfliktsituationen durchaus fern." – „Gänzlich ohne Antwort bleibt bei den Repressionstheoretikern die Frage, wie denn eigentlich diese ‚grausamen Frustrationen' in das ausgewogene Daseinsmuster ausmünden können, das wir tatsächlich beobachten und das in allen Indianerbiographien bezeugt wird."

Es wäre nun weiter zu fragen, was eigentlich durch die strenge Geheimhaltung beschützt wird, und wir unterscheiden dabei zunächst die früheste

---

[25] Werner Müller, „Glauben und Denken der Sioux. Zur Gestalt archaischer Weltbilder", Berlin 1970, S. 168 f.

Initiation, wie wir sie eben bei den Hopikindern belegt haben, und die Reifezeremonien und die bündischen Weihen, die auf jene nach Jahren folgen.
Zunächst handelt es sich also um den Schutz der Jüngsten vor der Lüftung
des Geheimnisses, vor einer frühzeitigen „Ent-Täuschung". Auch bei uns
besitzen die Kinder Geheimnisse, die eines Tages zerfallen, auch bei uns gibt
es Initiationsverluste. Dazu seien hier drei Beispiele gegeben, die das Gemeinte auf verschiedenen Stufen sehr deutlich machen. Als erstes nennen wir
ein sehr schönes Beispiel aus der Schweiz – von einem sehr merkwürdigen
„Aberglauben": „Solange man kleinen Kindern keine Blumen in die Hände
gibt, können sie sich in der Handfläche wie in einem Spiegel betrachten,
nachher nicht mehr."[26] – Von einer höheren Altersstufe stammt eine Erinnerung von Erich Günther, dem Sohne von Agnes Günther, den sein Bruder wie
folgt zitiert: „Als ich ins bewußte Leben eintrat, fand ich unsere Katze Souris
bereits als Familienheiligtum vor. Daß diese Katze aber dann in ihrem langen
Leben – sie wurde sehr alt – sich dauernd an mich anschloß, muß doch auf
eine Wahlverwandtschaft deuten … Ich erinnere mich ganz deutlich, daß ich
als Kind lange der Meinung war, daß meine Katze reden könnte, bis irgendein pädagogisches Scheusal mir diesen Glauben zerstörte. Ich hatte, ganz
entsetzt über die Ungläubigkeit des wohlweisen Erwachsenen, dem ich die
Aussprüche der Katze erzählte, das Tier herbeigeschleppt und ihm das Maul
geöffnet, um zu zeigen, daß es ‚dadrin' sprechen könne. Da erst befiel mich
das traurige Bewußtsein der Trennung, die ich bisher nicht empfunden hatte,
und die Märchenwelt, in der ich gelebt hatte, brach zusammen. – Aber was
ich mit kindlicher Realistik hatte beweisen wollen, hatte wie jedes Märchen
tiefere Wirklichkeit. Ich hatte mich mit meiner Katze in der Tat wundervoll
verstanden, weit besser als mit dem schulmeisterlichen Zerstörer meiner
Kindergläubigkeit, der mich wegen meiner Erzählung für einen lügenhaften
Jungen hielt!"[27] Zum dritten sei eine niederländische Sage wiedergegeben,
die es zwar ihrem eigenen Verständnis nach mit der christlichen Unschuld,
dem wirklichen Grunde nach aber mit der Magie des nicht-initiierten Kindes
zu tun hat. „Ein Jüngling, der von Kindesbeinen an im Benedictinerorden war
und deshalb gar fromm und einfältiglich lebte, ging einst mit dem Abte des
Klosters auf Reise, um sich zu erholen und zu zerstreuen. Bei einer Schmiede

---

[26] „Handwörterbuch des deutschen Aberglaubens", hrsg…von Bächtold-Stäubli, Bd. I, Sp. 1453.

[27] Gerhard Günther, „Ich denke der alten Zeit, der vorigen Jahre", Stuttgart 1972, S. 314 f.

hielten sie an und ließen ihre Pferde beschlagen. Da lag ein Stück glühend Eisen auf der Erde, und der einfältige Jüngling verwunderte sich höchlich darob, denn er hatte solches nie gesehen, und nahm es in die Hand und beschaute es von allen Seiten, ohne daß er sich daran verbrannt hätte. Das deuchte dem Abte und allen Umstehenden sehr wunderbar, und er mußte es mehrmals wiederholen und verwundete sich nicht. – Danach, als der Abt anderswo beschäftigt war, trat der Jüngling ins Haus, wo die Schmiedefrau mit einem kleinen Kinde auf dem Schoße saß. Solch ein Kind hatte er auch noch nicht gesehen und erstaunte und hatte viele Freude daran und spielte gar freundlich damit. Da fragte ihn die Schmiedefrau, ob er auch so ein Kind haben wollte, und der Jüngling sprach: ‚Gewißlich gerne.‘ Da nahm ihn das Weib mit in ihre Kammer und unterwies ihn zur Unkeuschheit und raubte ihm also seine Unschuld, ohne daß der Jüngling arg dabei gehabt hätte. – Als dies geschehen war, trat er wieder vor das Haus und wollte noch einmal ein glühend Eisen anfassen, aber da verbrannte er sich jämmerlich und schrie auf eine erbärmliche Weise. Der Abt kam alsbald herzu und wußte nicht, was er denken sollte; jedoch erkannte er sogleich, daß der Jüngling nicht mehr im Besitze seiner früheren Unschuld sei. Er führte ihn zurück ins Kloster und fragte ihn über alles aus, und der Jüngling gestand einfältiglich alles und büßte seine Schuld mit vielen Tränen.“[28]

Erich Günther spricht von der Wahrheit des Märchens, von seiner tieferen Wirklichkeit nämlich, und sagt, daß er sich mit seiner Katze in der Tat *wundervoll* verstanden habe. Dieses Wunder verdient ohne Zweifel Schutz, schon die Ehrfurcht vor dem Wunder beschirmt es; denn es wäre ja etwas Heiliges, daß sich das Kind in seinem Händchen spiegeln, daß es mit seiner Katze sprechen, daß es glühendes Eisen handhaben könne, und die Aufklärung, die vorzeitige, wäre ein Sacrileg. Sind nun solche Eigenheiten des Kindes auch die Voraussetzungen eines ehrfurchtsvoll kosmischen und magischen Menschentums, dann können wir uns vorstellen, daß hier auch *eine* der Wurzeln liegt für das harte Schweigegebot, das die Kinder im ersten Lebensjahrsiebent von dem Verschweignis der Maskenträger abschirmt. – Zum anderen wäre das Verschweigen deshalb geboten, damit es, metaphorisch gesprochen, überhaupt erst einmal zu dem Gespräch mit der Katze kommt – und zu der ausgebildeten Fähigkeit, das glühende Eisen zu handhaben. Denn die spätere Erinnerung daran würde auch das tragen helfen, was einen wichtigen Be-

---

[28] Niederländische Sagen. Gesammelt ... von Johann Wilhelm Wolf, Leipzig 1843, Nr. 335.

standteil der kosmisch-rituellen Kultur ausmacht: den wirklichen zuversichtlichen Verkehr mit den Wesen. Jenes Gut der Jugend darf nicht zu früh verloren gehen, damit es später auf einer anderen Ebene für den reifen Menschen in seiner Weise wieder erneuert werden kann.

In die indianische Weltanschauung haben wir seit langem vielerlei Einblicke gewonnen und wissen, daß sie uns beispielhaft sein kann für den geschwisterlichen Verkehr mit allen Wesen des Kosmos, und wir lernen aus ihr, daß letzten Endes der Mensch nicht leben kann, wenn er sich nicht brüderlich verhält gegenüber Pflanze, Tier und Stein. Daher raten die indianischen Weisen auch dem Erwachsenen zum Gespräch mit den Wesen. Wer einen Baum absägt, soll vorher zu ihm sprechen. Wer sich krank findet, wenn er den Baum ohne solches Gespräch abgehauen hat, braucht nach der Ursache nicht weiter zu suchen. Denn von *der* Art sind die Wirkungen jener Wirklichkeit, die Erich Günther märchenhaft nennt, mit der wir zwar als Erwachsene nicht mehr auf kindhafte Weise verkehren können, die aber darum nicht weniger kräftig, nur freilich verborgener im Alltag sich durchsetzt.

Das Wunder des Jünglings, der das glühende Eisen trägt, ohne das Wunder selbst voll zu erleben, kann menschlich kein Dauerzustand sein; die Jünglinge und Jungfrauen, die sich um deswillen bewahrten, würden dennoch aufhören, wunderbar zu sein. Es kann nicht zweifelhaft sein, wodurch ein Weiser den jungen Mann, der seiner herrlichen Gabe verlustig gegangen ist, wahrhaft trösten würde: daß er, um Mensch zu sein, eben jene Unberührbarkeit, die ihn sogar vor dem glühenden Eisen beschirmt, aufgeben muß, daß er sie opfern muß, um sich dem vollen Leben zu öffnen. Eben diese Eröffnung leitet die Schmiedin ein, die vom Tändeln mit dem Kinde übergeht zur Umarmung mit dem kindhaften Manne, – eine initiierende Mutter-Geliebte, die den Ungereiften hinüberleitet durch den Verlust der Kindheit in die Zeugung einer neuen verjüngten Kindheit. Eben davon spricht sie auch; dem vollen Sinn dessen das Gemüt des Jungmannes zu erschließen, dazu hätte es freilich eines weisen Initiandenführers bedurft, der die Geheimnisse von Jugendmacht und Zeugungskraft, von Lust und Schmerz, von Aufopferung und Tod miteinander zu verknüpfen gewußt hätte, – der den Jüngling aus dem initiatischen Verlust in den Gewinn des initiierten Mannestums hinübergeführt hätte.

Verlust und Gewinn seien nun noch einmal an einem anderen Beispiel verdeutlicht, das nicht mehr zur Kinderweisung gehört, sondern bereits in die Jünglingsweihen. An ihm wird besonders deutlich der Übergang von einem erwartungsvollen, gefühlsgeladenen und täuschenden Zustand in den des nüchternen und ernüchternden Wissens – so wie wir das auffassen, nämlich so, als habe der Vorgang in der Gegenüberstellung des Jungmannes mit der sogenannten Wahrheit sein Ziel erreicht. Eine solche nur verflachende Bloßlegung, als die zunächst auch dem Hopi-Jüngsten die Katschina-Einweihung erscheint, könnten wir erst recht vermuten bei einem Kultgerät, das ursprünglich als geheimnisreiche Stimme der Urnacht ertönt – und nachher nichts ist als ein Holzstückchen, – ich meine das Schwirrholz.

Das Schwirrholz – im Englischen „bullroarer" genannt – ist ein längliches, dünnes Brett, das an einem Faden geschwungen wird und dabei ein Schwirren oder Brummen hören läßt. Es fehlt wohl in keinem Erdteil, und das Geräusch, das es hervorbringt, gilt vielfach als die Stimme der Ahnen, der Geister und besonders auch des Urgottes. Die Aufklärung über diese Stimme erfolgt meist unmittelbar im Zusammenhang mit den Jünglingsweihen, und den Frauen bleibt dieser Mechanismus meist zeitlebens verborgen. Es findet sich nun freilich kaum ein Forschungsbericht, in dem klargestellt würde, daß zwar die Stimme des Urgottes, die das Kind fürchtet, als geschwungenes Holzstück entlarvt wird, daß aber fernerhin auch das Holzstück als Stimme des Urgottes voll wieder eingesetzt wird. Ohne eine solche Neueinsetzung aber hätten die rituellen Kulturen nicht drei Generationen überdauert. Wirklich stellt auch, müssen wir hinzusetzen, im nachtbedeckten Buschwald das weder menschen- noch tierhafte Brüllen des Holzes – als reines Hörerlebnis, ohne den Augenschein des hervorbringenden bloßen Gegenstandes – ein Urphänomen dar. Die Angst, die dieses menschenferne Getöse, bald an- bald abschwellend, auslöst, ist eben die Angst, in der die menschliche Existenz in Frage steht. Und es ist somit ganz wahr, daß der Urgott, der den Menschen als zeugendes und sterbendes Wesen machte und der als solcher Macher die Existenz des Gemachten in Frage stellt, daß der den Eingeweihten, als er sich selbst von den Menschen zurückzog, ein Mittel in die Hand gab, eben das Schwirrholz, um die Wirklichkeit jenes Anfanges, in der menschliche Existenz ebensowohl gründet als auch wankt, wieder heraufzubeschwören. Er übergab mithin den Ahnen wirklich *seine* Stimme.

Nicht die Enthüllung des rituellen Zubehörs, der Mittel, ist also das initiatisch Entscheidende, sondern die Einweihung in das Geheimnis bedeutet, daß es vertieft wird, daß sich das rituelle Verschweignis in der Weihe zum Weltgeheimnis vertieft. Dergestalt schenkt die Weihe dem Neuling das Vertrauen in die Mittel, mit denen das Daseinswunder in seiner Kultur dargestellt wird, und sie befähigt ihn, von nun an selbst die kultische Maske in Wahrhaftigkeit zu tragen, in Wahrhaftigkeit die Geräuschmaske des Schwirrholzes ertönen zu lassen. Denn auf die Darstellung kommt es an, weil die Mitte der rituellen Kultur das *Erleben* des Wirklichkeitshintergrundes ist und das Mitwirken im Bildersinn des Daseins, nicht die Spekulation darüber. Die Wahrheit ist dort der miterlebte, der nur zu erlebende Sinn, nicht die abstrahierbare, begriffsgefesselte Sinnaussage. Daher die große Rolle der Symbole, der Urzeiterzählungen, der Mythen. Daher die Schwierigkeit, ja die Unmöglichkeit des verstehenden Brückenschlages zwischen den Erlebens- und den Begreifenskulturen. Daher aber umgekehrt auch bei uns die Sinnentleerung, die heute immer früher einsetzt und die auch nicht wettzumachen ist durch das Verstopfen der Lücken mit Begriffen und das Ausschäumen der Leere mit Ideologien. Heutzutage wird eine begabte Innerlichkeit freilich den nicht ausbleibenden Zusammenbruch ihrer kurzlebigen Ideologie als eine zweite initiatische Enttäuschung erleben und sich auf den Weg machen zu einer verinnerlichenden Initiation. Alle anderen aber, hier hat Werner Müller in einer furchtbar schicksalhaften Weise recht, *verfallen dem Nichts!*

Wir haben die Neueinsetzung der rituellen Paraphernalia als „wirklich" noch nicht begriffen, wir haben den Brückenschlag zwischen unserer Zivilisation und einer initiatischen Kultur noch nicht vollzogen, wenn wir das Ritualwerkzeug nur als mit symbolischem Sinne beladen ansehen, als mit Sinn bedacht. Das Entscheidende ist, daß der Gegenstand überhaupt nur im Sinnzusammenhang vorkommt, also nur im sinnvollen Zusammenhang enthüllt, gehandhabt, vorgezeigt wird. Um dies klar zu sehen, vergegenwärtigen wir uns zwei Erlebnisse von reisenden Europäern, in denen der Irrtum des Forschers über den Gegenstand der fremden Kultur auffallend hervortritt. So wollte in Mexiko Sigrid Lechner-Knecht gern einen Mann, der die Gabe der „Tiger"-Verwandlung besaß, photographieren – in seinem Fell, mit seiner Maske.[29] Der Mann verschob dies unter allerlei Vorwänden immer wieder; daher bestach sie am letzten Tag ihres Aufenthaltes einen jüngeren Mann, sich das magische Jaguarfell jenes anderen überzuziehen. Der Erfolg war, daß dieser Jungmann außer sich geriet, daß er menschenunmögliche Sprünge tat, daß er Miene machte, sie anzuspringen, daß dann auch noch das Nahen des wahren Tigermannes gemeldet wurde und sie schließlich unter einem Steinhagel fliehen mußte, – aber sie hatte ihre Photos.

---

[29] Sigrid Lechner-Knecht, „Reise ins Zwischenreich", Freiburg i. Br. 1978, S. 118.

Bedeutungsvoller noch ist, was Paul Wirz bei den Marind-Anim auf Neu-Guinea begegnete, als er deren Dema-Masken photographieren wollte.[30] Mit dem bloßen Umhängen der Maske war es indessen nicht getan. Erst mußten Haar und Leib gesalbt, die Gesichter bemalt, der Schmuck bis zur letzten Einzelheit hinab angelegt werden; daran vermochte auch eine namhafte Belohnung, die der Forscher in Aussicht stellte, nichts zu ändern. Ja, als dies alles schon verrichtet und des Forschers Wunsch schon erfüllt war, mußten sich noch ein paar alte Männer einfinden, um Gagá zu singen, eine bestimmte Art ritueller Lieder. Sie schildern ausführlich, unter Nennung vieler wirklicher Ortsnamen, den Weg, den die Demas, die Urgötter oder Urgeister, in der Urzeit unter der Erde von Westen nach Osten wandelten, – bis im äußersten Osten ein Hund das Loch aufkratzte, aus dem die ersten, noch embryonalen Menschenwesen an die Erdoberfläche heraufkamen. So muß immer erst gesungen werden, wenn Dema-Masken hervorgebracht und getragen werden.

Diese beiden Beispiele mit ihrem verschiedenen Verlauf zeigen, daß in jenen Kulturen, in Mexiko in einem eher schamanischen Zusammenhang, bei den Marind in einem entschieden ritualistischen, der photographable Gegenstand gar nicht existiert, daß ein Ding dort aus seinem lebendigen Zusammenhang als Ding gar nicht herausgelöst werden kann. Die Maske als bloße Larve gibt es gar nicht, es gibt nur das volle, wirklich erfüllte Leben, nicht den ethnologischen Gegenstand. Indes bedürfen diese dogmatisch ausgesprochenen Sätze doch einer Einschränkung. Das Denken innerhalb einer ritualistischen Kultur ist vermutlich ebenfalls anfällig für das gegenständliche Denken, und einer der Ansatzpunkte für den Zweifel, für den Anhub sinnesgeschichtlicher Wandlungen dürften daher der rituelle Gegenstand und seine ganz besondere Verknüpfung im Sinngewebe sein. Daher wird die Art, wie man in der rituellen Kultur mit den Paraphernalien umgeht, unter anderem auch dazu bestimmt sein, dem aufklärerischen Umschwung vorzubauen. Wir haben merkwürdige Beispiele für solche plötzlichen Umkehrungen aus Bekehrungssituationen: der Sinnzusammenhang bricht unversehens auseinander, der Ritualgegenstand steht jäh entblößt als nichtiges Stück Dings da. Das gilt für manche Berichte aus der germanischen Bekehrungsgeschichte,[31] aber auch für den Bildersturm der Reformationszeit. In ganz typischer Weise

---

[30] Paul Wirz, „Die Marind-Anim von Holländisch-Süd-Neu-Guinea", Teil III, Bd. II, Hamburg 1925, S. 8.
[31] Ein Beispiel bei Beda venerabilis, „Historia ecclesiastica II", S. 13.

spielten sich solche Zusammenbrüche bei den hochgeistigen Polynesiern ab, deren heilige Götterstäbe ihnen jählings so nichtig erschienen, so gänzlich der Weihe beraubt, beschämende Zeugen abgelegter Irrtümer, deren man sich entledigt, daß nur wenige dieser Stäbe für die Museen gerettet werden konnten.[32]

Es versteht sich, daß man in dem zweiten Zustand über den vorigen, den initiatischen, nicht mehr zutreffend urteilen kann, da mit dem Verlust der Initiation der die früheren „Ansichten" tragende Sinnzusammenhang aufgelöst, ja, ausgelöscht ist. Höchst bezeichnend erscheint daher in diesem Sinne die Antwort, die ein bekehrter Polynesier seinem Missionar gab, als ihn dieser nach dem Sinn einer bestimmten Anschauung der Heidenzeit fragte: Hochwürden, Ihr seid ein Christ, und ich bin ein Christ! Wie wollten wir es verstehen, was sich ein Heide bei derlei gedacht hat![33] – Diese Antwort war ganz treffend. Das Wissen, nach dem der Mann gefragt wurde, war in der Prägung gegründet, die das Ritual dem Initianden verleiht; es verflüchtigte sich entweder völlig oder der zugehörige seelische Bereich wurde einfach zugeschottet während der Umprägung, die mit der Conversion vor sich ging. Oder mit anderen Worten: initiatisches Wissen kann von heute auf morgen verloren gehen. Ganz entsprechende Verluste gibt es auch im profanen Bereich. Von keiner typischen Jugend von heute kann man eine unmittelbare Einsicht verlangen in das, wodurch eine ältere Generation initiatisch geprägt worden ist. Eben darum gibt es dort die mannigfaltigsten Gelegenheiten, aneinander vorbeizureden. Aber mit jenem Satz ist auch die grundlegende Schwierigkeit aller Ritual- und Symbolforschung, aller Ethnologie und Vorgeschichte aufs treffendste bezeichnet, – sofern nämlich diese Forschungsweisen nicht nur auf die Anhäufung von Scherbenhaufen, von Aktenstößen und behavioristisch gemeinten Schausammlungen gerichtet sind, sondern auf Sinn. Die Worte zeigen ja, daß mit der Entweihung das Sinnerlebnis mitsamt der eigentlichen Erinnerung daran schlagartig verloren geht.

Auch mit dem zuletzt Gesagten haben wir das Bedeutungsgewicht im Zusammenhange von Einweihung, Verschweignis und Geheimnis noch nicht vollends beschrieben. Alles Vorgebrachte erklärt noch nicht, warum eine Kultur die Enthüllung der Kultmittel und den Wiederaufbau ihres Sinnes

---

[32] Te Rangi Hiroa, „Arts and Crafts of the Cook Islands", Bernice P. B. Mus. Bull. 179, Honolulu 1944, S. 316- 329.

[33] Aus dem Gedächtnis zitiert nach: William Wyatt Gill, „Myths and Songs from the South Pacific", London 1876.

nicht allen ihren Mitgliedern in gleicher Weise zuteil werden läßt. Die Antwort liegt auf der Hand: die Einweihung aller, die Aufklärung aller würde innerhalb kurzer Zeit den nur zu erlebenden Sinnzusammenhang rationalisieren und damit anfechtbar machen: das Augurenlächeln würde im ganzen Stamm allgemein. Das rituelle Drama bedarf der nur erlebenden Seelen, in denen es sich eigentlich verwirklicht: die Nicht-Enttäuschten sind für die Wirklichkeit des Kultspieles wichtiger als die Eingeweihten. Weit entfernt davon, daß die Nicht-Einweihung der Frauen die Folge einer Nicht-Achtung oder Miß-Achtung ihres Geschlechts wäre, liegt ihr vielmehr zweierlei tiefe Einsicht zugrunde. Zum ersten *leben* ja die Frauen als Gebärerinnen immer schon das Lebensgeheimnis, das die Männer erst im Rituale innern. Der Odschibwa bringt es klar zum Ausdruck, daß das Weib wegen seiner besonderen Gabe, Leben und Dasein zu schenken, eine besondere Stellung in der Seinsordnung innehat und daß von ihm daher die initiatische Suche nach der Vision nicht gefordert wird.[34] Im besonderen war für einen Mann zur Aufnahme in die Medizinhütte Voraussetzung, daß er eine Vision gehabt hatte. Die Frauen waren von dieser Vorbedingung frei. –

Das großartigste, mir bekannte Beispiel für die Urfunktion der nichtinitiierten Frauen ist das Symbol der Uk-Balken im Mayo-Ritual der Marind-Anim, eines Papua-Volkes auf Neu-Guinea. Bei diesem Ritual ist „die ganze Welt", das heißt, das Welthaus der Einweihung bis in den angrenzenden Wald hinein, geteilt durch einen Blätterschirm, auf dessen einer Seite sich die Männer, Initiierte und Initianden, aufhalten, während die Frauen und die Kinder die andere Seite innehaben. Der Schirm wird aber durchstoßen von den beiden Uk-Balken, die den Stamm, das heißt, dessen polare Stammeshälften darstellen. Diese Balken werden auf der Männerseite durch Pfosten emporgestemmt, während sie auf der Frauenseite dem Boden aufliegen. In einer der Hauptszenen des hochdramatischen Rituals läßt man diese Vorrichtung zusammenbrechen – wenigstens dem Sinne nach –, wobei die Balken das urzeugerische Paar erschlagen.[35] Wie es auch immer um die Einzelheiten stehen mag, – der metaphysisch-menschenkundliche Sinn dieser großartigen

---

[34] Basil Johnston, „Und Manitu erschuf die Welt. Mythen und Visionen der Ojibwa", Düsseldorf 1979, S. 19,110.

[35] Paul Wirz, „Dämonen und Wilde in Neuguinea", Stuttgart 1928, S. 282-284. Dr. J. van Baal, „Dema, Description and Analysis of Marind-Anim Culture", South New Guinea, The Hague 1966, S. 569-588, vgl. S. 540. – Danach auch: Heino Gehrts, „Die Opferung des zeugerisch verbundenen Paares", Gorgo, Zs. f. archetypische Psychologie und bildhaftes Denken, Heft 1, Jg. 1979, Fellbach-Oeffingen, S. 22-37.

Symbolszene kann doch nicht zweifelhaft sein: das Dasein auf der Initiierten-seite ist ein gehalten-zeithaftes, auf der Seite der Nicht-Initiierten aber ein beruhend-ewiges. Würde sich die Initiation dorthinüber erstrecken, so würde niemand etwas gewinnen, es ginge vielmehr auf der Frauenseite ein lebens-wichtiger Urbestandteil des Menschendaseins verloren …

Die zu der ersten ergänzend polare Einsicht ist, daß die nicht-initiierten Frauen eben deswegen gerade dazu befähigt sind, den Sinn des Maskendra-mas als eigentliche Wirklichkeit zu erleben und überhaupt erst bis dahinein zu vertiefen. Denn die Wirkung des Kultdramas bleibt keineswegs auf die Zuschauer beschränkt; sondern infolge der Wirkung, die es auf diese hat, wird auch die Darstellerschaft erst von dem vollen Ernst ihrer Rolle ergriffen: im Reflex zur Gläubigkeit der Nicht-Eingeweihten erfährt auch der Einge-weihte in sich den Durchbruch zur wahren Wirklichkeit. Angesichts der Trä-gerinnen des Lebensgeheimnisses, denen er dessen Sinn entfaltet, vermag auch der Rollenträger sein Rollenerlebnis in Ursprünglichkeit zu erneuern, – was ihm durch kein noch so geschicktes Manipulieren bekannter Requisiten vor altgedienten Larvenkennern gelingen würde. Selbstverständlich, dies sei nebenher vermerkt, gibt es zwischen dem beschriebenen Idealfall und einem gänzlich veräußerlichten Theater mannigfaltige mittlere Gemütslagen und gesellschaftliche Zustände – bis zu solchen hin, wie könnte es anders sein, denen das Schema überhaupt nicht gerecht wird.

Die Bewahrung kindlicher vor-initiatischer Vermögen und Anschau-ungsweisen, die Erhaltung der Sinnzusammenhänge, die eigentliche Verwirk-lichung des Kultspieles im Nicht-Initiierten haben wir als Gründe für die Geheimhaltung genannt. Als vierten hätten wir noch einen Grund hinzuzufü-gen, der aus dem Sinngefüge der Welt hinübergreift in ihren Wirkungszu-sammenhang. Das Geheimnis des Rituales bleibt auch gewahrt um der magi-schen Wirkung willen. Die Geheimhaltung beschützt das Sinnverständnis gegen die zerfällende Sachauffassung. Doch ebensowenig darf als isolierte Person, als isolierter Gegenstand erscheinen, was in magischer Weise wirken soll. Nur unter dem Schutz des Geheimnisses, unterstützt vom Wirklichkeits-erlebnis der Nicht-Initiierten, vermag der Eingeweihte, seinem Einweihungs-erlebnis entsprechend, am ursprünglichen Orte in der Rolle des Urgottes, aus der Mitte im Mandala seiner das All abbildenden Kultur, auch zu wirken. Nur darum gibt es in den rituellen Kulturen regelmäßig, europäisch benannt, syn-chronistische Phänomene. Weil man nicht sachkundig vorgeht, sondern bil-derlebend und bilderwirkend im Geheimnisstand, vermag man dort auch zu zaubern. Die rituelle Kultur entspricht dem märchenhaften „Es-war-einmal", als noch das Wünschen etwas bewirkte. Das hat seinen Grund auch in der besonderen Sprache, die noch immer die Sprache der Märchen ist, – man faßt nicht in Begriffe, sondern bleibt im Bilde und bewahrt auch redend das Geheimnis.

Die Zauberkunst ist keineswegs ein unbegrenztes Vermögen, sondern ein Vermögen des Kairos, zur guten Stunde, an diesem Ort, im göttlichen Augenblick. Wir vergewissern uns dessen durch die Worte eines indianischen Heilers, der gelegentlich auch zaubert. Wie in unserer eigenen Heilkräuterkunde spielt auch dort beim Sammeln der Heilpflanzen die bestimmte Zeit, zu der sie in höchster Kraft sind, eine Rolle. Das muß also im Sommer bewältigt werden. „Freilich, andererseits, wenn Not am Mann ist, wenn ich ein bestimmtes Kraut im Winter nötig habe und ich habe es nicht, dann ziehe ich hinaus und kriege es auch. Es hat Zeiten gegeben, da konnte ich mitten im Winter hierherkommen und tief im Schnee eine Sommerblume pflücken. So ist das, wenn es sein muß, wenn die Not dahinter steht. Was wir tun, tun wir nicht ohne Grund." – Wir erinnern uns dabei an die Erdbeeren im Schnee, zu denen im deutschen Märchen das Mädchen durch die Haulemännerchen, Naturgeister, gelangt. – Noch stärker bestätigt das Gesagte derselbe Heiler in einer Äußerung über die wirkliche Vornahme eines heilenden Eingriffs: „Also, wenn man der indianischen Medizin etwas absehen will, dann muß man alles im Auge behalten, was überhaupt vor sich geht, – dann bekommt man vielleicht etwas zu sehen. Was immer geschieht und deine Aufmerksamkeit auf sich zieht, das trägt sich zu als ein Anteil von allem, was sich da zuträgt. Wir können nicht eine bestimmte Tätigkeit isolieren und sie ausführen, um grad sie auszuführen, – alles hat seinen Anteil am Wirken. Wenn ich eine Heilung vornehmen soll, läßt sich gar nicht voraussagen, wann das sein könnte. Ich könnte mich morgen damit beschäftigen, jemand zu heilen, oder das könnte auch nicht sein."[36]

Schließlich führen wir noch ein sehr deutliches Beispiel an aus dem Bereich der Initiation selbst, ein eigentlich synchronistisches Phänomen. Es stammt aus dem ehemaligen Französisch-Äquatorialafrika, der heutigen Zentralafrikanischen Republik. Dort war eine Art des Ziegenmelkers der Gefährte des Urgottes, nach dessen Mythos die Jugend initiiert wird. Dieser Vogel sprang den Menschen auf den Rücken, die von dem Urgott verschlun-

---

[36] „Rolling Thunder", by Doug Boyd, Delta books 1979, S. 69f., 161f.

gen wurden. Auch die Initianden werden verschlungen, und um dies einzuleiten, steigt der Führer der Initiierten auf einen Baum, ruft nach dem Ziegenmelker, und dieser antwortet mit seinem Ruf aus der Ferne des Waldes. Der französische Berichterstatter meint natürlich, es sei ein Initiierter im Buschwald versteckt und der ahme den Vogelruf nach. Zugleich teilt er aber mit, daß das Orakel nach dem Grunde befragt werde, wenn der Vogel nicht antworte.[37] Aus dieser Mitteilung geht doch zweifelsfrei hervor, daß man bei regelrechtem Ablauf eine wirkliche Antwort des Vogels erwartete – und andererseits darauf gefaßt war, daß im entgegengesetzten Falle die Antwort wirklich versagt würde und daraufhin der Grund in der kulturgebotenen Weise zu erforschen wäre.

Eingangs war gesagt worden, daß die Bevölkerung in den alten Kulturen, zumal in den rituellen Kulturen, aus lauter Geweihten bestand, und das hätte auch für die nichtinitiierten Frauen nach dem Gesagten insofern gegolten, als sie nicht nur einer natürlichen Weihe teilhaftig waren, sondern auch wesenhaft beteiligt am heiligen Drama. Ebenso gilt dort auch, daß schlechthin alles Handeln weihevoll ist, daß es überhaupt kein pragmatisches, profanes Handeln und Wandeln gibt, sondern daß alles rituell vollzogen wird. Darum wäre dort, nicht initiiert zu sein, schlimmer als das Dasein eines Exkommunizierten, denn er wäre nicht nur von den „religiösen" Belangen ausgeschlossen, sondern vom gesamten Gemeinschaftsleben überhaupt, im Grunde von Leben und Tod insgesamt. Denn alles, was erscheint, erscheint dort im rituellen Verständnis, alles, was getan wird, wird in ritueller Weise durchgeführt. Man geht nicht „einfach" auf die Jagd, sondern man begeht das Jagdritual, man zieht nicht in den Krieg, sondern man begeht das Kriegsritual, man verheiratet sich nicht, sondern man führt das Hochzeitsritual durch. Dies durchgängig rituelle Handeln bedeutet nun aber nicht etwa einen von außen waltenden rituellen Zwang. Es ist nicht so, daß in der rituellen Kultur zwar überall dasselbe geschieht wie bei uns, daß aber dazu noch eine Nötigung besteht, das nackte Geschehen mit einem Ritualgewand zu umkleiden, – so wie bei uns und anderwärts die Religion etwas ist, das zu dem profanen Geschehen sekundär hinzutritt. Die Rituale der rituellen Kulturen sind die unablösbare Gestalt des dortigen Daseins selbst. Daß dies so ist, daß Ritus Existenz be-

---

[37] A.M. Vergiat, „Les rites secrets des Primitifs de l'Oubangui", Nouvelle edition refondue, Paris 1951, S. 114.

deutet, das liegt doch offenbar daran, daß die Initiation jeden einzelnen in diesem Sinne gewandelt hat.

Die Marind zum Beispiel betonen, „die Notwendigkeit der Riten, nicht nur positiv in der Form, daß die Initianden mit all und jedem bekannt gemacht werden müssen, sondern auch negativ, nämlich in der Erklärung, daß die jungen Leute von heutzutage, die wegen des Verbots der Mayo-Feiern durch die Obrigkeit nicht initiiert werden, daß die nicht wissen, wie sie Betel kauen sollen, eine Palme erklettern, eine Nuß pflücken oder abschalen, Sago bereiten, Fische oder Hummer fangen, Kängurus oder Schweine jagen (nach Wirz III, 4f.). Natürlich können die Initiierten nicht umhin, festzustellen, daß die Jüngeren alle diese Dinge unter einem rein praktischen Maßstabe gut genug zustande bringen, aber für ihre Einstellung fehlt ihnen etwas, und dies Etwas kann kaum etwas anderes sein als das Wissen von dem … mythischen Hintergrund, vor allem von den Geheimnamen, die unentbehrlich sind für den Vollzug magischer Riten, die allein den Erfolg bedingen. Wirz geht sogar so weit zu behaupten, daß, was die Initiierten meinen, dies sei, daß den Nicht-Initiierten nicht der volle Nährwert der Speisen zuteil werde."[38]

Speisen, wollen wir kurz hinzusetzen, bedeutet in der rituellen Kultur eben nicht, sich Kalorien zuzuführen, sondern mit den Seelen der Lebensmittel zu kommunizieren; auch dazu bedarf es einer Initiation. Denn es ist ja in der Tat so, daß man das Fleisch des Jagdtieres nicht verzehrt, ohne mit dem Tier selber in irgendeiner Form ein Gespräch zu führen, in dem man sein Lebensopfer anerkennt und ihm dafür dankt. Auch gibt es ja bestimmte Jagdbräuche, durch die man auch für die Seele des getöteten Tieres sorgt, so daß es heimzukehren vermag – und wiederzukehren, um aufs neue zur Speise zu dienen. Ebenso steht es um die Seelen der Nutzpflanzen, und auch bei uns ist es noch gar nicht so lange her, daß man mit den Wesen des Getreidefeldes in lebendig-sinnvoller Weise Umgang pflegte, mit der Kornmuhme etwa, wie die Indianer mit der Maismutter verkehren. Man kann aus solchen Anschauungen der Urvölker, wie der eben angeführten der Marind, entnehmen, wie tief und weit die Anteilnahme am rituellen Leben das Dasein gestaltet, ja, überhaupt in seiner Urbefindlichkeit bestimmt – und draußen wäre das Nichts.

---

[38] Dr. J. van Baal, „Dema, Description and Analysis of Marind-Anim Culture", South New Guinea, The Hague 1966, S. 544.

Vergegenwärtigen wir uns, wie die Aufforderung zur Reifefeier in einem konkreten Falle, in der Biographie einer bestimmten Person, sich ausnimmt. Es handelt sich um den Hopi Don C. Talayesva, der 1890 geboren ist und der als Fünfzigjähriger folgendermaßen berichtet hat: „Beim Frühstück im Hause meiner Mutter teilte mein Vater mir mit, daß meine Oheime beschlossen hätten, Ira und mich im November in den Wowochimbund einweihen zu lassen. Es war mir ein vertrauter Gedanke, daß ein junger Bursche nach Hopibrauch diesen wichtigen Schritt ins Mannesalter tut. Gelegentlich hatte mich schon der eine oder der andere meiner Oheime darauf hingewiesen, daß man mich mein Leben lang, wenn ich nicht eingeweiht wäre, einen Knaben nennen würde. Mein Kindername, Chuka, sagten sie, würde mir dann für immer anhängen, und kein Mädchen würde mich als Mann achten. Es war nicht gerade nach meinem Sinn, in diesem Jahr initiiert zu werden, aber ich befürchtete, daß alle meine Oheime, ja alle Verwandten, wenn ich mich weigerte, gegen mich sein würden."

Chukas Unlust, die Zeremonie mitzumachen, hat zwei Gründe. Zum einen ist er sehr verliebt, und seine Freundin hat die Absicht, auf die Missionsschule außerhalb der Reservation zurückzugehen. Dahin könnte er ihr dann nicht folgen, und er fürchtet, daß sie in neue Freundschaften und er in eine Ehe hineingerät, was dann auch der Fall war. Zum andern hat er, uneingestandenermaßen, wohl auch, sagen wir, weltanschauliche Vorbehalte gehegt. Er war mehrfach lange auf Missionsschulen gewesen, einmal jahrelang fern der Heimat; er hatte Dollars verdient, besaß ein Fahrrad und einen Revolver, kleidete sich modisch, scheitelte die Haare nach Art der Weißen, ließ sich übertölpeln, in den CVJM einzutreten (was er als eine Art Initiation wertete), studierte aus freien Stücken eine erbauliche Rede ein und wünschte sich oft, daß es einen Zauber gäbe, der seine Haut in die eines Weißen verwandelt hätte. Erklärungsbedürftig ist seine Befürchtung, daß er seine Verwandten gegen sich haben würde, wenn er sich nicht initiieren lassen würde. Er meint damit keinen Familienzwist, sondern den magischen Widerstand, den er bei allem lebendienlichen Tun erleiden würde, weil ihm niemand durch Wünschen hülfe, sondern vielmehr Unwille ihn hemmen würde. Alles Tun ist ja rituell und kann nur in einem rituellen Ganzen glücken.

Doch wird das Zuraten nun übermächtig: „Ich konnte die Wowochimweihe nicht mehr aufschieben. Mein Vater, mein Großvater und zwei Großoheime drängten darauf, daß ich Schule Schule sein ließe und ein Mann würde. Sie sagten, das werde den Göttern gefallen, werde mich zur Mitwirkung bei den Zeremonien befähigen, mich in den Stand setzen, Ältester des Sonnenklans zu werden, und einer höheren Stellung würdig machen im Leben nach dem Tode. Talasvuyauoma, der angesehene Kriegsvogt, riet mir, ohne Aufschub in den Bund der Männer einzutreten. Mein Großvater, die Klanväter, meine Mütter, die Gevatterin, die Klanmütter und andere Verwandte, alle redeten mir zu; und alles, was sie sagten, lief darauf hinaus, daß ein Knabe, der sich nicht um die Aufnahme ins Wowochim bemühe, sich damit als untüchtig oder als kahopi ausweise. Sie sagten, daß nur hoffnungslos Verkrüppelte ... oder junge Männer, die durch das Christentum verdorben wären, diesen wichtigen Schritt zum Mannestum nicht täten.“[39] Mit anderen Worten: wer am Ritual nicht teilnimmt, schließt sich selbst vom vollen Leben aus. Er wird etwas, was die anderen sind, nicht sein. Leben heißt dort, den herkömmlichen rituellen Formen gemäß zu leben; wer diesen Wandel nicht durchmachen will, bleibt Kind, – eine Entwicklungshemmung, die bei uns nicht als ein institutionalisierter niederer Weihegrad, sondern als seelische Unreife der Person zu charakterisieren wäre.

Bisher war zumeist die Rede davon, inwiefern das *Leben* des Initiierten gewandelt ist nach seiner Einweihung. Aus den Erinnerungen Talayesvas geht indes auch hervor, daß die Folgen der Weihe bis über den Tod hinaus in die Artung des künftigen Lebens hineinreichen: auch drüben hat der Initiierte einen anderen Stand, ein weiteres Leben als der Ungeweihte. Von manchen Weihen der Spätzeit wissen wir, aus den Eleusinien etwa und auch von denen der Orphiker, daß dies ihr Hauptziel war, daß sie dem Menschen über sein Schicksal nach dem Tode Zuversicht schenkten. Auch in den Hochreligionen wird dies zu einem wesentlichen Bestandteil der Verheißungen, die mit einer Gliedschaft in ihrem Verbande verknüpft sind – bis dahin, wo das Leben nach dem Tode das Hauptmotiv für die Annahme des betreffenden Bekenntnisses werden kann.

Die rituellen Kulturen, insofern die Gestalt des gegenwärtigen lebendigen Daseins und die Gemeinschaftsordnung den Hauptsinn der Weihen ausmachen, heben diesen Gesichtspunkt nicht in demselben Maße hervor. Dafür tritt bei ihnen etwas Nahverwandtes um so stärker in den Vordergrund: daß nämlich die Einweihungsriten selber in den Tod hineinführen, daß der Initiand sterben muß, um aus dem Ritual wiedergeboren zu werden. In diesem

---

[39] Don C. Talayesva, „Sonnenhäuptling Sitzende Rispe. Ein Indianer erzählt sein Leben“, Kassel 1964, S. 157, 159.

Hauptstück der Initiation zeigt sich zum anderen Male das besondere Wesen ritueller oder initiatischer Zeitlichkeit: Der unausgesetzt peinigende Stachel des Todes hat sein Wesen eben darin, daß die letzte Stunde immer unentrinnbar bevorsteht; nun wird der Tod insofern entmächtigt und seines Stachels beraubt, als das Sterben vermittelst der Initiation durchlebt und damit in die Vergangenheit zurückverwiesen wird.

Da ein solches Ziel für die Seelen der Initianden nicht mit irgendwelchen unbedeutenden theatralischen Kniffen verwirklicht werden kann, so bedarf es dazu bedeutungsvoller Zurüstungen. Eben dadurch wird um so deutlicher, daß der Tod der Initianden das Kernstück der Initiation ist und daß ihr Sterben zumal dem Geschehen den Sinn verleiht. Eine der großartigsten Ausprägungen des Initiandentodes wird im Mayoritual der Marind-Anim inszeniert.[40] Jenes Gerüst der Uk-Balken nämlich, das oben erwähnt wurde, bricht im Verfolg des Rituales tatsächlich auf der Männerseite zusammen, und die beiden Stämme erschlagen dabei ein Initiandenpaar, das unter ihnen das Beilager hält und das urzeugerische Paar bedeutet. Die Erschlagenen geben die Hostie ab für alle Teilnehmer des Festes. Ob diese Szene jemals so durchgespielt worden ist, bleibt zweifelhaft; sicher ist nur, daß dieser Ablauf den Sinngehalt einer gemilderten Veranstaltung ausmacht, bei der lediglich zwei Kokosnüsse zerschlagen werden – die Köpfe der Urzeuger – und die Festspeise liefern. Initiatische Hochzeit und initiatisches Sterben, das Weltgebäude und sein Einsturz, Zauberspeise zur Lebensfristung aus Göttertod, – hier schließt sich alles zu großartig bildhafter, prägender Sinndichte zusammen. Da niemand vorher weiß, auch die Initiierten nicht, wen der Zusammenbruch der Welt zu Tode treffend wird, so sterben wirklich die Initianden, die nacheinander unter den Balken hochzeiten, dem Erlebnis nach, ihren eigenen Weltentod; sie zeugen zum ersten Male unter unmittelbarer Todesdrohung, sie sterben lebenzeugend, „und ist ihr Tod der Lebenden Brot."[41]

Das Bedrohliche der Initiation beginnt oft schon damit, daß die Kinder zu ihrer Einweihung aus dem Elternhause durch furchterregende Wesen abgeholt werden. In den Märchen, die in epischer Gestaltung ebenfalls die Ein-

---

[40] Paul Wirz, „Dämonen und Wilde in Neuguinea", Stuttgart 1928, S. 282-284. Dr. J. van Baal, „Dema, Description and Analysis of Marind-Anim Culture", South New Guinea, The Hague 1966, S. 569-588, vgl. S. 540. – Danach auch: Heino Gehrts, „Die Opferung des zeugerisch verbundenen Paares", Gorgo, Zs. f. archetypische Psychologie und bildhaftes Denken, Heft 1, Jg. 1979, Fellbach-Oeffingen, S. 22-37.

[41] Eine Formel Gottfrieds von Straßburg, V. 240, in Bezug auf den Liebestod von Tristan und Isolde.

weihung von Jugendlichen schildern, treten ebensolche Abholwesen auf.[42]
Bei den Stämmen der Manja und Banda, zentralafrikanischen Sudannegern
im Stromgebiet des Ubangi, ging das folgendermaßen vor sich.[43] Dort gab es
nach der Urmythe ein Wesen, Ngakola, das sich von Menschen ernährte. Die
Dorfbewohner selbst mußten ihm die Opfer in den Busch bringen. Ngakola
hatte ihnen versprochen, die Menschen zu zerstückeln, zu verschlingen und
sie dann, von allem Unheil befreit, wieder auszuspeien. Aber nur die Hälfte
der ihm Zugeführten spie er auf diese Weise wieder aus; die Leute gerieten
daher in Zorn, und es gelang ihnen, Ngakola mit List zu töten. Seitdem ist er
ein unsichtbares, allsehendes, allwissendes Wesen, und nach seinem Mythos
wird noch immer die Jugend initiiert.

Die vom Initiationsleiter ausgewählten Initianden werden in der Nacht,
bei völliger Finsternis, in einer Hütte versammelt. Draußen stampfen die
Paten auf den Boden, unaufhörlich, aber nur mit einem Beine, denn sie sind
die Totengeister, Kinder Ngakolas, die die Initianden ergreifen werden. Dazu
stoßen sie unheimliche, sonst nie gehörte Schreie aus: mit zwei Fingern in
der Nase, mit Bauchstimme und mit Schlagen auf den Kehlkopf. Dann beginnt auch die Stimme Ngakolas zu ertönen. Der Berichterstatter sagt, es
gäbe nichts Beängstigenderes als diese Variante des Tamtam. Man stemmt
dazu Rohrstäbe gegen die angefeuchteten Trommelfelle und reibt mit den
Händen das Rohr: „Eine ungeheuerliche, geheimnisschwangere Stimme, nun
jämmerlich klagend, dann mit voller Kraft anschwellend und wieder erster-
bend. Die Stimme eines übermenschlichen Wesens, … , das zu gleicher Zeit
weint, jammert und grollt. Die Initiierten singen währenddem in Kehllauten
Lieder in einer unverständlichen Sprache: das ist wild und betörend, so
schrecklich wie nur möglich." Schließlich beginnt Ngakola die Initianden
auszufragen, – welche Missetaten sie begangen, welche Tiere sie getötet
haben, – und immer wieder schwillt dazwischen seine Stimme zu einem
Donnern an. In der Morgendämmerung werden die jungen Leute dann von
den verkleideten Paten abgeholt, unter Pfeifen und Singen, im Laufen und
unter Hieben. Im Busch haben sich am Wege außerdem die Alten versteckt,
und sie geißeln die Burschen mit den von Brennhaaren besetzten Ruten und

---

[42] V. I. Propp, „Le radici storiche dei racconti di fate", Torino 1949, S. 57ff. – Josephine Bilz,
„Märchengeschehen und Reifungsvorgänge", in: Bühler/Bilz, „Das Märchen und die
Phantasie des Kindes", 2. Aufl., München 1961, S. 73 ff.
[43] A.M. Vergiat, „Les rites secrets des Primitifs de l'Oubangui", Nouvelle edition refondue,
Paris 1951, S. 100-134.

Früchten eines bestimmten Baumes. Mit blutig geschlagenem und brennendem Rücken kommen sie im Initiationsbezirk an und müssen sich dort zu Boden werfen, die Stirn auf der Erde, die Hände als Scheuklappen. Der Berichterstatter sagt es nicht ausdrücklich, daß sich die Initianden in jener Hütte schon im Maule, auf dem Wege schon im Schlunde Ngakolas befinden. Der umzäunte Kultbereich ist mit Sicherheit Ngakolas Bauch. Ganz dementsprechend werden die Initianden dort verwarnt, daß Ngakola ihre Augen verdauen würde, wenn sie die erhöben, beim Ausspeien wären sie dann erblindet. An manchen Orten wird das Verhör erst jetzt durchgeführt; die Paten setzen sich den Initianden auf den Rücken und wetzen das Messer vor ihren Ohren: du bist jetzt in Ngakolas Bauche, alles mußt du aufdecken, willst du heraus! – Und während sie so angerufen werden, bestreut man sie mit Asche oder geißelt sie. Schließlich versetzt ihnen der Initiationsleiter Hiebe mit einem Schlagholz und dann noch einmal mit Rutenbündeln: er tötet ihre Person oder Personhaftigkeit (personnalité) – sagt der Berichterstatter. Nach einigen weiteren Riten, die wir übergehen, werden die Initianden von ihren Paten gepackt und in den nahen Fluß geworfen. Darauf wird den Angehörigen mitgeteilt, Ngakola habe die Burschen wieder ausgespien.

Ähnlichen Schrecken werden die Initianden bei den Yámana ausgesetzt, einem Stamm der Feuerland-Indianer.[44] Hier werden sie in der Nacht einzeln aus ihren Hütten geholt und gefesselt in den Vorraum des Initiationshauses geschleppt. Dort werden sie entfesselt, auf alle Viere niedergetan, der Vorhang wird ein wenig gelüftet und der Initiand ins Haus gestoßen. Ein Ledersack wird ihm über den Kopf geworfen, die Insassen heulen und brüllen, schlagen auf den Boden, rütteln am Hüttendach. Unter dem Höllenlärm kriecht der Knabe den Mittelgang hinauf, – dann darf er sich aufrichten. Die Feuerglut wird aufgewirbelt, das Ledertuch ihm vom Kopfe gerissen, und wie aus dem funkensprühenden Feuer bricht eine furchtbare Maske auf ihn los: am Leibe weiße Striche, das Gesicht rot mit weißen Strahlen aus den Mundwinkeln, das ringsherum starrende Kopfhaar rot gepudert wie eine glühende Krone. Diese Gestalt packt den Burschen, schüttelt ihn, wirft ihn auf den Boden, preßt und quält ihn, – während das Geheul und das Trommeln auf dem Boden immer fortgeht und noch anschwillt – zehn Minuten lang. Der

[44] Oskar Eberle, „Cenalora, Leben, Glaube, Tanz und Theater der Urvölker", Olten 1955, S. 227-229, nach: Martin Gusinde, „Die Feuerland-Indianer", Bd. II, „Die Yámana", Wien-Mödling 1937.

unmittelbar ausgesprochene Zweck dieser Szene ist die Warnung an den Initianden, nichts an die Ungeweihten zu verraten, – aber ihrem Wesen nach ist sie eine Begegnung mit dem Todesaspekt des Lebensgottes.

Noch ein letztes Beispiel sei für die Schreckensrituale der Reifezeremonien gegeben, noch einmal von den Marind-Anim, und zwar von einer anderen Weihefeier als der schon angeführten.[45] Eines Tages werden die Initianden durch den Busch auf den Kultplatz zugeführt. Sie erhalten an einer Wegrast den Befehl zum Stuhlgang, und währenddessen verschwinden die geleitenden Initiierten bis auf eine kleine Gruppe, die typisch ist für die rituelle weibliche Stammeshälfte. Ein Hundegeheul ertönt, und dann werden die Burschen bis vor den Kultzaun gebracht. Vor dessen Eingang sitzt schweigend ein prächtig ausgestatteter Urgott (Dema), der den Urvater darstellt (Uaba). Die Initianden müssen sich setzen, der Dema verschwindet schweigend. Lärm ertönt ringsum, die Initiierten schlagen mit der flachen Hand auf den Boden; dann tauchen sie in prächtigem Aufzuge im Kreise aus dem Busch auf und umringen, in der Hand eine rotbemalte Holzkeule, im Stakkato E, E, E schreiend, die Initianden. Diese Erscheinung hat eine so schreckliche Wirkung, daß schon einzelne der Jugendlichen entflohen sind. Die Initiierten tauchen wieder unter im Busch und kehren zurück, indem sie eine halbe Kokosnuß im Munde halten und dazu grunzen wie Schweine. Selbst der weiße Beobachter konnte sich der schauerlichen Wirkung dieser Vorstellung nicht ganz entziehen. Bei der dritten Wiederkehr haben sie Keulen und Kokosschalen abgelegt; sie ergreifen die Burschen bei den Kopfhaaren, schleifen sie unter drohenden Rufen umher, stoßen sie mit den Knien in den Rücken. Das neugebohrte Feuer wird gebracht, man schreit, man wolle die Jungen braten. Das Kopfjagdmesser, das von Anfang an über dem Zauneingang hängt, wird herabgeholt, und jeder Initiierte fährt seinem Initianden mit der Handkante von hinten über die Kehle, so wie man bei der Kopfjagd den Kopf abtrennt. Die Initianden werden ohnmächtig und in diesem Zustand von ihren Betreuern hinter den Zaun getragen. Dort bringt man sie mit Ingwer und bitterer Wurzel, durch Schläge mit Crotonzweigen und mit Zaubersprüchen wieder zu sich. Nun wird ein Fischzug angeordnet und von der Beute ein Mahl bereitet. Da nach dem Marindmythos der Urmensch selber fischgestaltig war, ist es höchst wahrscheinlich, daß in dieser Form die Initianden

---

[45] Dr. J. van Baal, „Dema, Description and Analysis of Marind-Anim Culture", South New Guinea, The Hague 1966, S. 645-657.

von den Initiierten verspeist werden. Daraus erklärt sich auch das absonderlich ekelhafte Ritual des folgenden Tages.

Die Initianden geraten nämlich nun in die Gewalt des Urweibes, das überhaupt den Kultplatz beherrscht, der außerdem auch mirav, Frauenhaus, heißt. Das Urweib wird meist nicht mit seinem Eigennamen, Imo-iwag, genannt, sondern heißt: gewaltiges Weib, böses Weib, Kotweib. – Wie allgemein verbreitet die initiatische Begegnung mit der Unterweltsgöttin ist, geht beispielsweise auch aus einer kurzen Nachricht des griechischen Altertums hervor: da erklärt nämlich Herakles die eleusinischen Weihen, was ihn betrifft, für überflüssig, da er Persephone ja schon gesehen habe, auf seiner Hadesfahrt nämlich.[46] – Die Marind-Initianden werden also an das Kulthaus geführt, der Kultführer der männlichen Stammeshälfte erhebt sich, die Initiierten treten zur Seite, und die Initianden sehen die Imo-iwag in prächtiger Tracht sich gegenüber. Der Kultführer ruft: Hier sind deine Männer, zeige ihnen deine Macht! – Das Urweib verschwindet augenblicklich, die Initianden werden gepackt, geschleift und gestoßen, bis sie völlig erschöpft sind: dann werden ihnen Mund, Nase und Augen beschmiert – mit Kot und „Sperma" (das ist ein ritueller Urstoff aus männlichen und weiblichen Geschlechtssekreten). So müssen sie liegenbleiben, bis Maden auf ihren Gesichtern erscheinen. Währenddem singen die Initiierten bestimmte Lieder, die unter anderem auf den ersten Kultweg der Götter Bezug haben – nach Osten, bei dessen Abschluß es zu der Ausgeburt der Urmenschfische kam. Dazu wird von dem Urgott gesungen, der den Fischen half, Menschengestalt anzunehmen. Es wird aber auch von dem ersten Toten gesungen, der den entgegengesetzten Weg, nach Westen, betrat und der dazu seine Trommel namens Made schlug.

Wenn bei den Initianden die Maden erscheinen, werden sie in das Kulthaus getragen und ihnen Smegma in die „Sinnesorgane" gerieben. Es werden Sprüche über ihnen gesprochen, und sie werden an der Nase hochgerissen. Nun kommen sie langsam zu sich, heißt es, beginnen zu sehen und zu verstehen. Sie werden im Aufzuge zu einem geheimen Sumpfsee geführt, um dort zu baden. Das ist auch deswegen nötig, weil sie sich auch selbst beschmutzt haben. Wir gehen sicher nicht fehl, wenn wir meinen, daß ganz analog jenem afrikanischen Bade, das mit dem Ausgespienwerden aus Ngakolas Bauche

---

[46] Euripides, „Herakles", V. 613, dazu Kerényi bei Dr. C. J. Bleeker, „Studies in the History of Religions", Supplement to Numen, X, Leiden 1965, S. 64.

übereinkommt, hier nun das reinigende Bad den Wiederaufstieg aus dem kotigen Hause des Urweibes andeutet: der Todesweg ist durchschritten. In der folgenden Nacht liegen jedenfalls die Initianden, nach den Stammeshälften und den Phratrien geordnet, am Kultfeuer: ein klares Bild für die Ordnung in dieser Welt der Ausgeborenen. Das Feuer ist, auch nach der Meinung unseres Gewährsmannes, der kultische Gegenpol zum Urweibe.

Was ist der unmittelbare Sinn dieser Rituale tödlicher Schrecken, von denen nun ein afrikanisches, ein amerikanisches, ein ozeanisches Beispiel gegeben wurde und deren Zahl sich unschwer vermehren ließe? Daß zeitweilig der Tod das Geschehen beherrscht, daß die Initianden sterben müssen, ist ein oft und leicht ablesbarer Sinn. Zweimal sehen wir sie verschlungen und wieder ausgespien, das andere Mal preßt den Weihling der Gott Todes und Lebens. In manchen Fällen werden die Initianden ausdrücklich wiedergeboren, was den Europäer vertrauter anmutet. Doch dürfen wir die symbolhafte Form – und ihre Aussage – nicht mit dem eigentlich Gemeinten verwechseln. Die symbolische Gestalt, in der das initiatische Geschehen verläuft, verändert nicht dessen mit sich gleichbleibende Identität, sie ist nur Deutzeichen an diesem Geschehen. Die initiatische Geburt ist mithin nicht Symbol einer Geburt, sondern sie ist und bleibt initiatische Geburt, also nichts anderes als die Ausgeburt des Initianden als Vollmensch. „Wiedergeburt" ist also nicht die Lösung des Rätsels, sondern dort beginnt erst das Bedenken. Getötet als Vormensch (der bei uns nicht zu sterben braucht), – um was zu werden, *was*, das er bei uns offenbar nicht wird, nicht werden kann?

Es geht im übrigen auch gar nicht an, die Todesschrecken bloß als symbolische Veranstaltungen zu deuten, – sie sind auch Sache, eine ganz bestimmte, beabsichtigte Sache. Von dem zentralafrikanischen Kultführer wird gesagt, er töte die Person oder Personhaftigkeit des Initianden. Lévy-Bruhl hat die symbolische Form der Vorgänge für nebensächlich erklärt. Sie sei „an sich selbst so gleichgültig wie der Schmerz des Patienten es ist für die Operation ... die Urvölker ... sind nur an einem interessiert, und nur dies eine ist für sie wichtig: an dem Zustand einer ganz bestimmten Aufnahmefähigkeit, in den sie den Initianden versetzen, damit sich die gewünschte Mitwirkung verwirklicht." Lévy-Bruhl hat sich, wie man weiß, jahrzehntelang mit der Mentalität der Primitiven befaßt, und er hat ihr Denken prälogisch genannt. Er kam dazu von einem erkenntniswissenschaftlichen, kantianischen Ansatz her, und er hat auf diesem Wege versucht, das Rätsel ihrer Welt und Weltauffassung zu lösen. Er ist auf diesem Wege gescheitert; er zitiert selbst das

Wort eines Obersten, der jahrzehntelang unter „Primitiven" gelebt hatte und der ihm entgegenhielt: „Vous vous trompez, ces gens-là pensent comme nous!" – Aber er hatte freilich recht damit, daß die *Welt* der Urvölker eine andere ist als unsere, nur ist das nicht im Denken begründet, nicht letzten Endes, sondern in der Wirklichkeit. Lévy-Bruhl und viele andere Forscher glaubten, daß die Primitiven *weniger* an Denken hätten als Europa, und sie ahnten nicht, daß sie in Wirklichkeit *noch mehr* bedachten als wir, nämlich auch das, was sich nur durch eine Initiation verwirklichen läßt. Darum ist er auch der Ansicht, wenigstens nach dem oben zitierten Satze, daß man bei dem Bewußtseinsvorgang, auf den die Initiation hauptsächlich abzwecke, von deren symbolischer Form als bedeutungslos absehen dürfe. In Wirklichkeit aber umfaßt auch diesen sachlichen Zweck der Sinn mit. Immerhin hat Lévy-Bruhl wohl zwingender als irgendjemand sonst aus der erkenntnistheoretischen Schule den denkerischen Unterschied erkannt und um die philosophische Lösung gerungen. Er wußte, daß jenes Wort des Obersten im Grunde doch nicht stimmen konnte, und das Zeugnis dafür sind seine posthum veröffentlichten Hefte, die berühmten „Carnets", in denen er angeblich seine Ansichten widerrufen hat, nur angeblich, das Rätsel faszinierte ihn nur in noch höherem Maße.

Wir wenden uns zurück zu den Initiationsschrecken. Lévy-Bruhl zitiert Spencer und Gillen, die über die australischen Reifezeremonien berichten: „Während ihrer Initiation gönnt man den Kandidaten keine Ruhe …, man zwingt sie, sich aufrecht zu halten oder zu gehen, bis sie vollständig erschöpft sind und sie sozusagen nicht mehr wissen, wie ihnen geschieht. Man läßt sie weder einen Tropfen Wasser trinken noch irgendwelche Speise zu sich nehmen; in der Tat, man nimmt ihnen jede Besinnung, daß sie wie vor den Kopf geschlagen sind." – Dies sieht zunächst nicht aus wie Symbolik, wie symbolisches Sterben, und demgemäß folgert Lévy-Bruhl: Man „versetzt das Individuum in den Zustand einer ganz besonderen Empfänglichkeit und Aufnahmefähigkeit, der den Zuständen des Traumes, der Katalepsie, der Ekstase benachbart ist, Zustände, die in allen urvölkerlichen Gesellschaften die ständigen Voraussetzungen sind für den Verkehr mit der unsichtbaren Welt."[47]

---

[47] „Les carnets de Lucien Lévy-Bruhl", Paris 1949, die Worte des Obersten S. 166. – Lucien Lévy-Bruhl, „Les fonctions mentales dans les sociétés inférieures", 7. Aufl., Paris 1922, S. 415-417.

In diesem Zusammenhang spricht Lévy-Bruhl dann auch von der Entpersönlichung, der dépersonnalisation, von dem Bewußtseinsverlust, den die Erschöpfung hervorbringt. – Dazu haben wir hier noch einen besonderen Zug der Initiation anzuführen, nämlich aus dem Ritual der Initiandenheimkehr. Der Initiand, wenn er vom Kultplatz, aus dem Busch, aus dem Wald ins Dorf heimkehrt, ist ein anderer geworden. Er kennt seine nächsten Verwandten nicht mehr, weiß über alltägliche Verrichtungen nicht Bescheid und muß sie neu lernen. Die Rückwegsschwelle, von der wir beim Märchen sprechen, funktioniert hier also in umgekehrter Richtung.[48] Der Held in dem Märchen von der Unterweltstochter als Helferin des Helden, Märchentyp 313, überschreitet die Grenze zur Heimwelt und hat im Nu, wenn er auf ein Korn beißt oder vom Hunde geleckt wird, die andere Welt und die Braut vergessen. Aber der heimkehrende Initiand vergißt nicht den Initiationsbereich in der Alltagswelt, sondern bei ihm hat das übermächtige initiatische Geschehen das Alltagsbewußtsein völlig überwältigt. Selbst Worte der Alltagssprache sind dem Initiierten nun fremd geworden, ja, er kann bisweilen nicht einmal mehr gehen oder essen. Dies letztere läßt sich selbstredend als Simulation des Neugeborensein auffassen, und mag auch manchmal so gemeint sein. Die ethnographische Darstellung aber faßt oft diese Züge nur als Theater auf und sagt, der Heimkehrende tut so, als ob er die Mutter, die Worte, die Örtlichkeit und die Verrichtungen nicht mehr kennt. Mir aber scheint es so, als müsse selbst die simulierte Vergessenheit im Sinne jener „Tötung der Person" gedeutet werden, die in vielen Initiationen mitausgesprochener Zweck der Initiandenmartern ist.

Lévy-Bruhl geht noch einen Schritt weiter. Er sagt nicht weniger, als daß die Initianden *wirklich* sterben, nicht nur symbolisch, sondern nach den Begriffen ihrer Kultur in der Tat, indem die geschilderten Zustände jenem Auszug der Seele gleichen, den man dort als Tod auffaßt, – auch wenn sie nur für kurze Zeit den Leib verläßt und in seiner unmittelbaren Nachbarschaft verbleibt.[49] Was Lévy-Bruhl sich nicht zu schreiben und kaum zu denken verstattet, war dies: daß die ausgefahrene oder hinübergegangene Seele auch

---

[48] Arnold van Gennep, „Les rites de passages", Paris 1909, S. 117. – Hutton Webster, „Primitive Secret Societies", New York 1908, S. 55ff. – Rückwegsschwelle: Hedwig von Beit, „Symbolik des Märchens. Versuch einer Deutung", Bern 1952, S. 569ff., 771.

[49] Lucien Lévy-Bruhl, „Les fonctions mentales dans les sociétés inférieures", 7. Aufl., Paris 1922, S. 416. – Siehe auch Eliade bei Dr. C. J. Bleeker, „Studies in the History of Religions", Supplement to Numen, X, Leiden 1965, S. 5.

ihren Zustand selbst erlebt und daß sie gegebenenfalls darin echte Visionen einer tieferen Wirklichkeit hat, die das ganze fernere Leben von Grund auf wandeln und immer wieder neu beeinflussen. In dieser Vision würde auch ein wirkliches Sterben erlebt, ein wirkliches Hinübergehen und Wiederkehren, und zur Entpersönlichung fügte sich ergänzend die Neugestaltung des Selbst. Damit wäre ein für allemal die Entworfenheit des Lebens auf den Tod zurückgenommen, die Ratio der erstreckten Zeitlinie gebrochen und der Tod aus seiner Endstellung herausmanövriert. Das Leben wäre von seinem irrigen Abschluß befreit, und die Zeit dadurch zu jenem Kreis zusammengebogen, als der sie ein echtes Abbild der Ewigkeit darstellt. Mythologisch gesprochen: der Todesdämon oder Todesdema wird in seine Schranken verwiesen, so daß er nicht als ein fascinosum an einem Ende steht, sondern auch als einer der Götter des Zeitkreises seinen Ort angewiesen erhält: in der Vergangenheit, – immer wirkend, wie alle, doch nicht allein wirkend, her vom künftigen Ende. Auf diese Weise wird, indem auch der Tod zu einem zyklischen Ereignis wird, der Zeitkreis überhaupt erst möglich. Übrigens ist es ja immer eines der wichtigen Ergebnisse auch der späteren Initiationen, daß der Eingeweihte seinen Tod hinter sich gelassen hat.

Die Überwindung des Sterbenmüssens wäre nur die eine Seite der Depersonalisation und der Reintegration des Selbst und nicht einmal die wichtigere. Sowenig das neue Selbst nur das durch den Blick hinter die Maske ernüchterte Ich ist, bleibt es auch nur ein todloses Ich. Das Selbst gewinnt im Übergang auch eine neue Gestalt, es ist das der kosmischen Kultur gestaltentsprechende Selbst. Es geht nicht nur um die Weckung und die Stabilisierung eines Erwachsenen-Ichs, sondern zumal um die Prägung des Unbewußtseins als eines dem ausgeborenen kulturellen Mandala entsprechenden archetypischen Gefüges. Dies geschieht in der Vision, – bestände nun diese in einer eigentlichen durch das Initiationsdrama aufgeregten Innenschau – oder im äußeren Anblick des Initiationsdramas und seiner Symbole, die aber auch auf die ihrer Personalität ledige Seele, da sie von der Natur der Gesichte sind, als eine Vision einstürmen. Die auf diese Weise durch die Initiation geschaffene Entsprechung von kosmischem Außen und seelischem Innen macht eigentlich das Wesen der rituellen Kultur aus, ihre Beständigkeit, ihre Lebensfülle, ihren Reichtum an Sinn, das Glück und die Lebensart ihrer Menschen.

Der Ansicht über diese ursprünglichen Ziele der Reifezeremonien haben wir nur noch eine Vermutung hinzuzufügen, die durchaus über die Grenze des Beweisbaren hinausliegt, die aber doch der Vollständigkeit halber erwähnt sei. Zu den dramatischen Zügen der Initiandenzeit gehört auch die Begegnung mit den Ahnengeistern. Entweder erscheinen sie in der Vision, werden von den Initiierten dargestellt, oder die Initianden übernehmen selbst zeitweise diese Rolle, und sie treten dann ganz und gar als Tote auf. Auch das Tierkleid der Initianden ist oft als Totenmaske aufzufassen. Wir hätten dann zu fragen, ob nicht in das neue Selbst, das in der Reifezeremonie aufgebaut wird, auch in der einen oder anderen Form der „Geist der Ahnen" mit eingeht, – und dies in einer weit konkreteren Art, als wenn die Jugend nur in konservativem Sinne erzogen würde. Oder mit anderen Worten: das Volk der rituellen Kulturen wäre vor allem darum Urvolk, weil in einer ununterbrochenen Folge von Initiationen der Geist der Ahnen, und das heißt dann immer wieder der Geist der Urahnen, in das aufblühende neue Geschlecht eingepflanzt würde. Dann ist wirklich die lebende Generation das erneuerte Urvolk des ersten Schöpfungstages.

Zum Abschluß dieser Darstellung sei, da wir eingangs die subjektive Einstellung des jungen Hopi-Indianers zur Reifezeremonie zitiert haben, nun an demselben jungen Mann ihre Wirkung, ebenfalls in einem subjektiven Zeugnis, vor Augen geführt. Zu erinnern ist hier an die Versuchungen, die er erlebt hatte, in die Welt der Weißen hinüberzuwechseln. Doch nach der Jünglingsweihe bekennt er: „Mir war eine große Lehre zuteil geworden, und ich wußte nun, daß die Zeremonien, die uns von unseren Vätern überliefert sind, Leben und Sicherheit bedeuten, sowohl im gegenwärtigen wie im künftigen Leben. Ich bedauerte es, daß ich je in den CVJM eingetreten war, und beschloß, mich ein für allemal gegen das Christentum zu stellen. Ich hatte eingesehen, daß die Alten im Recht waren mit ihrer Behauptung, daß Jesus Christus für moderne Weiße in einem guten Klima ausreicht, daß aber die Hopigötter uns von Weltanbeginn in der Wüste Erfolg gebracht haben."[50] – Don ist über achtzig Jahre alt geworden, ehe diese initiatischen Überzeugungen durch andere aufwühlende Erlebnisse erschüttert wurden, – das zerrüttendste war die allmähliche innere Aushöhlung seines Heimatortes, wie ich sie an anderer Stelle geschildert habe. Das letzte kaum zu verwindende Ereignis war der Tod seiner christlich gewordenen Frau mit einer darauffolgenden Traumerscheinung, die ihn bewog, gegen die Katschinalieder, die er bis dahin gesungen hatte, die christlichen Hymnen einzutauschen.

---

[50] Don C. Talayesva, „Sonnenhäuptling Sitzende Rispe. Ein Indianer erzählt sein Leben", Kassel 1964, S. 131f.

Die bisher für die Initiation angeführten Beispiele entstammen meist sehr fernliegenden Kulturen, und unsere Thematik könnte daher eine exotische Färbung annehmen, die ihr nicht zukommt. Wir wollen daher versuchen, aus einheimischen Überlieferungen zu erschließen, wie sich die im allgemeinen durchgesprochenen Merkmale der Initiation in unserer eigenen Vorzeit ausgenommen haben mögen, und wir werden gelegentlich an Hand dieser Materialien auch noch auf einzelne weit verbreitete Teilzüge zu sprechen kommen, die bisher nur flüchtig erwähnt wurden. Allerdings befinden wir uns in Bezug auf das rituelle Brauchtum unserer Vorzeit in einer sehr schwierigen Lage. Es gibt europäische Forscher, die mit Liebe und Sorgfalt die unscheinbarsten Einzelheiten urvölkerlicher Zeremonien aufgezeichnet haben, die sich erzählen ließen, was die Ritualführer sich dabei dachten, ja, die selber als Initianden in das Erbe des Stammes eingeweiht wurden. Trotz dieser in mancherlei Weise aufgetanen Zugänge an der Welt der Urvölker sind wir doch von einer allgemein angenommenen wissenschaftlichen Ansicht dieser Kulturen weit entfernt. Was aber die alte Bevölkerung unserer Weltgegend betrifft, so besitzen wir nicht *einen* zusammenhangenden zeitgenössischen Bericht über ihre Bräuche, ihre Riten, ihre Mythen, ihre Religion. Erst recht nicht haben wir Äußerungen über den Sinn irgendwelcher Begehungen oder Anschauungen, und niemals ist unseres Wissens ein Grieche oder Römer in keltische oder germanische Kulte eingeweiht worden und hätte aus erster Hand darüber berichtet.

Es gibt im Grunde nur zwei Quellenwerke, die ein wenig dem nahekommen, wovon wir sonst den völligen Mangel zu beklagen hätten. Das eine ist die „Germania" des Tacitus, ein im Umfang bescheidenes, dem Ziele nach umfassendes Werk, das sich anheischig macht, in Kürze über Gliederung, Lebensraum, Gesellschaft, Wirtschaft, Verfassung, Kultus der germanischen Stämme wesentliche Aussagen zu machen. Es erwähnt dabei auch einige für unsere Thematik hochbedeutende Einzelheiten. Aber ohne Vergleiche mit anderen Nachrichten aus Germanien und vor allem aus den gegenwärtigen Urkulturen blieben sie in ihrer Tragweite für uns unverständlich. Das zweite Werk ist die jüngere „Edda", die Poetik des isländischen Gelehrten Snorri Sturluson, die einen Gesamtüberblick über die altskandinavische Mythologie zu geben versucht, und zwar als Gestaltungs- und Interpretationshilfe für die zeitgenössische Skaldendichtung. Aus diesem Zweck erklärt es sich, daß die jüngere „Edda" über Riten und Kulte unmittelbar nichts verlauten läßt, auch war Snorri nicht etwa noch Zeitgenosse des nordischen Heidentums, und für sein „Wissen" gilt also just das, was oben im Hinblick auf den missionierten Polynesier gesagt wurde: dazu, daß wirkliche erlebte Einsicht verloren geht, bedarf es nicht der zweihundert Jahre, die Snorri vom Heidentum entfernt lebte, sondern es genügt ein kurzfristiger Umschwung, um die Erlebensgrundlage, in der das initiatisch gebildete Symbolbewußtsein wurzelt, schwinden zu lassen. Weit schwieriger ist es für uns, zu treffenden Aussagen auf dem Gebiet unserer Thematik zu gelangen. Wir befinden uns im Angesichte eines gewaltigen Trümmerhaufens germanischer Überlieferungen. Aber diese Überlieferungen geben selbst kaum Anleitungen zu ihrer Deutung; nur durch Vergleich können wir uns ihr nähern.[51]

Wir beginnen unseren kurzen Gang über die Trümmerstätte Germania mit Initiationssprüchen, die das Ineinander von Geburt und Tod, ihre gegenseitige Bedingtheit, zur Anschauung bringen. Es handelt sich dabei um ganz einzigartige Überlieferungsbruchstücke, die mitten in das Herz der Rituale hineinführen. Sie haben nur einen Mangel, sie sind nicht aus alter Zeit und nicht als Kultgut überliefert, sondern sind volkskundliches Sammelgut des letzten Jahrhunderts, – allerdings, wie wir noch sehen werden, doch wenigstens mit älteren Zeugnissen dahinter, die zumindest ihr graues Altertum belegen. Auf jeden Fall handelt es sich um die initiatische Situation, und das erlaubt uns, sie trotz des Schweigens der germanischen Religionsgeschichte hier anzuführen.

Unter dem volkstümlichen Erzählgut, das seit der Zeit der Romantik aufgezeichnet worden ist, finden sich vielfach auch die Halslösegeschichten, besonders viele, wie es scheint, in niederdeutschen Sammlungen.[52] Die Situation ist in vielen Fällen so, daß der Verbrecher auf der Leiter steht und gehängt werden soll, daß er den Richtern ein Rätsel aufgeben darf und frei wird, wenn sie es nicht lösen können. Eines der verbreitetsten Rätsel dieser Art lautet: „As ik hengüng, as ik wedderköm, de Lebennigen ik ut den Doden

---

[51] Grundlegend für die Einsicht in die germanischen Initiationsriten waren die beiden Werke: Lily Weiser, „Altgermanische Jünglingsweihen und Männerbünde", Wien 1927, und: Otto Höfler, „Kultische Geheimbünde der Germanen", Frankfurt a. M. 1954.

[52] Karl Müllenhoff, „Sagen, Märchen und Lieder der Herzogtümer Schleswig, Holstein und Lauenburg", Neue Ausg., Schleswig 1921, Nr. 650, 2. – Gustav Friedrich Meyer, „Hasselnœt, Plattdütsche Rätsel un Rätselmärchen", Garding 1920, S. 40, 42f. – H. Frischbier, „Rätselgeschichten, Am Urquell II", Hamburg 1891, S. 152, 168. – Derselbe, „Verbrecherrätsel, Am Urdhsbrunnen, II", Rendsburg 1882, S. 172ff. – Richard Wossidlo, „Mecklenburgische Volksüberlieferungen", Bd. I, Rostock 1897, Nr. 967. – Skandinavische Fassung: „Edda", übertragen von Felix Genzmer, Thule Bd. 2, Jena 1920, S. 162. – 15. Jahrhundert: Weimarisches Jahrbuch V, Hannover 1857, Reinhold Köhler, S. 343.

nöhm, söß de güngen den sövten quitt, raad't to, ji Heren, nu is't Tied!"[53] – Schon bevor wir das Rätsel lösen, fällt uns einiges auf: die merkwürdige Beschreibung einer Bewegung, und das Leben, das aus dem Tode genommen wird. Dazu hören wir vielleicht auch einen Anklang an die Formel heraus, durch die sich der Initiand an die eleusinischen Weihen erinnerte: „Ich habe gefastet, ich habe den Mischtrank getrunken; ich habe aus der Kiste herausgenommen, und nachdem ich das verrichtet, habe ich ihn in den Korb gelegt und wieder zurück in die Kiste." – Auch dort ein Herausnehmen, auch dort die Bewegung in einem Hin und Her, freilich des Nehmens und Zurücklegens. Daß bei unserem Spruch die Bewegung, das Hingehen und Wiederkommen, mit anderen Worten, das Eintreten in eine Zentrale des Lebens und Todes und die Rückkehr mit dem Lebensschatz, – wesentliche Bedeutung hat, geht aus einer etwas anderen Fassung des Rätsels noch deutlicher hervor. Dort heißt es nämlich: „Ünner Eer ik hengüng, ünner Eer ik wedderkeem, den Lebennigen ik ut den Doden neem." –

Der Lebenskern offenbart sich hier also unter der Erde. Daß er sich dort in einem Ritus offenbart, geht aus der Lösung hervor. Es handelt sich nicht etwa um ein Erdhaus oder einen Höhlengang, sondern der Sprechende hat den Weg beschritten – seltsamerweise – mit einer Grassode auf dem Kopf. Das Leben aber, das aus dem Tode genommen wird, ist im ersten Fall ein Vogelnest mit sechs Jungen aus dem Pferdegerippe, – im zweiten Falle ein Ameisennest aus einem Totengebein. Zu erinnern ist hier an das Hochzeitsrätsel Simsons, der Honig aus dem Löwenkadaver nimmt – Speise von dem Fresser, Süßes von dem Starken –, und zwar auch auf einem Wege hin und her, Richter c. 14. Wir dürfen aus der Tatsache, daß der Kultspruch in abgewandelter Form schon vor Jahrtausenden im „Vorderen Orient" erscheint, auf das hohe Altertum des betreffenden Rituales schließen. Über die ursprüngliche Heimat ließe sich freilich nur schwer etwas ausmachen. Die hier genannten Formen scheinen aber wohlbeheimatet zu sein in Germanien. Führen wir noch die eigenartige skandinavische Form an:

---

[53] Die Bedeutung des Rätsels, wörtlich aus Karl Müllenhoff, „Sagen, Märchen und Lieder der Herzogtümer Schleswig, Holstein und Lauenburg", Neue Ausg., Schleswig 1921: „Als die Frau hinging, fand sie am Weg ein Pferdegerippe und in dem Pferdegerippe ein Vogelnest und in dem Vogelnest sechs Junge. Die sechs Jungen nahm sie mit, also gingen sechs den Siebenten quitt, und aus dem Toten nahm sie die Lebendigen." (Die Bedeutung von „quitt gehen": mit jemandem fertig sein, nichts mehr mit ihm zu tun haben.)

„Im Norden wuchs die Nasengans,
brachte brutlieb Bauholz heran.
Starke Wehr war Strohs Wundlohe.
Drauf lag des Tranks dröhnend Steindach."

Das heißt, die Ente hat ihr Nest zwischen den Kiefern eines Rinderschädels gebaut, die Zähne sind das grasschneidende Schwert, das Schädeldach liegt darüber.

In einer weiteren ähnlichen Rätselstrophe erscheint noch etwas mehr von dem rituellen Vollzuge. Die Situation ist dieselbe, der Übeltäter steht auf der Leiter, und er spricht: „Hooch in'n eeken Boom seet ik, ungeborn Fleesch eet ik, ünner de Eer, wo ik weer, aan Lepel un aan Fatt, rad ji Heern, wat is dat?" – Die Lösung: der Mann verzehrt, mit einer Grassode bedeckt, auf dem Baume sitzend, ein aus dem Mutterleibe geschnittenes Ferkel. Hier haben wir also den Kultbaum selbst als die Stätte des Rituals – Bild einer ausgeborenen Welt –, aber zugleich die Sode auf dem Haupte als Zeichen, daß der ganze Baum des Lebens noch unter der Erde steht, – ganz im Einklang mit einer der eddischen Uranfangsstrophen, wo es vom Maßbaum der Welt ebenfalls heißt, er befinde sich unter der Erde – Völuspá 2. Bekräftigt wird dieser Sinn des Urweltlichen, Vorgeburtlichen auch durch die Kultspeise, das ungeborene Fleisch. Hoch und tief zugleich bezeichnen in ihrem Widerspruch ebenfalls das vorgeburtliche Sein, die coincidentia oppositorum.

Noch um einen Grad merkwürdiger ist eine handschriftliche Aufzeichnung des 15. Jahrhunderts, die die Lösung des Rätsels nicht in Form einer erzählenden Aufklärung gibt, sondern in Form einer Anweisung, etwas zu tun. Es heißt da: „Rat, was ist das: das geborn aß das ungeborn hoch auf einem baum und tief unter der erden. Sprich also: nim ein schweinsmuter und grab ein baum auß und thue die schweinsmuter, die dann junge hat im bauch, oben auf den baum und schneid sie dann auf und thue die junge herauß, so ist das geborn das bistu, das ungeborn das sind die schweinlein, der baum ist ob der erden und tief darunter sind die Wurzeln. also hastu dise sach." – In dieser Anweisung bleibt das Ausgraben des Baumes unbegründet und die Worte „tief unter der Erden" unerklärt. Wir dürfen in Analogie zu anderen Überlieferungen aber wohl annehmen, daß der ausgegrabene Baum umgewendet ist und dergestalt zugleich den Baumsitz abgibt für den Speisenden und das Erddach, unter dem er speist. Umgekehrt eingepflanzte Bäume kommen gerade auf Richtplätzen vor, in den Sagen nämlich, die solche Bäume als

Unschuldserweise erklären. Auf jeden Fall führen uns die Weihesprüche zurück in die Welt, bevor es hoch und tief gab, in die Welt der Ungeborenen, unter die Erde, in die Gebärmutter alles Daseins, und wir dürfen daher auch annehmen, daß die beiden in dem vorigen Spruch vorkommenden Wege – als ich hinging, als ich wiederkam – die Wege der Geburt und des Todes sind, aber in ihrer Verselbigung, – ganz dem Wort Heraklits entsprechend: der Weg auf und ab ist ein und derselbe, – ein Wort, das vermutlich ebenfalls einem Kultspruch entstammt (fr. B 60).

Wir erweitern unseren Ausblick auf germanische Initiationsriten, indem wir die Situation ins Auge fassen, in der jene Rätselstrophen gesprochen werden. Sie setzen voraus, daß der Sprecher ein Gesetzesbrecher ist, daß er unter dem Galgen oder schon auf der Leiter steht. Der Spruch ertönt also in einer Lebenslage, die just auch dem Inhalt entspricht, auf der letzten Sprosse zwischen Leben und Tod. Die Annahme liegt nahe, daß der Schauplatz noch etwas mehr mit dem Kultspruch zu tun hat, als die mitüberlieferte Halslösegeschichte besagt. Die Erzählung würde in Anbetracht unserer Deutung des Spruches ja lediglich so aufzufassen sein, daß sich die Richter im letzten Augenblick sagen: Oho, da hätten wir ja beinahe einen Geweihten unseres Kultes, einen Bundesbruder, zu Tode gebracht! – Der Stand unter dem Galgen legt aber eine viel umfassendere Begründung für die Begnadigung nahe; denn der Hängetod war in Germanien ja auch Opfertod und der Galgen dem Wodan-Odin geweiht. Im Norden ward der Gott geradezu „hangagudh" und „hangatýr" genannt, der Gott der Gehängten, – und „hangadróttinn", der Herr der Gehängten, und in skaldischen Umschreibungen heißt er Galgens Gebieter und selber Last des Galgens.[54]

Von den mancherlei Hängeberichten Germaniens wollen wir wenigstens zwei erwähnen. Von ihnen hat der erste unzweifelhaft initiatischen Charakter, wir dürfen daher von ihm auch auf die initiatische Natur des anderen schließen. Aus einigen Strophen der „Edda" geht hervor, daß an Odin selbst das Hängeritual vollzogen worden war. Das spricht er in diesen Gesätzen selbst aus; vielleicht werden sie vom Kultsprecher wiederholt vor den Initianden, die im Begriff sind, sich dem Brauch zu unterziehen. „Ich weiß, daß ich hing am windumbrausten Holze, neun Nächte hindurch; mit dem Gere verwundet, dem Odin gegeben, ich selber mir selbst, an jenem Holze, von dem niemand weiß, aus welchen Wurzeln es wächst. – Weder mit Brot noch mit Trunke

---

[54] Jan de Vries, „Altgermanische Religionsgeschichte", Bd. II, Berlin 1957, S. 49f.

ward ich erquickt; ich spähte hinab, ich nahm die Runen auf, schreiend nahm ich sie auf, fiel herab von dort. – Neun Machtlieder nahm ich von (meinem Mutterbruder) dem berühmten Sohne des Bölthorn, des Vaters der Bestla (meiner Mutter). Und ich gewann einen Trunk des kostbaren Metes, der aus (dem Metkessel der Dichtkunst), Ódhrerir rann. – Da begann ich zu gedeihen und klug zu werden, zu wachsen und mich zu bewähren; Wort mich von Wort zu Wort leitete, Werk mich von Werk zu Werk leitete."[55] Diese Eddastelle ist ein Zeugnis dafür, daß es der germanischen Überlieferung, trotz ihrer Trümmerhaftigkeit, nicht an richtweisenden Denkmälern fehlt. Man hat hier alles beisammen, was zu einer Initiation in das Weltgeheimnis gehört. Da ist das Todeserlebnis am Galgenholz; die Wunde und der Schmerz, eine Speerwunde nämlich als das besondere Zeichen der Odinsweihe; das Fasten und Schmachten des Initianden; die rituelle Zeitspanne und die rituelle Krisis, in der die Weihe gewonnen wird, hier in Gestalt der Runen; das Erlernen der Kultlieder; der Lebenstrank aus dem heiligen Kessel, der im Odinsdienst vor allem die Gabe der Dichtkunst verleiht, – und schließlich, von der Initiation an, die Entfaltung aller Begabungen.

Bevor wir uns dem Hängeritus als solchem zuwenden, gehen wir noch auf eine andere Einzelheit ein. Odin „nahm", heißt es, die großen Kultlieder, und das Wort bedeutet in dem Zusammenhang „lernen". Aber auch die Runen nimmt er kurz zuvor, und da bezeichnet das Wort eher ein einfaches Aufnehmen. In anderen Texten nimmt man auch das Zaubern oder nimmt die Gesetzeskunde. Sicherlich gab es bei all diesem mündlich überlieferten Vorzeitwissen sehr viel auswendig zu lernen, und das war jedenfalls eine harte Arbeit, die kaum den Ausdruck „nehmen" an sich ziehen konnte. Es ist in der Tat wohl auch ein anderer Vorgang, auf den sich das Wort vor allem bezieht. Das Entscheidende wäre, daß das initiatische Geschehen den Neuling überhaupt erst dem Gehalt der Kultlieder öffnet, so daß ihre Tiefe, die ja die Tiefe des Lebens selber ist, ihm faßlich wird. Im Selbstzeugnis des jungen Talayesva, dessen Einweihung wir mehrfach erwähnt haben, nimmt sich das folgendermaßen aus: „Wir mußten wach bleiben, und Männer des Wowochimbundes lehrten uns ihre besonderen Lieder. Mein Großvater Poleyestewa schlug die Trommel, sang dazu mit leiser Stimme und wiederholte die Weise

---

[55] Hávamál 138-141. – Vgl. „Edda", übertragen von Felix Genzmer, Thule Bd. 2, Jena 1920, S. 170f.

so lange, bis wir sie behielten. Sein Gesang berührte mich im innersten Herzen und prägte sich meinem Gemüt fest ein."[56]

In diesem Vorgang des „Lernens" hätten wir also ein deutliches Beispiel für den seelischen Vorgang innerhalb der Initiation, bei dem die Seele, der „Vision" des Kultgeschehens entsprechend, geprägt wird; die Worte leuchten ein – bis in das Unbewußte, wo sie bewahrt werden, hinab. Wir dürften auch daran denken, daß im Englischen das Auswendiglernen „to learn by heart" heißt, und zumal daran, daß ein anderer Pueblo-Indianer, der Häuptling von Taos, wie C. G. Jung berichtet, ihm bekräftigte, daß er mit dem Herzen denke.[57] In einem weiteren indianischen Zeugnis wird es noch stärker ausgedrückt, wie die innere Eröffnung erst eigentlich die Verbindung zu dem objektiven, dem eigentlich kosmischen Wissen eröffnet. Bei der Einweihung in die Medizinhütte der Algonkin mußte der Initiand jahrelang lernen und bezahlte für die Unterweisung mit einem Vermögen an Fellen, Tabak, Geräten und Waffen. Trotzdem, so sagt unser Berichterstatter, wurde nicht intellektuelles Wissen erworben, die Unterweisung erstrebte „vielmehr eine Umwandlung des gesamten Menschen. ‚Weisheit'", so äußert sich die indianische Anschauung selber, „‚kommt von dem Herzen, und das Herz reicht zu den Quellen der Medizin in der Erde.'"[58]

Gegenüber einem so tiefsinnigen Wort wirkt das folgende Beispiel eher erheiternd. Es sei trotzdem erwähnt, weil es das initiatisch erschlossene Weisewerden so souverän über das Büffeln stellt. Wenn man von der druidischen Initiation absieht, die zum Teil mit jahrzehntelanger Lehre rechnete, so gab es wohl kaum irgendwo so viel auswendig zu lernen wie im alten Indien. Die Veden sind ja bis zum letzten Laut hinunter in ihrer alten Sprache mündlich genau überliefert worden. Aber die Upanishaden erzählen, wie die Gurus zu einem Schüler, der sich dessen würdig zeigte, einfach sagen konnten: „Möge alle Weisheit der Veden in dir aufgetan sein!" und dann war er ein Wissender".[59] – Ein altindischer Heiliger, der es besonders eilig hatte, war Yâjñavalkya, der ohne besondere Askesen den Sonnengott verehrt hatte. Als dieser ihm deswegen eine Gabe freistellte, entgegnete der eifrige Verehrer: „Ich

---

[56] Don C. Talayesva, „Sonnenhäuptling Sitzende Rispe. Ein Indianer erzählt sein Leben", Kassel 1964, S. 161.

[57] C. G. Jung, „Erinnerungen Träume Gedanken", Zürich 1967, S. 251.

[58] Werner Müller, „Die Blaue Hütte", Wiesbaden 1954, S. 45f.

[59] A. Basu, bei Dr. C. J. Bleeker, „Studies in the History of Religions", Supplement to Numen, X, Leiden 1965, S. 84.

weiß nichts von den Yājurveden. Ich möchte sie unverzüglich kennenlernen!" – Worauf der Sonnengott ihm Sarasvatī, die Göttin der Gelehrsamkeit, sandte, und sie schlüpfte dem Bittsteller im Augenblick über die Lippen in den Leib. Die unerträgliche Glut, mit der sie ihn erfüllte, zwang ihn zu einem raschen Bade. Danach verkündete ihm der Gott, daß die Veden mit allen Ergänzungen und die Upanishaden ihm nun im inneren Lichte erscheinen würden.[60] – Solche Lernwunder werden aus hochliterarischen Kulturen berichtet. Man kann sie nicht in den Urkulturen erwarten. Wohl aber erhellen sie auch für diese das eigentlich Wunderbare der Initiation.

Die Halslösestrophe spricht ein Mann, der gehängt werden soll. Daß es sich dabei ursprünglich nicht um eine Strafe, sondern um ein Ritual gehandelt hat, wird durch den Hängemythos, den die „Edda" von Odin erzählt, nahegelegt. Hängeriten gab es auch bei anderen Völkern. Von den Thrakern erzählt eine hellenistische Quelle, daß sie auf ihren Gelagen sich mit einem Hängespiel unterhielten.[61] Dazu sei daran erinnert, daß die Thraker als ein wildes Volk galten, daß Ares und Dionysos thrakische Götter waren, thrakische Mänaden den Orpheus zerrissen, daß vom blutigen Ende mancher thrakischen Gastgebote das Altertum Schauerliches erzählte. Bei ihren Gelagen also stellten sie einen Mann mit einem Strick um den Hals auf einen Stein, gaben ihm ein Messer in die Hand und stießen den Stein weg; entweder vermochte er sich loszuschneiden – oder er erstickte unter dem Gelächter der Zechgenossen. Die späte Quelle, der Athenaios, sieht diese Szene nur von außen. Welchen Gehalt sie hatte, bleibt ungesagt. Für den, der das Wagnis überstand, war sie sicher ein initiatischer Blick in den Tod und ein Sprung zurück in das Leben. Auch das Lachen der anderen ist gewiß kein Hohnlachen aus der Fülle des Lebens angesichts eines zappelnden Leichnams, – sondern das grausige Lachen der Krieger, die sich selbst, auf der Grenze zwischen Leben und Tod, in diesem Opfer erkennen.

Ob eine späte deutsche Sage noch mit der germanischen Form solcher Hängebräuche zusammenhängt, ist durchaus nicht sicher. Sie sei doch erwähnt. Es wird dort nämlich, meist von Kindern, aber auch von Erwachse-

---

[60] Mahābhārata XII, S. 318.
[61] Athenaios nach: Eberhard von Künssberg, „Messerbräuche, …", Sitzungsberichte der Heid. Ak. d. Wiss., Phil.-hist. Kl., Jg.1940/41, 3. Abh., Heidelberg 1941, S. 55.

nen, erzählt, daß sie mit dem Hängetode spielen.[62] Hier sollen die Genossen den Todgeweihten im letzten Augenblick losmachen; doch läuft im entscheidenden Augenblick ein dreibeiniger Hase zwischen den Spielenden hindurch, oder ein prächtiger Vogel fliegt auf, oder der Hängebaum selber erschreckt sie durch seltsames Knarren und Rauschen: alles läuft davon, und der hängende Gefährte erstickt. Jedenfalls greift in dieser Sage der Dämon selbst in das Spiel ein und vollendet es im Ernst. Merkwürdig ist, daß von Eskimokindern ein ähnliches Spiel berichtet wird, bei dem sie sich an ihren Kapuzen aufhängen.[63] Dabei wird der Hals eingeschnürt, der Blutzufluß im Gehirn eingeschränkt, und das Kind verliert das Bewußtsein. Sobald das Gesicht violett anläuft, nehmen die Gefährten den „leblosen Körper" herunter. Der Autor bringt das Kinderspiel mit den Trancezuständen der Erwachsenen zusammen, zu denen es als eine Art Vorspiel aufzufassen sei. Für die Kinder sei es so verlockend, daß sie es immerfort wiederholen. Ein einziges derartiges Zeugnis vom lebendigen Tun läßt alle anderen, auch unsere heimischen literarischen Nachrichten in einem neuen Lichte erscheinen. So bringen einige Varianten zur Sage vom Hängespiel nicht den Dämon auf die Bühne, sondern lassen eine wunderbare Musik erklingen, offenbar das Erlebnis des Gehängten selbst, wie denn auch ein vom Stricke Losgeschnittener sich wegen der Rettung beklagt, weil er noch nie so lustige Tanzweisen gehört habe.[64]

Angesichts dieser späten Parallelen verstehen wir auch besser den Gehalt einer oft zitierten, seltsam doppeldeutigen Hängeszene, die einen wirklichen, dem Selbstopfer Odins entsprechenden rituellen Vollzug wiedergibt.[65] Die Mutter des Königs Vikar hatte dem Gott Odin ihren Erstgeborenen ganz so geweiht, wie Märchenbräute ihre Erstgeborenen dämonischen Wesen versprechen, die ihnen bei der Gewinnung des Gemahles behilflich sind, so im Märchen „Rumpelstilzchen". Das mythologische Bild hinter der Odinsweihe ist aber immer der Wunsch des Gottes, das Heldenaufgebot gegen die weltzerstörenden Mächte zu verstärken, und dies vollzieht sich jeweils in der

---

[62] „Handwörterbuch des deutschen Aberglaubens", hrsg ... von Bächtold-Stäubli, Bd. III, Sp. 1443f. – Eckart Stallmann, „Der Baum in der deutschen Volkssage", Phil. Diss. Masch., Erlangen 1951, S. 171.

[63] Peter Freuchen's „Book of the Eskimos", Cleveland 1961, S. 212 – Vgl. auch: Holger Kalweit, „Weisheit durch Leiden", in „Esotera" H. 9, Jg. 31, Freiburg 1980, S. 808-815.

[64] „Handwörterbuch des deutschen Aberglaubens", hrsg. ... von Bächtold-Stäubli, Bd. III, Sp. 1444.

[65] Jan de Vries, „Altgermanische Religionsgeschichte", Berlin 1957, Bd. I, S.410, Bd. II, S. 49.

Verwandlung des irdischen Helden in den walhallischen Einherjer durch das Todesopfer. In Vikars Falle verläuft dies so, daß er sich auf Wikingfahrt zu Schiffe befindet. Zu seinen Kriegern gehört der mächtige Starkad, ein Zögling und Liebling des Odins selbst und in seinem ganzen Leben und Wirken eine Vergegenwärtigung seiner Gaben. Das Schiff liegt nun fest durch ungünstigen Wind, und man findet sich gedrungen, einen Fahrtgenossen zu opfern. Das Los fällt auf den König, aber die Mannen beschließen, ihn nur zum Schein zu opfern. In den zwei Fassungen der Sage verwandelt sich jedoch jedesmal das Mittel der Scheintötung in harte Wirklichkeit. Zum Hängen verwendete man in Germanien Weidenruten. Wenn aber auch nur ein weiches Weidenband zu dem Scheinopfer gebraucht wird, so übt doch der Knoten sein Recht, heißt es, und verwandelt sich in ein Eisenband, aber Starkad tötet den König zugleich auch mit dem Schwert. Oder Odin selbst gibt dem Starkad ein Schilfrohr, das jedoch, sowie er zum Schein zustößt, sich in einen Spieß verwandelt, der des Königs Herz durchbohrt.

In diesen Erzählungen sind das Ritual und der durchscheinende Sinnhintergrund unlösbar zusammengeblendet. Als Kultgeräte erkennen wir die Schlinge der schwachen Weidenrinde und den Rohrhalm, als ihren eigentlichen Sinn aber immer die eiserne unlösbar Klammer und den tödlichen Opferspeer. Auch folgt der Opfersinn dem Initiierten durch sein ganzes Leben. Er ist mit der lösbaren Schlinge vorgeopfert und mit der heilenden Ritualwunde. Aber er ist damit auch dem Gott der Gehängten geweiht und kann jederzeit aufgerufen werden, das initiatische Opfer im endgültigen zu vollenden. Andererseits aber ist für den Vorgeopferten, das eben ist der Erfolg der Initiation, auch jedes beliebige Sterben Opfertod für den Gott, und der Empfang bei ihm ist immer gewiß.

Bei der Armut an Zeugnissen, die uns Einblick in alte heimische Rituale geben, ist es ein besonderer Glücksfall, daß ein gotländischer Bildstein eine kultische Hängeszene wiedergibt.[66] Auf der linken Seite des Bildes sieht man einen herabgebogenen Baum, der so mit einem zweiten verknüpft ist, daß er mit der Lösung des Knotens emporschnellen würde. Unter den Bäumen steht ein Mann mit einer Schlinge um den Hals, die an dem gebeugten Baume angebunden ist. An seiner rechten Seite hängt ihm der Schild; die Hängung dürfte also wirklich weihend gemeint sein, nicht entehrend, was auch schon durch die Verwendung der Szene auf einem Grabstein ausgeschlossen wird.

---

[66] Reallexikon der germanischen Altertumskunde, Bd. II, Berlin 1975, T. 66, Text S. 593f.

Die übrigen Gebilde und Gestalten des Reliefs sind schwer zu deuten. Vor dem Opfer stehen sich zwei Gestalten an einer Art Altar gegenüber, vermutlich Männer als Opferer. Von rechts schreiten auf die Szene vier riesige Kriegergestalten zu, die man vielleicht als Sendboten des Totenheeres, als Einherjer, verstehen darf. Das eigenartige Vogelgewand, das der vorderste dieser Männer vor sich hinstreckt, könnte ein Flughemd sein, mit dem der Geopferte die Gabe des Seelenfluges erhielte. Von drei Flügelwesen über der Szene würde man vielleicht zwei als ekstatische oder jenseitige Seelenwesen deuten, während das dritte, das auf das Hängeopfer zustößt, ohne Zweifel der Adler ist, dem der Leib des Gehängten zufallen wird, Hræsvelgr, der typische Leichenfresser der nordischen Überlieferung. Den Raum zwischen Adler, Altar, Baumwipfeln und „Opferpriestern" füllt ein Gebilde von drei unlösbar ineinandersteckenden Dreiecken aus, ein „Zauberknoten", der im diesseitigen Sachraum nicht hergestellt werden kann und der daher das Mitwirken jenseitiger Mächte anzeigt.

Der Opfermann hängt nicht über dem Boden; er steht noch auf derselben Ebene wie die Opferer. Wird hier ein Lebender dem Gott geweiht, oder wird der Mann selbst „hinübergesandt"? – Das Entscheidende ist, daß zwischen diesem Opfervollzug und jener initiatischen Darbringung kein *wesentlicher* Unterschied besteht. Den Tod erleidet der Mann in jedem Falle, erfährt die einzigartige Wandlung, eröffnet sich dem Gott und seinem Jenseits, gewinnt die Toten als Genossen, erwirbt das Vermögen des Seelenfluges, lebt auf als ein aus dem Ritual Wiedergeborener wie alle jene anderen initiatisch dem Tode Übergebenen, von denen bisher gesprochen wurde.

Da wir bei der Aufdeckung heimischer Rituale mit den „Halslösestrophen" eingesetzt haben, wurde die Situation dessen, der auf der obersten Sprosse der Leiter steht, unterm Galgenholz, mit dem Weidenband um den Hals, zum typischen Beispiel für die initiatische Krise. Der wirkliche leibhafte Tod steht unmittelbar bevor, er wird zu dem gravierenden Erlebnis, das der Initiierte mitführt in sein Leben hinein. In den „Halslösestrophen" erinnert sich der Verurteilte an das Leben aus dem Tode, das heißt, indem er sich in der Krise dieses Erlebnis vergegenwärtigt, entgeht er auf jeden Fall dem Henkertode – ganz gleichgültig, wie seine Richter sich entscheiden. Ja, wenn sie das Todesurteil aufrecht erhalten, entgeht er ihnen erst recht in ein wesentlicheres, stärkeres Leben!

In einem dänischen Märchen, das im vorigen Jahrhundert aufgezeichnet wurde, erscheint diese kritische Situation auf dem Hochgericht ganz erfüllt von der Erinnerung an den Lebensschatz unter dem Tode. Es handelt sich um den Typus 306, der von der Königstochter erzählt, die allnächtlich ihre Schuhe zertanzt.[67] Der Mann, der sich erbietet, ausfindig zu machen, wie das geschieht, ist typgemäß vom Tode bedroht, falls ihm das nicht gelingt. Nicht immer findet die Eröffnung der von ihm gewonnenen Einsicht in so dramatischer Situation statt wie in jenem dänischen Märchen, doch der Sinn der Todesdrohung ist auch in jeder anderen Fassung enthalten. In der dänischen ist er nur erzählerisch voll ausgeschöpft – in der Erinnerung, möchte man annehmen, an solche Halslösesituationen, wie wir sie bisher ans Licht gestellt haben. Erst auf dem Richtplatz beginnt nämlich der Soldat, der es vermochte, der Prinzessin auf dem Seelenfluge zu folgen, von den Geheimnissen der Unterwelt zu erzählen. Zwar gibt er vor, daß er diese in einem Traum geschaut habe, bewährt aber alle Einzelheiten, indem er die zugehörigen Mitbringsel dieser Jenseitsreise aus seinem Ranzen hervorholt, zumal die drei Zweige aus dem Silberwald, dem Gold- und dem Demantwald, – Symbole voreinst von Stufen der Einweihung, im Märchen erhalten als Motive des Erzählens und episches Mittel der Steigerung,[68] Unser dänisches Märchen liefert, beim Vergleich mit anderen Fassungen des Typs, den Beweis dafür, daß ein später Erzähler noch eine Ahnung von dem initiatischen Sinn dieses Märchens haben und ihm gemäß, mit den leichten Abwandlungen des Verlaufs, die er vornahm, die Enthüllungssituation auf die Spitze treiben konnte.

Für die beschriebene initiatische Situation gibt es noch ein ganz anderes Bild, das bei uns in mittelalterlichen Bildwerken, auf Wappen und in der Sage auftaucht, das aber uralt ist und mit den Initiationsriten und -mythen der Urvölker im engsten Zusammenhang steht. Daher ist es auch in der mannigfaltigsten Weise in die Kulturgeschichte verflochten, so daß sich sein Ursprung in der Vorzeit verliert.[69] Es ist das Bild des Halbverschlungenen. Am vertrautesten ist es den späteren Kunstwerken als der Prophet Jona, der von dem großen Fisch grad wieder ausgespien wird, nachdem er drei Tage in seinem Leibe gesessen hat.[70] Eine unmittelbar rituelle Ausdeutung konnte

---

[67] „Nordische Volksmärchen", übers. v. Klara Stroebe, Jena 1915, Bd. I, Nr. 18. Dazu: Heino Gehrts, „Märchenwelt und Kernzeit", Antaios Bd. X, Stuttgart 1968, S. 161-183.

[68] Otto Huth, „Das Sonnen-, Mond- und Sternenkleid", in: „Märchenforschung und Tiefenpsychologie", hrsg. v. Wilhelm Laiblin, Darmstadt 1969, S. 151-160.

[69] Carl Hentze, „Die Tierverkleidung in Erneuerungs- und Initiationsmysterien", Symbolen Bd. I, Basel 1960, S. 39-86.

[70] Jona, Abbildungen bei Carl Hentze, „Die Tierverkleidung in Erneuerungs- und Initiationsmysterien", Symbolen Bd. I, Basel 1960, S. 68 f. Abb. 28-30; C.G. Jung, „Psychologie und

dies Bild nicht mehr erfahren, wohl aber öffnete es sich der religiösen Allegorik. Es bedeutete nicht mehr das *initiatische* Durchleben und Hintersichlassen des Todes, sondern wurde bezogen auf das Grab hinten am Leben, das der Opfertod des einen Erlösers Jesus Christus für den Gläubigen zum künftigen Leben hin geöffnet hat und dem er, dieser Verheißung gemäß, entschlüpfen wird. Eine solche allegorische religiöse Auslegung verknüpfte sich mit der Geschichte des Jona um so leichter, als sie vermutlich von vornherein als Allegorie erfunden worden war. Oder war die Auffassung Jesu selber weniger allegorisch und noch mit einem älteren mystischen Sinne erfüllt? Jona ist jedenfalls der einzige der Propheten, mit dem er selbst sich verglichen hat, und die Formel, mit der er das tat, ist esoterisch genug, um sie hier anzuführen: „Wie nämlich Jona drei Tage und drei Nächte im Bauche (*koilia*) des Walfisches war, so wird der Sohn des Menschen drei Tage und drei Nächte im Herzen (*kardia*) der Erde sein."[71]

Der Wal ist auf den Bildern vom Halbverschlungenen eine Ausnahme, und daher sind die Darstellungen, in denen statt des Riesenfisches eine Schlange oder ein Raubtier erscheint, auch nicht auf die Jona-Geschichte zu beziehen. Beginnen wir mit der „Argonautensage". In keiner ihrer erzählerischen Fassungen kommt unser Motiv vor, doch gibt es ein Vasenbild aus dem frühen fünften Jahrhundert vor Christi, das Jason selbst als Halbverschlungenen zeigt, der wie leblos aus dem Rachen des kolchischen Drachen heraushängt.[72] Hinter ihm hängt, mit den gleichen erschlafften Umrissen, das „Goldene Vlies" vom Baume herab. Auf ihren Speer gestützt, leicht geneigt, steht Athena, dieser Szene zugewandt, dabei. Offenbar ist das goldene Widderfell hier als Verheißung des Wiederauflebens eingesetzt, ganz so, wie Medea später den Pelias zum Besteigen des Verjüngungsbades verleitet, indem sie einen Widder darin kocht und zum Lamm verjüngt.

Im Mittelalter kommt der Halbverschlungene an bronzenen Leuchtern und Gießgefäßen vor, die dann meist die Gestalt eines Drachen haben. Die Sinngeschichte dieser Bronzegüsse ist noch weniger bekannt als ihr kunstgeschichtlicher Werdegang. Doch nimmt man für diesen wohl mit Recht an,

---

Alchemie", Zürich 1952, S. 459, 461, 463f. – Siehe ferner: „Religion in Geschichte und Gegenwart", Bd. III, 1929, Sp. 366-369; Bd. III, 1959, Sp. 853-856.

[71] Matthaeus 12,40. „Kardia" wird gewöhnlich durch „mitten in" übersetzt, was aber hier, da es der „koilia" des Jonas gegenübergestellt wird, nicht treffend sein kann.

[72] John Pinsent, „Griechische Mythologie", Wiesbaden 1969, Abb. S. 78.

daß in den Kreuzzügen vorderasiatische Einflüsse dabei mitgespielt haben.[73] In der heimischen *Auffassung* dieser Kunstwerke aber, zumal der Drachenleuchter, dürfte der eigenen Tradition die entscheidende Rolle zugefallen sein. Denn in einigen der wichtigsten einheimischen Drachenkampfsagen kommt das Motiv des Halbverschlungenen vor: in den Sagen von Beowulf, Dietrich und Wolfdietrich. In der großen angelsächsischen Dichtung ist das Motiv schon undeutlich geworden.[74] Beowulf, ein König hoch an Jahren, und sein junger Sippengenosse Wiglaf bekämpfen allein den Drachen. Beim dritten Ansprung verwundet dieser den König tödlich. Nun führt Wiglaf den entscheidenden Rachestreich in die Weichteile des Wurmes hinein, wahrscheinlich geradeswegs in den feuerspeienden Schlund, denn er verbrennt sich dabei die Hand (Vers 2697). Das Feuer beginnt zu erlöschen; der verwundete König besinnt sich und zieht den Walsachs, den er an der Brünne trägt: damit zerschneidet er dem Wurm die Mitte (Vers 2705). Der Sieg ist dem Zusammenwirken der beiden Verwandten zu danken. Der König stirbt als Landeswahrer seinen heroischen Tod, der junge Gesippe bewährt sich als sein Nachfolger; für diesen hat der Drachenkampf also den Sinn einer Weihe zum Königtum. Auch gewinnt er den gewaltigen Schatz, auf dem der Drache gelegen hat, das Gold, an dessen Anblick sich auch der sterbende Herrscher noch erquickt. Das Kostbarste und Leuchtendste darunter ist das allgoldene Königsbanner, das mit seinem Schein die Höhle erfüllt. – Auf den Sinn dessen, was der Drachenkämpfer gewinnt, kommen wir später zurück.

Weit deutlicher als im Beowulf wird der Halbverschlungene in der Dietrichsage geschildert, am bündigsten in deren nordischer Fassung.[75] Auch hier wirken zwei Helden zusammen, zwei Schwurbrüder, Dietrich und Fasold. Doch der, den sie retten, ist noch ein dritter, Sintram, den der Flugdrache bis zur Achsel verschlungen hat und der aus dem Maule um Hilfe ruft. Zunächst hauen die Retter vergeblich mit ihren Schwertern auf den Drachen los; Sintram ruft ihnen zu, das Schwert aus dem Rachen des Unholds zu ziehen, Fasold reißt es zwischen den Kinnbacken heraus, und nun gelingt es, den Drachen zu töten und den Mann aus seinem Schlunde zu befreien. In der

---

[73] „Reallexikon zu der Kunstgeschichte", Bd. IV, Stuttgart 1958, Sp. 342-366 „Drache"; Sp. 366-369 „Drachenleuchter".

[74] „Beowulf" V. 2200ff., besonders V. 2688ff.

[75] „Die Geschichte Thidreks von Bern", „Thule" Bd. 22, Jena 1924, S. 168 ff. – Der deutsche Name des Dietrichsgesellen ist Sintram. In der nordischen Fassung ist der Name in Sistram abgewandelt.

mittelhochdeutschen Fassung[76] ist es Hildebrand, der auf die Hilferufe des Halbverschlungenen hin den Drachen anfällt, worauf der sogleich sein Opfer ausspeit und sich dem Gegner zuwendet. Nach dem Siege Hildebrands berichtet der Errettete, daß der Wurm ihn im Schlafe gefunden und bis an die Arme verschlungen habe. An einer späteren Stelle erzählt „Sintram" ausdrücklich, daß er die Arme auseinandergeschwungen habe, damit ihn der Drache nicht vollends herunterwürge (Str.286). Von dem Schwert aus dem Drachenmaule ist in dieser Szene keine Rede; doch treffen die beiden kurz darauf Dietrich, der ebenfalls gegen einen Drachen kämpft und dessen eigenes Schwert grad auf dem Drachen zerbirst. Nun erhält er das Schwert des aus dem Drachen Erretteten und tötet damit den Wurm. Auf diese Ereignisse kommt das über tausend Strophen zählende Gedicht immer wieder zurück. Auch gibt es von diesem Dietrichsabenteuer mehrere frühmittelalterliche Bildwerke, bei denen freilich die Zuweisung nicht immer sicher ist.[77] Denn es gibt für den Halbverschlungenen auch die christliche Deutung, daß er der Sünder ist, den der Drachenkämpfer unter den Engeln, Michael, aus dem Höllenrachen freikämpft.

In der Sage von Wolfdietrich zeigt das Motiv noch die größte Nähe zu initiatischen Zusammenhängen.[78] Der Held ist mit König Ortnit durch Schwurbrüderschaft verbunden und daher zur Rache verpflichtet, als der landverödende Drache den König in seine Höhle verschleppt und dort verschlungen hat. Indes wird auch Wolfdietrich von dem Drachen zunächst als Fraß für die Jungen in seine Höhle getragen, wird von diesen lange mißhandelt, findet dann aber dort das Schwert des Schwurbruders, wird nun im Kampfe mit dem alten Drachen halbverschlungen, haut mit dem Schwert des Toten dem Wurm die Seite auf und befreit sich dergestalt. Nach einer anderen Fassung wird er von dem Drachen gänzlich verschlungen und schneidet sich aus dem Innern heraus, ein sehr verbreitetes Motiv. Im Anschluß an diesen Rachesieg für den toten Schwurbruder übernimmt Wolfdietrich dessen

---

[76] „Virginal" in: „Deutsches Heldenbuch 5. Teil", hrsg. von Julius Zupitza, Neudruck Dublin-Zürich 1968, Str. 147-154, 170-176. 180,9f.: ein wurm vant mich eins morgens vruo, der slant mich unz an d'uohsen. 410,6f.: den brâhte ein wurm verslunden her biz an die arme sîn. – Der „Sintram" dieser Fassung heißt Rentwîn.

[77] Erich Jung, „Germanische Götter und Helden in christlicher Zeit", München 1939, S. 80ff.

[78] „Wolfdietrich", in: „Deutsches Heldenbuch 3. Teil", hrsg. von Arthur Amelung und Oskar Jänicke, Berlin 1871, Str. 246. Wolfd. A, Dresdner Hs., S. 154: ganz verschlungen; Str. 706f.. Wolfd. B, S. 271: halbverschlungen. – Siehe dazu: Heino Gehrts, „Das Märchen und das Opfer. Untersuchungen zum europäischen Brüdermärchen", Bonn 1967, S. 262-283.

Königsrolle, zu der er sich durch den Sieg über den Drachen geweiht hat, und heiratet die Witwe.

Auch in manchen anderen Sagen wird der Sieg über den Drachen so erfochten, daß der Kämpfer absichtlich in den Drachenschlund springt, sich aus dem Innern des Ungetüms freischneidet und dergestalt das Leben gewinnt. Etwas derartiges wird auch durch die altbabylonische Drachenkampfsage nahegelegt, wo in einer schwerverständlichen Weise der siegende Gott, Marduk, seinen Stand in der Mitte des Weltungeheuers, der Tiamat, nimmt.[79] – In ganz klarer Weise wird dies von Herakles erzählt, in einem sehr frühen Abenteuer, außerhalb der Kette seiner später das Interesse beherrschenden „Arbeiten".[80] Der trojanische König, Laomedon, soll nämlich einem Meerungeheuer seine Tochter Hesione opfern. Herakles findet sie nackt, in ihrem Schmuck, am Meeresgestade angebunden, löst sie und verspricht, das Ungeheuer zu töten. Die Troer bauen mit Hilfe Athenes einen Ringwall, und man darf wohl behaupten, daß dies Unternehmen im Grunde nicht auf einen Schutzbau hinauslief – wie der Verlauf zeigt –, sondern auf die Begründung und Weihung eines Drachenkampfplatzes. Denn Herakles springt dem Ungeheuer in den Rachen, verweilt drei Tage in seinem Bauche und tötet es dann von innen heraus. Als er herauskommt, hat er sein Kopfhaar eingebüßt. Da es sich weder um ein Märchen noch um ein Ritual handelt, sondern um eine Sage in ihrer ganz individuellen Ausgestaltung, bei der auf zahllose außerhalb des Drachenkampfmotives liegende Zusammenhänge Rücksicht genommen wird, so schlägt Herakles die Braut aus und gibt sie dem Waffengenossen Telarnon. Doch ist die ganze Episode märchenhaft paradeigmatisch angelegt, und sie hängt auch, wie man längst gesehen hat, mit Mythen indogermanischer Entstehung zusammen. Rituell aber ist der merkwürdige Ringwall, sind die drei Tage im Drachenleib und die Enthaarung.

In weit auseinanderliegenden Weltgegenden wird von diesem Haarverlust des Drachenkämpfers erzählt. Die Mondmythologie einer vergangenen Epoche begrüßte glatzköpfige Heroen mit Vergnügen als „Mondhelden", zumal wenn sie, wie es schien, nach der Verdunkelung in der Neumondphase, glänzend wieder zum Vorschein kamen. Wir werden in dem Herakles, der nach

---

[79] Ernest Alfred Wallis Budge, „The Babylonian Legends of the Creation", London 1931, S. 23, 57f.

[80] Pauly-Wissowa, „Real-Encyclopädie", Bd. VIII, 1913, Sp. 1240. „Ilias" XX, S. 144 ff. Robert von Ranke-Graves, „Griechische Mythologie, Quellen und Deutung", Bd. II, Kapitel 137, S. 161ff.

drei Tagen enthaart aus dem Leibe des verschlingenden Ungeheuers wieder auftaucht, vielmehr den eigentlichen Menschen erblicken, der die Behaarung, ein Zeichen des tierhaften Vormenschen, abgestreift hat. Denn oft trägt der Initiand das Tierkleid, bis ihn die Jünglingsweihe davon befreit. Doch ist die Tierkleidung nicht etwa als ein Zeichen des Untermenschentums zu bewerten, sondern als eine werthaltige Stufe der Menschwerdung. Denn die Tierkraft gehört in wesentlicher Weise zum Bestehen der Drachenkampfstufe dazu, wie sich allein schon daraus ergibt, daß in zahlreichen Drachenkampferzählungen, zumal den Märchen, doch auch zum Beispiel in der Wolfdietrichsage, der Mensch ohne die helfenden Tiere verloren wäre.[81] Das Motiv der Enthaarung ist im Mittelalter noch auf den Jona übertragen worden, der biblischen Fassung ist es fremd.

Als ein Beispiel für die weite Verbreitung der Motive Sprung in den Drachenschlund und Enthaarung sei eine Erzählung der Mosetene erwähnt, eines bolivianischen Indianerstammes.[82] Dort rüstet sich ein Mann für die Begegnung mit einer menschenfressenden Riesenschlange mit einer Flöte, einem Messer und einem Maisvorrat aus. Flöte spielend läßt er sich von der Fresserin verschlingen und richtet es sich in ihrem Leibe bequem ein, indem er seinen Hunger mit dem Fleisch der Schlange und dem Maise stillt. Schließlich schneidet er sich durch ein rundes Loch aus dem Untier heraus, und seitdem fressen die Schlangen, heißt es, keine Menschen mehr. Er hatte aber „keine Haare auf dem Körper und war ganz weiß. Er malte sich schwarz an" mit einer lange haftenden Pflanzenfarbe, „und das Haar wuchs wieder auf seinem Körper."

Indem wir zahlreiche Drachenkampfbilder und -sagen angeführt haben, ist uns, wie es freilich auch unserer geistesgeschichtlichen Situation entspricht, der unmittelbare Zusammenhang mit den eigentlich initiatischen Begehungen verlorengegangen. Daß es sich auch bei den heimischen Überlieferungen nicht nur um Erzählgut handelt, sondern um Feste, die regelmäßig durchgeführt wurden – so wie im Altertum in Mesopotamien Marduks

---

[81] Über das Tierkleid: Carl Hentze, „Die Tierverkleidung in Erneuerungs- und Initiationsmysterien", Symbolen Bd. I, Basel 1960, Otto Höfler, „Kultische Geheimbünde der Germanen", Frankfurt a. M. 1954, S. 46-68. Das Tierkleid des Drachenkämpfers: Wolfgang Lange, „Der Drachenkampf", Münchener phil. Diss. 1939, S. 52ff. In den Drachenkampfspielen ist es, bis auf einen zweifelhaften Fall nicht belegt: S. 234. Das Typische war im Mittelalter eben schon die ritterliche Rüstung. Unter den Märchen besonders typisch das russische Dreibrüdermärchen, wo nur der dritte Bruder, Kuhsohn, die Drachen besiegt.

[82] „Indianermärchen aus Südamerika", hrsg. v. Theodor Koch-Grünberg, Jena 1920, Nr. 100.

Drachenkampf ein jahresfestlicher Ritus war –, geht aus den Nachrichten über mittelalterliche Drachenkampfspiele hervor, von denen einige noch bis in jüngste Zeiten hinein gelebt haben und der Drachenstich von Furth am Wald noch alljährlich aufgeführt wird. Hier war er bis ins vorige Jahrhundert hinein mit dem Fronleichnamsfest verknüpft. Andernorts bevorzugten die Spiele als Schauplatz die unmittelbare Umgebung der Kirche.[83] Auch ist es möglich, daß es einmal ausgesprochene Drachenkampfplätze gegeben hat. Im Mittelhochdeutschen werden als „wurmlâge" und „wurmgarte" Stätten bezeichnet, auf denen später Ritterspiele abgehalten werden. Auch die Trojaburgen, jene merkwürdigen Labyrinthe in Landschaft und Garten, sind als Bereiche kultischer Ungeheuerkämpfe angesehen worden. Ferner gibt es einige spärliche späte Zeugnisse dafür, daß diese Drachenkampfspiele nicht bloßes Theater waren, daß man vielmehr von ihnen Wirkungen erwartete, wie sie sonst mit kultischen Begehungen verknüpft sind. Bei einer Verschiebung des Drachenkampfes seien regelmäßig Schäden an den Kulturen aufgetreten, heißt es in einem Falle. In Furth fingen früher die Zuschauer das Blut, das beim geglückten Drachenstich aus der „Wunde" floß, mit Tüchern auf – als Fruchtbringer für die Felder, als Allheilmittel im Hause, und es bestand die Meinung, daß das Jahr nicht gut würde, wenn der Drache von dem Ritter mit der Lanze nicht an der richtigen Stelle getroffen würde.[84]

Diese spärlichen Hinweise auf kultischen Sinn des Drachenkampfes auch in unserem Raume besagen freilich wenig für den initiatischen. Nur aus dem Sinn des Drachen selbst und seiner Überwindung können wir das erhärten, was sich in den Bildern des Halbverschlungenen und des Sprungs in den Drachenschlund selbst schon anzeigt und durch die Ähnlichkeit mit den oben angeführten Initiationen der Urvölker nahegelegt wird. Fragen wir daher nach dem, was der Drachenkampf eigentlich einbringt. Vor allem anderen haben wir dann das Schwert zu nennen, das selbst den Drachensieg erst ermöglicht und das erst in der Drachenhöhle, ja „im Drachen" selber gewonnen wird. In unseren Überlieferungen ist dies Motiv vielfach schon erzählerisch abgewandelt. Doch zieht Beowulf den Walsachs, der die Drachenmitte zerschneidet, erst als er schon tödlich verwundet, vermutungsweise halbverschlungen ist. Dietrichs Siegesschwert kommt von Sintram aus dem Drachen. Wolfdietrich findet das kampfentscheidende Schwert erst in der Drachenhöhle. Die Dra-

---

[83]   Wolfgang Lange, „Der Drachenkampf", Münchener phil. Diss. 1939, S. 22f., 186ff.
[84]   Ebenda S. 227, 213f.

chenkämpfer der Märchen erhalten vielfach die einzige erfolgversprechende Waffe erst auf der Burg des Drachen. Eines der japanischen Reichsschwerter stammt nach der Mythe aus dem Leibe der Urschlange, die der Gott Susanowo getötet hat. Im arabischen Zweibrüdermärchen steckt das den Dämon tötende Schwert im Rücken des Dämons selber.[85] Dies Motiv ist in seinen verschiedenen Ausbildungen eines der deutlichsten Symbole für eine der wichtigsten initiatischen Weisheiten des Märchens: Das Mittel, mit dem allein man das Ziel zu erreichen vermag, bringt man – von wenigen Ausnahmen abgesehen – nicht von zu Hause mit, sondern man erlangt es *auf dem Wege*. –

In den meisten Fällen bedeutet der Drache Not eines Landes, Bedrängnis in Haupt und Gliedern. Oft hat sich, wenn der Held zu den Bedrohten kommt, die Bedrohung allmählich zugespitzt. Im Märchen sind alle möglichen Opfer schon gebracht worden, nun ist man zum letzten und kostbarsten gezwungen. Die Tochter des Königs selbst muß dem Dränger ausgesetzt werden. Nur an ihrer Hand aber kann ein Thronfolger König werden. Das heißt, die Aussetzung der Erbtochter zum Drachenfraß gefährdet das Herz des Reiches selbst, sie droht die Erneuerung der Herrschaft in einem jungen König für immer abzutun. Dazu sei vermerkt, daß alle Spekulationen über ein Mutterrecht, von dem diese Art der Thronfolge künde, verfehlt sind. Mit Recht dürfte man allein von einem Erbtochterwesen sprechen, bei dem sich jeweils das Königtum an der Hand der Königstochter erneuert. Im Hinblick auf den Drachenkampf halte ich aber den rechtlichen Gesichtspunkt überhaupt nicht für wesentlich, sondern allein den esoterischen, da wir in der Königsbraut nicht so sehr die Rechtsperson zu sehen hätten, sondern dasjenige Gut, das dem Reich die Fortdauer von Ordnung, Glück und Frieden gewährleistet. Dabei dürfen wir unter dem Königreich auch nicht von ferne so etwas wie einen modernen Staat verstehen, sondern eine lebensgerechte heilige Ordnung, – symbolisch, mit einem Sagenmotiv ausgedrückt: das Reich wäre die „Goldene Wiege" der Lebensgemeinschaft, eine Wiege, wie sie hier und da nach der Sage in einem Königsgrabe für die Hebung aufbewahrt ist, ein goldenes Königskleinod, dessen gerade der Schatzgräber niemals habhaft wird.

---

[85] Karl Florenz, „Die historischen Quellen der Shinto-Religion", Göttingen 1919, S. 44. – Das arabische Zweibrüdermärchen in: Heino Gehrts, „Rāmāyaṇa, Brüder und Braut im Märchen-Epos", Bonn 1977, S. 172-181.

Damit ist es auch ausgesprochen, daß der Goldschatz, den der Drachenkämpfer erringt, im Grunde ebensowenig einem Geldeswert gleicht, daß er
keineswegs als stofflicher Reichtum im Sinne unserer Tage aufzufassen ist.
Insofern er Reichsschatz war und wird, wie es die Beowulfsage andeutet, ist
er ein Symbol der Glücksfülle, die der König im Reiche verwirklicht. Das
Königsgold ist kein gehorteter Staatsschatz, sondern das zu verschenkende
lichte Gut, das, vom einen zum anderen pulsend, die Gemeinschaft belebt.
Auch zu ihrem Schutz dient es, indem der freigebig mit seinem Golde waltende König dadurch Manneskraft um sich sammelt, die ihm bis zur Le-
benshingabe zu dienen bereit ist. Wie das Verhältnis von Drachen, Drachen-
gold und Königsbraut aufzufassen ist, zeigt unübertrefflich der Eingang der
Sage von Ragnar Lodbrok.[86] Hier lebt die Fürstentochter in einem kleinen
Gehöft, das von einem Zaun umgeben ist, abseits von der Herrscherhalle. Im
Hause hegt sie in einer Truhe von Eschenholz einen kleinen, ungewöhnlich
schönen Lindwurm. In der Lade hat sie ihm Gold untergelegt, er beginnt zu
wachsen, und mit ihm wächst der Goldschatz. Schließlich wird der Wurm so
groß, daß ihn Truhe und Haus nicht mehr fassen können; er schlingt sich
draußen um den Zaun, so daß sich Kopf und Schwanz berühren. Verstehen
wir diese Bilder richtig, so handelt es sich um ein Heiligtum mit einem „esoterischen Potential" in der Mitte, und die Fürstentochter ist dessen Priesterin.
Aber die Tieropfer, die dem Lindwurm als Fraß dargebracht werden, steigern
nicht nur die Wesensmacht des Heiligtums, innen als Gold, außen als Drache,
sondern selbstredend vor allem die Licht- und Wesensmacht der fürstlichen
Priesterin, der künftigen Königsbraut. Am Ende verlangt der Lindwurm zu
jeder Mahlzeit einen ganzen Ochsen, wodurch auch hier, obwohl die Fürstentochter ungefährdet bleibt, die Opferlast für das Land unerträglich wird.[87] Die
Lage der Dinge verlangt nach einem Königshelden, der die gewonnene Opfermacht in Reichsglück umzusetzen imstande ist. Daher verspricht der Fürst
die Tochter und das angesammelte Gold demjenigen, der den Drachen zu
erschlagen vermag. Der Königsheld aber steigert sich selbst in diesem Kampf
zu einer jener Wesensmacht ebenbürtigen Wirkungsmacht, – das heißt zum
König. Er zeigt sich fähig, den Ringdrachen aufzuklüften, sich den Zugang
zum Gold und zur Goldesbraut zu eröffnen und dadurch die innere Kraft
dieser beiden durch die Drachenzüchtung gesteigerten Lichtquellen für die

---

[86] „Isländische Heldenromane", übertr. v. Paul Heumann, Thule Bd. 21, Jena 1923, S. 143ff.
[87] Belege für entsprechende zauberhafte Opferwesen: ebenda S. 155f., 157, 162f., 288.

Allgemeinheit zu entbinden: Drachenkampf als initiatisches Königsritual, – aber die Ragnarssaga zeigt ausnahmsweise auch einmal das entsprechende „Brautritual".

Ein anderes Symbol für den in der Drachenwindung zu erringenden Wert ist das Wasser. Wir werden es nicht mißverstehen als bloßes Trink- und Regenwasser, werden nicht nach Naturmythologenart den Drachen als ein Wolkenwesen, den Kämpfer als Blitzhelden und das Wasser als den fruchtbringenden Gewitterregen erklären. Freilich erscheint realsymbolisch auch unter den blitzdurchsprühten Bildern der Naturereignisse ein wesensmäßiges Geschehen. Doch letzten Endes muß alles im Drachenkampf zu erringende Wasser ebenso wie das Wasser aus heiligen Brunnen und Quellen Lebenswasser sein, und auch dieses selber muß noch einmal symbolisch verstanden werden als Bild aller quellenden inneren Lebenswerte. Daß der Drache den Zugang zum Wasser wehrt, ist ein in den Märchen weitverbreitetes Motiv, und dies Motiv ist von altersher ehrwürdig, da es schon in der vedischen Mythologie eine große Rolle spielt und wiederholte Unholdskämpfe Indras das Ziel haben, die von dem Weltungeheuer eingesperrten Weltgewässer freizukämpfen.

Wir wollen hier zumal eine Form dieser Sage vom Wasserdrachen erwähnen, die in einer wenig bekannten mittelhochdeutschen Dichtung vorkommt, in der Crône Heinrichs von dem Türlîn, einer eigenartigen Gralssage, die wohl in Kärnten entstanden ist und deren Drachenkampf vielleicht Züge von einem örtlichen Drachenspiel entlehnt.[88] Der Gralsheld dieser Fassung, Gawan, ist mit seinen Genossen in eine riesige, ausweglose Höhle unter einem Berge geraten, erlangt Kunde von einem Schlüssel, der das Höhlentor aufsperrt, und von einem Brunnen vorm Tor, dessen Wasser alle Müdigkeit und Entkräftung von ihnen nehmen würde. Und ihrer vollen Kraft bedürfen sie, da der Herr der Höhle, ein Riese, ihnen nach dem Leben trachtet. Um den Brunnen aber hat sich ein Drache gewunden, „gein der sunnen" heißt es, also offenbar linksläufig, wider den Sonnenlauf, in der Richtung des Entwerdens. Auch hat er ihn darüberhinaus noch so mit dem Schwanze bedeckt, daß kein Sonnenstrahl zum Wasser gelangt, was nur als Störung der kosmischen Polarität verstanden werden kann. Auch läßt diese Sperre das Quellwasser sinnvollerweise als das Licht der Erde verstehen. – Gawan durchstößt zunächst

---

[88] „Heinrich von dem Türlîn, Diu Crône", hrsg. von G. H. Fr. Scholl, Neudruck Amsterdam 1966, Vers 26703ff.

im Anreiten den Drachen mit dem Speer, muß aber den Kampf noch zu Fuße fortsetzen und beendet das Ringen, indem er aus einem Graben heraus von unten dem Ungeheuer das Schwert in die Kehle sticht, – eine merkwürdige Parallele zu dem Drachenkampf Sigurds, der aus einer Grube heraus Fafnirs tödliche Stelle erreicht, sonst ein isoliertes Motiv in den Drachenkampfsagen.[89] Dem Sieger, Gawan, singt das Volk des Landes Preislieder, denn der Drache hatte sie alle von Wald, Heide und Weide in eine Wüste vertrieben, – ein anderer Ausdruck dafür, daß er die Menschen vom Lebenswasser ausgesperrt hatte. Danach wird der riesische Herr der Höhle besiegt.

Angesichts dessen, was der Drache bedroht, ist es nicht schwierig zu sagen, was die Symbole der Drachensiege, die Königsbraut, das Gold, das Wasser, bedeuten. Der Drache droht, dem Leben seine Mitte, sein Licht, seinen eigentlichen Wert zu entreißen, er bedroht das Dasein schlechthin an seiner Wurzel. Was im Drachenkampfe gewonnen wird, ist mithin nichts anderes als das Leben in Gestalt seiner wesentlichsten Erscheinungsform. Gnostisch ausgedrückt, lassen sich die strahlende Königsjungfrau, das sonnenhafte Gold und der lautere Quell, der aus Erdgründen bricht, als Erscheinungen des Lichtes, als dessen ursprünglichste Emanationen auffassen. Wenn der Drachenkampf als Urmythe überliefert ist, als Weltschöpfungsmythos, dann findet diese Deutung dort auch den klarsten Ausdruck. Der kosmogonische Drachenkampf setzt das Dasein frei, öffnet den Raum – mit Licht und Luft und dem belebenden Kreislauf des Wassers.

Einen kosmogonischen Drachenkampf, der in mannigfacher Abwandlung dann auch Züge periodischer Welterneuerung angenommen hat, gibt es zumal in der alten Literatur Indiens, sicherlich schon aus indogermanischer Zeit. Der Weltdrache heißt dort Vṛtra, ihn erlegt Indra mit der raumerzeugenden Urwaffe, dem Vajra, der bis in den Buddhismus hinein ein wichtiges Symbol für die weltschöpferische Kraft geblieben ist. Die paradeigmatische Aufforderung an den drachentötenden Urgott lautet im Veda: „Töte Vṛtra, ersieg das Himmelslicht!"[90] – Das Wort für Himmelslicht, „svar", bezeichnet sowohl die Sonne, das Sonnenlicht und den leuchtenden Himmel, wie auch Raum, Licht, Glück und Glanz. Dies Wort ist unmittelbar verwandt mit dem

---

[89] Sigurds Drachenkampf: „Völsungasaga" Kap. 18 = „Isländische Heldenromane", übertr. v. Paul Heumann, Thule Bd. 21, Jena 1923, S. 76. Für den Drachenstich aus der Grube gibt es außerdem noch Bildzeugnisse und Berichte von Drachenkampfspielen: Wolfgang Lange, „Der Drachenkampf", Münchener phil. Diss. 1939, S. 72.

[90] „Rigveda" 8, 83, 4.

iranischen Wort „hvar", gleich Sonne, und dem Lichtwort „xvarenah", das
den „mystischen Glanz der Perserkrone" bezeichnet, das heißt das Licht, das
eigentlich den iranischen Herrscher ermächtigt und befähigt, das Reich mit
Leben zu erfüllen.[91] Das Xvarenah war ursprünglich wohl ein Gut, das dem
Herrscher selbst innewohnte und als Nimbus an ihm in Erscheinung trat. In
den Märchen des Goldenertypus sehen wir, wie es dem zum König Bestimmten zu eigen wird, wie er es zunächst verbirgt, indem er vorgibt, ein Grind-
kopf zu sein, und wie er mit dem Goldhaar zusammen eine innere Macht
gewinnt, die ihn befähigt, die Reichsfeinde zu besiegen, – ein äußerer Sieg,
der ihm dann auch erlaubt, den Nimbus seines Goldhaares frei zu zeigen.[92]
Diese im Märchen erhaltenen Grundzüge einer Königsinitiation hängen also
immer noch, durch die mystische Anschauung des goldenen Lichtes, das dem
König notwendig eignet, zusammen mit alten kosmogonischen Mythen, in
denen der Gott des Uranfangs das Licht entbindet, indem er den Urdrachen
erschlägt, der das Licht verbirgt. Aus diesem Zusammenhang ergibt sich auch
ohne weiteres, inwiefern der Drachenkampf das vornehmste Königswerk
überhaupt ist.

Im Norden Europas fehlt ein entsprechender Mythos. Bei den Kelten ist
der Drachenkampf ohnehin nur schwach belegt. In Germanien spielt der
Drachenkampf zwar in Mythe und Sage eine große Rolle, doch nicht für den
Anhub des Daseins. Erst später setzt die Gefährdung des Lebens ein durch
drachenhafte Wesen, die Welt und Götter zu vernichten drohen, zumal durch
die Mittgartschlange und den Fenriswolf. Und gerade der Wolf zeigt am
deutlichsten das Bild der Allvernichtung, wenn er mit geöffnetem Rachen
dahergerannt kommt, den Oberkiefer am Himmel, den Unterkiefer auf der
Erde, und er würde ihn noch weiter aufsperren, heißt es, wenn Raum dafür
wäre.[93] Der weltweit gähnende Rachen ist allerdings auch ein Bild für den
Urraum, der ja „Ginnungagap" heißt, klaffender Urschlund. In der skandinavischen Überlieferung entsprechen einander die Bilder der Weltgefährdung
und des Uranfangs, und mit eben diesem Bilde müßte auch die periodische
Welterneuerung anheben. Doch ist bei den Germanen die Vorstellung des

---

[91] Über das Chvarenah an vielen Stellen bei Lars Ivar Ringbom, „Graltempel und Paradies.
Beziehungen zwischen Iran und Europa im Mittelalter", Stockholm 1951.

[92] Heino Gehrts, „Justinus Kerners Märchen ‚Goldener' und die Volksmärchen des Goldener-
typs. Ein Vergleich", in: „Beiträge zur schwäbischen Geistesgeschichte", hrsg. vom Justinus
Kerner-Verein, Weinsberg 1981.

[93] „Gylfaginning" Kap. 51 = „Isländische Heldenromane", übertr. v. Paul Heumann, Thule
Bd. 20, Jena 1925, S. 111.

Periodenfalls durchkreuzt worden, und die Bilder der epochalen Erneuerung haben sich zu einer Vision vom Weltuntergang verengt.

Daraus ergibt sich eine merkwürdige Unstimmigkeit, die gerade für die hier besprochene Bilderwelt initiatischer Lebenssiege von großer Wichtigkeit ist. Odin, der doch in der Edda und andernorts „Alfadhir" genannt wird, Allvater, wird von dem alloffenen Weltrachen verschlungen, aber er geht nicht erneuert, verjüngt wieder daraus hervor. Und dies geschieht nicht, obwohl es einen gerade darauf hindeutenden Mythenzug gibt. Denn der Odinssohn Widar, indem er dem Wolf in den Unterkiefer tritt, reißt den Rachen und das ganze Untier auseinander. Nichts wäre selbstverständlicher – die Tat Widars scheint ja darauf angelegt zu sein –, als daß Odin nun wieder ans Licht träte; doch weiß davon der Norden nichts. Es könnte allerdings sein, daß der Süden in einigen romanischen Bildwerken eine solche Version bewahrt hätte, zumal auf einer Säule in der Unterkirche zu Freising und an einem Säulenkapitell der Stiftskirche zu Berchtesgaden.[94] Beide zeigen Halbverschlungene, deren Helfer dem Ungetüm auf einen Kiefer treten und den anderen angreifen – unverwechselbar eindeutige Bildmotive.

Widars Handeln wäre, wenn es die Verjüngung Allvaters zur Folge hätte, weltschöpferisch, und dies wird auch durch ein zweites Merkmal seiner Tat vor Augen geführt. Für seinen Gewaltstreich ist, wie die Worte der jüngeren Edda betonen, gar kein Raum da. Kann der Wolf seinen Rachen selbst nicht weiter aufsperren, so kann er auch nicht auseinandergerissen werden. Das Paradoxon, daß Widar dies dennoch leistet, entspricht ganz der paradoxen weltschöpferischen Tat desjenigen Gottes, der dem herrschenden Nichtsein das Dasein abgewinnt oder entreißt, der aus dem Raumlosen den Urraum aufklüftet. Deuten wir die Tat Widars so, dann erwächst uns daraus eine eigenartige Erkenntnis. Er erscheint in seinem Handeln als der eigentliche Initiand. Immer erlebt ja der Neophyt in seiner Menschwerdung und in der Grundlegung seiner Welt das, was die Götter menschen- und daseinerweckend ausführten. Im Initiationsritual erfährt er im eigenen Handeln die Urschöpfung, – was kein Initiierter an sich selbst mehr erleben kann. Unter diesem Gesichtspunkt läßt sich erkennen, daß kosmogonische Rituale im eigentlichen wahren Sinne nur von Initianden, nur als Initiationsfeiern durchgeführt werden können. Der Initiierte kann die den Anfang setzende Handlung gar nicht mehr aus dem Urzustand heraus wirklich ausführen. Er würde

---

[94] Erich Jung, „Germanische Götter und Helden in christlicher Zeit", München 1939, S. 454 ff.

sie nur gleichsam, theatralisch, vorführen, weil zur wirklichen Weltschöpfung auch die wirkliche Menschwerdung dessen gehört, der das Dasein aus dem Nicht-Dasein entbindet. Die Notwendigkeit, die Jugend zu initiieren, ist daher eine doppelte: ohne Weihe wird das Kind nicht zum Menschen, aber ohne das zu initiierende Kind ist auch im Kult die Welt nicht zu erneuern. Dies ist eine Einsicht, die uns einerseits verstehen läßt, warum im Märchen die erlösende, entbindende Tat immer vom Jüngsten, oft vom Dümmling geleistet wird – und warum die Regierenden später Zeitalter die Verzauberungen nicht lösen können. –

Aus unseren Belegen und Überlegungen ergibt sich nun aber eine merkwürdige Folgerung für das Wesen des Drachen. So finster das Ungeheuer erscheint, es birgt doch in seiner Windung, in seinem Bauche, in seinem Rachen den eigentlichen Schatz des Daseins. Zwar muß er ihm in einem todesgefährlichen Kampfe entrungen werden, doch ohne dieses Ringen gibt es auch kein Licht, kein Gold und nicht die Königsbraut. Der Drache ist also keineswegs ein Bild des Urbösen, er ist nicht Satan, sondern er ermöglicht erst, indem er es zu verschlingen droht, überhaupt jenes Dasein, dessen Wesen nicht im bloßen Existieren besteht, sondern im eigentlich schöpferischen todüberwindenden Darleben des eingeborenen Lebensschatzes. Ein Symbol für diese Lebensrolle des toddrohenden Drachen ist darin zu sehen, daß auf zahlreichen romanischen Bildwerken die Ungetüme und Ungeheuer in irgendeiner Form das Zeichen des Lebens tragen, etwa als Dreiblatt aus ihrem Munde züngelnd oder als solches die Schwanzspitze abschließend. Eine andere Bedeutung als dieses Dreiblatt hat auch nicht der Halbverschlungene, der mit dem Kopf und den auseinandergeschlagenen Armen aus dem Drachenschlund herausragt. Dieses Menschenbild wie das Dreiblatt sind nur eine besondere Gestalt der sieghaften Lebensrune im Todesrachen. So zeigt auch das eine der Goldhörner von Gallehus eine Schlange, die auf ihrem eingerollten Schwanze steht und über deren nach oben geöffnetem Rachen ein runisches Zeichen in Menschengestalt zu tanzen scheint. Eben diesen Sinn dürfte man auch im Hochmittelalter mit dem Bronzedrachen verbunden haben, der als Leuchter, als Lichtspender diente.[95] Dieser alten Auffassung wird noch immer ein Wort gerecht, das in diesem Jahrhundert geprägt worden ist, eine

---

[95] Eric Graf Oxenstierna, „Die Nordgermanen", Stuttgart 1957, T 44: Gallehus. Zahlreiche Ungeheuer mit Lebenszeichen bei: Wera von Blankenburg, „Heilige und dämonische Tiere", 2. Aufl., Köln 1975, u. a. T. 28 f., 44, 52, 74, 96 f. – Teilweise auch als Zeichen des Heidentums am teuflischen Ungeheuer angebracht.

Aufforderung an den Initianden unseres Zeitalters, die recht genau an die oben zitierte, 3500 Jahre alte vedische Aufforderung anklingt, von Hans Carossa nämlich in seinem Rumänischen Tagebuch: „Raube das Licht aus dem Rachen der Schlange!" –

SCHAMANENWEIHE IN EINEM NIEDERSÄCHSISCHEN VOLKSMÄRCHEN

[Dieser Beitrag ist eine vom Herausgeber erstellte Zusammenfügung zum einen der Publikation: „Vom Menschenbild im Märchen. Veröffentlichungen der Europäischen Märchengesellschaft – Band 1", Erich Röth Verlag, Kassel 1980, S. 72–90, und zum anderen der Manuskriptfassung eines Vortrages, gehalten auf der Tagung der Gesellschaft zur Pflege des Märchengutes der europäischen Völker im November 1978 zu Straßburg]

Im Umgang mit den Märchen stellt sich uns immer wieder die Frage, ob es zur Zeit ihrer Entstehung eine Wirklichkeit gegeben hat, die das Märchen noch heute getreulich abbildet, – unsere Überschrift erteilt darauf eine sehr bestimmte Antwort. Mit der ersten hängt eine zweite Frage eng zusammen, nämlich die nach der ursprünglichen Funktion des Märchens. Setzen nämlich die Volksmärchen eine bestimmt geartete Umwelt voraus, eine ihnen zugehörige, eigentümliche Wirklichkeit, – welche Aufgabe haben sie dann in dieser Welt erfüllt?

Drei Wesenszüge des Märchens sind es, die uns zu dieser Fragestellung nötigen: das hohe Altertum des Märchens, seine gestaltliche Eigenart und sein inhaltlicher Gegensatz zur Tatsachenwelt. Daß die Märchen sehr alt sind, läßt sich für einzelne unter ihnen nachweisen. Zwar gibt es auch Spielformen des Märchens, die offenbar spät entstanden sind. Doch liegt der Wert des Erbes vor allem in einem Schatz eigentlicher oder typischer Märchen, der uralt ist. Diese Märchen und großenteils auch die späten Spielarten sind überliefert in einer Form von höchster Eigenart, deren Einzelzüge zumal Max Lüthi[1] ans Licht gestellt hat. – Der formalen Eigenart entspricht eine inhaltliche: das Märchen erzählt von einer Wirklichkeit, die sich mit unserer gewöhnlichen nicht deckt. Märchen und banale Wirklichkeit erweisen sich als ein Gegensatz — bis dahin, wo das Märchen als Lüge erscheint: Erzähl' mir doch keine Märchen! – oder bis zu der Rätselfrage, von welcher zweiten Wirklichkeit denn eigentlich im Märchen die Rede sei, wenn es Wahres kündet und dies doch nichts von der banausischen Wirklichkeit aussagt. –

Der Lösung unserer Frage gehen wir an Hand eines bestimmten Einzelmärchens nach, – doch so, daß wir am Ende den altertümlichen Sinn eines

---

[1] Max Lüthi, „Das europäische Volksmärchen, Form und Wesen.", Bern 1947 u.ö.

ganzen Märchentyps durchschauen, eines Typs mit dem allgemeinen Titel: Die Suchwanderung nach dem verscherzten Weibe (AT400). Den Zugang suchen wir in einer Allgemeinbetrachtung und gehen dazu von einigen Forschungsergebnissen aus, die auch von der allgemeinen Märchenforschung mehr oder weniger bereitwillig angenommen worden sind. Weitgehend scheint wenigstens darin Übereinstimmung zu herrschen, daß das Märchen von menschlicher Entwicklung und Reifung erzählt. Zweifellos gibt das Märchen Anlaß zu einem solchen Verständnis. In einem fortschreitenden Geschehen verwirklicht sich etwas an einem Menschen, ein Bildungsvorgang läuft ab, es bildet sich etwas in Bildern. Doch ergibt sich aus dieser Erkenntnis sogleich ein ganz bestimmter Schluß. Angesichts der wirklichen Altertümlichkeit des Märchens müssen wir folgern, daß diejenige Reifung, die das Märchen vorführt, in seiner eigenen Epoche *Initiation* bedeutet hat.

Um diese Folgerung in ihrem Gewicht würdigen zu können, um eine Anschauung von der kulturellen Einordnung des Märchens zu erhalten, von seiner Lebendienlichkeit in seiner Epoche, verwende ich ein bestimmtes Schema der Kulturentwicklung. Dabei unterscheide ich vier historische Schichten. Von ihnen lebt jede ältere auch in den jüngeren weiter, verdünnt, verdeckt, aber noch substanzverleihend –, und jede jüngere besitzt Ansätze in den früheren – keimhaft, treibend, verwandelnd: dies heißt ja eigentlich Entfaltung, Entwicklung. Als Unterscheidungszeichen der Schichten wähle ich nun nicht etwa das Hauptmaterial der Kulturen – Steine, Erze oder Eisen – oder die Herkunft der Ernährung – Sammeln, Jagen, Viehzucht, Ackerbau – oder die Gesellschafts- bzw. Sozialordnung – patriarchales Rudel, frühe Häuptlingsgruppen, überschichtete Adelsgesellschaften, Heiliges Königtum – sondern eine Sichtung nach der für uns entscheidenden Thematik: menschliche Reifung, jeweilige Verwirklichung des Menschenbildes im jugendlichen Menschen.

Nennen wir unsere Schicht die technokratische Zivilisation, so hieße die ihr vorausgehende die religiöse Kultur. Unter dieser läge die rituelle Kultur, und am Grunde fänden wir die Schicht der schamanischen Kultur. Jede dieser Kulturen ist von der früheren durch einen tiefgehenden Wandel unterschieden; die letzten beiden haben sich jeweils gegenüber ihrer Vorgängerin in einer grundstürzenden Revolution durchgesetzt. Die beiden jüngeren Kulturen fasse ich zusammen als die lehrhaften Kulturen, weil dort Entwicklung und Reifung der menschlichen Seele *überwiegend* durch Lehren und Schulen angestrebt wird. Die beiden älteren Kulturen nenne ich zusammenfassend die initiatischen Kulturen, weil dort die Reifung der Seele überwiegend durch umwandelnde typische Erlebnisse angestrebt wird.

Welche übermächtige Rolle die Belehrung spielt in unserer Zivilisation und auch schon in der religiösen Kultur, haben wir alle an uns selber erfahren. Demgegenüber scheint der Weg des Märchenhelden sich in der Tat in *Erlebnissen* und *Entscheidungen* zu vollenden, nicht durch Belehrung und Anwendung von Lehren. Es ergäbe sich daraus, daß unsere Märchen ihre eigentliche Gestalt gefunden haben müßten in den initiatischen Kulturen. Von dorther das Märchen auch inhaltlich zu verstehen, ist also der Weg, der den besten Erfolg verheißt. Beschritten haben ihn der Franzose Pierre Saintyves und der Russe Wladimir Jakovlevič Propp.[2] Saintyves hat die Formal geprägt, daß die

Märchen entstanden seien als Kommentare des Rituals. Propp hat an den russischen Märchen nachgewiesen, daß sie weithin erzählen von den Reifezeremonien der rituellen Kulturen; also von ihren Initiationsritualen.

Die wesentliche Entgegensetzung, lehrhafte und initiatische „Ausbildung", müssen wir durch Beispiele erläutern. Dazu wählen wir für den Begriff der lehrhaften Kultur die Konfirmation, wie sie bei den Lutheranern gegenwärtig begangen wird. Die Konfirmation, die katholische Firmung sind ja als Überreste der alten Jugend-Initiation anzusehen. Auf die Konfirmation wird der Jugendliche vorbereitet durch die Konfirmandenlehre; daran schließt sich eine Konfirmandenprüfung an, in der erhoben wird, ob er seine Christenlehre im Kopfe hat. Er wird nicht um seine Erlebnisse, nicht um seine innere Bilderwelt befragt.[3] Daran schließt sich die Weihe der Konfirmationsfeier an, die auch wieder mit einer Predigt verbunden ist, also abermals einer Lehre des Wortes, nicht einem gravierenden Erlebnis.

Demgegenüber nun ein Beispiel aus einer rituellen Kultur, aus der Reifezeremonie einer australischen Stammesgruppe. Dort haben die älteren Männer, also die Eingeweihten, einen Weg vorbereitet, und wir erinnern uns, daß das lateinische Wort für Weg, „iter", zusammengehört mit „ire", gehen, und „initiatio". Dieser Weg ist mit vielerlei Bildern ausgestattet, darunter auch

---

[2] Pierre Seintyves, „Les comes de Perrault et les récits parallèles, Leurs origines (coutumes primitives et liturgies populaires).", Paris 1923, S. 391-395. – Vladimir Jakovlevič Propp, „Istoričeskije korni volšebnoj skazki.", Leningrad 1946. Italienische Übertragung: „Le radici storiche dei racconti di fate.", Torino 1949.
[3] Im Pietismus hat demgegenüber eine Rückwendung stattgefunden, und der dort als Zeugnis der Glaubensreife geforderte „Durchbruch" bezeichnet jedenfalls ein initiatisches Erlebnis.

großen, flachen Erdreliefs, von denen zwei den Urgott und die Urgattin darstellen. Diese haben ursprünglich den Weltengang eingesetzt, das heißt eben den Weg, den auch der Mensch im Kosmos beschreitet. Diesen Bilderweg werden nun die Jugendlichen in einer bestimmten Phase des Rituals geführt. Verstehend geführt, denn sie trotten nicht über Erdhaufen, sondern inmitten einer Bilderwelt, die durch Urzeiterzählungen in ihnen aufgeregt ist. Der Weg durch die Kultbilder wird von innen begleitet durch einen Ritualtraum, wie ich das genannt habe,[4] und der ist ihnen eben eingeflößt worden durch die bilderstarken erzählerischen „Kommentare des Rituals", wie Saintyves sie genannt hat, durch „Märchen", wie wir so etwas nennen, wenn nämlich auch sie einmal, wie zu vermuten, vergleichbares erzählt haben. Am Ende des Weges treffen die Jugendlichen dann auf einen Baum, den die Alten ausgehoben und umgekehrt wieder eingegraben haben. Im Wurzelwerk des Baumes empfängt sie ein alter Mann, offenbar eine Gottheit darstellend, der sie am Weltenbaume willkommen heißt und der zu zaubern beginnt: die göttliche Maya an der Wurzel der Welt.[5]

Verständlich erscheint nun der Unterschied von lehrhaften und initiatischen Kulturen. Die letzteren führen den Jugendlichen durch großartige Erlebnisse in die Tiefe des Lebens, und sie erleuchten das Erlebnis von innen her durch die Mär vom Urgebilde.

Nach Propp und Saintyves würde also der Nährboden des Märchens in den rituellen Kulturen liegen. Wir müssen aber, um unseren Deutungsversuch richtig anzusetzen, noch einen deutschen Forscher nennen, der einen ebenso wichtigen Beitrag zu unserer Antwort auf die Frage nach der geschichtlichen Wirklichkeit des Märchens geleistet hat wie Saintyves und Propp, nämlich Johannes Siuts.[6] Seine Dissertation, die schon vor dem Ersten Weltkrieg gedruckt wurde, trägt nämlich den Titel: „Jenseitsmotive im deutschen Volksmärchen", und darin weist er nach, daß die Bilderwelt des Märchens in ganz wesentlicher Weise bestimmt ist durch die altertümlichen Vorstellungen vom Jenseits. Zwar hat er sich bei seinen Belegen und im Titel auf das deutsche Volksmärchen beschränkt, aber die Belege reichen ja in den Märchenty-

---

4   Heino Gehrts, „Mahābhārata. Das Geschehen und seine Bedeutung.", Bonn 1975, S. 158-162.
5   Nach Oskar Eberle, „Cenalora", Olten 1955, S. 395 und den dort zitierten Feldforschern W. A. Howitt und R.H. Mathews.
6   Hans Siuts, „Jenseitsmotive im deutschen Volksmärchen", Teutonia Bd. 19, Leipzig 1911. Etwa ein Fünftel des Gesamtwerkes erschien zugleich unter demselben Titel, aber mit dem Verfassernamen Johannes Siuts, als Greifswalder Dissertation.

pen weit über diesen Bereich hinaus, und infolgedessen gilt sein Ergebnis für das typische Märchen überhaupt.

Im einzelnen können wir auf die Befunde von Siuts nicht eingehen; nur dies ist mit Entschiedenheit zu betonen: das Jenseits der Märchen entspricht nicht dem modernen Begriff von einem außerraumzeitlichen Jenseits, sondern im Märchen überqueren Held und Heldin den Fluß, die Meere, die Berge, durchdringen den Düsterwald und gelangen wie von ungefähr in die andere Welt, auf das Zauberschloß, zu allerlei Wunderwesen, zu Toten und Unerlösten, und auf dem Wege kehren sie ein bei den Herrn und Herrinnen der Vierfüßer, der Vögel und Fische, bei Winden und Gestirnen. Sie lassen sich durch ein Loch unter die Oberfläche der Erde hinab und gelangen in eine lichte Unterwelt, sie stürzen durch die Meereswoge in die Tiefe und gelangen in eine Lebenswelt unter dem Meere, in der es auch wieder einen Meeresstrand gibt, sowie Tag und Nacht. Und eben darin entsprechen sie ganz exakt auch dem Weltbilde der schamanistischen Kultur. Auch dort ist die Erdenwelt offen gegen das eine All, und es bedarf nur der Initiation in die schamanische Kunst, um in die obere und in die untere Welt zu gelangen. Mithin erzählt das initiatische Märchen, soweit es schamanistischen Gehalt hat, vom *Erwerb dieser Kunst*, – genau gesagt also vom Erwerb der Befähigung, durch eine Seelenreise die Unterwelt und die Oberwelt, die Fernwelt zu erreichen. Es gibt keine schamanische Aufgabe, die des Geisterverkehrs entraten könnte: Krankenheilung, Totengeleit, Sicherung des Jagd- und des Kriegsglücks, Erforschen des Fernen, Künftigen, Verborgnen. Dazu geht der Schamane mit den Geistern um, dazu wird er geweiht, geweiht zur Vertrautheit mit den Geistern, zur Fahrt in ihre Welt. Dies eben wäre die Reifung, die Vollendung einer zaubrischen Seele.

Auf der Stufe der *rituellen* Kultur beruhen Weltverständnis und Lebensgefühl auf dem tradierten Kulturgut – und dementsprechend auch die *Initiation*; sie wird mit Initianden*scharen* durchgeführt und wird *geleitet* von älteren Eingeweihten. Das *schamanische* Erleben und Vermögen ruhn auf dem metaphysischen Wesen des Menschen *unmittelbar* – und im Einzelfalle daher auf der besonderen diesbezüglichen Begabung des Initianden. Darum ereignet sich schamanische Initiation am einzelnen, darum wird sie oftmals eingeleitet durch ein Berufungserlebnis, – und sie wird nicht von älteren Eingeweihten besorgt, sondern im typischen Falle durch die Geister selber gelenkt, ja, erzwungen. Dies sind wesentliche Unterschiede zwischen ritueller und schamanischer Initiation, und wenn auch, nach einer vieltausendjährigen

Kulturgeschichte, in den erforschten Kulturen oft Vermischungen festzustellen sind, so müssen doch die Hauptwesenszüge getrennt gehalten werden. Erkennen wir aber, daß die rituelle Initiation auf kultureller Tradition beruht, die schamanische hingegen unmittelbar auf dem metaphysischen Wesen des Menschen: dann dürfen wir in dar Tat annehmen, daß die schamanistische Kultur älter ist als die rituelle. Wirklich zeigt die genauere Untersuchung, daß die rituelle Kultur die Spontanerlebnisse des Schamanentums in wiederholbare Zeremonien ausgestaltet hat.

Auf einzelne schamanistische Züge am Märchen hat schon Propp und haben seit langem auch andere Forscher hingewiesen. Vor dieser Gesellschaft* hat 1959 Luise Resatz in einem Vortrag gezeigt, wie die Erlebensweise im Märchen zu der des Schamanentums stimmt, und zwar ebenfalls unter Berufung auf einzelne Motive des Märchentyps 400[7]. Im Folgenden geht es nun darum, dieses Märchen in seinem Gesamtzusammenhang schamanisch zu verstehen. Denn eine wirklich sichere Deutung muß ja notwendig die Gesamterzählung umfassen. Jeder Einzelzug schamanischen Gehaltes könnte ja zufällig, eine Versteinerung gleichsam, in einem späteren Zusammenhang überliefert sein, in einem Zusammenhang, der selber nicht mehr schamanistisch wäre und der auch jenes schamanische Überlebsel nur umgedeutet bewahrt hätte, nur in seinem eigenen Sinne verstanden.

Wenn wir uns nun nach den Einzelheiten einer schamanischen Initiation umschauen, dann blicken wir gewöhnlich auf die nordasiatischen Kulturen, wo die eigentlich schamanistische Kultur in besonderer Reinheit bis nah an unsere Tage heran gelebt hat. Hier erfolgt die Einweihung eben auch durch die Geister selbst. Sie werden dadurch zu Freunden und Helfern des Schamanen, einer oder zwei werden seine besonderen Hilfsgeister, und er gewinnt auch ein anderes Wesen, ein Geister-Reittier, das er zu seinen Jenseitsfahrten besteigt und das mit seiner Trommel, seinem Stabe, seiner Tracht zusammenhängt. Der entscheidende Vorgang, mit dem der Einweihungsweg dort anhebt, ist dieser: der Schamane wird von den Geistern wie ein Jagdtier geschlachtet, zerlegt und als ein Opfer dargebracht. Das geschieht auf den Wegen, die in die verschiedenen jenseitigen Bereiche führen und die er später als

---

[7] Luise Resatz, „Das Märchen als Ausdruck elementarer Wirklichkeit." in „Die Freundesgabe. Jahrbuch der Gesellschaft zur Pflege des Märchengutes der europäischen Völker", 1959, II, S. 35-41.

* Anmerkung des Herausgebers: Gesellschaft zur Pflege des Märchengutes der europäischen Völker

ausgefahrene Seele beschreiten soll, – als ein Opfer an die Geister, über die er Macht gewinnen soll. Diese Opferung ist ein innerer oder jenseitiger Vorgang; doch werden die initiatischen Leiden des werdenden Schamanen auch in der Körperwelt sichtbar. „Volle vier oder fünf Tage", heißt es in einem Bericht, „liegt der Schamane ohne Gefühl da; aus allen Gelenken rieselt Blut. Sein ganzer Körper ist mit blauen blutunterlaufenen Stellen bedeckt ... Er liegt halbtot da und atmet kaum."

Von innen her gesehen, aus dem, was der Initiand selber erlebt, erscheint dies eben als die Zerlegung. Gewöhnlich wird nach den Berichten zuerst der Kopf abgetrennt – und aufs Wandbrett gelegt oder auf eine Stange gesteckt; dergestalt schaut der Schamane selber seiner Zerstückelung zu: „Die Geister haken mit einem eisernen Haken ein, zerreißen und zerlegen alle Gelenke und reinigen die Knochen, indem sie das Fleisch auskratzen und die Säfte des Körpers entfernen." Am Ende werden die Knochen zurechtgelegt und mit neuem Fleisch bedeckt. Eine Schamanin erzählte dies so: „Zuerst schnitten sie mir den Kopf ab und legten ihn auf das Wandbrett der Jurte. Dann zerlegten sie meinen Körper nach den Knochen in seine Teile. Alles herausgeschnittene Fleisch reihten sie auf neun Pfählen auf. Dann versammelten sie sich und aßen alles auf." Sodann, „erzählte die Schamanin weiter, kroch unter dem Mittelpfahl des Kuhstalles ein kleiner Kobold hervor ... Er sammelte alle Knochen ..., die Reste von der Mahlzeit der Geister, und legte sie auf frische, soeben geschälte Birkenrinde. Danach kehrte das Leben wieder in den Körper zurück ..."[8]

So weit die Berichte aus Sibirien. Aus einer anderen Gegend wird von einem Manne berichtet, daß er nächtlicherweile darauf wartet, von den Geistern zerhackt zu werden. Er hört das Schleifen der Messer, stellt sich schlafend und wird von den Geistern auf eine Bank gelegt, „um welche sie sich alle, zwölf an der Zahl, herumstellten. Alle hatten Messer in den Händen, der Meister stand ihm über dem Kopfe, und zwei Gesellen neben ihm. Der Meister sprach: ‚Fest!', und mit diesem Worte ward ihm der Kopf abgehauen. Darauf zerlegten ihn die anderen Geister in Stücke und nagten die Knochen rein ab. Am andern Morgen kam das junge Hirschlein mit dem Glase im Munde, suchte die Knochen zusammen, legte sie so, wie sie gehörten, wisch-

---

[8] Adolf Friedrich und Georg Buddruss, „Schamanengeschichten aus Sibirien", München-Planegg 1955, S. 145, 151, 153, 137, 142.

te an alle etwas Öl, und in einer halben Stunde war der Prinz wieder lebendig."

Die letzten Worte verraten, daß der zitierte Text einem Märchen entnommen ist. In der Tat entstammt diese Schilderung, die in so erstaunlicher Weise an die sibirischen Berichte anklingt, dem niedersächsischen Märchen, das der Untersuchung zugrundeliegt. Es trägt die Überschrift: „Die Prinzessin hinter dam rothen, weißen und schwarzen Meere", wurde um die Mitte des vorigen Jahrhunderts am Osthange des Sollings aufgenommen und veröffentlicht in der bekannten Sammlung niedersächsischer Sagen und Märchen von Schambach und Müller.[9] Es stellt eine wohlerhaltene Fassung aus einer Untergruppe des Märchentyps AT 400 dar. Dorthin zählt auch das grimmsche Märchen „Die Rabe", obwohl die Qualenerlösung darin ausgefallen ist. Eine andere Untergruppe des Typs findet sich bei den Brüdern Grimm durch das Märchen „Der König vom goldenen Berge" vertreten. Auf den bedeutungsvollen Zusammenhang dieser beiden Untertypen kommen wir noch zurück.

Der Text bei Schambach und Müller lautet so:

Mitten in einem großen Walde lag ein altes Schloß, in welches eine schöne Prinzessin verwünscht war. Die Prinzessin konnte nur von einem Prinzen erlöst werden, der eben zwanzig Jahre alt und aus dem Stamme Heinrich des Löwen war; außerdem mußte der Prinz sich auf der Jagd verirrt haben und so immer tiefer in den Wald hineingeraten sein. Nun fügte es sich, daß einst ein Sohn Heinrichs des Löwen, der eben zwanzig Jahre alt war, in dieser Gegend jagte und sich in dem Walde, worin das verwünschte Schloß lag, immer mehr verirrte, bis er endlich von der Nacht überrascht wurde. Mit einem Male sah er in der Ferne ein Licht schimmern; dem ging er nach und kam zuletzt vor ein hohes Tor, welches fest verschlossen war. Nachdem er es vergeblich zu öffnen versucht hatte, stieg er hinüber und gelangte zu einer hohen Treppe,

---

[9]   „Niedersächsische Sagen und Märchen. Aus dem Munde des Volkes gesammelt und mit Anmerkungen und Abhandlungen herausgegeben von Georg Schambach und Wilhelm Müller.", Göttingen 1855, Nr. B1 – Varianten siehe bei Johannes Bolte und Georg Polivka, „Anmerkungen zu den Kinder- und Hausmärchen der Brüder Grimm", Bd. II. Leipzig 1914, zur Nr. 92 „Der König vom goldenen Berge" und Nr. 93 „Die Rabe". – Von den beiden Untertypen habe ich für diese Arbeit mehr als 30 Fassungen herangezogen. Das Zentralarchiv der Volkserzählung in Marburg besitzt eine Sammlung von Analysen sämtlicher Varianten, deren Anzahl weit über 100 liegt. Diese Sammlung umfaßt jedoch auch andere Untertypen als die beiden von mir behandelten. Dem Leiter des Zentralarchivs, Herrn Dr. Joachim Schwebe, sei hier für briefliche Beratung und die Anfertigung von Fotokopien herzlich gedankt.

die zu dem eigentlichen Schlosse führte. Auf diesem Wege ging er nun ins Schloß und suchte das Zimmer auf, aus dem der Lichtschimmer kam. Endlich fand er es und öffnete die Tür. In dem Zimmer saß eine wunderschöne Prinzessin; sie war prächtig gekleidet und hatte den Kopf auf die Hand gestützt, eine Menge Katzen bedienten sie. Als sie den Prinzen erblickte, fragte sie, was sein Begehr sei. Er erzählte, wie er sich auf der Jagd verirrt habe und zufällig hierher gekommen sei. Die Prinzessin fragte dann, aus welchem Stamme er wäre; er antwortete, er sei ein Sohn Heinrichs des Löwen. „Wie alt bist du?", fuhr sie fort. „Zwanzig Jahre", antwortete er. „Dann kannst du mich erlösen", sprach sie. „Recht gern", erwiderte er. „Es ist aber sehr schwer", sagte sie, „denn du mußt drei qualvolle Nächte aushalten. Du mußt drei Nächte hinter einander mitten in der Kirche hinter diesem Schlosse schlafen und wirst jede Nacht von Geistern ganz zerhackt werden. Am nächsten Morgen wird dann ein kleiner Hirsch kommen, der ein Ölgläschen im Munde hat; dieser wird alle Knochen deines Leibes zusammensuchen, sie in die rechte Ordnung legen und mit etwas Öl bestreichen, worauf sie sich wieder zusammenfügen und Fleisch bekommen werden. Kaum ist das geschehen, so wirst du wieder lebendig werden." Der Prinz war entschlossen die Erlösung zu vollbringen und machte sich sogleich ans Werk. Er ging in die Kirche, legte sich in das dort bereitstehende Bett und schlief bald ruhig ein. Nachdem er ein Weilchen geschlafen hatte, ward heftig auf die Kanzel geschlagen, wovon er erwachte. Dann wurden Messer geschärft und die Geister kamen vor sein Bett. Einer von diesen legte das Ohr auf sein Gesicht, um sich davon zu überzeugen, ob er auch schliefe. Er tat aber, als ob er fest schliefe, und rührte und regte sich nicht. Dann nahmen sie ihn aus dem Bette und legten ihn auf eine Bank, um welches sie sich alle, zwölf an der Zahl, herumstellten. Alle hatten Messer in den Händen, der Meister stand ihm über dem Kopfe, und zwei Gesellen neben ihm. Der Meister sprach: „Fest!" und mit diesem Worte ward ihm der Kopf abgehauen. Darauf zerlegten ihn die andern Geister in Stücke und nagten die Knochen rein ab. Am andern Morgen kam das junge Hirschlein mit dem Glase im Munde, suchte die Knochen zusammen, legte sie so, wie sie gehörten, wischte an alle etwas Öl, und in einer halben Stunde war der Prinz wieder lebendig. Er ging nun zu der Prinzessin, fand sie aber nicht, sondern statt ihrer einen großen Kater, in welchen sie verwandelt war. In den beiden folgenden Nächten wiederholte sich genau dasselbe, was in der ersten Nacht mit ihm geschehen war. In der vierten Nacht legte er sich hin, um auszuruhen. Als er am andern Morgen erwachte, saß die Prinzessin, welche über Nacht wieder zu einem Menschen geworden war, vor seinem Bette und hatte lauter junge Mädchen um sich. Das waren die Katzen, die nun alle wieder zu Menschen geworden waren. Die Prinzessin bat ihn aufzustehen und mit ihr ein wenig im Schlosse herumzugehen, sie habe ihm etwas wichtiges mitzuteilen. Er stand auf, zog sich an und ging mit ihr im Schlosse herum. Auf diesem Spaziergange sprach sie zu ihm: „Ich bin sehr weit von meiner Heimat und meinen Eltern entfernt; meine Eltern wohnen über dem roten, weißen und schwarzen Meere, wo mein Vater König ist; als Kind von sechs Jahren wurde ich von einem Manne geraubt und hierher gebracht. Ich wünsche dich mit in meine Heimat zu nehmen und bitte dich daher, dich Mittags nicht schlafen zu legen; denn es wird ein feuriger Wagen kommen, der mit zwei feurigen Pferden bespannt ist, und mich durch die Luft abholen, und das wird drei Mittage hinter einander geschehen. Wenn du nun auch an den ersten beiden Tagen nicht auf deiner Hut bist und Mittags schläfst, so gib doch ja am dritten Mittage recht acht, daß du nicht einschläfst, denn wenn du dann schliefest, so sähest du mich nie wieder." Er versprach ihr das. An den ersten beiden Mittagen gab er nicht acht auf sich, sondern „ließ sich schlafen"; am dritten Mittage wollte er durchaus nicht schlafen, allein es kam eine alte Frau zu ihm und bot ihm einen Becher mit Wein, den er auch annahm und trank. Sowie er den Wein, in welchem ein starker Schlaftrunk war, getrunken hatte, fiel er sogleich in einen tiefen Schlaf. Als er erwachte, stand auf dem Tische vor ihm geschrieben: „Geliebter Bräutigam, wir sehen uns nun nicht wieder; lebe wohl!" Er stand auf, schnallte das Schwert um, zog sein Pferd aus dem Stalle und ritt fort; er war nämlich entschlossen, so lange zu reiten, bis er dahin käme, wo der Vater seiner Braut König war. So ritt er immer weiter, konnte aber nicht einmal die drei Meere finden, hinter denen die Prinzessin wohnte. Endlich kam er zu einem Manne, der ein Horn besaß, welches die Eigenschaft hatte, daß alle Tiere der Welt zusammenkamen, wenn er darauf blies. Diesen Mann bat er, er möchte doch einmal alle Tiere der Welt zusammenrufen und fragen, ob sie nicht das rote, weiße und schwarze Meer wüßten. Der Mann war dazu bereit, ließ alle Tiere der Welt zusammenkommen und fragte sie, ob keins von ihnen wüßte, wo das rote, weiße und schwarze Meer läge, aber kein Tier wußte es anzugeben. Ganz zuletzt kam noch ein brüllender Löwe an; auch dieser wurde gefragt und antwortete, er kenne die drei Meere, zugleich sagte er, er wolle den Prinzen dahin bringen; dieser möge nur Lebensmittel einstecken und sich auf seinen Rücken setzen. Der Prinz setzte sich nun auf den Rücken des

Löwen und im Hui ging es davon. Als der Prinz an das rote Meer kam, waren da Seeräuber, die ihn von dem Rücken des Löwen reißen wollten, der Löwe aber zerriß sie sämtlich und schwamm mit dem Prinzen hindurch. Am anderen Ufer schliefen sie und setzten dann am nächsten Morgen ihre Reise zum weißen Meere fort. Als sie das Ufer des weißen Meeres erreicht hatten, waren da wieder Seeräuber, die den Prinzen rauben wollten, doch der Löwe zerriß auch diese und schwamm hindurch. Dann durcheilte er wieder ein Land, kam zu dem schwarzen Meere, schwamm hindurch, setzte den Prinzen hier ab und schwamm zurück. Der Prinz wanderte nun allein weiter und stieß auf einen armen Mann. Diesem gab er ein Goldstück und fragte ihn, ob die verlorene Prinzessin wieder angekommen wäre und ob sie schon geheiratet hätte. Der Bettler antwortete, in zwei Tagen halte sie Hochzeit. Damit ging der Prinz fort und erreichte die Hauptstadt des Landes, worin der König wohnte. Hier ging er in ein Wirtshaus und fragte den Wirt, ob er nicht an diesem Mittage einen roten Wagen mit roten Pferden bekommen könne. Er selbst habe einen solchen Wagen und solche Pferde, erwiderte der Wirt. Dann möchte er nun anspannen lassen, sagte der Prinz. Nachdem der Wagen angespannt war, fuhr der Prinz selbst dreimal um den Palast des Königs herum und kehrte dann zu seinem Wirtshause zurück. Am anderen Mittage fuhr er wieder dreimal um das Schloß herum. Da wurden ihm die Tore geöffnet und der Weg war mit Blumen bestreut; dennoch fuhr er nicht in den Schloßhof, sondern zu seinem Wirtshause zurück. Jetzt dachte die Prinzessin bei sich: „sollte das nicht dein alter Bräutigam sein?" Am dritten Mittage fuhr der Prinz wieder um den Palast herum; als er einmal herumgefahren war, ward schon zur Hochzeit geläutet und der Hochzeitszug schickte sich an zur Kirche zu gehen. Als er das dritte Mal herumgefahren war, wollte der Hochzeitszug eben vom Hofe zum Tor hinausgehen. Da konnte er sich nicht länger halten, sprang vom Wagen, fiel ihr um den Hals und sprach zu ihr, er habe einige Worte mit ihr allein zu sprechen, worauf sie sogleich mit ihm ins Schloß ging. Hier sprach er zu ihr: „kennst du denn deinen alten Bräutigam nicht mehr?" Als sie diese Worte hörte, fiel sie in Ohnmacht. Als sie wieder zu sich gekommen war, rief sie ihren Vater herbei und sprach: „lieber Vater, wenn man einen alten Schlüssel verloren hat und sich einen neuen hat machen lassen, dann aber den alten wiederfindet, welches ist da wohl der beste?" Der Vater antwortete ohne Bedenken: „der alte!" „Dann ist auch dieser der beste Bräutigam", rief sie aus, „denn dieser ist mein Erlöser, der mich aus meinem Jammer erlöst hat; und auf der Stelle will ich mit ihm Hochzeit halten." Der Vater willigte in alles ein. Der Zug ging also sogleich zur Kirche, wo sie getraut wurden. Die Hochzeit dauerte acht Tage hinter einander, und die beiden lebten noch lange friedlich zusammen.

Wir wollen das Märchen noch einmal verkürzt als Ganzes vergegenwärtigen. – Der Prinz wird also in der schon wiedergegebenen Weise in drei aufeinanderfolgenden Nächten zerhackt und jeweils von dem Hirschlein wieder zusammengetan und erweckt. Danach ist die Schloßherrin erlöst, und im Haupttyp findet nun eine Vermählung statt. Aber in unserem Märchen und in dem ganzen Untertyp gibt es vorläufig keine Hochzeit, sondern die Prinzessin stellt die folgende merkwürdige Bedingung: „Ich wünsche dich mit in meine Heimat zu nehmen und bitte dich daher, dich mittags nicht schlafen zu legen; denn es wird ein feuriger Wagen kommen, der mit zwei feurigen Pferden bespannt ist, und mich durch die Luft abholen, und das wird drei Mittage nacheinander geschehen. Wenn du nun auch an der ersten beiden Tagen nicht auf deiner Hut bist und mittags schläfst, so gib doch ja am dritten Mittage recht acht, daß du nicht einschläfst. Denn wenn du dann schliefest, so sähest du mich niemals wieder." – Der Prinz verspricht ihr nun auch, dem zu folgen, gibt aber an den ersten beiden Mittagen doch nicht acht, „sondern ließ sich schlafen", wie es im Text heißt; „am dritten Mittage wollte er durchaus nicht schlafen, allein es kam eine alte Frau zu ihm und bot ihm einen Becher mit Wein, den er auch annahm und austrank. Sowie er den Wein, in welchem ein starker Schlaftrunk war, getrunken hatte, fiel er sogleich in einen tiefen Schlaf. Als er erwachte, stand auf dem Tische vor ihm geschrieben: ‚Geliebter Bräutigam, wir sehen uns nun nicht wieder; lebe wohl!' – Er stand auf, schnallte das Schwert um, zog sein Pferd aus dem Stalle und ritt fort; er war nämlich entschlossen, so lange zu reiten, bis er dahin käme, wo der Vater seiner Braut König war." – Denn die Prinzessin hat ihm früher erzählt, daß sie in einem sehr weit entfernten Reiche daheim ist, – über dem roten, weißen und schwarzen Meere. Aber er vermag nicht einmal die drei Meere zu finden. Indes kommt er eines Tages zu jenem Manne, der Herr über die Tiere der Welt ist und sie mit einem Horne zusammenruft. Unter ihnen ist der Löwe, der die Meere kennt und der auch bereit ist, ihn dort hinüberzutragen. Dergestalt kommt er in die Hauptstadt des fernen Reiches, wo schon die Hochzeitsvorbereitungen für die Prinzessin getroffen werden, für die Hochzeit mit einem Unbenannten. Der Prinz fährt an drei aufeinanderfolgenden Tagen mit einem roten Wagen, der mit roten Pferden bespannt ist, um das Königsschloß, – ursprünglich wohl in Wagen wechselnder Farbe, also auch mit Schimmel- und Rappengespann. Es dämmert der Prinzessin, daß dies ihr alter Bräutigam sein könnte. Beim drittenmal aber, als eben der Hochzeitszug aus dem Schloßtor kommt, springt er vom Wagen, verlangt mit der Braut ein Wort zu reden und stellt sich ihr dann als der alte Bräutigam dar, – Worte, bei denen die Prinzessin in Ohnmacht fällt. Wieder zu sich gekommen, stellt sie ihrem Vater die bekannte Schlüsselfrage und wird mit dem Sohn des Löwen vermählt.

Bei der psychotherapeutischen Märchendeutung stellt sich angesichts eines solchen jenseitigen Abschlusses, also ohne Rückkehr in das leibhaftige Reich des Diesseits, die Frage, ob der vermeintliche Reifungs- oder Heilungsprozeß eigentlich geglückt sei, und bei Hedwig von Beith[10] wird die Frage verneint. Wir dagegen, bei unserem ganz andersartigen Ansatz, fragen: Ist der Abschluß der Schamanenweihe durch eine jenseitige Hochzeit sinnvoll, gibt es derartiges als Vollendung der Schamanenweihe in den schamanischen Kulturen? Die Antwort ist: ja, die jenseitige Braut ist der Haupthilfsgeist des Schamanen, ein erst in diesem Jahrhundert ans Licht gekommener Sachverhalt. Zentrale Geheimnisse und unvermutete Zusammenhänge bleiben der Feldforschung ja oft lange verborgen. Der Forscher, der den Befund ans Licht gebracht hat, Leo Sternberg, erfuhr daher mannigfaltigen Widerspruch. Doch ist von seinen Funden das Wichtigste in die spätere Literatur übergegangen und auch von führenden Forschern (Ohlmarcks, Eliade, Findeisen) als tragfähig hingenommen worden.

Auch ist an dem Sinn und Gewicht seiner Entdeckung gar nicht zu zweifeln. Zudem scheint mir, daß das entscheidende Beweisstück für den Sachverhalt nun das recht gedeutete Märchen sein wird, und zwar zumal, wie sich versteht, für die Verhältnisse in *der* Kultur, aus der die betreffenden Märchen stammen, also vielleicht für ein alteuropäisches Schamanentum. Ein solcher Schluß würde auch ganz dem Grundsatz entsprechen, den vor 50 Jahren der deutsche Forscher Walter Hegar aufgestellt hat. Er meinte nämlich, daß die halberstickten oder verstümmelten Bräuche nicht das unversehrte Märchen erklären könnten. Vielmehr könne man in manchen Fällen geradezu sagen: „hier erläutern nicht die Bräuche das Märchen, sondern umgekehrt stellt das

---

[10] Hedwig von Beit, „Symbolik des Märchens“, Bd. I-III. Bern, 1952-57.

Märchen die Bräuche ins richtige Licht."[11] Ein solcher Grundsatz entbindet uns allerdings nicht davon, wenigstens einen der vielen reichhaltigen Belege Leo Sternbergs hier anzuführen.[12]

Von einem Schamanen der Golden, einem tungusischen Volk am Unterlauf des Amur, berichtet er, daß sich ihm auf seinem Krankenbett einst ein schönes Weib genähert habe, kindhaft klein, aber sonst in allem den Frauen der Golden gleich. Sie bezeichnete sich als die „ayami" seiner Vorfahren, die ihn das Schamanisieren lehren werde, wie sie es jene gelehrt habe. Es fehle jetzt an Heilern, und sie würde ihn zu einem Heiler machen. „Ich liebe dich. Ich habe jetzt keinen Mann, und darum sollst du mein Mann sein, und ich werde deine Frau sein. Ich werde dir deine Hilfsgeister geben. Mit ihrer Hilfe sollst du heilen, und ich werde dich lehren und dir selbst beim Heilen behilflich sein." – Da der Erzähler sich zunächst bestürzt und abgeneigt zeigt, bedroht sie ihn, und er gibt nach. Das Paar lebt seither wie Mann und Weib, doch haben sie keine Kinder. Sie hat ihn in seiner Kunst unterwiesen und kam dazu anfangs jede Nacht. Sie hat ihm drei Hilfsgeister verliehen, Panther, Bär und Tiger, und sie erscheint ihm selbst unter verschiedenen Gestalten, – manchmal als ein geflügelter Tiger, der ihn trägt und mit ihm durch die Lande fährt. „Es kann niemand Schamane sein ohne ‚ayami'" erzählte der Gewährsmann. „Dieses Wesen ist der Lehrmeister des Schamanen, sie ist wie eine Gottheit für ihn. Des Mannes ‚ayami' ist immer ein weibliches Wesen, eines Weibes ‚ayami' immer ein männliches Wesen, denn sie leben zusammen wie Mann und Frau." Dieses Wesen befehligt auch die Hilfsgeister und zwingt sie herbei; beim Schamanisieren fühlt sich der Mann von der „ayami" und den Geistern besessen, von ihnen wie von Rauch oder Feuchtigkeit durchdrungen, und die Geistin spricht durch seinen Mund und leitet das Ganze. Wenn er Opfergaben verspeist, ist es nicht er selber, der sie ißt oder trinkt, sondern sie in ihm, ein wichtiges Merkmal schamanischer Besessenheit.[13]

Zu solcher Art Begegnungen wird in den betreffenden Kulturen die empfängliche Seele unter anderem durch die märchenhaften Schilderungen gestimmt. Und nun noch einen entsprechenden Beleg von den Burjäten, einem

---

[11] Walter Hagar, „Die Verwandlung im Märchen", Hessische Blätter für Volkskunde, Bd. XXVIII/1929, Gießen 1930, S. 110-140, besonders S. 127.
[12] Leo Sternberg, „Divine Election", in: „Primitive Religion", Congrès International des Américanistes, XXI session, 2. Partie, Göteborg 1924, Göt. Mus. 1925, S. 472-512. Die Belege: S. 476-479, 485-487.
[13] Dazu Heino Gehrts, „Märchenwelt und Kernerzeit", Antaios Bd. X. Stuttgart 1968/69, S. 155-183, besonders 157ff.

mongolischen Volke beiderseits des Baikalsees. Der dortige Schamanismus entspricht nicht ganz dem Urtyp, und zwar deswegen nicht, weil nicht die gesamte Einweihung sich „drüben" abspielt unter den Geistern, sondern ein Teil ritualisiert ist, also als leibhaftes Ritual in der Stammesgemeinschaft abläuft. Um so günstiger für uns, indem wir dort das Wesentliche mit den Augen des Feldforschers als körperhafte Tatsache erblicken. Auch hier erfolgt die Berufung zunächst durch einen Ahnen-Schamanen, der den Anwärter in den Himmel führt. Auf dieser Fahrt gibt es eine mittlere Stätte, an der eine besondere Schamanengottheit wohnt, eine Gottheit des Tanzes, der Fruchtbarkeit und des Reichtums; sie wird der „Gelbe Geißbock" genannt und ist mit den neun Töchtern des Dämmerungsgottes vermählt. Um diese wirbt der Initiand und dabei sind ihm auch Liebkosungen nicht verwehrt. Jedenfalls gewinnt er dort zuerst die Neigung weiblicher Gottheiten und gibt sich Zärtlichkeiten mit ihnen hin. Daran schließt sich eine himmlische Lehrzeit an, die mit einer Zeit hoher schamanischer Erregung, mit Tänzen und Ekstasen endet. Jetzt findet der Initiand auch seine Himmelsbraut, sein künftiges Weib und vereint sich mit ihr in der Umarmung. Während dieser Zeit, etwa drei Jahre lang, ist er auch bei älteren irdischen Schamanen in die Lehre gegangen, und nun findet auf einer großen Volksversammlung mit Opfern und dreitägigen Gelagen die öffentliche Initiation statt. Zu diesem Fest tritt der Schamane einen dreitätigen Umgang bei seinen Gesippen an, wie dies auch bei einer Hochzeit unter Irdischen der Brauch ist, um die dreierlei Gaben einzusammeln, die zu dem üblichen Brautpreis gehören und die er auch für sein himmlisches Weib zahlen muß: seidene Schals in den Opferfarben weiß, blau, gelb und rot, Hermelinfelle und Glöckchen. Die Opfer bringt der Schamane den himmlischen Verwandten seiner Frau dar wie sonst der Bräutigam denen der irdischen Braut. Ein Geißbock wird auch jener zuvor erwähnten Gottheit der mittleren Stätte geweiht; von ihr findet sich der Schamane am Ende der drei Tags besessen, und sie verleiht ihm zeugerische Kraft und Fruchtbarkeit. Wenn sich die Himmelsbraut in ihm verkörpert, dann erzählt sie von der Hochzeit in der oberen Welt.

Die Welten werden sichtbar für die Festteilnehmer durch zwei Bäume, die Hauptrequisiten einer solchen Hochzeit zwischen einer Himmlischen und einem Irdischen. Der eine, außerhalb der Hütte des Paares, ist der Schamanenbaum, den der Bräutigam bei seiner Initiation besteigt, eine für alle sichtbare Himmelsreise; der andere steht innerhalb der Hütte, ragt aber durch den Schornstein nach draußen, verbindet also die zwei Welten. Er ist überdies noch mit dem Schamanenbaum durch eine Schnur von roter und blauer Seide verbunden, die Nabelschnur und Plazenta vorstellen und die dadurch nochmals die eheliche Verbindung von Himmel und Erde versinnbilden. Auch bei irdischen Hochzeiten steht ein solcher Baum in der Hütte des Brautpaares. Er ist mit einem grünen Tuch für das Brautlager behängt, und unter seiner Wurzel liegt ein Nest von Pferdehaaren, mit Korn gefüllt, das die Nachkommenschaft des Bräutigams bedeutet. Der Schamane hat auch ein irdisches Weib, Kinder allerdings nur von einer der beiden; ehelicht er erst *nach* der Himmlischen die Irdische, so ist deren Leben gefährdet.[14]

Von den drei Hauptstücken unseres Märchentyps haben wir somit zwei schamanistisch deuten können, die Hochzeit und die Qualenerlösung. Beide für sich selbst genommen, erscheinen uns nicht als schamanistische Besonderheiten. Eine Hochzeit schon gar nicht, – und die Erlösung der Königstochter durch die Qualen, die der Held erleidet, ist uns seit unserem Kleinkindalter völlig vertraut, obwohl wir doch anfangs des Rätsels uns vielleicht noch bewußt waren und gefragt haben: Wieso muß eigentlich der Zauber von der Prinzessin ablassen, wenn ihr Freund sich dreimal von den Gespenstern zerhacken läßt? Wo ist da der Zusammenhang?

Damit unser Nachweis vollends gelingt, müßte sich noch eine Koordinate in dem Märchen nachweisen lassen, die unumstößlich in die eigentlich schamanische Erlebenswelt weist. Das ist nun auch wirklich der Fall, es ist das mittlere Hauptstück, ein ganz verrücktes Geschehen, nämlich von unserer halbwegs vernünftigen Wirklichkeit her gesehen. Der Mann hat die Prinzessin erlöst, sie ist frei, und sie könnten sich ja nun in den Wagen setzen, heimfahren und hochzeiten. Stattdessen stellt die Prinzessin ein überaus seltsames Theater an. Sie ist schon bereit, den Verlobten abzuholen mit ihrem Wagen, aber nur zu einer bestimmten Tageszeit und mit der Bedingung, daß der Erlöser dann nicht schläft. Naja, sie hat nun mal die Marotte, warum sollte er die Verabredung nicht einhalten, und ein Stelldichein zu bestimmter Stunde ist ja auch etwas ganz Banales. Aber dann: warum *schläft* der Bursche just zur verabredeten Zeit!?

Dieses Schlafmotiv entspricht ganz der isolierenden Stilisierung des Märchens, wie Max Lüthi dieses Merkmal des Märchenstiles genannt hat. Meist

---

[14] In diesem letzten Satze liegt ein außerordentlicher Hinweis auf das Rätsel der doppelten Brautschaft in den Märchen, der schwarzen und der weißen Braut etwa, von denen die eine am Ende abtreten oder gar sterben muß.

wird in den verschiedenen Fassungen eine isolierte Figur an den Haaren herbeigezogen, die den Schlaf verursacht, jene alte Frau in unserer Fassung, oft eine Hexe. Aber die Hexe hat mit dem grad gelösten Zauber im Schlosse gar nichts zu tun, hat mit anderen Teilen der Handlung gar nichts zu tun; sie taucht nur in dieser *einen* Szene auf. Mithin *ist* sie der Zwangsschlaf. Es gibt zwar auch erzählerische Versuche, sie in das Geschehen zu verweben, als Mutter etwa, die eine Tochter an den Mann bringen möchte und die es deshalb darauf anlegt, den Erlöser und die Prinzessin zu entzweien. Aber das sind offenbar Erfindungen später Erzähler, die das Märchen nicht mehr verstanden und denen die ad hoc beigezogene Hexe mißfiel. Was für ein Schlaf ist das, den diese Hexe vorstellen muß? Nun, er ist jedenfalls eines, was wir im Märchen des öfteren finden, auch zum Beispiel in dem Tanzmärchen als Simulation, ja, auch in unserem Märchen vor dem Zerhacktwerden: der Schlaf ist unstörbar, der Schlafende auf keine Weise erwecklich. Es ist jener tiefe somnambulische Schlaf, in dem keine Einwirkung auf den Leib, kein Schmerz den Schläfer erweckt und der eine Vorstufe des somnambulischen Hoch- oder Hellschlafes ist, in dem auch die Somnambule jenseitige Zonen erreicht und Jenseitigen zu begegnen vermag.

Aus einer einzigen Somnambulen-Geschichte sei hier ein Beispiel angeführt, um doch einen Beleg zu geben für eine tausendfach bezeugte Tatsache des Hypnotismus. Ein Mädchen in Weilheim unter Teck fiel zur Abendzeit regelmäßig in kurze Schläfe: „Anfänglich wurde es für eine Krankheit gehalten; endlich kam man darauf, sie aus dem Schlafe zu wecken, was aber nicht gelang; vielmehr mußte man zuwarten, bis sie selbst erwachte. Auf die Frage, wie ihr denn in ihrem Schlafe sey? gab sie an: sie könne nichts weiter sagen, als daß sie sich in ihrem Schlafe immer in einer dicken Finsternis befinde." In ähnlicher Weise vergehen etwa zwei Monate; dann beginnt der Schlaf sich aufzuhellen, und es zeigt sich ihr als jenseitiger Führer ein schöner junger Mann, – wie sich später herausstellt, ihr verstorbener Bruder, – mit hellrotem Antlitz, scharfem, doch liebevollem Auge und dunkelblauer Kleidung: „wie er ihr sage, sey dies keine himmlische Kleidung, er müsse sich aber jetzt und auch das nächstemal in dieser Gestalt zeigen, weil sie für eine himmlische noch nicht vorbereitet seye."[15]

---

[15] Die Somnambule ist Philippina Demuth Bäurle. Die zitierten Stellen in dem anonym erschienenen Bericht ihres Vaters: „Reisen in den Mond…, Geschichte einer Somnambüle in Weilheim an der Teck…", Neudruck Göppingen 1920, S. 11-13.

Der Schlaf ist also die unumgängliche Bedingung einer Begegnung mit dem jenseitigen Wesen; aber damit die Begegnung zustandekommt, darf es nicht der finstere Zwangsschlaf sein, sondern muß es der zweite Schlafzustand, der erhellte, der Hochschlaf sein. Jener aber ist nicht nur die Vorbedingung zu diesem, sondern auch eine drohende Falle für den, der vorhat, sich zu der wirklichen Begegnung dort hinüber zu träumen.

Der somnambulische oder hypnoide Schlaf läßt sich nicht nur an unserem Märchen, sondern auch an zahlreichen anderen als ein bestimmendes Erlebnis der Märchenwelt nachweisen. Im Verein mit den Jenseitsmotiven und der Jenseitsreise, die auch unser Märchen schildert, setzt dieses Schlafmotiv den schamanischen Sinn von diesem und anderen Märchen, nicht etwa von allen, über jeden Zweifel hinaus. Das Schlafmotiv spielt auch in der zugehörigen anderen Untergruppe des Märchentyps 400 ebenfalls eine entscheidende Rolle, also in *der* Variantengruppe, zu der auch der grimmsche „König vom goldenen Berge" gehört. Auch dort gibt es im ersten Hauptteil die Qualenerlösung, aber dann findet die Hochzeit sogleich im Zauberschlosse des erlösten Weibes statt. Später sucht der Held seine Heimat auf, und zwar auf magische Weise – durch ein Zaubermittel seiner Frau. Daheim läßt er sich verleiten, seine Frau wie einen Geist zu zitieren, sie erscheint auch, aber er hat damit eine Bedingung gebrochen, die sie ihm auferlegt hatte, und verliert das Vermögen magischer Fahrten; denn seine Frau nimmt ihm den dazu dienenden Zauberring wieder weg – im Schlafe. Wenn sie ihm noch einmal begegnet und ihm verkündet, wie er aus eigener Kraft noch einmal ihre zaubrische Heimat erreichen könnte, dann geschieht das etwa im Traume oder in einem Dämmerzustand zwischen zwei Schläfen, oder er findet im Erwachen ein Schriftstück mit dieser Nachricht. Stets entweicht sie von ihm, wenn er schläft, und der späte Erzähler faßt dies oft als Untreue und Hinterlist des Weibes auf. Es ist aber eine wirklichkeitsbedingte Entrückung. Offenbar steht der Verwirklichung der Geisterehe *hier*, in der Leiberwelt, ein wesensbedingtes Hindernis entgegen. Jedenfalls erkennen wir nun einen klaren Zusammenhang zwischen unseren beiden Untertypen, und zwar gerade in dem Schlafmotiv, das mit der Seelenreise im Zusammenhang steht. In dem einen Untertyp haben wir das verschlafene Stelldichein mit einer einzigen Hochzeit nach der selbständigen Jenseitsfahrt des Helden, – in dem anderen Untertyp eine vorläufige Hochzeit drüben und eine endgültige Hochzeit, nachdem der Held den schlafenden oder schläferischen Zusammenhang unterbrochen hat und danach das Geheimnis der Jenseitsreise im eigentlichen Sinne hat *erfahren* müssen.

Das Märchen verlegt sinngemäß dieses Geheimnis in den Erwerb eines zaubrischen Reittieres oder eines entrückenden Gegenstandes, – vergleichbar dem Besen, der Mistgabel der Hexe. Für den Sohn Heinrichs des Löwen ist das Zauberreittier auffälligerweise ein Löwe. Vermutlich ist in Niedersachsen der geschichtliche oder sagenhafte Vater über diesen Löwen in das Märchen eingewandert – wenn nämlich der Löwe als schamanisches Reittier schon vorher in dem Märchen heimisch war. Gibt es doch eben von Heinrich dem Löwen eine alte Sage mit märchenhaften Zügen, die von dem großen Fluge mit – nicht auf – dem Löwen erzählt, durch den der Held noch grad einer Heirat seines Weibes mit dem fremden Bewerber zuvorkommt.[16] Auch in einer tirolischen Variante erwirbt sich der Held einen Löwen als Helfer, der ihm beisteht, die meerüberfahrenden, menschenfresserischen Riesen zu benutzen und dann zu überwältigen. In einer anderen tirolischen Variante gewinnt der Held einen Bären, der brummend mit ihm über Berg und Tal fliegt, – aufgezeichnet *vor* 1854. In einer portugiesischen Fassung, die ich geradezu plattschamanistisch nennen möchte, hinterläßt die Prinzessin dem Helden eine Schachtel. Darin ist der Adler, und der trägt nicht nur den Helden über das Meer zur Prinzessin, sondern er erinnert auch die beiden aneinander; denn bei jener mißlungenen Begegnung, bei dem verschlafenen Stelldichein, hatten sie beide einander vergessen! Auch das Vergessen ist ein Märchenmotiv, das in ganz typischer Weise die hypnoide Schwelle bezeichnet, – um uns in der Kürze so auszudrücken.

Auf zwei Fragen habe ich noch einzugehen. Die eine betrifft den Stand des Helden, die andere die Überlieferung. In unserem Untertyp erscheint der Held vielmals als Soldat, und Johannes Bolte hielt dies für den Nachklang einer Rittermär, aus der er das Märchen herleiten wollte.[17] Wir aber müssen in diesem Motiv, bei unserer völlig andersartigen Herleitung des Märchens, einen gründlich unterschiedenen Sinn erblicken. Dazu gilt es, zunächst einmal etwas Wichtiges und Allgemeines zu vergegenwärtigen.

Der Titel „Kinder- und Hausmärchen" ist im höchsten Grade irreführend. So ist unser Schamanenmärchen ganz sicher ein Mannes- und Weltallsmär-

---

16 „Deutsche Sagen", herausgegeben von den Brüdern Grimm, Nr. 526.
17 Johannes Bolte und Georg Polivka, „Anmerkungen zu den Kinder- und Hausmärchen der Brüder Grimm", Bd. II. Leipzig 1914, S. 340, 348.

chen, und weder durch das Kind noch das Haus wird es gekennzeichnet. Wir können dem hinzufügen, daß ganz und gar nicht allein das Herdfeuer für die Erzählerrunde bezeichnend ist, sondern ebenso das Wachtfeuer. Johann Wilhelm Wolf hat uns einen sehr schönen Beleg für unser Märchen geliefert, „Die Prinzessin von Tiefenthal", und er erzählt, auf welche einfache Weise er einen Teil seiner Sammlung gewonnen hat. Sein Schwager, Wilhelm von Ploennies, war Leutnant in Großherzoglich Hessischen Diensten, und der kommandierte einfach seine Soldaten Mann für Mann zum Erzählen ab, und es war ein überaus reicher Strom von Volksüberlieferungen, der ihnen dergestalt zu Gehör kam. Diese Erzählungen, meint nun Wolf, hätten die braven Soldaten „theils frisch aus der Heimat" mitgebracht, „theils waren es auch solche, welche sich seit undenklichen Zeiten in dem *Heere* fortgepflanzt hatten, die an den Wachtfeuern früherer Campagnen bereits erzählt worden waren."[18] So wenig nun auch Wolf diesen Eindruck, den er gewonnen hatte, im Einzelfall zu beweisen vermocht haben wird, so sehr müssen doch auch wir eine solche Art der Tradition, außerhalb des Hauses nämlich, in der Männergesellschaft, um es gerade heraus zu sagen, für wahrscheinlich halten. Es kommt noch hinzu, daß die Qualenerlösung die unter Soldaten geforderte Fähigkeit voraussetzt, Schmerzen ohne Klagelaut zu ertragen. – Es würde sich also gerade in diesem ersten Hauptstück um ein Geschehen von typisch soldatischem Interesse handeln. Hierzu kommen noch andere und weit tiefere Zusammenhänge. Hier kann ich nur einen davon in aller Kürze skizzieren.

Wer Carlos Castaneda und die Unterweisungen des Zauberers Juan Matus gelesen hat, das heißt fünf Bände eingehender Schilderung von der Ausbildung eines indianischen Schamanen,[19] der weiß, daß die eine entscheidende Vorbedingung für das Schamanentum die ist, daß der Initiand, ob Mann oder Weib, in sich das Kriegertum verwirklicht, und wer nach einem hervorragenden Beispiel für die von Juan Matus geforderte „impeccability of a warrior" sucht, „für die untadelige Entschlossenheit des Kriegers", der findet sie in

---

[18] „Deutsche Hausmärchen", herausgegeben von Johann Wilhelm Wolf. Göttingen und Leipzig 1851, Neudruck Hildesheim 1972, S. V-VII.

[19] Carlos Castaneda, (4 Bände in den Penguin Books, Harmondsworth 1970 ff.): „The Teachings of Don Juan", „A Separate Reality", „Journey to Ixtlan", „Tales of Power". – Der 5. Bd.: „The Second Ring of Power", London 1978. Der eigentliche „Urheber" ist der Yaqui-Indianer Juan Matus. – Zur Frage von Castanedas Zuverlässigkeit ist zu vergleichen: Richard de Mille, „Castaneda's Journey, The Power and the Allegory", London 1976. – Vgl. ferner die Antikritik von Dennis Timm, „Die Wirklichkeit und der Wissende, eine Studie zu Carlos Castaneda", Bottrop 1977.

unserem niedersächsischen Märchen. Der Ritter liest in dem Brief: „Geliebter Bräutigam, wir sehen uns nun nicht wieder; lebe wohl! – Er stand auf, schnallte das Schwert um, zog sein Pferd aus dem Stalle und ritt fort, er war nämlich entschlossen …“, mit diesen Worten fährt der Erzähler ohne die mindeste zwischengeschaltete Überlegung fort, – der aufbruchsbereite Soldat als Vorstufe des Zauberers – oder sagen wir deutlicher: des Schamanen, des Ekstatikers, der des Aufbruches fähig ist in die Zauberwelt, in die Welt des Ungeheuren!

Daß aber solche Übereinstimmung zwischen Mexiko und Niedersachsen nicht zufällig ist, das wird uns sofort klar, wenn wir uns fragen, *wer* denn bei den indogermanischen Stämmen der potentielle Schüler des Brahmanen, des Druiden, des „thulr“ war: doch eben jener Krieger, der die Weihen *seines* Standes bereits empfangen hatte. Es entspricht ganz diesem Zusammenhang, wenn uns die zugehörigen Märchen stereotyp als Initianden der Zauberwelt den desertierten oder den verabschiedeten Soldaten vorführen, – desertiert nämlich nicht in die hausbackene Welt am heimischen Küchenherd, vor Mutters Milchkammer, sondern in die Allwelt jenseits des Zerhacktwerdens, jenseits des Todes. Für Germanien können wir noch besonders erinnern an den Wiegand, den Weihekämpfer, an die „úlfheðnir“ und „berserkir“, die im zaubrischen Enthusiasmus kämpften, und besonders an die Helden des Helgi-Kreises, die im Kampf überschwebt werden von ihrer „ayami“ – mit dem Goldenwort –, nämlich von einer schirmenden „valkyrja“.[20]

Der Zusammenhang von Kriegertum, schamanischer Initiation und dem Handeln des Märchenhelden kann hier nicht weiter in seine eigentliche Tiefe verfolgt werden. Nur dies sei formelhaft kurz vermerkt, daß die Handlungen von allen dreien sich als Kette initiatischer Entscheidungen aneinanderreihen – und nicht etwa im Aufundab von Probe, Fehlschlag und Neuversuch verlaufen. Bei Juan Matus findet man Entscheidendes darüber. Hier wollen wir nur noch eine letzte Frage stellen, die in die Überlieferung hineinzielt. Das ausschlaggebende Vermögen des Schamanen ist die Seelenreise; das schamanistisch geprägte Märchen berichtet in eigentümlichen Bildern, wie der

---

[20] Zu schamanistischen Zügen im Germanentum siehe Jan de Vries, „Altgermanische Religionsgeschichte“, Bd. I, Berlin 1956, S. 223, Bd. II, S. 73, 94 f. – Mannigfaltige Spuren eines westeuropäischen Schamanentums bei: Horst Kirchner, „Ein archäologischer Beitrag zur Urgeschichte des Schamanismus“, Anthropos 47, 1952, S. 244-286, besonders S. 247f., Anm. 24 und 25. – Zu den Helgi-Sagen siehe Otto Höfler, „Das Opfer im Semnonenhain und die Edda“, in: „Edda, Skalden, Saga – Festschrift … Felix Genzmer“, Heidelberg 1952, S. 1-67.

Held dies Vermögen erwirbt. Wußten eigentlich die Erzähler der Märchen, daß sie dergleichen erzählten? – oder, da die allerletzten es gewiß nicht mehr wußten: *wie lange* wußten es die Erzähler? Die Antwort muß jedenfalls lauten: sie konnten es, von Ausnahmen abgesehen, nur solange noch wissen, als die den Sinn tragende Kulturschicht noch lebendig war und weiterwirkte. Sie wußten es noch solange, als noch ein Bewußtsein lebendig war von jener zweiten Wirklichkeit außer der leibhaften, von jener Märchenwelt, die ein Schamane im Seelenfluge verwirklicht. Wir haben aus dem Hochmittelalter, also aus der Zeit vor den Verfolgungen, die die Aussage verfälschen, noch unbezweifelbare Berichte über Menschen, die sich zumindest selbst als des Seelenfluges fähige Zauberer ansahen.[21] Daraus ergibt sich die klare Folgerung, daß unser Märchen in seinem eigentlichen Sinne verstanden wurde bis zu dem Tage, da die letzte Ekstatikerin verbrannt wurde. Das wäre also noch gar nicht so lange her ...

Das Verbrechen der Hexenverbrennung wird im allgemeinen den Kirchen angelastet. Aber waren sie wirklich so schuldig? Oder waren sie vielleicht nur, wie so oft die scheinbaren Akteure der Geschichte, die Handlanger des Geschehens? War es vielleicht eher so, daß Europa – wenn wir Geschichte einmal final betrachten dürfen – die Aufklärung verwirklichen sollte und in ihrem Gefolge die Technokratie, und daß es daher vernichten mußte, was dem entgegenstand: die der Seelenfahrt kundigen Ekstatiker und deren Märchenverständnis, das heißt die Metaphysik einer durch und durch zaubrischen, einer märchenhaften Welt?

---

[21] Belege dazu bei Jacob Grimm, „Deutsche Mythologie", Neudruck Tübingen 1953, Bd. II, S. 884-886.

DER SCHAMANISCH-INITIATISCHE SINN DES MÄRCHENTYPUS 400

Die Auffächerung der Motive im Register von Aarne – Thompson verstellt bei dem Typus 400 die Einsicht, daß sie nicht etwa in beliebigen Kombinationen in den Einzelfassungen vorkommen, sondern sich sämtlich in drei Untertypen einfügen. Von diesen sind zwei, die ich 400A und 400B nenne, aufs nächste verwandt, während der dritte, 400C, im Handlungsablauf zwar Unterschiede aufweist, sich aber durch das Motiv der Suchwanderung und deren Anlaß zu ihnen stellt. Daß die Märchentypen in langen Zeiträumen der erzählerischen Verlockung zu unendlicher Abwandlung und wahlloser Neuverbindung der Motive widerstanden, ist ein bemerkenswertes Faktum, und es läßt sich wohl nur so erklären, daß die Nacherzählung noch lange vom Verständnis des Sinnes begleitet und getragen wurde. Dies Verständnis konnte handlungsimmanent sein, begründet, heißt das, im sinnvollen Ablauf des Geschehens, mochte dies auch noch so wunderbar und alltagsfern sein, – oder es konnte beruhen auf Einsichten der Erzähler, die außerhalb des Märchens gründeten, in anderen Traditionen, in Sagen, in lebendigen Bräuchen, in Glaubens- und Zauberbruchstücken, allgemein also in märchenverwandten kulturgeschichtlichen Überlebseln anderer Art.

Die Vorliebe der Märchenfreunde von heute beruht, wie sich versteht, zunächst und im allgemeinen auf dem Sinnverständnis der ersten Art. Dabei geht in ein solches Verständnis allerdings auch eine Mitwirkung unterbewußter Regungen ein, die wie das Märchen auf einem, im Vergleich zum heutigen, altertümlicheren Weltverhältnis des Menschen beruhen. Eine Kritik an der Märchenpflege, am Einsatz der Märchen in der Erziehung, der Therapie, der Unterhaltung, bezieht sich gerade darauf: daß nämlich eine von der seelischen Entwicklung des Menschen längst überholte, ja überwundene Artung des innerlichen Gefüges und des Reagierens über Gebühr wiederbelebt und in einer unangepaßten Weise in unserer Welt aktualisiert werde. Ein solches Bedenken könnte als nicht ganz unangebracht erscheinen, obwohl einige Einwände gegen diese Besorgnis auf der Hand liegen. So ließe sich im Hinblick auf die Seelenbeschaffenheit des modernen Menschen eben gerade sagen, daß es zu seiner Gesundheit gehöre, seine archaischen Regungen nicht zu verdrängen, sondern sie in der seelischen Gesamtverfassung sinnvoll zu integrieren. Allerdings erwächst mit dem Geltendmachen solcher Gegengründe auch die Verpflichtung, ans Licht zu bringen, welches denn der ursprünglichen Intention nach eigentlich die Aussage des Märchens ist, das heißt, worin eigentlich sein archaischer Gehalt besteht. Dieses höchst wichtige Forschungsziel ist leider in diesem Jahrhundert gegenüber der positivistisch eingestellten puren Erzählforschung sehr ins Hintertreffen geraten, obwohl doch namhafte Forscher wie Hans Siuts, Pierre Saintyves und Vladimir Jakovlevič Propp dazu bereits das Fundament gelegt haben. Charakteristischerweise ist aber Propps „strukturalistischer" Ansatz von 1929 in aller Munde und durch Übertragung allenthalben mundgerecht gemacht worden, während die materialbezogene kulturhistorische Arbeit von 1945 zunächst nur, 1949, in italienischer Sprache erschien, jahrzehntelang die einzige Übertragung. Die deutsche Übersetzung, 1987, gelangte, selbst für die gegenwärtige Periode verlegerischer und buchhändlerischer Gepflogenheiten überraschend schnell, in den Ramsch. Hierdurch fällt auch ein seltsames Licht auf eine Wissenschaft, die sich „Die Wissenschaft" nennt.

Vor diesem Hintergrunde hat es sich daher Karl Haiding leisten und leicht machen können, im Schweizerischen Archiv für Volkskunde (77. Jg., 1981, S.103), meinen Versuch, das Märchen 400A kulturhistorisch zu deuten[1], in Bausch und Bogen als „haltlos" abzulehnen und dieses ohne Begründung verfügte Urteil noch zu verschärfen durch die unmittelbar folgende Feststellung, der Beitrag von Max Lüthi in demselben Sammelband fuße „dagegen … auf langjährigen, ernsthaften Forschungen." Daraus soll offenbar hervorgehen, daß ich meine These vom schamanischen Sinn dieses Märchentyps nach einer leichtfertigen und bloß oberflächlichen Kenntnisnahme meines Gegenstandes veröffentlicht habe. Daß dies nicht so ist, muß selbst für den flüchtigen Leser aus der für die Abhandlung beigezogenen Literatur hervorgehen. Haidings Urteilsweise ist offenbar nur so zu begreifen, daß er dem Hauptanliegen gegenwärtiger Erzählforschung absolute Geltung zuschrieb und daher ein apriorisch gegründetes Recht zu haben glaubte, anders gerichtete Forschungsvorhaben als abwegig einzustufen. Er wird sich in der Ablehnung meiner Arbeit um so sicherer gefühlt haben, als in der wissenschaftli-

---

[1] Heino Gehrts, „Schamanenweihe in einem niedersächsischen Volksmärchen", in: „Vom Menschenbild im Märchen. Im Auftrag der Europäischen Märchengesellschaft herausgegeben von Jürgen Janning, Heino Gehrts und Herbert Ossowski", Kassel 1980, S. 72-90. – Von Haidings oberflächlich-absprechender Verurteilung sehr verschieden ist die kurze Stellungnahme von Ernst-Dietrich Güting: „Fabula 22", 1981, S. 349.

chen Kritik eine solche Verfahrensweise überaus häufig anzutreffen ist, –
allerdings eher eine pseudowissenschaftliche Kritik.[2]

Wenden wir uns wieder der Sache zu, so stellen wir als erstes fest, daß
der Typus 400 die Reihe der Märchen mit übernatürlichen oder verzauberten
Partnern, insbesondere Gattinnen oder Gatten anführt. Das Wort übernatürlich mag nicht besonders gut gewählt sein, deutet aber jedenfalls in eine bestimmte Richtung. Ob in den Untertypen A und B die Braut dem eigentlichen
Verstande nach übernatürlich oder „nur" erzaubert ist, läßt sich von vornherein nicht entscheiden. Wohl aber läßt sich die „übernatürliche" Artung des
Schwanenmädchens im Untertyp C nicht bezweifeln – trotz der Eindimensi-
onalität unserer heimischen Fassungen, in denen gerade das von Aarne so
benannte Merkmal überall eingeebnet erscheint. Dies gilt nicht nur für den
Typus 400, sondern auch für manchen anderen. Oft ist dort die „Prinzessin"
nur der Deckname für eine Fee, eine Göttin, jedenfalls für eine wesenseitige,
nicht körperweltliche Braut. Exotische Fassungen, auch „nicht eingeebnete"
europäische Fassungen machen das oft völlig klar. – In einem burmesischen
Märchen des Typs 400 C ist das Schwanenmädchen auf dem heiligen Berge
Kailasa, dem Göttersitze, daheim;[3] doch auch bei uns und in 400B kann die
Braut eine Uldauna sein, eine Bergjungfrau, so in einem rätoromanischen
Märchen, oder eine Fee, so in einer mährischen Fassung.[4] Mithin ist in den
beiden Epitheta übernatürlich und verzaubert ein märchenkundliches Problem
gestellt, und keine dafür angebotene Lösung kann im Namen der „Erzählfor-
schung" kurzerhand vom Tisch gefegt werden.

Nehmen wir an, daß die zu erlösende, verzauberte Frau der Untertypen A
und B ein „übernatürliches" Wesen ist, so liegt in der Kombination beider
Merkmale nicht etwa ein Grund zum Zweifel. Vielmehr wissen wir aus solchen Sagen, die anscheinend von in der Natur behausten Wesen erzählen, wie
auch aus den Geisterbegegnungen bekannter Personen, der Friederike Haufe,[5]

---

[2] Heino Gehrts, „Genius der Jugend und kritische Gesetztheit. Zur Psychologie der Kritik in
     den Geisteswissenschaften", in: „Gorgo" Heft 6, Jg. 1981, Fellbach-Oeffingen 1983.
[3] „Märchen der Völker Burmas", hrsg. von Annemarie Esche, Leipzig 1979, S. 435-462. Vgl.
     „Muschelprinz und Duftende Blüte. Liebesgeschichten aus Thailand", hrsg. von Christian
     Velder, Zürich 1966, S. 143-208.
[4] „Schweizer Volksmärchen", hrsg. von Robert Wildhaber und Leza Uffer, Düsseldorf 1971,
     Nr. 54. Theodor Vernaleken, „Kinder- und Hausmärchen", Wien 1864 u.ö., Nr. 51 – mit
     Melusine-Motiv.
[5] Justinus Kerner, „Die Seherin von Prevorst", zumal die „Tatsachen" in der 2. Abteilung.

der Eugenie von der Leyen,[6] daß in diesen Bereichen nicht etwa – wie in der Religion – der Mensch als erlösungsbedürftig erscheint, sondern gerade das Wesen drüben, im besonderen die Totenseele, und sie verlangen nach dem lebenden Menschen als Erlöser. Die „Verzauberung" eines unseligen Geistes besteht in der Stockung seines Seelenschicksals, und die Erlösung durch den Lebenden bewirkt, daß es wieder in Bewegung gerät. Dies ist vielfach erlebt und geschildert worden, es ist für die gegenwärtige Untersuchung von keinem Belang, welchen faktischen Gehalt man derartigen Erlebnissen zuschreibt. Es kommt hier allein auf das archaisch anmutende Erlebnis und seine Gleichsinnigkeit mit dem Märchenmotiv an. Von der Lösung eines stockenden Totenschicksals mit darauffolgender Totenhilfe als Dank an den Erlöser erzählen uns ja ohne Umschweife auch manche Märchen, unter ihnen ganz offenbar die Typen 505–508.

Zur Kennzeichnung des Typs 400 würde also vermutlich eine Formulierung übernatürlich und verzaubert passender sein als die Alternative Aarnes mit ihrem „Entweder – Oder". Doch lassen wir dies vorerst auf sich beruhen. In den Untertypen A und B leistet der Held die Erlösung durch das nächtliche Ertragen von Qualen, von körperlichen Peinigungen, die bis zur Tötung und Zerstückelung gehen können. In einer Fassung aus der Meraner Gegend[7] wird er in der ersten Nacht völlig zerstampft und auf den Boden gegossen, in der zweiten zerhackt, in der dritten zu Asche verbrannt. Jedesmal streicht die Frau die Überbleibsel in der Schürze zusammen, schüttet sie in einen Kübel, und aus ihm ersteht der Erlöser unversehrt. Für dieses Zerstückelungsmotiv gibt es nur eine kulturgeschichtliche Parallele, nämlich die Zerstückelung des Schamanen, die in besonders ausgeprägter Form in der Initiation nordasiatischer Schamanen, aber auch andernorts vorkommt.[8] In meiner eingangs angeführten Arbeit habe ich gezeigt, in welcher erstaunlichen Weise die niedersächsische Fassung, die ich hauptsächlich zugrunde gelegt hatte, auch in den

---

[6] Eugenie von der Leyen, „Meine Gespräche mit Armen Seelen.", Stein am Rhein / Schweiz 1979 u.ö.

[7] Ignaz und Joseph Zingerle, „Kinder- und Hausmärchen aus Süddeutschland", Regensburg 1854 (Hildesheim 1975), S. 356-385.

[8] Adolf Friedrich, Georg Buddruss, „Schamanengeschichten aus Sibirien", München-Planegg 1955, S. 139ff. – Nordwest-Australien: Andreas Lommel, „Schamanen und Medizinmänner", München 1980, S. 204f. – Neue Hebriden: Mircea Eliade, „Schamanismus und archaische Ekstasetechnik", Zürich. S. 65f. – Ein Weißer in einer Initiation bei den Dogrib-Indianern: Stephen Larsen, „The Shaman's Doorway", New York 1977, S. 188-200.

Einzelheiten mit sibirischen Berichten zusammenstimmt.[9] Es ergibt sich daraus die Frage, ob auch die übrigen Hauptstücke der Handlung schamanistisch zu verstehen sind.

Das zweite Hauptereignis ist die Hochzeit des Erlösers mit der Erlösten; gemäß ihrer Einordnung in den Ablauf unterscheiden sich die Untertypen A und B. Die Verheiratung eines Menschenmannes mit einer „übernatürlichen" Frau ist in der Tradition Eurasiens nichts Ungewöhnliches. In China, einer noch ehegestern vom schamanistischen Erbe stark durchsetzten Hochkultur, verwenden Drama und Novelle das Motiv bis in jüngstvergangene Zeiten in der mannigfaltigsten Weise. Für das klassische Altertum sei an die Eltern des Achill und des Äneas erinnert, für das einheimische Mittelalter an die Hindenfeesage und ihre Verwandten. In weiter Verbreitung gehört das Motiv auch zum Schatz der Urmythen – bis in die Bibel hinein, I. Mose 6,4 –, und es erscheint in umgewandelter Form noch in den Heiratsbräuchen der rituellen Kulturen; bei den Omaha durfte ein Erdenmann nur eine Himmelsfrau heiraten und umgekehrt.[10] Im sibirischen Schamanentum kann das Weib von drüben des Schamanen Haupthilfsgeist sein, und die Unerlöstheit einer solchen Geistin ließe sich füglich als der Zustand auffassen, in dem sie ohne diesseitigen Partner ist und sich in ihrem Wirkungsverlangen gehemmt findet, in ihrer Verpflichtung, dem bestimmten Sippenverband, zu dem sie gehört, Hilfe zu bringen in seinen Nöten. Daher dringt sie darauf, daß der Erwählte seiner Initiation als Schamane zustimmt und sich mit ihr vermählt.[11]

Unsere Märchen erzählen märchenhaft und nicht schamanistisch sagenhaft; deswegen lassen sich solche Deutungen, wie sich für jeden Einsichtigen versteht, nicht exakt beweisen. Doch bleiben die außerordentlichen Parallelen stets erklärungsbedürftig. Auch beschränken sie sich nicht auf das bisher Angeführte. Erlösung und Hochzeit hängen nämlich nicht ohne sonderbare Rückschläge zusammen. Der Rückschlag erfolgt aber in den drei Untertypen in jeweils besonderer Weise. In A springt er sogleich nach der Erlösung ein,

---

[9] Das Märchen ist abgedruckt in Heino Gehrts, „Schamanenweihe in einem niedersächsischen Volksmärchen", in: „Vom Menschenbild im Märchen. Im Auftrag der Europäischen Märchengesellschaft herausgegeben von Jürgen Janning, Heino Gehrts und Herbert Ossowski", Kassel 1980. Insgesamt habe ich etwa 120 Fassungen des Typs verglichen.

[10] Werner Müller, „Glauben und Denken der Sioux", Berlin 1970, S. 133.

[11] Siehe dazu die „Ayami" in Heino Gehrts, „Schamanenweihe in einem niedersächsischen Volksmärchen", in: „Vom Menschenbild im Märchen. Im Auftrag der Europäischen Märchengesellschaft herausgegeben von Jürgen Janning, Heino Gehrts und Herbert Ossowski", Kassel 1980, S. 83.

und zwar infolge einer Prozedur der Braut, die ohne Heranziehung eines schamanistischen Hintersinnes noch unverständlicher bleibt als die Wirkungsweise der Qualenerlösung. Für die Abreise in ihre Heimat, wo man heiraten will, stellt die Prinzessin nämlich eine Bedingung: sie werde zu bestimmter Zeit, ursprünglich wohl immer zur Mittagsstunde, mit dem Wagen erscheinen, um den Erlöser abzuholen; träfe sie ihn dann wachend, so könne er mitfahren, wenn schlafend, bedeutet das die nicht mehr überholbare Trennung. Indessen gelingt die Begegnung nicht, der Erlöser schläft, wenn die Erlöste kommt, und somit findet er sich nach dreimaligem Versuch des Weibes ihn heimzuholen, verlassen – nur mit der Erinnerung an das Erlebte und an die wunderbare „Heimatanschrift" seiner Braut. Die endgültige Vereinigung gelingt nur, indem der Mann aus eigener Kraft ein wunderbares Reittier gewinnt, das ihn über Land und Meer in kürzester Frist an den Ort trägt, wo die hochzeitliche Vereinigung stattfinden kann: ein unzweifelhaft schamanisches Motiv, – sinnvoll zu den anderen schamanischen Motiven sich fügend.

Erklärungsbedürftig bleibt weiterhin das sonderbare Schlafmotiv als Ausgestaltung der schwierigen Begegnung zwischen dem Mann und der Geistin. Sehen wir zu, wie der Rückschlag ausgebildet ist im Untertyp B.[12] Gehochzeitet wird dort zugleich nach der Erlösung, und die Handlung scheint glücklich abgeschlossen. Indessen, es zieht nun den Mann in seine Heimat, zu den Seinen, die er meist auf eine ungewöhnliche, schicksalhafte Weise verlassen hat. Das Reisemittel für diesen Besuch, Gefährt oder Zauberring erhält er von seiner Frau, und zwar wird er auf eine wunderbare Weise nach Hause versetzt. Darüberhinaus stellt sie ihm eine Bedingung, die in den einzelnen Fassungen in verschiedenartiger Weise ausgedrückt wird, die man aber kennzeichnen kann durch zweierlei Formeln: er darf ihre eigentliche Wesensart nicht enthüllen, und er darf sie nicht herbeiwünschen. Denn das geht nun aus diesem Untertyp zweifellos hervor: das Weib war keine verzauberte Menschenfrau, sondern ist eine Geistin, die man zitieren kann und die dann unverzüglich wie ein Geist zur Erscheinung zu kommen vermag. Die Erscheinung findet statt, nach Märchenart ohne Verwundern geschildert wie ein leibhaftes Dabeisein; doch der Bruch des Verbotes hat hier dieselbe Wirkung wie in dem anderen Untertyp das Unvermögen, die Begegnung zu verwirklichen: nach der Entrückung des Weibes findet sich der Mann verlassen da-

---

[12] Dazu als Beispiel KHM 92.

heim – mit einer schönen Erinnerung und dem Wissen um den wunderbaren Wohnort seines Weibes. Es ist nicht schwer, aus dieser Situation zurückzuschließen auf das uns überaus sonderbar dünkende Einander-Verpassen der Hochzeiter im Schlaf, wie es sich im Untertyp A abspielt. Das Ringen des Mannes zwischen Schlafen und Wachen bedeutet nichts anderes, als daß die wesenseitige Braut nur in einem besonderen Seelenzustande anzutreffen ist und daß es dem Erlöser nicht gelingt, diesen zu verwirklichen.

Der wandernde Handwerksgeselle mochte am fernen Ort eine schöne Braut gewinnen, mit ihr eine Werkstatt übernehmen und dort Meister werden. Was liegt näher als der Gedanke, daß er eines Tages seine Lieben daheim aufsucht, um ihnen von seinem Glück zu künden! Genauso natürlich dünkt es uns, wenn der Märchenwanderer, der ein schönes Weib errungen hat und an ihrer Hand König geworden ist, den Eltern daheim ihre Sorgen nehmen und sie am Errungenen teilnehmen lassen möchte. In Wirklichkeit aber hat dieses Heimverlangen nichts zu tun mit der Handwerkervisite am Geburtsort, sondern ist wesensbedingt und daher abgerungen.[13] Sowenig dem Erlöser im Untertyp A die Begegnung im rechten Seelenzustande gelingt, weil er dazu noch nicht befähigt ist, sowenig gelingt es dem Erlöser im Untertyp B, mit der Braut vereint zu bleiben. Er stürzt aus dem dazu notwendigen Seelenzustande heraus, und der Beweis für das Zwanghafte dieses Sturzes liegt einerseits darin, daß er, der doch in den Qualengeschichten keinen Laut von sich gab, nun nicht schweigen kann von seinem Brautwesen, und ferner darin, daß er regelmäßig das Vermögen der wunderbaren Einkehr bei der Braut , ja auch die Insignien seines wesenseitigen Königtums verliert, und nun ebenfalls die mühselige Weltwanderung auf sich nehmen muß. Sie ist auch hier nur zu bewältigen mit Hilfe wunderbarer schamanistischer Reittiere, Fahrkleinodien oder Windeshelfer.

Daß es wirklich so ist, daß der Menschenmann durch seine Wesensart zwangsläufig aus dem Zustandsbereich seiner „übernatürlichen" Partnerin herausfällt, macht der Untertyp C an dem umgekehrten Falle klar.[14] Die Schwanenbraut ist an den Heimatort des Mannes nur gebannt, sie ist keines-

---

[13] Es gibt Fassungen, die das direkt zum Ausdruck bringen: „Deutsche Hausmärchen", hrsg. von Johann Wilhelm Wolf, Göttingen 1851 (Hildesheim 1972), S. 210f. Auf dies Motiv zugespitzt ist der Märchentypus 470* bzw. 470B; zum Beispiel: „Georgische Märchen", hrsg. von Heinz Fähnrich, Leipzig 1980, S. 153-157: „Was die Erde fordert".

[14] Als Beispiel: „Deutsche Volksmärchen NF", hrsg. von Elfriede Moser-Rath, Düsseldorf 1966, Nr. 22.

wegs dort heimisch geworden. Unter aller Liebe, unterm Mutterwerden sogar spürt man den heimlichen Zug in die obere Welt. Symbolisch stellt er sich dar in dem verborgenen Federgewand, und sobald sie es in die Hand bekommt, entreißt es sie mitsamt ihren Kindern der hiesigen Welt. Die wirkliche Verkörperung der wesenseitigen Braut ist auch durch Zeugung und Geburt noch nicht erreicht; dazu bedarf es einer Heimholung von drüben, einer Werbung des Mannes im Daseinsbereich der Braut, gegebenenfalls mit schwierigen Aufgaben verbunden, die der feindlich gesonnene Schwiegervater ihm stellt wie im Typus 313.

Welche metaphysischen Vorstellungen es waren, die solche Vorgänge trugen, die Einkörperung der „Jenseitigen" in der Leiberwelt, das Heimischwerden eines Irdischen in der Geisterwelt, ließe sich im einzelnen schwerlich ergründen; daß sie im großen und ganzen in den Anschauungen wurzeln, die auch das Schamanentum tragen, dürfte kaum einem Zweifel unterliegen. Dazu sei zum Abschluß noch angeführt, daß bei den Burjaten der Ursprung des Schamanentums überhaupt im Schwanmädchenmythos gründet,[15] und mit besonderem Nachdruck sei auf eine Überlieferung der Keten hingewiesen, eines Völkchens am Unterlauf der Steinigen Tunguska.[16] Dort hat in der Urzeit der Himmelsgott selbst seine Tochter dem „Erdensohn" zum Weibe gegeben. In dieser Ehe tritt dann eine merkwürdige Störung ein; der Mann, getäuscht durch den Streich eines bösen Wesens, läßt sich hinreißen, seine Frau zu schlagen, und die Himmelstochter entzieht sich ihm in die obere Welt. Nun begibt sich der Erdensohn auf die weite Wanderung, hinauf zum Himmelsort seines Weibes. Das Bemerkenswerte an dieser Reise ist, daß er auf ihr nicht durch Geistertiere oder Winde gefördert wird, sondern durch sieben alte Weiber, deren Stationen er berührt, durch die sieben Trommelalten, die mit der wachsenden Zahl ihrer Trommeln, Schamanentrommeln, von einer bis zu sieben, die Annäherung an sein Ziel darstellen, – die ihn züchtigen, die ihn auf seiner weiten Fahrt mit wunderbarer Speise erquicken und ihm auch die Mittel schenken, am Ende seine dort oben zunächst rengestaltige Gattin einzufangen. Für den Himmelsgott muß er eine Reihe weltweiter Aufgaben erfüllen, bei Sonne und Mond und bei der „Unteren Alten", und nachdem er sich noch als Jäger bewährt hat, sendet der Gott ihn mit seinem

---

[15] Hans Findeisen, „Mensch und Tier als Liebespartner in der volksliterarischen Überlieferung Nordeurasiens und in der amerikanischen Arktis unter besonderer Berücksichtigung der Schwanfrauerzählung und ihrer Genese", Augsburg 1956.
[16] Hans Findeisen, Heino Gehrts, „Die Schamanen", Köln 1983, S. 226-244.

Weibe wieder hinab auf die Erde. Auch auf dieser Rückreise werden die Stationen der Trommelalten berührt. Natürlich gilt dieser Erdensohn als der erste Schamane, und die Weltenfahrt auf der Suche nach seinem Himmelsweibe ist demgemäß seine Initiation in das schamanische Vermögen. Es ließe sich wissenschaftlich wohl kaum verantworten, wenn man diese im Märchentypus 400C ausgestalteten Vorstellungen eines sibirischen Volkes als haltlos verwerfen wollte. Jedenfalls wird in diesem Beleg der schamanische Gehalt des Untertyps zur Evidenz gebracht.

Es stellt sich mit dieser Einsicht die Rätselfrage nach dem Woher des Typs 400. Sind die Erzählungen unserer eigenen mündlichen Überlieferung mit ihrem unzweifelhaft schamanistischen Gehalt aus dem ehedem auch bei uns lebendigen Wurzel schamanischer Übungen entsprossen? – oder sind diese „sibirisch" anmutenden Initiationsgeschichten als epische Erzählungen bei uns eingewandert? Müssen wir für die Antwort auf diese Frage möglicherweise noch eine Unterscheidung in Erwägung ziehen, so daß die weitverbreitete Schwanmädchen-Erzählung[17] überall wurzelecht ist – eine nahe Verwandte der heimischen Sage von der Mahrtenehe –, während die Untertypen 400A und B sibirider Herkunft sein könnten? Der „östliche" Charakter des Gesamttyps erschiene noch verstärkt, wenn man den nahverwandten Typus des todlosen Koščej[18] in die Betrachtung mit einbeziehen würde, da sich dieser von den Entrückungsvorgängen in A, B und C im Grunde nur dadurch unterscheidet, daß die das Brautwesen hinweggreißende „jenseitige" Macht in diesem Märchen personifiziert auftritt. In allen vier betrachteten Handlungsabläufen ist die Beständigkeit der Ehe an eine Bedingung geknüpft, in 400A schon das Zustandekommen der Verbindung. Im Schwanmädchenmärchen, das dem Koščej-Typus am nächsten steht, scheint die Ehe längst gesichert zu sein, doch lauert das Geschick nur auf den Augenblick, da das Federhemd aufgedeckt und aus seiner Truhe, seinem Winkel hervorgezo-

---

[17]   Als Beispiele Eskimos, nordostbrasilianische Tembe, Indonesier. „Eskimomärchen", hrsg. von Heinz Barüske, Düsseldorf 1969, Nr. 29-31. – „Indianermärchen aus Südamerika", hrsg. von Theodor Koch-Grünberg, Jena 1920, Nr. 64, Vergleiche Nr. 38 (Taulipang) und Anmerkung S. 321, 327. – „Indonesische Märchen", hrsg. Von Ernst Ulrich Kratz, Düsseldorf 1973, Typenregister S. 287ff.: von 62 Nummern gehören 6 zum Handlungstypus 400C, obwohl die Frauen nicht in allen Fällen Vogelwesen sind.

[18]   Ein deutsches Beispiel: „Volksmärchen aus Pommern und Rügen", hrsg. Von Ulrich Jahn, Norden1891 (Hildesheim 1977), Nr. 3. – Zum Typ: Karel Horálek: „Der Märchentypus AaTh 302 (302C*) in Mittel- und Osteuropa", „Deutsches Jahrbuch für Volkskunde XIII", Berlin 1967, S. 260-287.

gen wird. In ganz ähnlicher Weise ist im Koščej-Typ im Haushalt des Paares ein Dämon verborgen, der nur darauf wartet, von dem ahnungslosen Mann aufgedeckt und befreit zu werden. Die unmittelbare Wirkung seiner Lösung aus den Banden ist die, daß er die Frau entrückt, und genau wie in 400A, B und C muß sich der Mann nun auf die Wanderschaft machen, um die Entrückte wiederzugewinnen. Wie in C erfolgt die Wiedervereinigung am Orte des Mannes, also „auf Erden". Die Aufgabe, die er dazu erfüllen muß, ist indes nicht am Entrückungsorte zu leisten, sondern sie besteht in der erfolgreichen Heimholung des Weibes, in der Flucht aus dem Gewahrsamsort, und die wiederholten Fluchtversuche auf dem unzulänglichen Reittier mißlingen bis dahin, wo der Mann getötet und stückweise seinem Tier aufgeladen wird. Bedenken wir, daß die Flucht vor dem todlosen Todesgespenst – wenn man „bezsmertnyj Koščej" so übertragen darf – orpheischen Charakter hat, daß die Heimholung einer Seele aus dem Totenreich zu den typisch schamanischen Aufgaben gehört, dann kann kein Zweifel daran bestehen, daß dieser Ablauf ebenfalls eine schamanische Einweihung darstellt. Der Mann gewinnt die wunderbare Lebensbraut, verliert sie an den Todesunhold, verliert selbst das Leben und wird wiederbelebt, gewinnt endlich das Zauberreittier, den „Gandr", der dem Todesroß zu entlaufen vermag, und bringt dergestalt die Seelenbraut als seine nun nicht mehr gefährdete Partnerin mit heim. Ich meine, es stände dem nichts im Wege, wenn man das Koščej-Märchen – sowohl wegen seines erzählerischen Ablaufes wie wegen seines schamanisch-initiatischen Gehaltes – als Untertypus D den anderen drei Ausformungen des Typs 400 hinzufügen wollte. Die Anerkennung der formalen wie der inhaltlichen Zugehörigkeit würde zugleich die Wahrscheinlichkeit erhöhen, daß dem Gesamttyp geschichtliche Wanderungen und Verwandtschaften zugrunde liegen.

Zu den unter der Typennummer 400 vereingten Märchen wäre füglich auch ein nur in Indien belegtes Märchen zu stellen, das Thompson und Roberts[19] als 306A abgesondert und damit als Vertretung des in Indien sonst fehlenden Typs 306 gekennzeichnet haben, also des Märchens von den zertanzten Schuhen. Die weitaus nähere Verwandtschaft dieses Märchens mit dem Schwanmädchentypus aber kann keinem Zweifel unterliegen. In beiden

---

[19] Stith Thompson, Warren E Roberts, „Types of Indic Oral Tales. FFC 160", Helsinki 1960, S. 50. Als Beispiel: „Drawida-Märchen der Kuwi-Kond", ges. von Paul Schulze, München 1922, XXIII. Neudruck: „Die sieben Töchter. Indische Märchen", Leipzig/Kassel 1979, S. 81ff.

sind die Partner schon anfangs verheiratet, nicht in 306. Die Richtungen, in denen die Braut entrückt wird, sind gründlich verschieden; im Tanzmärchen verfällt sie allnächtlich der Unterwelt; in 400C und 306A wird sie in die obere Welt verzückt. Es bezeichnet keinen wesentlichen Unterschied zwischen diesen beiden Typen, daß in 400C die Braut nur einmal und scheinbar endgültig entschwindet, in 306A dagegen – wie in 306 – allnächtlich. Die eigentliche Trennungslinie zwischen diesen letzteren wird vielmehr durch ein anderes Merkmal bestimmt. Im Tanzmärchen ist die Prinzessin eine Irdische, die in jeder Nacht ihrer eigenen Welt verlorengeht und der ein endgültiger Anheimfall an die Unterwelt droht; das Schwanmädchen und die indische Himmelstänzerin hingegen sind von vornherein „feenhafte" Wesen, und das Problem ihrer Gatten ist es, eine Wesensumkehr zu bewirken, durch die sie auf Erden, in der irdischen Ehe heimisch werden. Dagegen ist der Held des Märchens 306 ein Erlöser – mit der Aufgabe, die zauberhafte Hinfälligkeit des irdischen Mädchens gegenüber den Verlockungen der anderen Welt aufzuheben, das heißt, sie zu heilen.

Daß sowohl in 305 wie in 306A getanzt wird, genügt nicht, um zwischen diesen beiden Märchen eine wirkliche Verwandtschaft zu stiften. Vielmehr wird gerade in dem Tanzmotiv die „himmelweite" Verschiedenheit der beiden Typen offenbar. In ihren himmlischen Tänzen ist die indische Braut daheim, das ist ihre Welt, bringt ihr die wesenhafte Erfüllung. Die wilden Tänze der Unterwelt dagegen werden in 306 als zwanghaft dargestellt, als eine Entfremdung vom eigenen Dasein, und das unbezweifelbare Signum dieser wesenswidrigen Hingerissenheit sind die zerrissenen Gewänder, die zerschlissenen Schuhe. Die zertanzten Schuhe mögen nebenher noch eine sexuelle Bedeutung haben; in eigentlich entscheidender Weise aber zeugen sie dafür, daß hier eine körperweltliche Frau in der Wesenwelt allnächtlich am Leibespol ihrer Gesamtbeschaffenheit Verluste erleidet; von schwerelos unermüdlichen Seelen wird ihre noch leibesgebundene Seele rastlos, substanzverzehrend herumgeschwenkt. – Mithin wäre nach Gehalt und Handlungsablauf der indische Typus 306A bei weitem passender als ein rein indischer fünfter Untertypus zu den anderen vier Untertypen von AT 400 zu stellen.

Ein einzelner „sibirider" Zug sei noch erwähnt, so wenig Gewicht auch ein bewegliches Erzählmotiv für die Bestimmung des Gesamtsinnes und der geographischen Typenherkunft haben mag: die eisernen Wanderstiefel der Märchenhelden. In unseren Märchenfassungen sind sie zu einem Symbol für die Mühsal und die Weite, ja die Aussichtslosigkeit der Wanderung geworden.

Demgemäß können sie in verschiedener Weise in die Erzählung eingefügt werden – etwa mit der Formel: „So wenig du die Eisenstiefel auftragen kannst, so wenig kannst du mich am fernsten Ort jemals erreichen!" – oder umgekehrt: „Hoffe nicht, mein fernes Schloß, eh du die eisernen Stiefel aufgetragen hast, je zu erreichen!" – Wir nehmen Hunderte von derart sinnfälligen Formeln unserer Märchen hin, ohne uns gedrängt zu finden, für das Motiv nach einem kulturgebundenen Ursprung zu fahnden. Sind wir aber einmal auf den unzweifelhaft schamanischen Sinn der zu AT 400 gehörigen Handlungsformen aufmerksam geworden, dann sticht das überaus seltsame Versatzstück „Eisenstiefel" um so fremdartiger aus allem Heimatgewohnten hervor,[20] und die Eisenteile am Gewande des sibirischen Schamanen verlangen gebieterisch Beachtung, vor allem die in Eisen nachgebildeten Tierknochen an seinen Stiefeln. Diese wurden bei ihm freilich durch die Eisenlast nicht zu Hemmschuhen, sondern die Eisenknochen vergegenwärtigen grade das zur Wegüberwindung verhelfende Tier.[21] Mag nun auch dieser Zusammenhang zunächst zweifelhaft erscheinen, so drängt sich doch mit einer solchen Einzelheit um so stärker auf die legitime Frage nach dem kulturgeschichtlichen Sinn und Ursprung der unter der Nummer 400 vereinigten Märchenvariationen – von der Suchwanderung des Mannes nach seiner Gattin, einem „übernatürlichen" Seelenwesen, das ihm, nachdem er es aus seiner Verzauberung erlöst hat, noch einmal entrückt worden ist.

---

[20] In einer von den beiden Formeln abweichenden Verwendung bei Kurt Ranke: „Die schleswig-holsteinischen Volksmärchen", Bd. I, Kiel 1955, S. 291f., 314.

[21] Hans Findeisen, Heino Gehrts, „Die Schamanen", Köln 1983, S. 98f. – Einer kulturgebundenen Herkunft verdächtig sind auch die drei verschiedenfarbigen Tücher, die die Prinzessin in manchen Fassungen des Typs 400A bei dem schlafenden Mann zurückläßt und die später zum Wiedererkennen dienen. Ihr hochzeitlicher Sinn ist wahrscheinlich, – ob er auch noch einen schamanischen Hintersinn hat?

DIE TÜR ZUM STONEHENGE
Zur Kultsymbolik der Basalte 66 und 67

[Erschienen in „Antaios Band VIII – Nr. 3 – September 1966", Ernst Klett Verlag, Stuttgart 1967, S. 205-243.]

Wir sind es gewohnt, im Hinblick auf die festliche Gänze der durch und durch ritualisierten Kulturen vom Jahreskreis und vom Lebenskreis zu sprechen – und das Kreissymbol hat in diesen Ausdrücken den Sinn einer in jeder Hinsicht harmonischen und geschlossenen, mit allen Kräften immer wieder in sich zurücklaufenden lebendig bewegten Gestalt – sowohl der Gemeinschaftslose wie der Lebensläufe – eines kultischen Organismus, der eben vermöge des zirkulären Sinnes seiner Bildungen die menschlichen Glieder, die ihn tragen, in ihrem Leben der bloßen Zeitlichkeit entrückt und allen ihren Begebenheiten und Handlungen den Sinn des Ewigen aufprägt. Bestätigungen für diese unsere Anschauung finden sich genug – von der weltanschaulich-rituellen Gänze urvölkerlicher Lebensformen an, in denen alles Einzelne, jede Handlung, jede Begehung, jede Naturerscheinung sinnvoll auf die grundlegende Weltdeutung der Urmythe bezogen wird, und in denen diese andererseits wiederkehrt in allem Vereinzelten und bewußt in jedem Gebrauchsgegenstand und im Schmuck, in Haus- und Ackerbau, in allem Festlichen und Alltäglichen aufs neue ausgeprägt wird[1], bis zu den ringförmigen Kultplätzen unseres eigenen Altertums hinauf, die in der sinnfälligsten Weise für alle derartigen Kulturen zum Ausdruck zu bringen scheinen, daß dort nicht nur sämtliche Einzelheiten auf einen zentralen Sinn bezogen sind, sondern daß sie auch untereinander, eben vermöge jenes gemeinsamen, überall wiederkehrenden Gehaltes, lückenlos eine an die andere schließen.

Erscheint nun im Bilde des Kreises und des Reigens gewiß ein ewiger Sinn, im lebendigen Geflecht des irdischen Daseins ein Bild des kreisenden Himmels, so grenzen doch die Steinringe des Altertums nicht etwa nur „aus profaner Erdenwirrnis" einen zeitenthobenen Bereich des Heiligen heraus. Dem widerspricht schon die *eine* Zeitbeziehung, die sich noch von uns an ihnen nachweisen läßt: die Abmarkung ausgezeichneter Punkte im Umschwung der Himmelskörper. Eben unter diesem Gesichtspunkt und da die

---

[1] Dazu Werner Müller, „Der Mythos heute und die Wissenschaft von gestern", Antaios Bd. IV, S. 501-520, Stuttgart 1963.

anderen Anliegen, die etwa mit den Steinkreisen verbunden gewesen sein mögen, der rationalen Nachforschung weit unzugänglicher sind, hat man diesen Urbauten gelegentlich den Namen „Steinkalender" gegeben und damit den Sinn eingeschränkt auf die astronomische Zeitbestimmung. Nun gibt es aber an der reinen Kreisform so mannigfaltige Abwandlungen und Zutaten, Bauglieder, an denen sich kein siderischer Bezug erkennen läßt, daß ihr Sinn in einem anderen Bereich gesucht werden muß. Wir zweifeln nicht daran, daß dieser Bereich die volle rituelle Lebenswirklichkeit ihrer Epoche ist, daß mithin unsere Steinkreise der rituellen Gänze der Urkulturen nicht nur in unverbindlich-allegorischer Meinung vergleichbar sind, sondern in eigentlich bedeutendem Sinne. Ein solches Prinzip kann sich nur in der Einzeluntersuchung bewähren, und gerade für die Steine 66 und 68 des Stonehenge müßte das Unternehmen, sie rituell zu verstehen, um so aussichtsreicher sein, je schwerer es fallen dürfte, für sie einen astronomischen Zweck zu bestimmen.

Die Steine

Wir vergegenwärtigen uns vorerst die Baugestalt der gesamten Anlage.[2] Die mächtigen Steinpfeiler und Steinsturze, die am Stonehenge zuerst in die Augen fallen, bestehen aus Sandstein; dieser, mit dem unerklärten Wort „Sarsen" benannt, stammt aus einer Gegend, die knapp 20 Meilen nordwärts liegt. Dreißig Pfeiler, ehedem sämtlich durch Oberschwellen verbunden, bildeten einen äußeren Kreis; in diesem standen zehn weitere, paarweise mit einem Sturz gedeckt, die fünf sogenannten „Trilithen"; sie bildeten ein im Südwesten überhöhtes, nach Nordosten geöffnetes Hufeisen. Kreis und Hufeisen wiederholten sich, jeweils ein wenig weiter nach innen zu, in weit kleineren Pfeilern ohne Oberschwellen. Diese sind zum größten Teil unbearbeitet und bestehen fast durchweg aus solchen Basalten, wie sie, ganz gleichartig, in den Prescelly-Bergen in Pembrokeshire vorkommen, und zwar in einem sehr begrenzten Bezirk, der nicht größer als eine Quadratmeile ist. Auch die Gesteine der wenigen anders beschaffenen Pfeiler in diesen Baugliedern, zumeist ein glimmerhaltiger Sandstein, stehen in Pembrokeshire an. Zu ihnen gehört ebenfalls der sogenannte Altarstein, unbekannter Funktion, aber einzigartig in Glimmermenge und Gestalt und jedenfalls die Mitte des Ganzen.

---

[2]   Grundlegend R.J.C. Atkinson, „Stonehenge", London 1956. Neudruck 1960 als Pelican Book A 450 mit einigen wichtigen neueren Grabungsergebnissen.

Von dorther müssen alle diese Felsblöcke vor fast viertausend Jahren auf die Ebene von Salisbury geschafft worden sein – auf Umwegen, die weit länger waren als die 130 Meilen Luftlinie, und den größten Teil der Strecke wahrscheinlich über See.

Wir erwähnen noch den Ringwall, der einst in einer Höhe von zwei Metern und mit einem Durchmesser von knapp 100 Metern die Steinbauten umgeben hat und dessen Material aus einem in den Kreidegrund gebrochenen Graben nach innen aufgeworfen ist. Unmittelbar innerhalb des Walles waren in regelmäßigen Abständen 56 Gruben ausgehoben, die sogenannten „Aubrey holes". Die Achse des ganzen Bauwerkes verlief von Südwesten nach Nordosten, also durch die südwestliche Öffnung im Sarsenkreis, durch den Spalt des höchsten Trilithen, den geometrischen Mittelpunkt der Kreise, mitten durch die Öffnung der Hufeisen und wieder zwischen zwei Pfeilern des Sarsenkreises hindurch, deren Abstand an dieser Stelle etwas erweitert war. Dort im Nordosten ist der Wall geöffnet, der Graben setzt aus, und es schließt sich an diese Öffnung eine breite Allee, die noch etwa 500 Meter in der alten Richtung verläuft und dann nach Süden zum Flusse hin abbiegt.

Die Ausrichtung der Steinsetzungen auf den Sonnenaufgangsort der Sommersonnenwende ist die einzige Tatsache, die sich bisher mit einiger Sicherheit hat ausmachen lassen als Antwort auf die Frage nach Sinn und Zweck der gewaltigen Bauten. Daneben ist es wahrscheinlich, daß weitere Marksteine oder Pfahlsetzungen auch zur Beobachtung des Mondes gedient haben. Die „Aubrey-Gruben", so haben neueste Forschungen ergeben,[3] könnten mit einer kleinen Anzahl verschiedenfarbiger und beweglicher Rechensteine versehen gewesen sein und zu astronomischen Voraussagen, insbesondere der Finsternisse, gedient haben. Es nimmt indes kaum jemand an, daß sich die monumentale Anlage in der rein kalendarisch-astronomischen Zweckbestimmung erschöpft habe. Eine ganze Reihe baulicher Eigentümlichkeiten ließe sich ja daraus allein niemals ableiten. Natürlich könnte geltend gemacht werden, daß ein Kalendarium nicht notwendig nur in den reinen Zweckformen seiner Bestimmung und mit dem geringstmöglichen Aufwand gebaut zu werden brauchte, sondern daß es reich und schön gestaltet werden konnte, ohne daß dazu weitere Sinnunterlagen in den Gestaltungsvorgang einbezogen werden mußten. Eine solche Ansicht sähe sich dann

---

[3] Gerald S. Hawkins, „Stonehenge Decoded", *Nature* 1963, Vol. 200, S. 306-308; „Stonehenge; a Neolithic Computer", *Nature* 1964, Vol. 202, S. 1258-1262.

allerdings der Wahl gegenüber, ob die Grundformen des hegenden Ringes, des sich öffnenden Dreiviertelkreises, der sich steigenden Überhöhung gegen den rückwärtigen Brennpunkt hin, die liegende Platte oder der Pfeiler in der Mitte, ob diese archetypischen Grundformen für das Bauwerk nur den zufälligen Sinn eines organisch gegliederten schönen Ganzen hätten – oder ob der Sinn, der schon in der Beschreibung mit anklingt, ein entscheidendes Anliegen der Erbauer gewesen sei und inwieweit diese Absichten sogar die astronomisch-kalendarischen nur in sich beschlossen und aufgehoben hätten.

Am entschiedensten hat bisher einen bestimmten Sinn, ja ein ganz bestimmtes Kultspiel aus der archetypischen Gestalt des Stonehenge ableiten zu dürfen geglaubt der Kunstarchäologe Adama van Scheltema.[4] Für sein Auge gliederten sich in das Urbild der Anlage die Urpolaritäten des männlichen Lichtes und des mütterlichen Dunkels ein, des beweglich andringenden Zeugers und der harrenden Braut, und dieser Zusammenhang von Herangang und Lager erschien ihm in allerlei anderen Überlieferungen so wohlbegründet, aus sich selbst so einleuchtend, ja letzten Endes so selbstverständlich, daß er nicht nur die Zentrale, nämlich den Altarstein, als liegende Platte bestimmte, sondern auch den englischen Archäologen Atkinson mit einigen kritischbitteren Worten bedachte, weil er solchen Sinndeutungen gegenüber allerdings das Ignorabimus allzu nachdrücklich betont.

Es kostete Atkinson lediglich einige Spatenstiche, um festzustellen, daß der Altarstein, bevor ihn die Souvenirjäger beschädigt hatten, an dem einen Ende die typische Eispitze gehabt hat, welche die Stonehenge-Erbauer ihren Steinpfeilern am unteren Ende gaben, um sie nach der Aufrichtung noch justieren zu können.[5] Es gab also keinen liegenden Stein als „Altar", sondern wahrscheinlich eine aufgerichtete Säule als Mitte. So wenig nun grundsätzlich damit Adama van Scheltemas Methodik widerlegt ist, so nachdrücklich ist damit doch zweierlei aufgewiesen: einerseits nämlich, daß der tragende Sinn jenes alteuropäischen Denkmals nicht mit logischer Sicherheit, sondern nur im Wagnis erschlossen werden kann – und andererseits, daß es zwar gewisse archetypische Grundformen gibt, deren Sinn sich aufdrängt, an ihnen aber doch auch höchst besondere Bildungen, die in ihrem Sinn mit einiger Sicherheit nur durch die aus ihrer eigenen Epoche überlieferten Ritualgedan-

---

[4] Fr. Adama van Schelterna, „Stonehenge eine Kultbühne", *Stadium generale*, 11 Jg., 1958, S. 711-718.

[5] R.J.C. Atkinson, „Stonehenge", London 1956. Neudruck 1960 als Pelican Book A 450 mit einigen wichtigen neueren Grabungsergebnissen, S. 211f.

ken bestimmt werden können und vor deren mythischem Hintergrund. Ja, das Wagnis erstreckt sich noch weiter: die Aussage muß sich nicht nur auf die archetypische Baufigur und ihre höchst besonderen Untergliederungen beziehen, sondern auch auf das wandelbare Leben, das sie erfüllte, auf das kein Spaten und kein Spachtel jemals stößt, und das gewiß ebenso reich war an Gestalten, Sonderformen, Winkelzügen und Beiwerk als nur irgendein ererbter Kult unserer Tage. Vermutlich bestand darum van Scheltemas Irrtum auch weniger darin, daß er etwas allzu Spezielles über den Stonehenge behauptet hätte, als daß er der richtig erkannten archetypischen Struktur jener Kultbühne eine allzu spezielle Funktion zugeschrieben hat.

Ich habe früher die Ansicht geäußert, daß zwei Urmythen der Menschheit als aitiologische Mythen zur Entstehung des Kultplatzes aufgefaßt werden können: die Himmel-Erde-Fernung und der kosmogonische Drachenkampf.[6] Jene begründet die Urgestalt von leuchtender Mitte und lichtem Umkreis, dieser bricht den Hegungsring auf und erschließt die Schicksalswelt, in der das Licht nur mehr Beute ist. Wie aber der Gott in der Weite, durch den Tod der Geschöpfe, die lichte Essenz, aus der sie ursprünglich stammen, zu neuen Emanationen einsammelt, so fahren auch der Held und der König von der Mitte aus, um die Substanz glänzender Siege zu gewinnen, und führen den Gewinn in den heiligen Umkreis als innerste Lebensmacht ihres Reiches zurück. Diese Polarität des Raumes lichter Siege und der heiligen Mitte, aus der alles räumliche Dasein rührt und der der Sieger auch sein erworbenes Licht wieder zubringt, scheint mir durch die indogermanische Überlieferung weit besser gestützt als die mann-weibliche, die ihr allerdings eingeordnet war, und als die solar-tellurische, in der sie allerdings ebenfalls zur Anschauung kam.

Die Polarität von ewig-lichtem Heiligtumsring und Raumeswelt aus Kriegernot und Ruhmesglanz findet sich nun auch in einer anderen europäischen Überlieferung ausgeprägt, die ich mit den hier in Rede stehenden baulichen Einzelheiten des Stonehenge zusammenzubringen gedenke: in der gebannten Tür des Märchens nämlich. Ich kann mich darauf berufen, daß eine bestimmte Fassung dieses Motivs schon von einem englischen Forscher mit dem Stonehenge verknüpft worden ist, allerdings nicht im Hinblick auf diese

---

[6] Die vorliegende Untersuchung fußt auf grundlegenden Einsichten meines in dieser Zeitschrift veröffentlichten Aufsatzes: „Drachensieg und Bruderkampf", *Antaios* Bd. VII, 1965, S.166-195.

Einzelheit und nicht mit Rücksicht auf den Sinn der Bauten, sondern als ein Zeugnis ihrer Geschichte.

Es wurde oben erwähnt, daß die Basalte von Stonehenge auf einem weiten Wege aus dem entlegenen Wales herangeschafft worden sind. Dieser Transport ist mit Sicherheit aus der Natur der Steine, dem Ort ihres gemeinsamen Vorkommens und aus der archäologisch erkennbaren Baugeschichte des Stonehenge zu erschließen; er war für seine Zeit eine großartige technische Leistung, und es ist daher nicht allzu überraschend, daß noch das Mittelalter davon eine sagenhafte Überlieferung bewahrt hat. Zuerst erscheint sie, kurz vor 1140, bei dem Chronisten Geoffrey of Monmouth, dessen Bericht sich allerdings nicht nur auf die Basalte, sondern auf das gesamte Bauwerk bezieht.[7] Er erzählt nämlich in seiner Geschichte der Britenkönige, daß Aurelius, der Nachfolger König Vortigerns, zum Gedächtnis der von den Sachsen Erschlagenen ein unvergängliches Bauwerk errichten wollte und daß er schließlich von Merlin den Rat erhielt, aus Irland die „Chorea Gigantum" herbeischaffen zu lassen, den „Riesentanz", wie der Stonehenge in mehreren mittelalterlichen Quellen genannt wird. Uter, des Aurelius Bruder, zieht darauf mit einem Heere aus, schlägt die Iren, die ihr Heiligtum verteidigen, und es gelingt durch das Ingenium Merlins, den ungeheuren Bau zu zerlegen, auf Schiffe zu verladen und in Britannien in der gleichen Weise wieder aufzurichten, wie er in Irland gestanden hat.

Außer diesem sagenhaften Berichte Geoffreys gibt es nun aber, wie Stuart Piggot erkannt hat,[8] noch eine ganz andere Ausformung der Überlieferung vom Transport der Steine: in den walisischen „Mabinogion" nämlich, Erzählungen, halb Sage, halb Märchen, die etwas später als Geffreys Historia zuerst aufgeschrieben sein mögen, im übrigen aber auf uralten keltischen Traditionen beruhen.[9] Auf den Mabinogi von Branwen haben wir, wegen seines bedeutsamen Inhalts, hier ausführlich einzugehen.

Es wird dort erzählt, daß der britische König Bran einen Kriegszug nach Irland unternimmt, um eine Schmach seiner an den irischen König vermählten Schwester zu rächen. Der beiderseits äußerst verlustreiche Kampf endet

[7] Geoffrey of Monmouth, „Historia Regum Britanniae", ed. Faral, Paris 1929, cap. 127ff.

[8] Stuart Piggot, „The Sources of Geoffrey of Monmouth II, The Stonehenge Story", *Antiquity* Vol. XV, 1941, S. 305-319.

[9] „The Mabinogion", translated by Gwyn Jones and Thomas Jones, London 1950, S. 37-40; „Die vier Zweige des Mabinogi", hrsg. von Ludwig Mühlhausen, Halle 1925, S. 32-35; Helaine Newstead, „Bran the Blessed in Arthurian Romance", New York 1939.

damit, daß nur sieben Männer nach Wales zurückkehren. Der König selbst, von einem vergifteten Speer in den Fuß getroffen, hat befohlen, ihm das Haupt abzuschlagen und es mitzuführen in die Heimat: „Nehmt den Kopf und bringt ihn zum Weißen Berge in London und begrabt ihn mit dem Gesicht nach Frankreich! Ihr werdet lange Zeit brauchen zu dem Wege. In Harddlech werdet ihr sieben Jahre feiern, die Vögel der Rhiannon werden euch vorsingen, und das Haupt wird euch so angenehm Gesellschaft leisten wie nur je zu seiner besten Zeit, als es noch auf meinen Schultern saß. Und in Gwales in Penvro (= Pembrokeshire) werdet ihr viermal zwanzig Jahre sein, und solange ihr auf der nach Cornwall gerichteten Seite die Tür gegen Aber Henfelen nicht öffnet, könnt ihr dort bleiben und das Haupt unvergänglich bei euch. Aber sobald ihr jene Tür geöffnet habt, könnt ihr nicht mehr bleiben: begebt euch nach London und bestattet das Haupt." All dies geschieht, und zu Gwales in Penvro kommen sie in eine weite, schöne Königshalle, die aufs Meer hinausschaut: „Zwei Türen sahen sie offen, die dritte, die gegen Cornwall, war geschlossen. ‚Seht dort‘, sagte Manawydan, ‚die Tür, die wir nicht öffnen sollen‘. Und an jenem Abend dort kargten sie nicht, und sie waren voller Freude. Und trotz all des Schlimmen, das sie vor Augen gehabt hatten, und trotz aller Leiden, die sie selbst durchgemacht hatten, kam ihnen dort doch kein Gedanke an jenes Leid oder überhaupt ein Leid in der Welt. Und dort verbrachten sie viermal zwanzig Jahre, und es war ihnen nicht bewußt, daß sie je eine Zeit fröhlicher und ergötzlicher verbracht hätten als diese. Nicht ein Tag war dort beschwerlicher als der erste Abend, und sie konnten einander nicht ansehen, daß so lange Zeit vergangen war. Auch war es nicht beschwerlicher, den Kopf dabei zu haben, als wenn Bendigeid Bran lebend bei ihnen gewesen wäre. Und wegen jener viermal zwanzig Jahre heißt dies das „Gastgebot des Geweihten Hauptes"[10] … Dies aber war es, was Heilyn, der Sohn Gwyns, eines Tages tat: ‚Schande meinem Barte‘, sprach er, ‚wenn ich jene Tür nicht öffne, um zu erfahren, ob das, was man von ihr sagt, wahr ist!‘ Er öffnete die Tür und sah auf Cornwall hin und Aber Henfelen. Und wie sie schauten, war ihnen jeder Verlust, den sie je erlitten hatten, so gegenwärtig, und jeder Hintritt eines Verwandten oder Freundes und alles Mißgeschick, das sie je befallen hatte, als ob es ihnen eben dort zugestoßen wäre, und über allem das Leid wegen ihres Herrn. Und von diesem Augen-

---

[10] *Geweiht* = kymr. *urddawl* : urdd > lat. *ordo*. Mühlhausen: *geweiht*; Jones-Jones: *wondrous*; Newstead: *noble*.

blick an hatten sie keine Ruhe, ehe sie sich nicht mit dem Haupt nach London aufgemacht hatten. Und wie lange sie immer für den Weg brauchten, schließlich kamen sie nach London und bestatteten das Haupt im Weißen Berge. Und diese Bestattung war eine der „Drei Glücklichen Verbergungen", und eine der „Drei Unglücklichen Bloßlegungen" wars, als es bloßgelegt wurde, denn keine Heimsuchung konnte über See unsere Insel erreichen, solange das Haupt dort in Verborgenheit lag."

Piggot hat nun, mit Recht, wie ich meine, die Gleichartigkeit festgestellt einerseits von Geoffreys Nachricht über den Raub des ganzen Stonehenge in Irland, seinen Transport über See und seine Wiedererrichtung als Totenmal bei Salisbury – und andererseits der kymrischen Tradition von einem Kriegszug gegen Irland, der Rückfahrt mit einem Heiligtum, nämlich dem Haupte Brans, wobei ein längerer Aufenthalt gerade in Pembrokeshire genommen wird, und der schließlichen Einrichtung des Heiligtums, ebenfalls einer Grabstätte, in Südengland. Der einzige zweifelhafte Punkt wäre die Gleichsetzung der Riesenbauten von Stonehenge mit dem Königshaupte des Bran. Wir brauchten, um sie zu verstehen, indes nicht einmal anzunehmen, daß die Überlieferungen sich darin weit voneinander entfernt hätten und daß die kymrische, wie Piggot meint, verderbt sei. Gerade im Bereiche des Heiligen stellt das Denken des Altertums so seltsame Gleichungen auf, verwendet so unerwartete Decknamen und in der Bildnerei so abenteuerliche Kombinationen, daß die Identifikation eines Heiligtums mit dem Haupte eines Urkönigs keinen Anlaß zum Zweifel gibt. Wir werden später diesen Punkt noch aufklären; vorderhand begnügen wir uns mit der Vermutung, daß jenes Haupt, wenn es die ganze Stätte bezeichnen konnte, deren Wesen, ihre Mitte und eigentliche Macht darstellte. In ähnlicher Weise spricht, wie zu vermuten, die irische Überlieferung von dem Herzen Fals, des Königssteines von Tara,[11] und erzählt, daß dieses Herz zu einer bestimmten Zeit aus dem Stein hervorgebrochen und nach Tailtiu geflogen sei, also an den Ort eines anderen Heiligtums, und wenn damit auch kein Transport wirklicher Steine gemeint war, dann doch gewiß die räumliche Entrückung ihres Sinnes.

Auch braucht es uns keineswegs mit Mißtrauen zu erfüllen, daß ein bronzezeitliches Ereignis mündlich bis ins hohe Mittelalter, also fast über drei Jahrtausende tradiert worden sein soll. Es handelte sich ja nicht um eine freie

---

[11] Lebor Gabála, „The Book of Leinster", ed. By R.I. Best, etc., Bd. I, Dublin 1954, S. 34, Z. 1064f.

Erzählung, sondern um den Ursprung eines noch heute erhaltenen Heiligtums, des gewaltigsten der Insel, und mit Recht nimmt daher Piggot eine feste, formgebundene Überlieferung an – in einem dazu bestimmten Personenkreis, in Familie oder Priestergenerationen, bis zu den Druiden hin und durch sie fort. Und wenn der Kriegs- und Transportbericht Geoffreys, das königliche Bauvorhaben, zunächst vielleicht durch seinen quasi historischen Charakter besticht und verläßlicher dünkt, so erscheint mir diese Reportage angesichts der sinnreichen, märchenhaften Fülle des Mabinogi vielmehr als ein nüchterner Auszug aus einem Ganzen, das uns gerade die kymrische Tradition besser bewahrt hat.

Sobald wir indes, auf dem Mabinogi fußend, uns anschicken, etwas über den Sinn der Stonehenge-Bauten auszusagen, geraten wir in Gegensatz zu der Ansicht des führenden Archäologen auf diesem Gebiet, Atkinson, über die Artung der transportierten Steine. Er nämlich meint, daß aus Wales lediglich der Baustoff herangeschafft worden sei, nicht aber ein Heiligtum, das schon früher in Penvro gestanden hätte.[12] Wir hingegen sehen uns nicht nur durch die Aussage unserer Überlieferung gedrängt, die Überführung eines fertigen Heiligtums anzunehmen, sondern finden Atkinsons Gründe für die gegenteilige Annahme auch ausgesprochen schwach. Ja, der Hauptgrund, den er für die Wahl der Prescelly-Steine angibt, daß der Berg selbst der Bevölkerung als ein heiliger erscheinen mußte und daß man aus diesem Grunde von seinen Gesteinen das große südbritannische Heiligtum erbaut hätte, könnte umgekehrt ebensowohl zu der Annahme führen, daß man dann auch den heiligen Berg selbst schon früher für den Bau einer Weihestätte auserlesen hätte. Diese wäre dann aus religiösen, wahrscheinlicher aber noch aus politischen Gründen in ein südbritannisches Machtzentrum überführt worden, um dessen Ansehen und Einfluß zu verstärken. Denn so wie wir die Basalte heute in Stonehenge verwendet finden, empfangen wir doch einen höchst seltsamen, ja zweifelhaften Eindruck von ihrer Bewertung und Verwendung.

Die Steine aus Penvro mögen ursprünglich etwas über achtzig gewesen sein. Davon haben etwa sechzig ihre natürliche Form behalten, während sich heute 22 als bearbeitet, geformt und geglättet nachweisen lassen. Von diesen bildeten 19, als Pfeiler aufgerichtet, das innere Hufeisen, der zwanzigste ist der Altarstein. Die letzten beiden aber sind zwei Oberschwellen, zwei mit

[12] R.J.C. Atkinson, „Stonehenge", London 1956. Neudruck 1960 als Pelican Book A 450 mit einigen wichtigen neueren Grabungsergebnissen, S. 175f.

größter Sorgfalt hergerichtete, mit Zapfenlöchern und Lagerwannen versehene Sturze, und diese standen, ganz zweckentfremdet, als Pfeiler aufgerichtet, die Löcher nach außen gekehrt, also für die Mitte unsichtbar gemacht, das untere vergraben, im äußeren Ring der Basalte. An den zugehörigen Tragpfeilern hat man die Zapfen abgeschlagen und die Fläche geglättet, wie sich noch an zwei oder drei Beispielen erkennen läßt. Atkinson aber meint, daß die Bearbeitung dieser Basalte erst nach der Aufrichtung und Fertigstellung des Sarsenbaues unternommen und durchgeführt worden sei. Danach wäre es ein und dasselbe Volkstum, ein und derselbe „Staat" gewesen, die Führer der Wessex-Kultur nämlich, welche die kleinen Basalte als unzureichend befunden und darum das mächtige Sarsendenkmal aufgerichtet hätten, die dann aber doch wieder darauf verfallen wären, einen hübschen kleinen Basaltbau herzustellen, um ihn, man weiß nicht wie, mit der Sarsenstätte zu kombinieren – die am Ende jedoch, von der Kombination unbefriedigt, all die schönen Bauglieder als überflüssige Pfeiler wieder in die Erde gesteckt hätten.

Da es nun archäologisch nicht das mindeste Anzeichen dafür gibt, zu welchem Zeitpunkt die Basalte bearbeitet wurden, da auch Atkinson sogar annimmt, daß die 22 Steine nicht am Ort des Stonehenge bearbeitet worden sind, so scheint mir die andere Annahme weit natürlicher und jedenfalls allein auch der Überlieferung Geoffreys und des Mabinogi angemessen: eben daß ein Teil der Basalte schon in Penvro geformt gewesen ist und dort mit rohen Blöcken zusammen ein Heiligtum gebildet hat. Dieser Bau, bearbeitete und rohe Basalte, ist, wie auch Atkinson es von seinem Material annimmt, von einer Gruppe der Becherkultur nach Stonehenge entführt worden, wo sich damals schon die Ringanlage mit einigen wenigen Malsteinen aus Sarsen befand; dort wurden die Steine mehrfach, in wechselnder Anordnung aufgestellt. Die Wessex-Kultur aber brachte ganz andere Baugedanken mit, auch war ihr „Staat" ohne Zweifel ein ganz anderer als der ihrer Vorgänger, und diese Menschen mußten daher das alte Heiligtum, das sie vorfanden, in den monumentalen Sarsen erneuern, erhöhen und ermächtigen. Undenkbar, daß sie danach noch einmal die Basalte glaubten aufputzen zu müssen – vollkommen verständlich aber, daß sie die Macht, die ihnen der Besitz des alten Materials verlieh, trotz der Errichtung ihrer Sarsenstätte nicht fahren ließen. Nur um ein Heiligtum, allein um den Neubau einer Weihestätte kann es sich für sie nicht gehandelt haben; denn derjenige, der weiß, was er in der Welt, in ihrer Mitte und aus dem ihr innewohnenden Sinn erbaut, und dem es um diesen Sinn allein geht, der bedarf der Trümmerstücke verjährter Bauwerke, ob sie nun Gleiches oder Ungleiches zum Ziele hatten, nicht.

Mir scheint die in den letzten Sätzen ausgesprochene Bewertung, wenn man sich die innere Doppelung des Bauwerkes, seine doppelte Herkunft und das zwiefache Volkstum der Erbauer nur recht vergegenwärtigt, auf der Hand zu liegen, und wenn dadurch ein Schatten auf dieses machtvollste Denkmal des alten Nordens fällt, so würde doch seiner inneren Größe dadurch in keiner Weise Abbruch getan. Auch dieses Menschenwerk ist unter geschichtlichen Spannungen entstanden – seine Masse selber zeugt von mächtigen politischen Ballungen –, und von den Auseinandersetzungen seiner späteren Geschichte kündet ja das Bauwerk in seinem heutigen halbzerstörten Zustand nur allzu deutlich. Dergleichen gab es auch in der Vorgeschichte des Nordwestens schon, die Abfolge der Bauten bezeugt es ebenso wie die beiden dafür in Anspruch genommenen mittelalterlichen Quellen.

Zu den bearbeiteten Basalten gehören auch die beiden Steine 66 und 68, deren rituelle Funktion wir zu ergründen uns vorgesetzt haben. Der Stein 67, der größte der Basaltpfeiler, bildete die südwestliche Mitte des Hufeisens, beiderseits von ihm standen 66 und 68. An dem Stein 68 ist seiner ganzen sichtbaren Länge nach eine Rille herausgearbeitet; der Stein 66, von dem nur noch ein unteres Bruchstück in der Erde steckt, hat dagegen eine Leiste; beide sind also, mit einem Fachwort der Holzbearbeitung, die auch für andere technische Einzelheiten am Stonehenge vorbildlich war, beide sind mit Nute und Feder ausgestattet. Da dergleichen an keinem anderen Stein der Anlage sonst vorkommt, so sieht man sich zu der Annahme gedrängt, daß diese beiden Pfeiler früher einmal, in der ursprünglichen und sinnbestimmten Anlage, beieinander und vielleicht ineinander schließend gestanden haben. Das wäre, gemäß unseren Voraussetzungen, in Penvro gewesen, und in gleicher Weise könnten sie auch noch im Stonehenge zunächst wieder aufgebaut worden sein. Welches kann der Sinn eines solchen „Schließsteines" gewesen sein?

Der Mabinogi von Branwen erzählt nicht nur von dem Haupte des Bran, das wir mit Piggot als ein Symbol des Heiligtums ansehen, sondern er schildert auch eine Königshalle in Penvro, in der die überlebenden Helden, aller Not und der Zeit überhoben, achtzig Jahre verbringen. Einen solchen Bau, ein irdisches Paradies, können wir nur als ein Heiligtum verstehen. Daß Königsschlösser nicht, wie die der Spätzeit, königliche Wohnbauten sind, sondern, als Behausungen des heiligen Königs, vielmehr Heiligtümer – dies gilt für eine große Anzahl alter Überlieferungstrümmer, unter anderem für unsere

Märchen. Sogar das Baumheiligtum erscheint in der Sage des öfteren als ein Schloß.[13] Von dem aus Wales entführten Heiligtum erfassen wir somit vermutlich den Gehalt in Brans Haupte, in Brans Halle aber die Gestalt.

Das in der kymrischen Erzählung verwendete Wort verrät uns über diese Gestalt nichts. Die „neuadd" ist in späterer Zeit eine der Räumlichkeiten des Königshofes, und zwar die wichtigste, der Saal der Empfänge und Festmähler, also die eigentliche Königshalle. Zu Gwales stand sie nach unserer Stelle noch für sich allein da – wie ehedem auch in Irland oder Germanien. Der Mabinogi meint also mit der „neuadd" schon ein gedecktes Gebäude – wie aber jenes „Paradies" in Wirklichkeit ausgesehen hat, läßt sich daraus nicht ablesen. Indes erscheint in diesem Zusammenhang eine Angabe auffällig, die wiederholt über Bran gemacht wird: es heißt nämlich, daß er niemals in einem Haus enthalten sein konnte, und wir dürften daher in seiner Königspfalz kein Gebäude einer uns vertrauten Art sehen. Übrigens scheint es manchmal nicht so sehr ein leibhaft-riesisches Wesen Brans zu sein, das sich nicht behausen läßt, als ein inneres. Denn an vielen Stellen scheint er nach der Erzählung nicht größer als seine Mit- und Gegenspieler zu sein, und das Haus, das die Iren schließlich doch für ihn bauen, zeichnet sich offenbar nicht durch seine Höhe aus, sondern durch die Vielzahl seiner Pfeiler, also durch seine Weite.[14] An anderen Stellen wird Bran allerdings einem Berge verglichen, und von den verschiedenen Gestalten der spätmittelalterlichen Dichtung, in denen er sich spiegelt, gelten manche geradezu als Riese.[15]

Die Königshalle zu Gwales in Penvro erschiene uns demnach nicht als ein „Haus", sondern als das Heiligtum eines göttlich-riesischen Urkönigs – gebaut in der Art seiner Zeit – und es brauchte uns daher nicht zu befremden, wenn sich diese Halle als eine offene Steinsetzung erwiese. In der Tat gibt es zwischen der „neuadd" von Gwales und den aus Penvro entführten Basalten zwei höchst überraschende Übereinstimmungen, und diese betreffen gerade die beiden Einzelheiten, die allein in jenem wie in diesem Falle genannt bzw. faßbar werden. Die „neuadd" weist zwei offene Türen auf und eine geschlossene, und sie werden als weltbedeutend und schicksalsentscheidend geschildert, da sie ja das fundamentalste Erleben, der Zeit nämlich in Verbindung mit dem des Raumes, bestimmen. Unter den bearbeiteten Basalten aber be-

---

[13] August Stöber, Curt Mündel, „Die Sagen des Elsasses", Straßburg 1892, S. 9f., 15f.
[14] „The Mabinagion" S. 35f. Auch die Mabinogion berichten also wie Geoffrey von einem irischen Heiligtum.
[15] Helaine Newstead, „Bran the Blessed in Arthurian Romance", New York 1939, S. 85.

finden sich gerade die beiden Oberschwellen, Türsturze offener Durchgänge, und das Paar der Schließsteine, in einer offenen Pfeilersetzung ein paradeigmatischer Verschluß – und an einem Heiligtum sind auch diese Türen weltbedeutend und lebenentscheidend.

Bis zu diesem Punkte haben wir uns bemüht, einen wirklichen geschichtlichen Zusammenhang herzustellen zwischen der kymrischen Überlieferung und den Basaltüberbleibseln von Stonehenge. Nun haben wir eine so überraschende architektonische Übereinstimmung gefunden, daß gerade diese genau aufgehende Gleichung selbst zu dem Zweifel Anlaß geben könnte, ob denn wirklich unser kymrisches Märchen just und unmittelbar von den auf der Ebene von Salisbury greifbar vorhandenen Basalten berichte. Wir fügen daher wenigstens noch hinzu, daß es auch ein und derselbe Typ des Königsheiligtums sein könnte, der sich in der Erzählung wie in den Reliquien von Stonehenge ausgeprägt habe. Wenn wir daher nun die Sinnfrage stellen: was hier der Schließstein von Stonehenge und dort die verschlossene Tür zu Gwales bedeutet, so müssen wir nicht unbedingt die geschichtliche Identität der „neuadd" und der Prescelly-Steine und ihren Transport voraussetzen. Wohl aber könnte die Identität in der Bedeutung, auf welche die Steine wie die Königshalle zurückweisen, uns zu einer treffenden Lösung der Frage verhelfen. In ihr würden wir jedenfalls rituelle Anliegen der europäischen Vorzeit besser begreifen und damit wohl auch den Sinn der Steine von Stonehenge – sowohl der älteren Anlage wie vermutlich auch dessen, was von ihr in den Sarsen nachgebaut worden wäre.

Die gebannte Tür

Die Märchenerzählungen von der tabuierten Tür[16] lassen sich in folgendem Schema zusammenfassen.

Ein junger Mensch, Mädchen oder Knabe, gelangt auf ein Schloß und ist dem Herrn oder Herrin des Schlosses zum Gehorsam verbunden. Not oder Leid gibt es dort nicht, und vielfach wird ausdrücklich vermerkt, daß sich alle

---

[16] Stith Thompson, „Motif-Index of Folk-Literature", Vol. I, A-C, FFC No. 106, Helsinki 1932, S. 410f.; E. Sidney Hartland, „The Forbidden Chamber", *The Folk-Lore Journal*, Vol. III, London 1885, S. 193-242; Pierre Saintyves, „Les contes de Perrault", Paris 1923, S. 359-396; Wl.J. Propp, „Le radici storiche dei racconti di fate", Torino 1949, S. 225-232; Hedwig von Beit, „Symbolik des Märchens", Bd. II, 1956, S. 558-574; Bolte-Polivka, „Anmerkungen zu den Märchen der Brüder Grimm", Bd. I, Leipzig 1913, S. 13-21.

Wünsche von selbst oder durch Geisterhand erfüllen. Oft gibt es da auch allerlei unterhaltsame Herrlichkeiten, etwa auch in besonderen Räumen, zu denen Held oder Heldin die Schlüssel erhalten haben – eben das Wunschmotiv noch einmal in symbolischer Gestalt. Eine Tür aber ist verboten – ohne Begründung, obwohl auch zu ihr der Schlüssel dem Kinde ausgehändigt worden ist. Trotz des Verbots öffnet es sie nach einiger Zeit, und damit ist der Zustand sorgloser Glückseligkeit dahin; der junge Mensch wird nicht nur aus dem Schlosse verstoßen, sondern erleidet auch einen entscheidenden Verlust oder wird in seinen Möglichkeiten beschränkt. Auf einem mühseligen Wege, der Opfersinn und Standhaftigkeit aufs äußerste erprobt, wird ein neues Glück erworben, nicht allerdings von der Beschaffenheit wie in jenem Schloß und auch nicht etwa aufs neue ebendort, sondern in einem weiten Raume mit vielfältigen Bewegungen und Begegnungen. Oft wird die erste Bewährungsprobe sogleich nach dem Öffnen der Tür vor dem Herrn des Schlosses abgelegt – durch standhaftes Verleugnen der Tat oder des jenseits der Tür Gesehenen. Die Gesamtheit der Fassungen bezeugt nämlich auf das nachdrücklichste, daß die mit dem Märchen gesetzte alte Welt von dem jungen Menschen erwartete, daß er die verschlossene Tür trotz aller Drohungen öffnete, dazu erhielt er ja auch diesen Schlüssel – und daß sie dann allerdings auch von ihm forderte, auf dem eingeschlagenen Weg zu beharren.

Ist die bekannteste Fassung unseres Märchens, Grimms Nr. 3, Marienkind, durch die entgegengesetzte Wertung dieser beiden Züge vereinzelt, so erweist sie sich eben dadurch als spätzeitlich moralisierende Umdeutung. Ursprünglich ist die Verstoßung aus dem Schloß die unmittelbarste Folge vom Auftun der Tür, nämlich das Einschlagen selbst schon eines anderen Weges – und nicht etwa eine für das Leugnen verhängte Strafe. Ja, es gehört sicher schon in das alte Paradeigma, was manche Fassungen von dieser Leugnung berichten: daß gerade sie Bedingung ist für die „Erlösung" des Schloßherrn selbst.[17]

Seit der bahnbrechenden Arbeit von Pierre Saintyves und noch mehr seit Wladimir Propps umfassenden Untersuchungen[18] dürfen wir damit rechnen, daß die tabuierte Tür des Märchens und die Brechung dieses Tabus wichtige

---

[17] E. Sidney Hartland, „The Forbidden Chamber", The Folk-Lore Journal, Vol. III, London 1885, S. 213f.; Paul Zaunert, „Deutsche Märchen aus dem Donauland", Düsseldorf-Köln 1958, S. 101.

[18] Pierre Saintyves, „Les contes de Perrault", Paris 1923; Wl.J. Propp, „Le radici storiche dei racconti di fate", Torino 1949.

Verlaufsformen oder Vorgänge bezeichnen innerhalb der alteuropäischen Jugendinitiation. Der französische wie der russische Forscher haben erkannt, daß der Sinn der alten Volksmärchen durchgehend im Rituellen zu suchen ist, ja, daß die Märchen selbst in epischer Gestalt den Ablauf der Rituale darstellen; an zahlreichen Einzelzügen hat Propp diese Erkenntnis zur Evidenz gebracht. Auch das Tür-Motiv haben die beiden Forscher vor diesem Hintergrunde zu deuten gesucht, und wenn wir diesen Versuch hier erneuern, dann allerdings vor demselben Hintergrund, und wenn mit einem Ergebnis, das von dem ihren abweicht, dann darum, weil uns in Gestalt des Stonehenge ein sehr viel bestimmteres Bild der alteuropäischen Kultanliegen vorschwebt – jedenfalls von den Absichten derjenigen Epoche, die uns zugleich ein Abbild davon in ihren Märchen überliefert hat.[19] Methodologisch ist vorauszuschicken, daß für die Einzelheiten einer solchen Rekonstruktion meist kein bündiger Beweis geliefert werden kann. Vielmehr kann der Beweis für die Richtigkeit der vertretenen Ansichten nur in dem sinnvollen Einklang der verschiedensten Überlieferungstrümmer gesehen werden, darin, daß entlegenste Einzelheiten sich als Charakterzüge eines harmonischen Gesamtbildes erweisen. Dies ist schon darum selbstverständlich, weil wir, sobald wir überhaupt die Sinnfrage stellen, nicht anders als nach einem Ganzen fragen können. Es ist im Grunde das „Ingenium Merlins", auf das wir es abgesehen haben, das Geoffrey in seiner Sage so benennt und zu dem er die rohen Kräfte der Heerkrieger in Gegensatz stellt.[20] Auf diese, auf die Rollen und Hebelwerke, welche die Steine herbeischaffen und aufrichten halfen, auf Merlins „Mechanik" ist bisher bemerkenswert viel zeitgenössisches Ingenium verwendet worden, allzuwenig aber auf seine Ritualweisheit, auf den weltbedeutenden Sinn, der doch in allen Hebeln und Schlitten die eigentliche, felsbewegende Kraft war und der die Gestalt der Steine und ihr Gefüge letztlich bestimmt hat.

Um der Kürze willen werden wir den Sinn der Tür, wie er sich uns darstellt, in dogmatischer Weise vortragen. Wollten wir das völkerkundliche Material in seiner Breite vorlegen, so würden wir ins Uferlose geraten. Über-

---

[19] Ich glaube, das Zweibrüdermärchen bzw. das in ihm dargestellte Ritual auf Grund dreier völlig voneinander verschiedener Bestimmungsstücke in die frühe Bronzezeit, wahrscheinlich sogar in die jüngere Steinzeit datieren zu dürfen; Märchen „gleichen Geistes" wären mithin wohl derselben Epoche zuzuschreiben. Vgl. Heino Gehrts, „Das Märchen und das Opfer", Bonn 1966.

[20] Geoffrey of Monmouth, „Historia Regum Britanniae", ed. Faral, Paris 1929: At ille ... erexit illos (lapides) circa sepultures ingeniumque virtuti praevalere comprobavit.

haupt beschränken wir uns aus methodischen Gründen auf indogermanische Belege – mit ein oder zwei Ausnahmen. Auch schließen wir manche besondere Fassung des Märchenmotivs stillschweigend aus – sei es nun, daß sie zu unserem Hauptgedanken nichts beiträgt, sei es, daß sie das Motiv rein erzählerisch, ohne eigenen Traditionswert, ausspielt. Die häufige und verschiedenartige Verwendung des Motivs in der Gesamtheit unserer Märchen spricht natürlich nicht in jedem Falle für erzählerische Abwandlung, sondern mag in erster Linie eine schon im Ritual ausgeprägte vielfältige Variation des Grundgedankens bezeugen.

Da das Märchen vielfach in Symbolen spricht, so muß im Initiandendasein auch die verbotene Tür nicht notwendig eine materielle Tür in einer Hauswand oder in einem Zaune sein, sondern sie wäre ihrem Wesen nach Bild des Verbotenen, Symbol einer für den Initianden errichteten und bezeichneten Schranke. Diese Tür mag auch am Kultzaun und am Initiandenhause angebracht gewesen und von diesen Türen mögen den Initianden Geschichten des Tabus und seines Bruches erzählt worden sein – denken wir an eine so blutige wie die Blaubartgeschichte –, aber das wirklich ausgesprochene Verbot bezog sich nicht auf sie, sondern war schon eine Anwendung der paradeigmatischen Geschichte. Mit dem übereinstimmend, was wir an vielen Orten in der ganzen Welt noch ehegestern als Brauchtum fanden und was uns auch aus dem alten Norden überliefert ist, wo die Initianden ein Räuberleben führten, wurden den Initianden die Schranken des Verhaltens weitgehend geöffnet: zu allen Kammern erhielten sie die Schlüssel ausgehändigt. Eines aber ward ihnen in dem „Märchenrituale" mit Härte und unter Hinweis auf jene Nemesissagen verboten: was es war, ob es für jeden besonders gewählt, ob es jeweils einer Initiandenschar gemeinsam auferlegt wurde, brauchen wir hier nicht zu erörtern. Gewiß hielt sich ein mehr oder weniger großer Anteil der Jugendlichen innerhalb der Verbotsschranke und verblieb damit innerhalb des ihm gebührenden Raumes und auf einem entsprechenden Rang. Von ihnen handeln die Märchen nicht.

Die übrigen, die sich eines Tages hingerissen fanden, das Verbot zu brechen, schieden sich noch einmal nach ihrem darauffolgenden Verhalten. Wer das Tabu brach, mußte auch stark sein und unter schwerster Fragepein entweder den Verstoß ganz und gar verschweigen oder doch den Anblick, den er hinter der Tür gehabt hatte. Uns liegt es heute näher, die Bewährung im „mannhaften Eintreten für das Getane" zu sehen. Dies war aber offensichtlich nicht die Anschauung der Vorzeit.[21] Vermeiden wir nach Kräften alles unsichere Theoretisieren über diesen Punkt, so liegt der Unterschied doch wohl darin, daß nach unserem Empfinden durch das offene Geständnis das Geschehene schon halbwegs wieder wettgemacht ist, daß damit die Verzeihung des Verbietenden angebahnt und mit ihr die Störung wieder eingeebnet wäre. Von dieser unserer heutigen Ansicht treffen sicherlich schon einige Voraussetzungen nicht zu, unter anderem das persönliche Verhältnis, welches wir in die Tabuierungsbeziehung hineingesehen haben. Entscheidend aber ist, daß in jenem vorzeitlichen Initiationsritual eine völlig andere Verlaufsform angestrebt wurde, daß diese gerade nicht auf Einebnung und Ausgleich hin angelegt war, sondern auf Steigerung wie alle Tabuierung – auf Lebenssteigerung gewiß und wohl auch, in ihr enthalten, auf einen „Machtgewinn".

Manche Initiationen konnten, darauf deutet auch das Märchen-Motiv der verbotenen Tür, eingeleitet werden durch Bruch eines Tabus[22] – sinnvollerweise, denn jede Weihe liegt jenseits eines Tabus. Das Leugnen des Initianden bedeutet dann nicht ein „Selbstschutz", sondern eine Sicherung des Ritualsystems insgesamt: das Tabu war nicht für alle, sondern nur für ihn allein gebrochen. Es handelt sich bei dieser Konsequenz also keineswegs nur um eine Schweigeschule, eine Präparation auf künftiges Verschweigen von Kultgeheimnissen, sondern vom ersten Augenblick an um existentielles Verhalten von lebenentscheidender Bedeutung. Durch sein Nein schließt der Initiand die von ihm aufgestoßene Tür wieder zu, sowohl für die Ritualgemeinde, die „innen" bleibt, wie für sich selbst, der sie jedoch „von draußen" – gegen den Herrn des Initiandenhauses – zumacht. Eben sein Tabu-Bruch, sein Leugnen, diese Distanzierung von Gemeinde und Kultführer bringen ihm die erste Steigerung auf seinem Einweihungswege.

Nach dem Gesagten ist auch offenbar, daß das Eingeständnis vor dem Initiandenführer oder die Entdeckung durch ihn erst den eigentlich anstößigen Tatbestand vollendet. Noch in der mittelalterlichen Dichtung ist oftmals nicht irgendein „Vergehen" an sich das Entscheidende, sondern es wird erst eigentlich zu einem solchen im Offenbarwerden. Diese Aufdeckung der Tat mußte daher schwere Folgen für den Initianden haben, wenn der Bruch des Tabus nicht gefährliche für die Gemeinde mitführen sollte: kein Zweifel, daß diese

---

[21] Hedwig von Beit, für die ein individueller seelischer Vorgang das Wesen des Märchens ausmacht, faßt das Eingeständnis als die erwünschte Bewußtmachung auf.

[22] Ein indianisches Beispiel bei Don C. Talayesva, „Sonnenhäuptling Sitzende Rispe", Kassel 1964, S. 258 f., vgl. S. 16.

Gruppe von Initianden dem Tode verfiel. Dabei ist es nicht notwendig, wie es doch die symbolische Abbreviatur des Märchens gelegentlich darstellt, daß der Kultherr selber sie tötete, sondern sie fielen im Ringen nach einem Ziel, zu dem er sie aussandte, nach dem Bruch des Tabus. Auch würden wir die Vorzeit mißverstehen, wenn wir den Untergang dieser Initiandengruppe als Strafe ansähen und die getöteten Kultbrecher als hingerichtete Verbrecher. Sie waren keineswegs aus dem Kultsystem ausgeschieden, ihre Tötung und deren Herbeiführung waren nicht etwa nur ein geschickter Trick, durch den sich die vorgeschichtliche Gesellschaft derer entledigte, die zwar zum Kultbruch neigten, aber nicht das erforderliche Glück und die Kraft besaßen, ihn auch zu bestehen – sondern sie stellten die notwendigen Opfer dar, welche den Todesweg der Auserlesenen, einen Weg existentieller Entscheidungen, unausweichlich begleiten mußten. Das wird ganz klar durch ihre Funktion im Weihegange dessen, der ihn glücklich vollendet. Ihr Tod umgibt als eine furchtbare Drohung das Verbot der Tür, ihre blutigen Leichen, ihre Totenschädel werden hinter ihr entdeckt – und sie, dies ist das Entscheidende, sie werden regelmäßig durch die Standhaftigkeit des Helden mit „erlöst". Und zwar haben wir in ihrer Erlösung – nicht in jeder märchenhaften Erlösung, wohl aber unter anderem in diesem Typ – eine entscheidende Wendung ihres Totenschicksales zu erblicken. Wahrscheinlich ist auch die Erlösung des Schloßherrn, die wir schon erwähnten und auf die wir noch zurückkommen werden, dementsprechend zu deuten.

Durchaus nicht in jedem das Tür-Tabu enthaltenden Märchen erblickt der Held, wie etwa die Gattin Blaubarts, hinter der verbotenen Tür die Leichen der Vorgänger, oft aber das jenen entsprechende paradeigmatische Bild vom verborgenen Opfercharakter der Füllebehausung, in der er bisher gelebt hat. Wenn irgend etwas die Kultepoche, aus der unsere gehaltvollsten Märchen stammen, deutlich bezeichnet, dann ist es dieses Bild. Oft ist es der Herr des Schlosses selbst, der dort in verwandelter, in gefesselter und leidender Gestalt erscheint: als kotbedeckter Hirsch auf einem Strohwisch, als toter Prinz mit einem Dolch im Herzen, als leidensvoller Graumantel, als nickendes Totengerippe. Oder es erscheint dort ein verschmachtender Rabe, der mit drei Nägeln an die Wand geheftet ist, ein Riese in drei Ketten, der nach Wasser schreit, der Unsterbliche Koschtschej mit dreizehn Ketten gebunden.[23] In

---

[23] E. Sidney Hartland, „The Forbidden Chamber", The Folk-Lore Journal, Vol. III, London 1885, S. 206, 212f.; Bolte-Polivka, „Anmerkungen zu den Märchen der Brüder Grimm",

diesen Bildern steigert sich die Kraft der Schau im Grunde schon bis zu dem Anblick des Weltopfers, das, auf die untersten Felsen der „Hölle" geschmiedet, die Fülle im Lichte droben ermöglicht. Daher vermochte an dieser Stelle das Märchen auch, scheinbar nahtlos, das christliche Weltenopfer sich einzufügen: in einer litauischen Fassung findet das Mädchen in der verbotenen Kammer den Gekreuzigten.[24] Merkwürdig ist die Beziehung zu einem bestimmten Märchentyp, die sich hier abzeichnet, zum „Eisenhans". Hier wird stets ein „Wilder Mann", der sich am Hofe in Gefangenschaft befindet, vom Königssohn durch Lösen seiner Fesseln, durch Öffnen seiner Käfigtüre in Freiheit gesetzt. Der Königsknabe muß infolgedessen sogleich in die Wildnis und danach in die Fremde hinaus und eine Zeitlang unerkannt dienen. Der Befreite aber erweist sich als ein mächtiger Gott und freundwilliger Hilfsgeist, durch den der Knabe *an einem anderen Hofe* König wird.

Nicht nur beim „Eisenhans" hat die Aufdeckung des „Opfers" schwerwiegende Folgen. Stets gibt der Held zunächst dem Antrieb nach, das Opfer freizusetzen, wodurch er die Welt der Fülle entkernt und beendet. In der Überreichung des entscheidenden Schlüssels würden wir eine dahingehende rituelle Absicht zu sehen haben, und sie liefe vermutlich auf die zyklische Erneuerung des Fülleopfers durch die Initianden hinaus. Es würde sich in dem weiteren, oftmals verwickelten Verlauf mithin der Kerngehalt der jungsteinzeitlichen Opfermetaphysik ausprägen, wobei wir allerdings kaum hoffen dürfen, die sicherlich an sich schon schwierigen und nach dem Absterben der Kulte kaum noch nacherlebbaren Formen dieser Opfergänge in unseren Märchen auch intakt überliefert zu finden. So haben die späteren Erzähler oft in der „Erlösung" des Opfers schon einen befriedigenden Abschluß gesehen, wobei sie dann freilich, immer noch unter der Herrschaft eines alten, ausgewogenen Ganzen stehend, die notwendige Erneuerung des Opfers ablasteten auf Nebenpersonen, die dann als „böse" mißverstanden wurden. Wie selten sind überhaupt alte Märchen, in denen *nicht* irgendwer zum Schluß getötet werden muß!

Um einen ungefähren Begriff davon zu geben, in welcher Form sich gegebenenfalls die Aufdeckung des Opfers und seine Erneuerung leibhaft abgespielt haben kann, erwähnen wir eine altgriechische Brüdersage, die sich mit

---

Bd. I, Leipzig 1913, S. 16f.; Paul Zaunert, „Deutsche Märchen seit Grimm", Jena 1912, S. 2f.; Klara Stroebe, „Nordische Volksmärchen I", Jena 1915, S. 13.

[24] E. Sidney Hartland, „The Forbidden Chamber", *The Folk-Lore Journal*, Vol. III, London 1885, S. 212.

der römischen Zwillingssage verwandt zeigt und daher wirklich für Opferrituale von hohem Altertum zeugen mag. Wie Remus überspringt nämlich in einer tanagräischen Sage Polykrith die von seinem Bruder Poimandros errichtete Mauer. Aus Zorn darüber riß Poimander einen großen Stein aus der Erde, der dort seit alters verborgen lag und nachtgeweihte Heiligtümer (nykrélia hierá) verdeckte, um jenen damit zu treffen. „Die hierin liegende Verletzung des sanctum rächte sich dadurch, daß der Stein statt Polykrith Poimanders Sohn Leukippos traf."[25]

Noch sinnfälliger und noch unmittelbarer zu unserer Thematik gehörig ist ein Ereignis, auf das in einer der Fortsetzungen der Gralssage Perceval stößt.[26] Dort wird er nämlich zu einem seltsamen „Heiligtum" auf dem „Leidigen Berge" gewiesen, das auch Merlin einst erbaut hat. Diese Weihestätte besteht aus einem Kreise von 15 Kreuzen, deren je ein Drittel aus roten, weißen oder blauen Gesteinen verfertigt ist, und aus einer wie Gold leuchtenden Säule in der Mitte. An dieser hängt ein kostbarer Ring, und es heißt, daß nur der Besten einer an ihr sein Roß anbinden dürfe; jedem anderen droht tödliche Gefahr. Die Unterweisung über dies „Heiligtum" empfängt Perceval von einem Ritter, der ihn aus einem Sarge, unter einer schweren Steinplatte hervor, um Hilfe anruft. Perceval stemmt die Platte mit einem Baumast auf, wird aber nun seinerseits von dem Ritter in den Sarg gestoßen. Es wird zwar nirgends gesagt, daß dieser Ritter gerade Merlin ist – dies ist jedoch zu vermuten. Dann wäre der Austausch im Sarge, des Begründers jener Ringanlage und des vorbestimmten Helden, von beispielhafter Bedeutung. Unter der Steinplatte das Erbaueropfer, an der Goldsäule die rühmliche Erhöhung des jungen Helden, dessen eigene Opferbestimmung zuvor offenbar gemacht wäre, ergäben einen durchgängigen Opferzusammenhang, den wir sogar ebenfalls auf den Stonehenge beziehen dürften.

Läßt sich der paradeigmatische Opfergang des Tabubrechers als Ganzes aus dem Märchen kaum wiedergewinnen und erbrächte er für unser Unternehmen auch kaum Entscheidendes, so ist doch aus dem Anhub des Initiationsweges hier noch ein wichtiger Zug zu erörtern. Dem Mädchen, das aus dem Schlosse in die Wildnis verstoßen wird, legt die Herrin regelmäßig eine

[25] J.J. Bachofen, „Gesammelte Werke Bd. 4", 1954, „Versuch über die Gräbersymbolik", S. 248, Anm. 10. Vgl. Pauly-Wissowa, „Realencyclopädie der classischen Altertumswissenschaft", Hbd. 41, 1951, Sp. 1208.

[26] Wisse-Colin, „Parzifal", hrsg. von K. Schorbach, Straßburg 1888, Sp. 485-488, 584-595 = Charles Potvin, „Perczval le Gallois", Mons 1866, V. 29676ff., 33843ff.

wesentliche Einschränkung seiner lebendigen Möglichkeiten auf, und zwar nimmt sie ihm gewöhnlich die Sprache. Eben dadurch gerät die Jungfrau, als sie nun in die Welt gelangt, in höchste und schließlich in Todesnot. In einer norwegischen Fassung des Marienkindes wird das Mädchen vor die Wahl gestellt, ob es die Allerschönste und stumm – oder häßlich, aber der Sprache mächtig sein wolle.[27] Das Mädchen wählt die Schönheit. Es zeigt sich darin ganz klar die Absicht der Lebenssteigerung. Durch Häßlichkeit gewönne das Mädchen zwar die Sicherheit sprachlicher Verständigung, schlösse sich jedoch damit sogleich von allen hohen Zielen aus; wäre es nur schön, so würde es dies ohne Gefährde, ohne Bewährung, ohne Überwindung sein wie ein bloßes Bild. Die Allerschönste aber wird sie im Bunde mit der Verschließung des Mundes; indem sie gerade unter einem Mangel an menschlichem Vermögen sich bewährt, erwirbt sie erst rechtes Menschentum. In Wirklichkeit ist das Verstummen kein zaubrischer, sondern ein ritueller Bann, der nur gegenüber der Initianden-Herrin nicht gilt, ansonsten aber mit Seelenstärke unter jeder Belastung aufrechterhalten wird. Es zeigt sich hierin wie in zahlreichen anderen Überlieferungen des Altertums das eine, die Tabus und ihre Durchbrechungen beherrschende Prinzip: du darfst, aber dann mußt du! – ein Los, das jeder Ausbruch aus einem Paradiese nach sich zieht. Die Türen erscheinen draußen gewissermaßen in umgekehrtem Sinn: nun sind alle verschlossen bis auf die eine, hinter welcher das höchste Opfer gefordert wird.

Obwohl das Mädchen, wie wir sehen, auf diese Weise zu einem königlichen Menschentum bestimmt ist und herangebildet wird, bleibt das Leitbild dabei doch ein entschieden Weibliches, indem das Schweigetabu gerade aktives Verhalten unmöglich macht und die Bewährung in das Erleiden verlegt. Auch bezieht sich dies gerade aufs Gebären und den Verlust der Geborenen, das Hingebenmüssen der Kinder, und darin sind ja eben die typischen, einschneidenden Leidenserlebnisse des zum Muttertum bestimmten Weibes vorgezeichnet. Gleichermaßen Sinnvolles, doch anderes erwartet den Jüngling hinter der Tür; seine Erlebnisse haben nicht in ihm selbst ihre Schranke, sondern in den übermächtigen Gewalten, denen er draußen begegnet – begegnet im Vollzuge einer Aufgabe, die sich ihm auferlegt mit dem Bruch des Tabus und dessen Folgen. In jenem eben erwähnten norwegischen Märchen entweichen bei dreimal wiederholtem Auftun der verbotenen Kammer nacheinander ein Stern, der Mond und die Sonne. Aber davon ist in der Folge

[27] Stroebe, „Nordische Volksmärchen II", Jena 1919, S. 54ff.

überhaupt nicht mehr die Rede, sondern nur von der Bewährung des jungen allschönen und verstummten Weibes. Für den Jüngling aber wäre bei gleicher Vorgeschichte typisch die selbstverständliche Verpflichtung, die drei verlorenen Lichter wiederzugewinnen.

Gewöhnlich aber ist es die „Braut", die ihm verlorengeht, durch deren Wiedererringung er in die bewährenden Taten hineingezogen wird und mit der er am Ende auf den Thron gelangt. Auch Manawydan, einer der sieben Tabubrecher des Mabinogi – wenn auch nicht der eigentlich aktive, so doch der zum Thron bestimmte –, verliert in der dritten Geschichte der Mabinogion sein Weib, Rhiannon, obwohl das Ereignis hier nicht mit der Tür der „neuadd" verknüpft ist. Indes waren es die Vögel der Rhiannon, die zu Harddlech (= „Schönstein") den sieben Helden vorsangen, und unter diesem Gesang verbringen sie dort ebenso paradiesische Jahre in der Gesellschaft von Brans Haupt wie nachdem zu Gwales, so daß in dieser Doppelung möglicherweise nur eine Steigerung des Motives zum Ausdruck kommt und Manawydans späteres Königsweib schon in das Paradies der Türen hineinspielt. Wie dem immer sei, die entscheidende Verbindung zwischen dem Tür-Tabu des Märchens und dem des Mabinogi liegt in den Worten, mit denen Heilyn zum Ausdruck bringt, was ihn antreibt, die Tür zu öffnen: „Schande meinem Barte, wenn ich jene Tür nicht öffne, um zu erfahren, ob das, was man von ihr sagt, wahr ist!"

In dieser Rede Heilyns liegt das Prinzip einer ganz anderen Welt, als die paradiesische ist innerhalb der „Königshalle": eine Welt der Schande und Ehre, also sozialer Distanzen, das Bekenntnis zum eigenen Erfahren gegenüber der fremden bloßen Belehrung und das Aufsichnehmen des eigenen Handelns und seiner Folgen – kurz, ebenso wie innerhalb der „neuadd" das paradiesische Glück der Märchenschlösser verweilt, so liegt jenseits seiner tabuierten Tür auch der entscheidungsvolle Bereich schicksalhafter Aufgaben und Bewährungen. Wollen wir noch genauer bezeichnen, was die Worte Heilyns im alteuropäischen Norden bedeuten konnten, und zwar für eine Zeit, die uns schon historisch faßbar ist, also in Gestalt keltischer und germanischer Bräuche, so werden wir unmittelbar an jene Sprüche erinnert, mit denen sich bei diesen beiden Stämmen die Männer in schicksallosem Wohlsein einem engumschriebenen Lose weihten, um Ehre zu gewinnen.

Bei den Germanen gab es den Brauch, besonders auf den großen Festen, sich selbst, das ganze eigene Leben und Ansehen, einer großen Aufgabe zuzuschwören, das im Altnordischen sogenannte „heit", das *Geheiß*, dessen

Nichterfüllung Tod oder Schande, dessen Erfüllung aber Lebenssteigerung und Ruhm erbrachte. Bei den Iren gab es in sehr ähnlicher Weise die „geis", einen Bann, der oft von einem anderen Menschen, in der Sage sogar oft von einem übelwollenden, dem Manne auferlegt ward und der ihn ebenfalls unter Schmach- oder Todesdrohung einem einzigen übermächtigen Ziele weihte.[28] Mit „heit" und „geis" wird dem Helden alle Gemeinschaft tabuiert und die Wiederkehr auf die einzige Bedingung eingeschränkt, daß er das Angelobte erfülle. Dann allerdings kehrt er auch mit einem in keiner anderen Weise zu erringenden Ehrenschatz in den Kreis zurück und damit auf den seinem inneren Wesen angemessenen, jedoch nun erst offenbar gewordenen Rang.

Der Schweigebann, der über die Märchenjungfrau verhängt wird, sobald sie das Tabu der Tür gebrochen hat, ist kaum von einer altirischen „geis" verschieden; die Aufgabe des Jünglings, die verschwundene Braut wiederzugewinnen, kaum von einem altnordischen „heit". In beiden Fällen erweist sich sehr bald das ganze Leben als verpfändet, und nur durch Ausharren und höchste Leistung läßt sich der Zugang zur Gemeinschaft wieder erzwingen. Wir finden also einerseits miteinander wesenseins: die Märchenjugend in dem Wunderschloß aller Schlüssel, die paradiesischen Jahre in der „Königshalle" von Penvro und die leidlose Fülle in der festlichen Halle altbritischer oder altnordischer Könige – und andererseits die tabuierten Türen des Märchens und der walisischen „neuadd", mit ihrer dahinter wartenden schicksalsentscheidenden Aufgabe, und den aus der festlichen Mannenrunde hinwegreißenden Aufbruch zu der gelobten oder verhängten Aventiure, zu dem gefahrumdrohtesten Hochziel. Und hier zeichnet sich nun ein weiterer Zusammenhang mit einem altbritannischen Erbe ab, das ich unmittelbar verwandt glaube mit den drei genannten Altertümern und samt ihnen auch mit den Steinen von Stonehenge: die Tafelrunde des Königs Artus und in dieser Runde den einen ausgezeichneten Stuhl, „Siege perilous", den Stuhl der Fährde. Wir kennzeichnen diese Ausprägung der Überlieferung zunächst kurz nach Sir Thomas Malory, dem dichterischen Sammler der Gralssage am Ausgang des Mittelalters.[29] Wie der Stonehenge verdankt auch die Tafelrun-

---

[28] Die „geis" hat vielfältigere Formen als das „heit", sie alle aber kommen darauf hinaus, daß durch Einschränkung lebendiger Möglichkeiten des Entscheidens und Handelns eine heroische Steigerung bewirkt wird. Vgl. auch John R. Reinhardt, „The Survival of Geis" in „Medieval Romance", Halle 1933.

[29] „The Works of Sir Thomas Malory", ed. By E. Vinaver, Oxford 1948, Bd. I, S. 98, 101f., Bd. II, S. 791, 855, 860, 865. Die Gründung der Tafelrunde durch Merlin im Didot-Perceval, „Le

de ihren Ursprung Merlin, der sie für „Uter Pendragon" gestiftet hat. Sie bietet 150 Rittern Platz, doch bleibt einer der Sitze zunächst leer; er ist dem ruhmwürdigsten Ritter aufbehalten, und jeder andere, der ihn besetzen wollte, wäre des Todes. Als der beste endlich, in roter Rüstung, zu Hofe kommt, wird auch sein Name in dem Stuhl vorgezeichnet gefunden, und als er auf ihm zum Festmahle Platz nimmt, erscheint der Gral in der Halle, verklärt die Runde und speist sie.

Dieses Überlieferungsbruchstück zeigt uns ebenfalls die Königshalle in ihrer Unerschöpflichkeit, und zwar vollenden sich hier märchenhafter Glanz und Speisefülle durch die Einkehr des schicksalsbestimmten Helden in die Lücke des Kreises. Zugleich bestimmt ihn das Besetzen dieser Stelle zu äußerster Todesgefahr, der jeder andere, ebenso Wagemutige, erläge, und zu höchster Vollendung – seiner selbst wie auch der Runde. Es finden sich in dieser Verknüpfung einige Abweichungen von dem bisher entworfenen Schema; teilweise erklären sie sich unmittelbar aus hochmittelalterlichen Abwandlungen bestimmter Tendenz, teils finden sich hier zwei ursprünglich verschiedene Situationen vermischt: die verpflichtende Einkehr des Initianden auf dem Stuhl der Fährde und seine rühmliche Rückkehr nach der Bewährung. Dabei besetzt er den Stuhl ebenfalls, nun aber erhöht und die Runde zur Fülle bringend und sie vollendend. In anderer Überlieferung ist diese doppelte Einkehr und ihr Sinn unzweideutig bewahrt. Im Didot-Perceval ist der Sitz eine Steinplatte[30]; als der Unvollendete sich auf ihr niederläßt, zerreißt sie mit einem Aufschrei, und erst indem er die von ihm geforderten Taten vollbringt, schließt sich der Riß wieder, der den Stein teilte. In dieser Sagenerinnerung haben wir mithin nicht nur eine Erinnerung an den Initiandensitz in der Runde und seine steinerne Beschaffenheit, sondern zudem noch eine an sein Aufklaffen unter dem Wagnis des jungen Helden, dem Aufsichnehmen der in dem Stein vergegenwärtigten Aufgabe, und an die Schließung des Spaltes mit ihrer Erfüllung. Überdies aber verraten uns diese Bilder, worin sich der Alleingang des Helden wie im Märchen vollendet: im Darbieten des errungenen Heldengutes an die ursprüngliche Runde.

Methodisch sei zu diesem Sagenfragment noch das Folgende bemerkt. Wir haben oben schon aus der Gralssage eine völlig eigenständige Überliefe-

---

Saint-Graal", publié par E. Hucher, Bd. I, Paris 1875, S. 416, 418, und in „The Vulgate Version of the Arthurian Romances", ed. by H.O. Sommer, Bd. II, Washington 1908, S. 52f.

[30] „Le Saint-Graal", publié par E. Hucher, Bd. I, Paris 1875, S. 426f., 484f.

rung von einem Kreisheiligtum Merlins angeführt: die Goldsäule im Ring der fünfzehn Kreuze und den Opfermenschen unter der Steinplatte. Wenn wir des weiteren Merlin sowohl als den Schöpfer der Tafelrunde wie auch als den Erbauer des Stonehenge in die Artussage verknüpft finden, so werden wir in der Vielfalt dieser Urhebersage ebenfalls ein Indiz dafür sehen dürfen, daß zwischen den vorgeschichtlichen Steinringen und bestimmten Volksüberlieferungen, insbesondere den Königssagen, wirkliche Zusammenhänge bestehen und daß diese Sagen daher mit Fug für die Sinnerhellung bronzezeitlicher Heiligtümer fruchtbar gemacht werden.

Die Türen im Steinring

Wir haben bisher über den Sinn der verschlossenen und verbotenen Tür einiges ans Licht zu bringen gesucht und haben uns dabei zugleich durch die walisische „neuadd" immer im Zusammenhange gehalten mit den Prescelly-Steinen von Stonehenge. Wir hätten uns nun zu fragen, was wir mit unseren Überlegungen für den Sinn der ganzen Anlage, ja etwa auch für ihre Archäologie gewonnen haben. Es scheint mir da nun von höchster Wichtigkeit, daß uns das „Mabinogi" eine Angabe macht über die Himmelsrichtung, in die man aus der verbotenen Tür schaut. Leider wissen wir nicht, wo Gwales eigentlich gelegen hat. Daß es die Insel Grassholm aus der Gruppe der Smalls[31] gewesen ist, dünkt mich unwahrscheinlich. Indes gibt diese Identifikation doch nicht den Ausschlag. Wichtig ist allein, daß von der Tür der „neuadd" in Penvro der Blick nach Cornwall schweifte, also nach Süden. Läßt sich dieser Umstand in einen sinnvollen Zusammenhang mit der Funktion der Tür bringen, so daß wir darin nicht eine bloße topographische Eigenheit, sondern ein rituelles Paradeigma sehen dürfen? Gibt uns mithin die Überlieferung einen beachtenswerten Fingerzeig dafür, daß in dem alten Basaltheiligtum die Steine 66 und 68 am Südpunkt des Ringes gestanden haben?

Die altindischen Königsrituale, eine Fundgrube ältester kultischer Überlieferungen, geben uns auch Hinweise auf den rituellen Sinn des Südens.[32]

---

[31] „Die vier Zweige des Mabinogi", hrsg. von Ludwig Mühlhausen, Halle 1925, S. 141, vgl. „Sailing Directions for the West Coasts of England and Wales", Washington 1939, S. 97.

[32] Albrecht Weber, „Über die Königsweihe, den Rājasūya", Ahh. d. Kön. Akad. d. Wiss. zu Berlin, 1893, Phil.-hist. Kl. Abh. 2, S. 15, 48ff.

Überhaupt ist dort die Symbolik der vier Hauptrichtungen grundlegend für die Gliederung der im Kreise um den König ablaufenden Riten. Aus jeder Weltgegend empfängt er die Weihe durch einen charakteristischen Vertreter, und jede Richtung begabt ihn mit der ihr eigenen Kraft: Gedeihen, Priesterkraft und so fort; im Süden aber wird ihm das Kriegertum zu eigen. Von den vier Lokapalas, den Tutelargottheiten der Hauptrichtungen, gehört dem Yama, dem Totengott, der Süden. Auch im Epos, bei einer Vision der Richtungsgötter, erscheint im Süden Yama.[33] Daher schließen auch die unheilbringenden, gegen den Feind gerichteten Riten nach Süden ab, die heilbringenden aber nach Norden oder Osten.[34]

Durch die Worte Kriegertum, Totengott und Feind finden wir also den südlichen Bereich des indischen Kultkreises in eben dem Sinne bezeichnet, wie wir es für die tabuierte Tür des nordeuropäischen Kultkreises abgeleitet haben. Ganz dementsprechend wird auch das Haupt des Bran mit dem Gesicht gegen das Festland, also nach Süden gerichtet, bestattet – zur Abwehr jeder von dort drohenden Heimsuchung. Nach der Eschatologie der Germanen kommt der Hauptfeind der Götter, Surtr, der Herr des Chaos-Feuers, von Süden.[35]

Mit der Ordnung der Tür im „Mabinogi", ihrer Sinngebung durch die Märchentür und mit der gleichartigen Ortung dieses Sinnbezirks im indischen Ritual haben wir die nämliche Lage der „Tür", der Schließsteine von Prescelly oder Stonehenge, glaublich gemacht: im Südpunkt des Ringes. Daran knüpft sich die Frage nach der Ortung der beiden offenen Türen. Da das indische Ritual und in der Tat viele verwandte Ortungsbräuche uns auf die Kardinalpunkte verweisen und da offene Türen ein ausgewogenes Symmetrieverhältnis verlangen, so dürfen wir kaum daran denken, mit einer von ihnen den Nordpunkt zu besetzen. Sondern es bleibt uns allein die Wahl, sie im Osten und Westen unterzubringen, im Einklang mit so mancher mythologischen Überlieferung, die im Osten und Westen je ein Sonnentor kennt. Mit dem geschichtlich gewordenen Bau in Südengland befänden wir uns wenigstens insoweit in Übereinstimmung, als seine „offene Tür" ebenfalls der Sonne zugewandt ist. Während das Sarsenheiligtum allerdings auf den extremen sommerlichen Aufgang schaut, würden die offenen Türen in den Kardinal-

---

[33] „Mahābhārata", ed. by Hiralal Haldar, Bombay 1950 ff., Bd. III, S. 96ff.
[34] „Kauśika Sūtra" 47, 5, bei: W. Caland, „Altindisches Zauberritual", Amsterdam 1900.
[35] Völuspá 52.

punkten des Basaltbaues in die Auf- und Untergänge um die Tag- und Nacht-
gleichen hineinschauen. Andererseits ist es natürlich auch denkbar, daß schon
die Hauptachse der Basalte wie die jetzige Achse von Stonehenge orientiert
war. Dann hätten die beiden offenen Tore auf den nördlichsten Sommerauf-
gang und den südlichsten Winteruntergang hingeschaut.[36]

Wir wollen indes unsere Überlegungen durch den Ortungsgedanken nicht
einengen. Wir glauben den Sinn der Schließsteine mit einer gewissen Wahrscheinlichkeit aufgedeckt zu haben und fanden ihn, unbeschadet seiner gewiß
sinnvollen Beziehung auf das irdische Achsenkreuz, nicht in einer kalendari-
schen oder siderischen Zweckbestimmung. Wir würden dann auch den
grundlegenden Sinn der anderen Einzelheiten nicht in ihrer siderischen Ausrichtung suchen dürfen – wiewohl auch in ihrer Funktion die kosmische
Symbolik selbstverständlich mitbezogen sein dürfte. Wir versuchen daher
auch für die offenen Türen die breitere Wirklichkeit durch die Sinnfrage zu
erschließen. Wir können dabei nur von dem Sarsenbau ausgehen, da wir von
den Prescelly-Toren nichts wissen außer ihrer wahrscheinlichen Zweizahl;
von den Mabinogi-Türen darüber hinaus allerdings zwei weitere wichtige
Merkmale: ihre Offenheit und deren vermutbaren Zusammenhang mit der
Paradiesnatur der „neuadd". Da andererseits der Stonehenge nur *eine* offene
„Tür" hat, soweit es sich bei dem gegenwärtigen Zustand und den bisherigen
Grabungsergebnissen überschauen läßt, so werden wir später zu einem Rückschluß auf die ältere zweitorige Form genötigt sein, ein hypothetisches Verfahren, jedoch im Bereich der Sinnforschung keineswegs so zweifelhaft, wie
ein entsprechender Rückschluß für die reine Sachforschung es wäre.

Newall hat in seinem Abriß einen kritischen Gedanken Abercrombys
zitiert, der die Bedeutsamkeit des sommerlichen Sonnenaufgangs für den
Stonehenge dadurch zu widerlegen gedachte, daß er die nordöstliche Öffnung
als Eingang bezeichnete und dann einen Widerspruch gegen alle vertrauten
Kultbauwerke darin zu sehen vermeinte, daß der Eintretende sich erst habe
umdrehen müssen, ehe er den Gegenstand seiner Andacht vor Augen hatte.[37]
Aber dieser Gedankengang setzt an die Stelle der Welt von Stonehenge eine

---

[36] Für eine alte Nordost-Südwest-Achse spricht der Übergang im Nordostteil des Grabens, der
ja älter ist als der Sarsenbau. Über die Möglichkeit, daß auch der Sarsenbau nicht nur nach
Nordost, sondern ebenso nach Südwest schaue, siehe R.J.C. Atkinson, „Stonehenge", London
1956. Neudruck 1960 als Pelican Book A 450 mit einigen wichtigen neueren Grabungsergebnissen S. 96, und Newall S. 14.
[37] Newall, ebd.

andere, und seine Schlußfolgerung ist daher ohne Gewicht. Nähme man auch mit Recht einen „Eingang" an, so wäre doch erst zu bestimmen, wer oder was dort einst in ritueller Weise eingetreten ist. Das wäre möglicherweise kein Mensch, kein Andächtiger und kein Priester gewesen, sondern nur der Gott selbst. Und ihm gegenüberzutreten war möglich, ohne mit sterblichem Fuße seine Schwelle zu entweihen, denn der Stonehenge hatte ja außer dem einen ausgezeichneten Eingang 29 andere für den äußeren Ring und 4, 5 oder 9 für den innersten Raum.

Wir haben mit dieser Überlegung bereits eine entscheidend andere Ansicht zum Ausdruck gebracht, als Abercromby sie vortrug. Eine Erscheinung wie die der aufgehenden Sonne wird ja überhaupt nicht nach dem Eintritt in ein Heiligtum vorgefunden, sondern kann dort nur erwartet werden. Das ist eine Binsenweisheit, aber eben diese wird ja durch die ganze Anlage auch höchst sinnfällig zum Ausdruck gebracht. Der gegen die aufgehende Sonne hin geöffnete Kreis hat den Sinn einer zu Empfang und zu Empfängnis geöffneten Wesenheit. Das Heiligtum von Stonehenge ist gar keine Dauerstätte wie unsere Gotteshäuser, in denen nach unserer Vorstellung der Gott dem Andächtigen jederzeit zugänglich ist, sondern es ist eine zum Empfang des Gottes bereitete Weihestätte. Dies leuchtet nicht nur ein, wenn wir uns den Sonnengott auf der Höhe seiner sommerlichen Macht als nur dann im eigentlichen Sinne Ankommenden vorstellen, sondern auch, wenn wir an andere „reisende" Götter denken, etwa an Apoll, der jeweils im Frühling aus seiner Winterzuflucht nach Delos zurückkehrte – zu den großen Festen und Märkten.

Sobald wir aber des griechischen Apoll hier gedacht haben, werden wir sofort an eine Nachricht aus dem Altertum erinnert, die immer wieder auf den Stonehenge bezogen worden ist. Dieser mögliche sachlich-historische Zusammenhang spielt für uns hier keine Rolle; es geht an dieser Stelle allein um die Vorstellung eines periodischen Empfanges, den Eintritt des Gottes in die geweihte Stätte, seine Abwesenheit während einer langen Zeitspanne. Es heißt ja bei „Diodorus Siculus"[38] nach älteren Berichten, daß es auf einer Insel jenseits des Keltenlandes „ein prächtiges Heiligtum Apollos (témenos) gäbe und einen interessanten, mit vielen Weihgaben geschmückten Tempel (naós) von rundlicher Gestalt". Von dem Gott würde erzählt, daß er alle 19 Jahre auf die Insel herabkomme und dann dort nächtlicherweile, von der

---

[38] Diodorus Siculus II, 47.

Frühlingsgleiche bis zum Aufgang der Plejaden, die Zither spielend, einen Reigen tanze.

Ohne Rücksicht auf die geschichtlichen und astronomischen Zweifel, die sich mit Recht an diese Nachricht knüpfen, dürfen wir sie doch als ein Beispiel wählen für die Natur einer solchen Weihestätte, die 19 Jahre lang ohne ihren Gott und nur wenige Monde lang von seinem Reigen und seiner Saiten Klang erfüllt ist. Ihr Wesen ist, zum Empfang bereit zu sein; das zeigt auch klar das „Schriftzeichen" des nach Nordosten geöffneten Hufeisens – und darin hat auch Adama van Scheltema ohne Zweifel die rezeptorische oder sogar die konzeptorische Natur der Anlage richtig gelesen. Nichts jedoch zwingt uns, den Sinn dieser erkannten Figur einzuengen auf eine besondere Art der Empfangsbereitschaft, sei es nun die pur astronomische oder auch die fertilistische. In einem solchen Weltkreise hatte auch die heilige Hochzeit nicht den Sinn einer bloßen Fruchtbarkeitsmagie. Wir dürfen annehmen, daß selbst ein reiner Fruchtbarkeitszauber um so wirksamer war, je welthaltiger er sich abspielte, je mehr Wesensmächte vom Stern herab bis zur menschlichen Mitte in ihm mitwirkten.

Das zentrale „Spiel" nun, in dem sich schon damals vermutlich alle rituellen Anliegen verwebten, war das der „Königsweihe" – was immer wir uns unter einem bronzezeitlichen König in Nordwesteuropa vorstellen, und hätte es sich nun um die Weihe immer neuer Könige gehandelt oder um die jährliche Erneuerung der Weihe in ein und derselben Herrscherperson. Diese Überzeugung drängt sich durch zahllose Einzelbeobachtungen auf, die hier nicht auseinanderzusetzen sind. Daß der Herrscherkult gerade in der „Megalith-Religion" eine wichtige Rolle gespielt hat, ist überdies eine allgemeine Erkenntnis[39], und ein machtvolles Herrschertum nimmt Atkinson eben auch für die „Wessex-Kultur" an.

Es liegt auch in dieser Benennung der Riten kein konstitutives Argument für die Einsicht in den Sinn der Anlagen. Sie selbst bezeichnen auf das kräftigste den Doppelsinn, der auch im heiligen Königtum vereint war und in jeder Königsweihe, wenigstens der einer bestimmten Epoche, im einzelnen König investiert wurde. Mittelsäule und Ring bezeugen die aus sich selbst gespeiste, in sich selbst sich erneuernde, im Umkreis sich verstrahlende, im Nabel sich verdichtende Lebensmacht eines ursprünglichen Daseins, dem Mythos der Himmel-Erde-Fernung entsprechend und der Goldewe mythi-

---

[39] Ferdinand Herrmann, „Symbolik in den Religionen der Naturvölker", Stuttgart 1961, S. 211f.

scher Geschichtsphilosophie. Das Hufeisen aber bezeugt aufs deutlichste die Bezogenheit der Mittenmacht auf eine außerhalb ihres Kreises befindliche Wirklichkeitsmacht, aus der sie sich zyklisch im Kampfe zu erneuern gezwungen ist: Bild des „Ehernen Zeitalters", Spiegelbild des kosmogonischen Drachenkampfes. Diese Hinwendung der mittensten Macht nach außen und ihre Abhängigkeit von einem Außerhalb entsprechen der Ausrichtung der ganzen Anlage von Stonehenge auf den Einstrom des Lichtes, und zwar eines höchst besonderen und auserlesenen, nämlich nur des Lichtes zur Zeit des Sonnenhöchststandes. Ebenso findet sich dieses Abhängigkeitsverhältnis in dem Ritus der indischen Königsweihe, dem Vâjapeya insbesondere, wo der Raum des Wagenrennens von der Mitte her als ein Raum vereinzelter Stationen eröffnet wird, wo der König in diesem Raume Ruhmesglanz gewinnt und, von ihm ermächtigt, in die Mitte zurückkehrt.[40] Eben dies aber wird wiederum aufs deutlichste in bestimmten Märchen ausgedrückt und ist auch der wesentliche Gehalt desjenigen Motivs, das wir zum Verständnis der Schließsteine herangezogen haben. Mit dem im Außenraum gewonnenen Lichte kehren die Helden zurück, rituell in den kultischen Kreis, der Wirkung nach aber, da im heiligen Ring sich das Paradeigma des Reiches vollzieht, in das Land insgesamt als sein König.

In Rom entspricht dieser Rückkehr die triumphale Einkehr des siegreichen Feldherrn, und nirgends leuchtet uns auch die kultbiologische Wirklichkeit solcher Vorgänge deutlicher ein als im Triumphe, der sichtbar den gewonnenen Siegesglanz auf die empfangsbereite Gemeinde in ihrer heimischen Runde ausstrahlt. Übrigens kehrte das römische Heer rituell wahrscheinlich aus dem Nordosten aufs Forum zurück, durch das Janustor, also aus eben der Richtung, in der die Prozessionsstraße auf den Ring von Stonehenge stößt. Ganz dementsprechend war auch in Indien der Nordosten die Richtung des Sieges. Rom hat insofern gegenüber dem nordeuropäischen Paradeigma geneuert, als das Heer auch durch das Janustor auszog, also ebenfalls nach Nordosten, dem Sinne nach also nicht zur Entscheidung, sondern immer dem Siege entgegen. Außer dem im Nordosten gelegenen Doppeltor des Janus aber gab es südlich des Kapitols, also südwestlich des Forums, vielleicht noch ein anderes Tor mit entsprechender ritueller Bedeutung,

---

[40] Heino Gehrts „Drachensieg und Bruderkampf", *Antaios* Bd. VII, 1965, S. 177.

den rechten „ianus" in der „Porta Carmentalis" nämlich.[41] Dieser wurde auch „Porta Scelerata" genannt, das Unheilstor, und zwar nach dem unheilbringenden Auszuge der 306 Fabier, die sämtlich im Kampfe gegen Veji fielen. Der von ihnen ausersehene Stützpunkt lag sieben Kilometer nordwärts, in Tibernähe. Nach Norden führte die uralte „Via Salaria"; die „Porta Carmentalis" aber schaute nach Westen. Nun könnte dieses Tor zwar auch aus taktischen oder topographischen Gründen gewählt worden sein; ob aber dort nicht doch ursprünglich das eigentlich sinnentsprechende Auszugstor gewesen ist, das erst infolge jener Begebenheit für immer verrufen war?

Der Doppelsinn, von dem wir in einer bestimmten Phase des kultischen Altertums den Kultplatz, sein Ritual und sein „Weltbild" beherrscht sehen, ist in unserem Mabinogi nun aber nicht nur in der rituellen Polarität von Paradiesesstätte und Schicksalstor ausgeprägt, sondern auch in der Urmythe von Bran, die dahinter sichtbar wird. Kenntlich wird sie uns in der Fußwunde Brans und in seinem abgetrennten Haupte. Fragen wir zunächst nach diesem, so bezeugt uns die keltische Tradition, daß der Kopf als Sitz der eigentlichen Lebensmacht gelten konnte.[42] Zwar dürfen wir von dort nicht ohne weiteres auf das bronzezeitliche, westeuropäische Altertum zurückschließen, aber es ist doch sehr wahrscheinlich, daß in den Schädeltrophäen und den Kopfjagden der Gallier und in den aus Feindeshirn und Kalk gebackenen Trophäen der Iren auch vorkeltisches rituelles Erbe nachlebt – falls jene Völkerschaften nicht doch schon selbst Kelten waren –, lebte doch nach Piggots Annahme auch in unserem Mabinogi vorkeltische Inseltradition in druidisch-kymrischer Erinnerung fort und scheint doch auch anderwärts ein allgemeiner Zusammenhang zwischen Kopfjagd und Megalithkultur zu bestehen.[43] In der Kopftrophäe bewahrte der Sieger den eigentlichen Gewinn seines Kampfes; bei der agonalen Wettrede in der irischen Königshalle, bei der es um den „Besten" ging, gab man den Streitenden jene Hirnkugeln in die Hand. Die Kopfreliquie eines Urkönigs, lebendig wirkend in einem Fülleschloß, vergegenwärtigt mithin einen Opfergewinn, sie ist der eigentliche Daseinsgrund jenes Paradieses. Eine Bestätigung für diesen Opfercharakter dürfen wir auch

---

[41] Die Belegstellen siehe „Thesaurus Linguae Latinae, Onomasticon", Bd. II, 1907-13, Sp. 199. Vgl. auch „Realencyclopädie", Suppl. III, 1918, Sp. 1182f.

[42] Jacques Moreau, „Die Welt der Kelten", Stuttgart 1958, S. 110f.; Rudolf Thurneysen, „Sagen aus dem alten Irland", Berlin 1901, S. 69f. – Vgl. Gustav Schwantes, „Deutschlands Urgeschichte", Stuttgart 1952, S. 40.

[43] Ferdinand Herrmann, „Symbolik in den Religionen der Naturvölker", Stuttgart 1961.

darin sehen, daß die Aufdeckung des bestatteten Hauptes, ganz analog jenen märchenhaften Opferentdeckungen hinter der gebannten Tür, nach dem Mabinogi zu einem Verlust an Opfermacht führt: sie öffnet die Insel dem Schicksal.

Die Fußwunde Brans aber, die ihn selbst veranlaßt, das Haupt darzubieten, ist das Korrelat der Fülle, sie bezeichnet Bendigeid Bran als das dargebrachte Opfer.[44] Es sei erlaubt, diesen Zusammenhang ausnahmsweise an einem nicht-indogermanischen Mythos zu veranschaulichen, nicht etwa, weil es an zugehörigen indogermanischen oder alteuropäischen Traditionen mangelte, sondern deswegen, weil diese die mythisch-sinnvollen Zusammenhänge meist schon in epischer Verteilung, ja Zerstreuung darbieten, während die anzuführende „Dajak-Mythe"[45] alle wesentlichen Züge in dem runden Bilde eines einzigen Urvorganges enthält. Megalithische Beziehungen sind zudem zu vermuten.

Bei den Klemantan auf Borneo heißt es nämlich, daß der Riese Usai, der mit seiner Mörserkeule an den Himmel stieß und so veranlaßte, daß er sich von der Erde entfernte, später wie ein ungeheurer Baum aufgerichtet bei dem Orte Miri stand. Als die Miri-Leute sich daran machten, diesen mit Äxten umzuhauen, und als das Blut aus Usais Fuß zu fließen begann, verkündete er selbst seinen Tod und sagte voraus, daß sein Hirn aus Sago, seine Leber aus Tabak bestehen würde. Wohin sein Kopf fiele, dort würden die Leute viel wissen, wo die Füße, dort unwissend sein. Aber auch ihr schönes Haar haben die Miri-Leute von seinem Kopfe. Nach einer nahverwandten Variante wird der Weltriese bestattet, doch so, daß sein Haupt über der Erde bleibt. Aus diesem bricht ein Schößling hervor, der zu einem mächtigen Bananenbaume erwächst. Dessen Blüten werden, wenn sie abfallen, zu Perlen, die Blätter zu Kleidern, zu Töpfen die Früchte, die Zweige zu Eisen und Stahl.

Diese Mythe veranschaulicht in beispielhafter Weise die Himmel-Erde-Fernung durch den Urriesen, die Opferung des Weltriesen durch eine Fußverletzung, seine Zustimmung und die Voraussage des Opfergewinnes – auch dies dem Mabinogi vergleichbar – und diesen Opfergewinn in Gestalt seines Kopfes, der sich in alle möglichen Lebensgüter, in Nahrungsmittel und Kostbarkeiten verwandelt. Es ist wohl kaum zu bezweifeln, daß Bran und Usai

---

[44] Die Enthauptung Brans stellt ein typisches „Dema-Opfer" dar. Vgl. Adolf E. Jensen, „Mythos und Kult bei Naturvölkern", Wiesbaden 1951, S. 113-118.

[45] Hose-McDougall, „The Pagan Tribes of Borneo", London 1912, Bd. II, S. 142; Henry Roth, „The Natives of Sarawak", London 1896, S. 328 ff.

auch geschichtlich miteinander verwandt sind, nicht dies ist indes hier das Entscheidende. Wichtig ist allein, daß die „Dajak-Mythe" den mythischen Sinn und Zusammenhang im riesischen Urkönig Bran, die allerdings auch in sich selbst Bestand haben, in lakonischer Gedrungenheit sinnfällig macht, so daß wir die hier auseinandergesetzten Ritualgedanken mit um so größerer Sicherheit annehmen und am Sinn des Stonehenge erproben dürfen. Die folgenden Entsprechungen erscheinen mir als gesichert: wie zur Opferfülle sich die Opfernot, so verhält sich zu Brans Kopf die Fußwunde, zur paradiesischen „neuadd" die verschlossene Tür und was sie verschließt, zum Sarsenkreis das im Hufeisen sich ausdrückende Bedürfnis.

In dem jungen Helden, der ruhmbedeckt in die kultische Runde zurückkehrt, zeichnet sich eine der Möglichkeiten ritueller Erfüllung ab. Im besonderen hatten wir früher festgestellt, daß der Held, der das Tür-Tabu und seinen Bruch besteht, nicht nur die Opfer des Tabus, sondern auch den Herrn des Schlosses „erlöst" und daß er dabei nicht die Lösung einer zaubrischen Bannung, sondern die Vollendung eines Totenschicksales vollbringt. Im Rahmen unserer Überlegungen dürften wir daran denken, daß es sich dabei um das Todeslos des alten Königs handelt. Wir könnten dazu nicht nur auf die Gralssage verweisen, wo diese Motive in der umfassendsten Weise ausgestaltet sind, sondern ganz besonders auch auf unser Mabinogi, wo ja gerade im Anschluß an den Bruch des Tabus den sieben Helden keine bestimmtere Aufgabe erwächst, als den alten König zu bestatten; im übrigen aber geht es für sie um die Neuordnung der Herrschaftsverhältnisse. Von den wirklich überlieferten Königsritualen wäre das ägyptische zu erwähnen, wo die Weihung des neuen Königs der Zeit wie dem Sinne nach aufs engste verflochten ist mit den Totemriten für den Vorgänger; sie vollenden sich darin, daß der lebende König dem toten den Zugang zu seinem letzten, dauernden Jenseitsorte bahnt.[46]

Es bleibt uns noch übrig, nach dem Südtor des Sarsenbaues zu fragen und nach dem Sinn des basaltenen Türenpaares, dem ja gerade der rezeptorische Charakter zu mangeln, das gerade das empfangsgerechte Hufeisen zu durchlöchern scheint. Zu der ersten Frage wäre etwa auf den altrömischen Ritus hinzuweisen; es brauchte ja das bedrohliche Tor tödlicher Entscheidungen auch von den Wessex-Herren nicht mehr in den Kreis eingebaut worden zu sein. Auch sie hätten die paradeigmatischen Auszüge aus dem Kreis gegen

---

[46] Henri Frankfort, „Kingship and the Gods", Chicago 1948, S. 104, 110ff., 128.

Nordosten hin vornehmen können. Gerade solchen Kulturen äußerster Machtentfaltung ist es zuzutrauen, daß sie den Sinn verlieren für die außerhalb ihrer eigenen Anstrengungen liegenden Entscheidungen – in der Unterwelt, bei den Todes- und den Schicksalsgöttern. Dennoch geben zwei bauliche Einzelheiten im südlichen Stonehenge zu denken. Die erste ist zwar weit älter als die Wessex-Kultur, könnte aber gerade darum auch ein früheres Kultbild bewahren. Der Graben nämlich, der allerdings der Tiefe wie der Breite nach ziemlich unregelmäßig ausgehoben war und offenbar vornehmlich als Kreidebruch für den Wall gedient hat, setzt gerade am Südpunkt in einer Weite von knapp 4 Metern aus – und dies ist, außer der Nordoststraße, der einzige Übergang in dem gesamten Grabenring. Außerdem weist auch der Süden des Sarsenkreises eine bisher unerklärte Unregelmäßigkeit auf. Der dort stehende Pfeiler 11 ist nämlich weit schmäler als irgendein anderer Tragstein in der Runde und wohl aus diesem Grund im oberen Teil längst zerbrochen und verschwunden. Vielleicht aber war die Schlankheit im Plane begründet und stand im Zusammenhang mit der rituellen Bedeutung des Südpunktes. Die Möglichkeit allerdings, daß Stein 11 ursprünglich einen ebenso schlanken Genossen gehabt hätte, daß auch hier, analog den Schließsteinen 66 und 68, anfangs zwei Pfeiler standen, scheint dadurch ausgeschlossen, daß die Fundamentgrube von 11 nicht größer ist als sie eben für diesen Stein taugte.[47] Indes, welche anderen architektonischen Möglichkeiten immerhin noch denkbar sein möchten, an dieser Stelle einen Schließstein darzustellen – wir bedürfen solcher Annahmen nicht, um den Stonehenge zu verstehen oder unser Verständnis zu stützen. Gleichwohl könnte in ihm doch auch die beispiellose Schlankheit des Pfeilers 11 am Ende eine Erklärung finden.

Was bedeutet das Türenpaar in der „neuadd" und in den Basalten? Die Verfechter exakter Methoden werden die Antwort vermutlich allzu hypothetisch dünken. Indes sind die Antworten der Sinnforschung doch nicht hypothetischer als die psychologische Deutung von Träumen oder die graphologische Deutung von Schriften. In der Tat ist die auf die frühmenschliche Geistesgeschichte angewendete Sinnforschung so etwas wie eine Graphologie und Psychologie von Zeichen, die sich dem Wägen und Messen nicht enträtseln. Wollten wir aber auf diesem Gebiet nicht von vornherein sehr wesentliche Erkenntnisse ausschließen, die wirkliche Einsicht in altmenschliche Anlie-

---

[47] Nach freundlicher brieflicher Mitteilung von Herrn Prof. Atkinson vom 15. September 1965.

gen, dann sind wir gezwungen, die Quellen mit neugewagten Methoden zum Sprechen zu bringen.

Ganz hypothetisch ist nicht einmal die Annahme, daß das Türenpaar zentralsymmetrisch einander gegenübergelegen habe, also entweder auf der Ost-West-Achse oder auf der „Sonnenbahn" von Nordost nach Südwest. Denn solche Symmetrien begegnen in der Tat allerorten in altertümlichen Riten und Mythen. Haben wir aber einmal diese Annahme gemacht, so erkennen wir sogleich eine sinntragende, charakteristische Andersheit gegenüber dem Paradeigma von Stonehenge. Dort nämlich fängt der Hohlspiegel der Trilithen den triumphalen Einzug des Lichtes auf, vereinigt es in der Mitte und hält es dort fest. Wir finden dies ganz und gar im Einklang mit dem Sinn der überlieferten Königsrituale, mit dem Charakter der Wessex-Kultur und dem machtvollen Denkmal des Sarsenbaus an sich selbst: Sammlung, Huldigung, Erhöhung und Überhöhung, dies sind die Erscheinungen, die wir dort zum Teil in den Steinen selber erblicken und deren Vollzug in anderer Form wir daraus erschließen dürfen.

Was geschieht in der „neuadd" von Penvro? Auch hier kommt der Aufzug von Osten auf die Mitte zu, muß den Pfeiler umwandeln und sieht sich dann der offenen Tür des Westens gegenüber. Der Gegensatz zu der Funktion des Hufeisens läßt nur einen Schluß zu: daß die Träger des rituellen Gewinnes, soweit sie ihn durch die Umwandlung nicht der Mitte übermacht haben, mit ihm den Kreis durch die andere Tür wieder verlassen. Weil aber das „Schloß" dadurch nicht etwa verarmt, sondern in der ewigen Fülle des „Goldenen Alters" verbleibt – das ist ja auch der Sinn der walisischen „neuadd" – so muß an den Austritt sich ein neuer Eintritt anschließen – oder mit anderen Worten: der Kreis und seine Mitte werden von neuem, in einem „nicht enden wollenden" Reigen umflossen. Dieser Reigen selber ist die sichtbare Darstellung der goldenen Fülle – und wir dürfen dabei als an ein sichtbares Bild, wenn auch nicht gerade als an einen vom alten Stonehenge selbst aufgenommenen Film, an den Reigen Apollos, des Gottes selber, in jenem hyperboräischen Heiligtum denken. Erscheinungsmäßig, rituell und auch politisch bedeutet diese Kultform gegenüber derjenigen der Wessex-Kultur geringere Ballung der Kraft in der Mitte, größeren Anteil am goldenen Licht in der Runde – also, wenn man will, eine „demokratischere" Verfassung. Nur daß in jenen Zeiten das Licht auch offenbares Geschenk des goldenen Kronos an alle war, heute wird es hinter Panzertüren gehortet. Überdies besaß jene Zeit das Wissen, wie auch der kinderverschlingende Kronos, daß die Fülle nicht dauert ohne Opfer. Und wir wissen ja, daß in jener vom Reigen umtanzten Pfeilerrunde das Pfeilerpaar der Schließsteine steht.

Bisher haben wir dies Paar in seiner Bedeutung für das gesamte Ritualsystem betrachtet. Zum Abschluß scheint es mir angemessen, es auch in seiner sinnfälligsten Funktion, innerhalb der festlichen Riten zu zeigen. Dabei schwebt mir nicht etwa vor, einen alten Stonehenge- oder Prescelly-Tanz zu rekonstruieren; sondern ich gedenke lediglich zu veranschaulichen, in welcher Weise die offenen Tore und die tabuierte Tür rituell sinnvoll und im Einklang mit dem Doppelcharakter der „neuadd" erlebt werden konnten. — Die 22 bearbeiteten Basalte lassen sich so ordnen, daß der Altarstein in der Mitte steht, je drei Steine bilden die Tore im Osten und Westen, die Schließsteine stehen im Süden, ein einzelner Pfeiler am Nordpunkt. Die übrigen zwölf Steine verteilen sich, je drei zwischen den Kardinalpunkten, auf die übrigen Richtungen der Windrose. Diese 16 Bauglieder umschlingt, durchflicht der Reigen, im Osten eintretend, im Westen austretend, und diese Figur bleibt unverändert, ob nun der Kreis auf der Sonnenachse durchlaufen oder ob jedes Bauglied, also die Pfeiler und der Schließstein, einzeln im Kreise umtanzt werden, ob Paare geschlossen den Ring durchtanzen oder unter dem Osttor sich trennen, unverbunden die Mitte und den Südbogen durchlaufen und unter dem Westtor sich wieder vereinigen. Werden aber die Schließsteine auseinandergetan – die technische oder rituelle Bewältigung dessen kümmert uns hier nicht – und wird die Öffnung durchschritten, so verwirrt sich die „ewige" Figur des vorigen Reigens, und leicht lassen sich paradeigmatische Figuren erdenken, die zu einer Trennung der Knaben von den Mädchen führen oder zu einer anderen Stellung, die als rituelles Zeichen für ein bedeutungsvolles Ende des Reigens gelten könnte.

Es geht aus den angestellten Überlegungen hervor, daß wir in dem Hufeisen von Stonehenge eine rituelle Erfindung sehen müssen, die später ist als der Kreis mit zwei offenen Toren, das heißt, als derjenige Pfeilerkreis, der seinem Wesen nach überhaupt offene Gestalt ist. Dafür gibt es nun in der Tat einen historischen Beweis. Wir müssen uns dazu allerdings entschließen, einen großen Teil jener ring- und radförmigen Bilder der Bronzezeit, die man früher meist als „Sonnenbilder" ansah, als das zu erkennen, was sie sind: Abbilder des Kultplatzes und damit „Weltbilder" der Vorzeit. Eine zeitliche Folge solcher Bilder, die der französische Archäologe H. Breuil erarbeitet hat, versieht G. Schwantes mit der zwar sinnträchtigen, formal jedoch verworrenen Unterschrift: „Entwicklung des kreisförmigen Sonnenbildes in

Westeuropa zu hufeisenförmigen Sinnbildern"; er behandelt sie aber im Zusammenhang mit den Trojaburgen und anderen vorgeschichtlichen Kultplätzen, unter ihnen dem Stonehenge.[48] Vom Ablauf solcher Vorgänge, wie sie sich in dieser Reihe darstellen, und von ihrem Sinn geben uns die eigenen Überlegungen nun eine klarere Vorstellung, und daher sei diese Folge ohne weiteren Kommentar hier wiedergegeben – als ein lesbares Dokument sowohl einer grundlegenden rituellen Neuschöpfung wie auch einer im Rituellen sich ausprägenden Geisteswende in der alteuropäischen Menschheit.

Die Tatsächlichkeit einer bestimmten rituellen Erfindung offenbart sich uns in der Gestalt des Stonehenge, ihre Geschichtlichkeit in der Breuilschen Sequenz. Im Hinblick auf unser spezielles Problem, die Schließsteine 66 und 68, hätten wir indes noch eine letzte Verbindung zu knüpfen und nach der Notwendigkeit zu fragen, die zu einer solchen Erfindung führte. Wir haben anfangs die vollkommen ritualisierten Kulturen durch das Kreisbild gekennzeichnet. Offenbar aber wurde der rituelle Kreis in einer bestimmten Epoche als unzureichend befunden, die ganze Weite des Lebens zu fassen und sich rituell einzugliedern; ein über ihn Hinausliegendes muß mit unausweichlicher Gewalt erlebt worden sein. Das Heiligtum selbst rundete sich nicht mehr – ein rituelles Defizit, das sich in dem Mythos von der unvollendbaren Götterburg spiegelt und noch in jenen späten Kirchensagen, die von Fenstern oder Gewölbesteinen wissen, welche der Teufel immer wieder herausstößt.

Es liegt nahe, bei diesen Störungen an Schicksalseinbrüche sowohl in den persönlichen Lebenskreis wie in den Jahreskreis der „Gemeinde" zu denken. Ein vollkommenes Ritual von wirklich welthaltigem Sinn aber mußte auch das Unvorhersehbare, das ganz und gar Ungeordnete, das Überwältigende, kurz, das Chaotische binden; auch dies mußte in der weltbedeutenden Rotunde vertreten sein – oder, wenn das Wesen der Ringe waltende Ordnung war, dann mußte sich an ihnen doch ein unmittelbarer Zugang zum Chaos befinden, der allerdings auch nicht hemmungslos offen sein konnte: das Tor mußte gebannt sein. Die eigentliche Erfindung aber haben wir in dem genialen Versuch zu erblicken, die Übermacht des Chaotischen schon auf der Initiandenstufe jedes einzelnen aufzufangen, indem man die Jugend selbst aus dem Kreise in die Wildnis ausbrechen ließ. Für die Fülle und die Ründe des die Gesamtheit umfangenden Kreises aber kam dann alles darauf an, daß es gelang, die substanziellen Verluste, die er in diesen Ausbrüchen erlitt, in einem

---

[48] Gustav Schwantes, „Vorgeschichte Schleswig-Holsteins", Neumünster 1939, S. 548.

rituellen Rücklauf wieder aufzufangen: und zwar sowohl die Toten, die dem Chaos erlegen waren, wie die Helden, die den Opfergewinn nicht in der Ferne verzetteln durften. Mit dem Sieger mußten die Toten wie der Kampfpreis durch das Sonnentor wieder einkehren in den rituellen Verband.

VOM WESEN DER STEINE

[Erschienen in „GORGO". Zeitschrift für archetypische Psychologie und bildhaftes Denken, Heft 11, Jahrgang 1986, Raben-Reihe, Schweizer Spiegel, S. 3–27]

Mineralogie und Petrographie erforschen das, was am Stein gegenständlich ist. Das Wesen der Steine offenbart sich im Erleben – im Erleben jedes einzelnen – und in allen weiten und tiefen Bezügen, wenn wir das allgemein menschliche Steinerleben in aller Welt sichten – und das, was davon in Ritus und Mythos, ins Brauchtum und ins Erzählen übergegangen ist. Dergestalt erfahren wir etwas vom inneren Wesen, von der *Innerlichkeit* des Steines.

In der ersten Annäherung erscheint für den Menschen aus Fleisch und Blut der Stein „leblos"; unbeweglich, nur lastend; dicht, das heißt Stoff an Stoff, sonst ohne Gehalt oder Inhalt; voll, ansonsten leer; in sich geschlossen, verschlossen, hart außerhalb lebendiger Wirkungszusammenhänge, ohne Beziehung, blind und stumm. Daher der Schluß eines amerikanischen Völkerkundlers angesichts indianischer Steinkulte: „Wir würden nie und unter keinen Umständen an einem Stein irgendwelche Züge des Lebendigen erwarten ..." – ein Beispiel für die Ignoranz einer Wissenschaft, die unter Methodenzwang vom Erleben absieht.[1] Öffnen wir uns jedoch dem Erlebnis des Steinigen, so erscheint ein Wesen, dessen Eigenschaften zutiefst unterschieden sind von jenen ersten, auf Äußerlichkeiten begründeten Impressionen, das heißt, lebloser Schemen, die hier wie auch vielfach sonst, das Fundament einer höchst einseitigen Wissenschaft ohne Wissen abgeben.

Freilich, der Stein ist in unserem Erleben nicht so leicht zugänglich in seinem Wesen wie die Pflanze, wie der wachsende Baum, in dessen Gestalt, in dessen Anblick wir selber uns finden, innerlich aufrichten wie er; wie die Blüte, vor der wir Auge in Auge, Leibesherz zu Blütenherz dastehen. Dem Felsgestein gegenüber ist der Weg zum Verständnis, zum gegenseitigen Sich-Eröffnen länger. „Steine sind stumme Lehrer, sie machen den Beobachter stumm, und das Beste, was man von ihnen lernt, ist nicht mitzuteilen", sagt kein geringerer als Goethe.[2] Doch klingt uns dieser Satz schon anders, wenn

---

[1] A. Irving Hallowell bei Dennis und Barbara Tedlock, „Über den Rand des tiefen Canyons", Düsseldorf 1978, S. 140f. – Wie wenig allgemeingültig Hallowells „wir" ist, sieht man etwa bei Louis Charpentier: „Die Riesen und der Ursprung der Kultur", Stuttgart 1972, S. 163.

[2] „Sprüche in Prosa", „Über Naturwissenschaft III".

wir ihn ergänzen durch ein weiteres Wort des sprachgewaltigen Mannes, ein Wort, das er 1815 zu einem Forscher gesagt hat, der es vorzugsweise mit dem bearbeiteten Stein zu tun hatte, zu Boisserée: „Über viele Dinge kann ich nur mit Gott reden."[3] – Auch das Gespräch mit dem Stein, vor dem Stein ist ein sakrales Gespräch; es handelt von Welt und Ewigkeit und ist dorthinüber gerichtet. Sogar im Individuum der Versteinerung reden nicht so sehr seine Lebzeiten zu uns als die Äonen. Besonders deutlich in jener Steinplatte von Holzmaden aus dem „Schwarzen Jura", die seit 150 Millionen Jahren das Momentbild einer Geburt enthält, einen Ichthyosaurier mit fünf ungeborenen Jungen im Leib und einem schon ausgeborenen daneben.[4]

Dergestalt bietet uns die Versteinerung, in der das Gebilde die Jahrmillionen durchdauert, die Anschauung einer erstarrten Zeitlichkeit. Deswegen wollen wir uns von diesem Mittelding nicht verwirren lassen, sondern den Blick ausschließlich gerichtet halten auf das homogene Felsengestein, auf das magmatische und vulkanische, auf das gleichgeteilte Sand- und Kalkgestein.[5] Wird in ihm doch viel stärker erlebbar der ungegliederte Rhythmus oder der doch nur in überlangen Schwingungen gegliederte Rhythmus des Ewigen – im Gegensatz zum raschen Pulsieren des Quicklebendigen. Allerdings lassen wir uns von der knochenbewahrenden Versteinerung gern darüber belehren, daß auch wir durch einen Bestandteil unseres lebendigen Leibes am Steinigen Anteil haben, durch das Gebein nämlich. Zahlreiche Jägerkulturen haben in den Knochen gerade das überdauernde Leben des Individuums erschaut und das in entsprechenden Totenritualen, besonders auch am Gebein des Jagdtieres, zum Ausdruck gebracht. In den feierlich bestatteten Knochen lag die Verheißung der Wiedergeburt. So kann auch in der Flöte, die aus dem Knochen geschnitzt wird, immer noch die Individualseele zum Tönen kommen – wie in jenem weitverbreiteten Märchen vom singenden Knochen, der die Mörder anklagt.[6] Andererseits ertönt aus dem Tierknochen das Wesen der Gattung oder auch seiner Welt; in der peruanischen Caena aus dem Flügelknochen des Kondors vibriert der Äther der hohen andinischen Bergwelt.[7] – In der Redewendung „Stein und Bein" – schwören oder frieren nämlich,

---

[3]   Franz Freiherr von Lipperheide, „Spruchwörterbuch", s. v. Gott.

[4]   Bernhard Hauff, „Museum Hauff in Holzmaden/Teck", Württemberg o.J., S. 13.

[5]   Die Homogenität als Forderung für den Medizinstein auch bei Lame Deer in: John Fire / Lame Deer and Richard Erdoes, „Lame Deer – Seeker of Visions", New York 1972, S. 186.

[6]   Brüder Grimm, KHM Nr. 28, AT 780, FFC XLIX.

[7]   Vgl. die Zauberknochen bei Felix Karlinger: „Märchen aus der Karibik", Köln 1983, Nr. 1.

Formeln verschiedener sprachsymbolischen Herkunft – kommt die Verwandtschaft noch in unserer heutigen Sprache zum Ausdruck.[8] Auch an die gegenseitige Vertretbarkeit von Stein und Bein in Waffen und Werkzeugen ist zu denken – und ferner an die verbreitete mythische Umkehrung ihres Verhältnisses, in der die Gesteine erscheinen als die Gebeine der Erdmutter.

Der Gegensatz zwischen dem *jeweils* Lebendigen und dem *ausdauernd* Lebendigen wird sinnvoll dargestellt in der „Wemale-Mythe" von Ceram.[9] Dort streiten am Uranfang Stein und Bananenbaum über die Artung des zu schaffenden Menschen. Der Baum schlägt vor, daß der Mensch Kinder haben und sich fortpflanzen solle, und siegt, weil zwar der Stein den einzelnen Baum leicht zerquetscht und überwindet, aber doch immer neue Gegner ihm erwachsen und er schließlich bei einem Ansprung in den Abgrund stürzt, der eigenen Schwere erliegend. Da gibt der Fels nach und sagt: Gut – aber dann soll der Mensch auch sterben wie du! – Es klingt wie eine Ergänzung zu diesem Mythos vom Sterbenmüssen, wenn in Nordamerika bei einem Sioux-Stamm, bei den Omaha, in einem Ritualbund den Mitgliedern geraten wird, „dicht an der Seite des langlebenden Felsens" ihren Lebensweg zu wandern, um an seiner ausdauernden Lebenskraft teilzuhaben.[10]

Überdauernd lebendig nennen wir den Stein, und im Verhältnis zum *Wandelbar-Lebendigen* kann er dann allerdings auch als weitaus weniger belebt erscheinen und zum Symbol des Todes werden. Freilich – nicht für einen endgültigen Tod ins Nichts, sondern mit der Möglichkeit des Wiederauflebens – aus der Langwierigkeit der Steinezeit in die Kurzweiligkeit der wachsenden und laufenden Wesen. Für diesen Wechsel gibt es in den Märchen mehrere Beispiele, am deutlichsten im europäischen Zweibrüdermärchen, AT 303, wo der ältere Bruder, der nach rechts vorauseilt ins Tatenleben, zu Drachenkampf, Hochzeit und Königtum, auch alsbald der Todeshexe erliegt und von ihr versteinert wird. Ähnliche Versteinerungen, Erstarrungen im Stein, die Tod bedeuten, kommen vor im „Getreuen Johannes", AT 516, und im Märchen vom „Singenden Baum" und „Weissagenden Vogel", die am Lebensquell zu finden sind; doch erliegt der vorwitzig Andringende dort dem „Steinernen Tode", AT 707. Indessen sind diese todbedeutenden Versteinerungen dem Leben nicht endgültig entzogen; die steinerne Erstarrung

---

[8] Jacob Grimm, „Deutsche Rechtsaltertümer II", Darmstadt 1974, S. 548.
[9] Ad. E. Jensen, „Hainuwele", Frankfurt/M. 1939, S. 39f.
[10] Werner Müller, „Glauben und Denken der Sioux", Berlin 1970, S. 208.

ist lösbar, der jüngere Bruder, der sich nach links gewandt hatte, vermag den älteren aus dem Steine zu lösen, ebenso wie der junge König seinen getreuen Diener und die opferbereite Schwester ihre tatbereiten Brüder.[11]

Einen höchst wunderbaren Ausdruck findet das Gefühl von der im Steine stockenden Lebendigkeit, aber auch der fortdauernden Lebenshege durch den Stein in einer Sage aus Pommern. Dort „liegt im Dorfe Kerzig, eine halbe Meile von Naugard, ein großer Stein, von dem die Leute sagen, daß es ein Schäfer gewesen sei. Der wurde verwünscht, niemand weiß recht warum. Doch eines Tages kam er auf den Hof getrieben, lang eh es Zeit war, und er ließ die Herde gehen und trat zum Herrn. Was willst du?, frug ihn der. – Ach, Herr, antwortete er und sagte ihm, was kommen würde, und wenn das ist, und ich komme einmal nicht mehr heim, und ihr seht draußen vor dem Dorfe einen Stein, dann bitte ich euch bei Gottes großer Barmherzigkeit, laßt ihn nicht draußen liegen, sondern nehmt ihn heim ins Dorf. Denn, Herr, mir graut, allein im Felde stehen zu müssen! Es graut mir vor der großen steinernen Einsamkeit. – Seid Ihr sie nicht gewohnt? Ihr treibt doch immer draußen? – Der Schäfer aber schüttelte nur den Kopf und sprach: Weil ich am Abend wieder unter Menschen sitzen darf. – Da sagte er's ihm zu und hat ihn eingeholt."[12]

Doch dem Wandel entzogen zu sein, zu lasten und zu haften, unverrückbar und nicht spaltbar zu sein –, all dies hat nicht nur Teil am Todeswesen, sondern auch am Lebenssinn, ergibt einen Ausdruck für unsere Teilhabe am Ewigen. Stein, das bedeutet auch Urgrund und Uranfang. Bei den uns in so vielem verwandten nordamerikanischen Indiannern ist der Felsen der Älteste, der Großvater aller Dinge, Erde ist Großmutter aller Dinge – so in der Metaphysik der Oglala-Sioux; Fels und Erde sind „wakan" und unsterblich.[13] – Mythen sprechen nicht von isolierten Fakten; deswegen lassen wir einen Medizinmann der Mnikooźu-Sioux im Zusammenhang sich äußern: „Mit Yuwipi bezeichnen wir die winzigen glitzernden Kiesel, die wir aus den Ameisenhügeln aufsammeln. Sie sind heilig, in ihnen wohnt die Kraft. 405 von diesen Steinchen stecken wir in die Kürbisrasseln, die wir in unseren

---

[11] Als Beispiele die Fassungen bei Grimm, KHM Nr. 60, „Die zwei Brüder"; Nr. 6, „Der treue Johannes"; Tausendundeine Nacht, „Die Geschichte von den beiden Schwestern, die ihre jüngste Schwester beneideten."

[12] Will-Erich Peuckert, „Kleines deutsches Sagenbuch", Potsdam 1939 u. ö., S. 65, nach: Ulrich Jahn, „Volkssagen aus Pommern und Rügen", 1886, Nr. 283.

[13] Dennis und Barbara Tedlock, „Über den Rand des tiefen Canyons", Düsseldorf 1978, S. 190.

Zeremonien verwenden, entsprechend der Anzahl unserer grünen Anverwandten, der verschiedenen Gewächse in der Welt der Sioux. Yuwipu wasicun – das ist die Kraft der heiligen Steine – und ist auch ein anderer Name für Tunka, unseren ältesten Gott, der wie ein Felsen war, unvorstellbar alt, zeitlos, ewig. Die Alten verehrten diesen Gott in Gestalt eines gewaltigen rotbemalten Steines. Das alte Wort für Gott und das alte Wort für Stein ist ein und dasselbe – tunkashila, Großvater – aber das ist auch ein Name für wakan tanka. Das Wort tunka ist darin enthalten."[14]

In diesen wenigen Sätzen ist schon ein großer Beziehungsreichtum für den Stein in der indianischen Kultur ausgedrückt –, denken wir dazu noch an die steinernen Spitzen der das Lebensmittel verschaffenden Jagdpfeile und an die glühenden Steine in der Schwitzhütte, die Gesundheit des Leibes und Schaukraft der Seele schenken, an Wahrsagesteine und an das rote Gestein, aus dem der Kopf der heiligen Pfeife hergestellt wurde. Welch eine Lebensdichte, welch eine Lebensnähe – und dies alles im Hinblick auf den mythischen und rituellen Sinn von Felsen, Steinen und Kieseln. Der Stein ist Ursprung und Urboden, und darum ist er auch Mitte des Daseins; mit den Worten Werner Müllers, ebenfalls auf die Sioux bezogen: „Der große Stein im Zentrum der Erde erscheint in so vielen Zusammenhängen, daß man fast geneigt ist, von einer megalithischen Mythologie zu sprechen. Der Stein verkörpert Festigkeit und Dauer, er vertritt das Erste und Älteste, er setzt den Anfang der Schöpfung. Aber er existiert nicht nur in Gedanken, er ist auch gegenwärtig in sinnlich faßbarer Gestalt. Er steht auf dem Dorfplatz, er blickt von Hügelkuppen und unterbricht die flache Prärie mit ungefüger Gestalt, Opfer empfangend und mit prophetischen Gaben versehen."[15]

Hier ist wenig Unterschied gegenüber der alteuropäischen mythischen Landschaft: in unserer eigenen Überlieferung haben wir als Urboden ebenfalls einen solchen Stein gehabt; er hieß der „Dillestein". Nach ihm fragt ein altes Rätsellied: Man soll den Stein anzeigen, „den nie eine Glocke überschallte, nie ein Hund überbellte, nie ein Wind überwehte, nie ein Regen übersprengte."[16] Dieser Stein ist der Felsboden der Unterwelt. die Grundveste der Erde. Er wird nur in einigen wenigen mittelhochdeutschen Dichtungen noch genannt. Ursprünglich reichte wohl keine Macht tiefer hinab als bis zu

[14] John Fire / Lame Deer and Richard Erdoes, „Lame Deer – Seeker of Visions", New York 1972, S. 125.
[15] Werner Müller, „Glauben und Denken der Sioux", Berlin 1970, S. 208.
[16] Ludwig Uhland, „Abhandlung über die deutschen Volkslieder", 3. Wett- und Wunschlieder.

diesem Urboden. Aber im Mittelalter preist man einmal Gott, einmal die Jungfrau Maria, daß ihre Macht noch unter den „Dillestein" hinabreichte. Älter ist sicher die Vorstellung, daß am Weltende dieser Stein zerreißt und daß in dieser Endzeit auch die Toten wiederkehren. So brüllt in einer Dichtung der Riese Felsenstoß aus vollem Halse, daß Berg und Tal davon widerhallen; Wolfhart, einer der Mannen Dietrichs von Bern, vernimmt darin das Geheul der Endzeitdämonen, und er ruft: „Ach, dies ist des Teufels Schrei, der uns alle erschreckt. Der Dillestein ist entzwei; die Toten werden aufgeweckt. Gott geb uns seinen Segen ..., ich verzweifle ganz an weiterm Leben!"[17]

Dem Stein als mythischer Urveste entspricht die Bedeutung des Steines im Brauchtum, die Felsplatte als Grundlage des Rechtes und des Reiches. Auf dem Felsen wird gerichtet und wird auch der König erkoren. Der alte Norden hat für das wichtigste Merkmal dieses Steines den Ausdruck „erdfest" geprägt, altnordisch „jarðfastr". Das Wort hat einen ganz bestimmten technischen Sinn. Es bezeichnet nicht etwa den gewachsenen Fels, sondern im Gegenteil den künstlich mit der Erde verbundenen und dazu teilweise in sie versenkten Block, also einen Kult- und Rechtsstein, den der Mensch als Symbol seiner Setzungen und Satzungen, des rechtlich Niedergelegten gesetzt und gelegt hat. Die „lǫg", ein altnordisches Neutrum im Plural, waren die Gesetze, wozu noch ein mittelniederdeutsches „lach" gehört und natürlich neuenglisch „law", die alle der ursprünglichen Wortbedeutung nach das Niedergelegte sind – und dazu gehörte am Anfang nicht etwa die Schrift, die den Wortlaut festlegt, sondern der liegende Rechtsstein, auf dem die „lǫg" ein für allemal gesprochen wurden. Solche Rechtssteine sind heute noch an einigen Orten bewahrt, von weiteren haben wir geschichtliche Kunde, und zu erinnern ist auch an den altisländischen Gesetzesfelsen, das „Lǫgbergi", auf dem Allthing. Die „Lǫgbergsganga" war das feierliche Beschreiten des Gesetzesfelsens durch die isländischen Goden.

Ähnlich überall in germanischen Landen. Wo aber ein solcher Rechtslei die Mitte darstellte, ein Stand- oder Sitzblock, da gab es für den Umstand, die feierlich und pflichtgemäß Teilnehmenden, noch den Ring von kleineren

---

[17] Konrad von Würzburg, „Die Goldene Schmiede", V. 28-33. – „Heldenbuch, Altdeutsche Heldenlieder...", hergestellt durch Friedrich Heinrich von der Hagen II, Leipzig 1855, S. 367, Str. 732.

Blöcken ringsumher.[18] Schon Homer erzählt von der fern im Ozean gelegenen Insel der Phäaken, von Scheria, daß dort am Heiligtum des Poseidon im Kreise Felsblöcke eingelassen sind, und an einer anderen Stelle nimmt der König zur Beratung mit seinen Fürsten und mit Odysseus auf schöngeglätteten Steinen Platz.[19] Homer verwendet dort das Wort „lâas" für Stein, das nicht nur zu unserem „Lei" gehört, sondern auch zum „Lia" (Fáil), dem in der Mitte Eires einst gelegenen Rechtsstein. Auf ihm wurden die altirischen Könige erkoren, ja, der Stein nahm selber den König mit einem Schrei an, oder er versagte ihm die Würde, indem er stumm blieb.[20]

Erdfeste Steine, die gerade nicht an Ort und Stelle gewachsener Fels sind, wie legte man sie, wie fand man ihren Ort, an dem sie fest sind, wie befestigte man sie? – Schwierige Fragen, deren Antworten seit langem verschollen sind und deren Echo im Widerhall der Volkserzählungen nur verworren nachklingt. In Irland hat man unter manchen Steinmalen anscheinend kostbare Metalle eingegraben.[21] Für Deutschland wäre an die Sagen von goldenen Wiegen und goldenen Kegelspielen zu erinnern. An einem bretonischen Menhir sind bemerkenswert die fünf mit der Schneide nach oben gerichteten Steinbeile, die darunter gefunden wurden, und die ihnen entsprechenden fünf nach oben verlaufenden Schlangenlinien, die in seinem Unterteil eingemeißelt sind.[22] Bei den Indern verlieh man einem Stein die Erdfeste, indem man ihn mit einer Lage des heiligen Kuhdungs auf den Boden bettete. So fügte man die Verbundenheit mit der heiligen Erde zur Unverrückbarkeit des liegenden Steines. Beim Hochzeitsritual tritt dort die Braut auf den solcherart erdverbundenen Stein, nah dem Herde, westlich davon, und der Bräutigam spricht zu ihr die Worte: „Tritt auf diesen Stein, wie der Stein sei du fest! Tritt nieder die Feinde, besiege die Widersacher!" – nämlich in den von ihr zu gebärenden Söhnen. Eine andere Formel lautet: „Mögen wir zum Heil für deine Nachkommenschaft dir den Stein halten im Schoße der göttlichen Er-

---

[18] Jacob Grimm, „Deutsche Rechtsaltertümer I", Darmstadt 1974, S. 327f. – John Meier, „Ahnengrab und Rechtsstein", Berlin 1950, S. 57, 85, 89ff.
[19] „Odyssee" VI, 267; VIII, 6.
[20] R. A. S. Macalister, „Tara, A Pagan Sanctuary of Ancient Ireland", London 1931, Kap. 4.
[21] Silva Gadelica, „A Collection of Tales in Irish. Ed. …and transl. by Standish H. O'Grady", London 1892, Bd. 2, S. 156f., 172, 203, 237.
[22] Werner Hülle, „Steinmale der Bretagne", Ludwigsburg 1976, S. 49f.

de." Auch der junge Mann, der Knabe mußte zu seiner Initiation auf diesen Stein treten, zum „upanayana", zu seiner zweiten Geburt.[23]

Ein Mittenmal zu haben, war lebenswichtig für eine Gemeinde. Die Hopis sagen, sie können keine Dörfer mehr gründen, weil die Kunst verlorengegangen sei, eine „Sipapü" zu schaffen, das heißt, jene von Steinen eingefaßte Vertiefung, durch die eine Dorfgemeinde mit der Unterwelt, der Totenwelt, der Geisterwelt verkehrt.[24] Von einem französischen Bauern aus Berry berichtet Louis Charpentier, daß in einer seiner Wiesen ein vier Meter hoher Menhir steht, und daß der Mann glaubt, daß sie grad um dieses Steines willen seine beste Wiese sei. „Durch ihn habe ich den höchsten Nutzen von meinen Tieren. Wenn ich wüßte wie, würde ich auch auf den anderen Wiesen solche Steine aufstellen."[25] Auch hierzulande, so dürfen wir sagen, lebte der wahre Mensch nicht vom Brot allein, sondern vor allem von dem Stein und dem Steinring, dem Tie, in der Mitte seiner geweihten Ortschaft. Ich will versuchen, aus den Überlieferungstrümmern ein vorzeitliches Ritual zu rekonstruieren, mit dem man ehedem ein Landesheiligtum, eine heilige Mitte, gewann. Für die Richtigkeit kann ich mich nicht verbürgen, immerhin spricht eine gewisse Wahrscheinlichkeit dafür, daß das Erschlossene einer der rituellen Möglichkeiten nahekommt.

Es ist klar, daß eine wirkliche heilige Erd-Mitte nicht nur eine geweihte sein kann, sondern daß sie eine von Natur heilige sein muß. Die alten Sprachen halten für diese Doppelseitigkeit die entsprechenden Begriffe bereit, „sacer" und „sanctum", „hierón" und „hósion", germanisch, in der althochdeutschen Form, „wîch" und „heilag".[26] Das heißt, das Hosion muß aufgefunden werden, eine Aufgabe der Geomantie, die oft geometrisch ausgedrückt wird, so als sei die heilige Mitte als Landesmitte zu vermessen, etwa das griechische Delphi oder das irische Tara in der Grafschaft Meath, An Mhi = Mitte. Die Landvermesser meinen dann, das sei doch nicht die wirkliche,

[23] John Meier, „Ahnengrab und Brautstein", Halle/Saale 1944, Kap. VII. – Jeannine Auboyer, „Daily Life in Ancient India", London 1965, S. 167f.

[24] Alexander M. Stephen, „Hopi Journal", Hrsg. von E.C. Parsons, Columbia University Contributions to Anthropology, Bd. 23, New York 1936, S. 1295: Zu der Mitteilung über die Unkenntnis der Heutigen fügt der Gewährsmann hinzu: Die Alten „haben die Stätte für eine Dorfgründung nicht erwählt nach ihrer Schönheit oder ihrem Wasserreichtum, sondern dieser und aller andere Segen ward ihnen zuteil durch die Sipapü".

[25] Louis Charpentier: „Die Riesen und der Ursprung der Kultur", Stuttgart 1972, S. 140.

[26] Ludwig Klages, „Der Geist als Widersacher der Seele", Bonn 1954, S. 134–411, mit Hinweis auf Bachofen. Siehe die Stelle in: „Der Mythus von Orient und Occident. Aus den Werken von J. J. Bachofen", Hrsg. von Manfred Schroeter, München 1926, S. 291ff.

die genaue Mitte. Richtig ist vielmehr, daß überall Mitten gefunden werden können, aber freilich gibt es Mitten, die mittlerer sind als andere, mächtigeren Ursprungs, kraftvoller in ihren Wirkungen. Und es gehört zum Fund des heiligen Ortes dazu, daß man seine Kraft auch zu entbinden vermag, mithin versteht, dort auch das wirkende Heiligtum zu erbauen. Hier spielt freilich der alte tragische menschliche Konflikt herein, daß der Bauende das auch überschreiten kann, was die Erde von selbst bietet, und daß er zu machen versucht, was er nur entbinden dürfte. Im Stonehenge erscheint das Mächertum sehr deutlich in der Doppelung der Konstruktion, in dem Basaltring und dem Sandsteinkreis, die ganz verschiedenen Ursprungs sind.

Die Mitte ist „coincidentia oppositorum" – es bedurfte nicht erst eines mittelalterlichen Philosophen, des tiefsinnigen Nikolaus von Kues, um das ans Licht zu bringen; es ist Praxis in vielerlei ritueller Aktivierung von Mitten. Eine der Möglichkeiten bestände darin, daß man das weiße und das schwarze Opfertier unter der Steinplatte oder dem Felsenpfeiler bestattete. Wem das nicht ausreichte oder wer sich die Frage stellte: Wie werden sie am wirksamsten geopfert? – der käme auf den Gedanken, in den beiden Opfertieren die Mächte der Höhe und der Tiefe in besonderer Weise zu aktivieren und sie sich gegenseitig in einem Kampfe selber fallen zu lassen. Die Macht der Höhe: man nährt das weiße Stierkalb sieben Jahre lang nur mit Milch; die Macht der Tiefe: man dämonisiert das schwarze Stierkalb und läßt es sieben Jahre lang verwildern. Dämonisierte Tiere, Kühe oder Eber findet man geschildert in altskandinavischen Sagen.[27] Einen gezüchteten Ringdrachen, in dessen Mitte die königliche Jungfrau heranwächst und mit ihr der goldene Schatz in der Lade sich vermehrt, überliefert die Ragnarssaga Loðbrókar, also die Gewinnung einer lichtstarken Mitte, golden und jungfräulich, im dämonisch Widerpart haltenden Drachenring. Die Entbindung des Lichtes führt der Drachenkampf des königlichen Freiers herbei.[28] Berichte vom Kampf des dämonisierten Tieres und des milchgenährten Stieres findet man in schweizerischen Ortssagen, unter anderem der vom Stierenbach bei den Brüdern Grimm.[29] Die Sage bringt den Kampf in Zusammenhang mit Steinen und Steinplatten, an denen der Kampf stattgefunden hat, doch, wie sich versteht, ohne daß noch eine rituelle Zielstrebigkeit mitüberliefert würde.

---

[27] „Isländische Heldenromane", Übertragen von Paul Herrmann, Thule Band 21, Jena 1923, S. 155-162, 288f., 303.
[28] Ebenda S. 143ff.
[29] Brüder Grimm, „Deutsche Sagen", Nr. 143.

Indes wird gerade dies in ein oder zwei keltischen Texten noch deutlich gemacht. Nach den kymrischen Mabinogion läßt ein altbritischer König die Insel nach der Länge und Breite vermessen und in der so aufgefundenen Mitte eine Grube ausheben. In dieser wird eine Kufe erlesensten Metes gesetzt und mit einem seidenen Tuch überspannt. Der König selbst hält in der Nacht darüber Wache, erschaut den Kampf zweier Ungetüme, zunächst auf der Erde, dann in Drachengestalt in der Luft. Im Streit miteinander ermatten sie dort und sinken als zwei Ferkel auf das Tuch und in den Met. Sie trinken sich voll, schlafen ein, und der König schlägt das Tuch über ihnen zusammen. In einer Steinlade werden sie beigesetzt, und zwar am sichersten Ort des Landes, auf dem Snowdon.[30] Später, zur Zeit Vortigerns, des Königs, der die Sachsen ins Land geladen hat, will jener auf den Rat seiner Druiden dort einen festen Turm erbauen – ohne von dem Geheimnis im Untergrund noch etwas zu wissen. Aber der Knabe Merlin, als er auf dem Bauplatz geopfert werden soll, veranlaßt ihn, nachzugraben, und es kommen zwei Hohlsteine ans Licht, also zwei ganz urtümliche Steintröge, und dazwischen zwei schlafende Drachen. Es ist bemerkenswert, in welcher Weise diese die „coincidentia oppositorum" ausdrücken. Der eine ist weiß, der andere rot; der rote ist der Genius des Inlandes, der Weiße der des Auslandes, des Landesfeindes.[31] Das wird, ohne Nennung der Farben, auch schon bei dem ursprünglichen Ritual, das die Mabinogion schildern, vorausgesetzt. Eine solche Coincidenz ist durchaus nicht etwas ganz Ungewöhnliches. Der ägyptische Pharao vereinigt in sich die Gottheiten Horus und Seth, die unter anderem auch Inland und Feindland bedeuten.[32]

Die Sage vom Stierenbach erzählen die Brüder Grimm nach einer Fassung, die der schweizerische Naturforscher Scheuchzer 1723 veröffentlicht hat – mit einer Abbildung, auf der man zwei zu der Sage gehörende Steinplatten mit je zwei Vertiefungen sieht. Es wäre bemerkenswert, wenn es sich dabei um eine der britischen Sage entsprechende Steinciste handeln könnte.[33]

Nach diesem Exkurs zu der Frage: Wie macht man ein erdfestes Mittenmal? – kommen wir noch einmal auf die Felsplatte am Boden zurück, und

---

[30] „Mabinogion", „Die Geschichte von Lludd und Llevelys".
[31] Galfredus Monumetensis, „Historia Regum Britanniae", VI, 19"; VII, 3.
[32] Heino Gehrts, „Drachensieg und Bruderkampf. Untersuchungen zur Polspannung im Königsritual", *Antaios* Bd. VII, Stuttgart 1965, S. 188.
[33] „Oyresiphoites Helveticus, sive Itinera per Helvetiae Alpinas Regiones Facta annis 1702, 03" … a Johanne Jacobo Scheuchzero … Tomus Primus, Lugduni Batavorum 1723, p. 12ff. et tab. II opp. p. 12.

zwar auf ihr Vorkommen im Märchen. Ganz besonders eigentümlich ist der Stein im Märchentyp der magischen Flucht, und zwar dem von der Unterweltstochter als Helferin des Helden, AT 313. Daß es sich dabei um die Werbung einer Tochter des Unterweltsgottes durch einen menschlichen, zum Königtum bestimmten Freier handelt, ist ohne jeden Zweifel gesichert. Es ist zum Verwundern, daß derlei noch bis in unsere Zeiten hinein so lebendig geblieben ist, daß ein siebenbürgisches Märchen im Titel und im Thema von dem „Königssohn und der Teufelstochter" spricht, und daß die Tochter des Teufels unbeanstandet als Königin auf den Thron gelangt. Allerdings ist ihr Vater kein Satan, sondern seiner Natur nach Gott der Unterwelt, der Totenwelt.[34]

Natürlich ist es außerordentlich schwierig, eine Braut aus der Unterwelt in diese Welt hinüberzuführen; denn dazwischen liegt nicht nur eine schwer überschreitbare Grenze, sondern es geht auch und zumal um die Verkörperung der drüben Geworbenen. Zunächst findet eine Trennung der Partner statt. Der Königssohn nimmt die Braut nicht sogleich mit heim, er kann dies offenbar nicht, sondern läßt sie zunächst zurück, meist mit der Begründung, er wolle sie feierlich und königlich bekleidet einholen. Indessen – bei der Heimkehr vergißt er das Mädchen, und dies, obwohl sie nicht nur die versprochene Braut ist, sondern auch seine Lebensretterin, ohne die er drunten dem Todesherrn erlegen wäre. Der Ort nun, den *er* ohne weiteres überschreitet, an dem jedoch *ihre* Bewegung stockt, ist in einigen deutschen Märchen ein Stein, offenbar eine Steinplatte, auf der die Braut stehenbleibt, auf dem breiten Stein, auf dem roten Sandstein, so die Formeln.[35] Hier hängen diese Märchenfassungen zusammen mit einem verbreiteten, vermutlich schon indogermanischen Hochzeitsbrauchtum, demgemäß jede Braut eine Weile auf dem Brautstein stehen mußte. Es spricht einiges dafür, daß dieser Sinn ursprünglich der Deckstein des Ahnengrabes gewesen ist,[36] und dann leuchten einige wunderbare Zusammenhänge auf zwischen dem Brauch und dem Märchenmotiv. Es ergäbe sich nämlich, daß die drüben geworbene Braut den Weg zur Verkörperung vom Ahnengrab aus antritt – wie immer dies schwie-

---

[34] Josef Haltrich, „Sächsische Volksmärchen aus Siebenbürgen", Nr. 27.

[35] „Märchen aus dem Nachlaß der Brüder Grimm", hrsg ... von Heinz Rölleke, Bonn 1977, Nr. 14. – „Märchen, Sagen und Lieder der Herzogtümer Schleswig, Holstein und Lauenburg", hrsg. von Karl Müllenhoff, 2. Auflage, Schleswig 1921, Nr. 498. – Wilhelm Busch, „Aus alter Zeit", 2. Auflage, Stuttgart 1982, Nr. 23.

[36] John Meier, „Ahnengrab und Brautstein", Halle/Saale 1944, Kap. VII.

rige Verfahren gedacht worden sein mag – und daß die herüben geworbene Braut den Eintritt in die Welt ihres Bräutigams an eben der Stelle findet, von der aus auch die jenseitige Seele Eingang findet. Deren Rolle übernähme eigentlich die leibhafte Braut, wenn sie auf dem „Breiten Steine" steht. In dem Märchenmotiv würde ein verschollener Hochzeitsmythos sichtbar, der nicht nur manchen unverständlich gewordenen Hochzeitsbrauch erklären könnte, sondern auch die Rolle der Braut und ihren sprachlich undurchsichtigen Namen.

Wir können diesen Märchentypus von der Unterweltsbraut mit der Orpheusmythe in Beziehung setzen. Doch was dem Orpheus mit seinem Eheweibe mißlingt und in verwandten weltweit verbreiteten Mythen ebenfalls mißlingt, das gelingt dem Initianden, der als solcher in eine Unterweltsfahrt geraten war, mit der jungfräulichen Braut. Der Grenzstein zwischen den Welten ist nicht eine unüberwindliche Sperre, sondern eine Schwelle, die um der Einleitung willen durch bestimmte Kunstgriffe überwunden werden kann. Ein Bild vom Stein als einem unüberwindlichen Grenzmal erhalten wir in der orpheusverwandten japanischen Mythe von den Ureltern. Izanami, die göttergebärende Urmutter, ist an der Geburt des Feuergottes gestorben und in die Unterwelt entrückt. Izanagi, der götterzeugende Urvater, folgt ihr dorthin, um sie heimzuholen. Doch verletzt er eine Bedingung und muß ohne die Gattin aus der Unterwelt flüchten, verfolgt von deren Dämonen. Er entgeht diesen, indem er immer wieder Speisen hinter sich wirft, mit deren Verzehr sie sich aufhalten. Schließlich aber verfolgt ihn die Gattin selber, nun dämonisiert, selbst nun die Göttin der Unterwelt. Ihr entkommt er nicht durch ein Speiseopfer, sondern so, daß er den Weg verriegelt: „Da zog er einen von tausend Ziehern zu ziehenden Felsen heran zur Versperrung jenes flachen Abhanges der Unterwelt und legte den Felsen in die Mitte, und indem sie sich von Angesicht zu Angesicht gegenüberstanden, sprach er die Ehescheidungsformel aus."[37] – Die Orpheusmythe in der japanischen Form ist also zugleich eine kosmogonische Mythe. Sie begründet die Getrenntheit der Totenwelt und der Lebenswelt in der Scheidung der zuvor verheirateten unteren und oberen Mächte, vergleichbar der Trennung von Uranos und Gaia, allgemein sonst dem Auseinanderrücken von Himmel und Erde. In der japanischen Mythe ist das Symbol dieser unaufhebbaren Scheide der gewaltige schwere, von tausend Ziehern zu ziehende Felsen. Wir würden dessen Wesen aber mißverste-

---

[37] Karl Florenz, „Die historischen Quellen der Shinto-Religion", Göttingen 1919, S. 19-25.

hen, wenn wir nicht auch seinen Namen nennten: „Die Sperrende Große Gottheit des Unterweltstores". Der Felsklotz auf dem Abhang ist ganz und gar nicht toter Stein, sondern ein göttliches Wesen.

Der Felsen, die Felsen zwischen den Welten können, weil sie beseelt sind, auch beweglich sein – bei uns wie überall in der Welt. Solche Steine kommen vor in Märchentypen, die eine Fahrt in die Unterwelt schildern. In einem holsteinischen Märchen fällt nächtlicherweile ein heller Strahl vom Monde grad auf einen solchen Stein. Sieben Soldaten, neugierig geworden, vermögen nicht, ihn zu bewegen. Er gehorcht aber dem einfachen Wort ihres Anführers: „Ik wull, dat de Stehen up'e Siet leeg'!" – Ganz ähnlich in einem Zigeunermärchen, wo die zwei älteren Brüder den Stein nicht wegzuheben imstande sind, der jüngste aber mit dem kleinen Finger ihn beiseiteschiebt.[38]

Bei diesen die Unterwelt verschließenden Findlingsblöcken sehen wir die lastende Unverrückbarkeit des Steines umgewandelt in bewegliche Leichtigkeit. Sie erscheinen daher verwandt mit einer anderen Felsensperre, die über den Weg in die Totenwelt wacht, nämlich mit dem Felsenpaar, das wir „Symplegaden" oder „Klappfelsen" nennen.[39] Sie sind in unaufhörlicher Bewegung, sind stetig auf- und zuschlagende Felsblöcke, ja Felsklippen und Felsberge, die den Zugang zur jenseitigen Welt in der Horizontalen verwehren und die den unverwahrt sie Durchschreitenden zu zermalmen drohen. Von ihnen wird seit dem Altertum und in der ganzen Welt erzählt.

Wir sind damit eingetreten in die Erörterung von Vorstellungen über den Stein, die allem, was wir eingangs als das gewöhnliche Erlebnis des Steinigen geschildert haben, entgegengesetzt sind. Bleiben wir zunächst noch bei der Beweglichkeit, für die es so zahlreiche Beispiele gibt, daß man in Versuchung geführt wird, gerade sie als eine Grundeigenheit der Steine anzusehen. Weit verbreitet ist das Sagenmotiv, daß gewaltige Steine sich mühelos zu großartigen Bauten zusammengefaßt haben. So war es die Lyra des Amphion, zu deren Klängen sich beim Bau von Theben die Steine auftürmten. Auch Orpheus hat mit seiner Leier Felsen und Bäume in Bewegung gesetzt. Die schweren Blöcke der Inkastadt Machu Picchu sollen auf die steile Höhe über dem Tal des Urubamba geflogen sein. Auch bei uns wird von einzelnen

[38] „Plattdeutsche Volksmärchen", ges. von Wilhelm Wisser, Jena 1922, Bd. 2, S. 104. – „Zigeunermärchen", hrsg. von Walther Aichele und Martin Block, Düsseldorf 1962, S. 238. – „Märchen von der Bernsteinküste", deutsch von Hilde Angarowa und Leoni Labas, Moskau 1974, S. 289, 312.
[39] Dazu Heino Gehrts, „Die Klappfelsen", in „Die Welt im Märchen", Kassel 1984, S. 92-122.

mächtigen Steinen erzählt, daß der Teufel mit ihnen geflogen kam; aber ursprünglich muß durchaus nicht der Teufel die bewegende Kraft gewesen sein.[40] Der gewaltige Bau des Stonehenge soll aus Irland stammen; aber die britischen Krieger mühten sich vergebens mit aller Kraft, sie zu bewegen, bis Merlin sie leichthin durch sein Ingenium abbaute und wieder aufrichtete. Zuvor schon sollen die mächtigen Blöcke von Riesen aus dem entferntesten Afrika nach Irland gebracht worden sein.[41] Aus dem Mittelalter ist für den Stonehenge der Name „Riesentanz" überliefert, „Chorea Gigantum", und ebenso heißen manche Steinringe bei uns Riesen- oder Hünentanz – gewiß nicht nur als ein Ausdruck für den Tanzplatz, sondern auch für die tänzerische Leichtigkeit, mit der die mächtigen Blöcke aufgebaut scheinen. Die Sage der Spätzeit stellt das oft so dar, als sei der Tanz ursprünglich menschlicher Tänzer ein Frevel gewesen und die Frevler standen, bei Sonnenaufgang in Stein verwandelt, noch immer da in der Gestalt ihres Reigens. In einer britischen Sage hat der Geiger, dort der Teufel, versprochen, eines Tages wiederzukehren und erneut aufzuspielen. Da die Tänzer dann wohl aus der Versteinerung gelöst und aufs neue sich im Reigen schwingen würden, so erschiene der Geiger dieser Sage keineswegs als der Böse, sondern vielmehr als ein Erlöser der Steine.[42]

Bei den Ojibwa, einem Algonkinstamm, ist der Feuerstein als das *eine* Kind von Fünflingen geboren, die anderen vier waren die immer flüchtigen Winde, eine seltsame Verwandtschaft, aber darum gerade in unserem gegenwärtigen Zusammenhang bezeichnend.[43] Für uns ist dergleichen auch nicht etwa völlig fremdartig; vielmehr kenne ich eine Dichtung von einer jungen Frau, die bis dahin gewiß keine Forschungen über das Wesen der Steine angestellt hatte. Aber in ihrer märchenhaften Skizze kommen die acht Winde in der Vollmondnacht herangeblasen, um mit den Steinen zu tanzen – ein Zeugnis dafür, daß wir mit unserem Innern in ganz anderer Weise mit den Dingen der Welt verkehren als mit dem auf Äußeres gerichteten Bewußtsein.[44]

---

[40] Robert von Ranke-Graves, „Griechische Mythologie", Bd. 1, Reinbek 1960, S. 98, 233. – „Rheinlandsagen", hrsg. von Paul Zaunert, Düsseldorf 1969, S. 228.
[41] Galfredus Monumetensis, „Historia Regum Britanniae" VIII, 10-12.
[42] Janet and Colin Bord, „Mysterious Britain", Frogmore, St. Albans 1974 u.ö., S. 29.
[43] Dennis und Barbara Tedlock, „Über den Rand des tiefen Canyons", Düsseldorf 1978, S. 145f.
[44] Luise Holler, „Das Fest der Steine".

Sagen von einzelnen Steinen, die sich bewegen, sind zahlreich. So liegt in Kaiserswerth ein großer Steinblock, der sich mittags, wenn die Glocken läuten, dreimal oder sogar zwölfmal umwendet. Daß Steine ihren Ort haben, sich ungern von dort wegnehmen lassen und danach trachten, zurückzukehren, ist eine weit verbreitete Anschauung. Der Deckstein eines Hünengrabes wird zweckentfremdet und den Hügel hinabgeschleift, um als Bachübergang zu dienen. Doch weil er sich allnächtlich bewegt, wird er den Abhang wieder hinaufgeschleift, und dazu braucht man weniger Pferde als vorher abwärts. Aber man erzählt auch, daß alle Steine des Grabes nachts zum Bach hinuntergehen, um zu trinken.[45]

Wir sind damit schon in die Nähe von Spukgeschichten gekommen, in denen Zeugen von bewegten Steinen berichten. Daß im Spuk alles Mögliche bewegt und geworfen wird, ist bekannt. Merkwürdigerweise wird aus der ganzen Welt berichtet, daß dabei vorzugsweise Steine beobachtet werden, als ob gerade sie dasjenige waren, was die Kraft des Spukes am leichtesten in die ungewöhnliche Bewegung versetzen könnte.[46] Zeugen beobachten, wie sich über einem Felde Steine einen Meter hoch in die Luft erheben und dann zehn

---

[45] „Rheinlandsagen", hrsg. von Paul Zaunert, Düsseldorf 1969, S. 143 – Janet and Colin Bord, „Mysterious Britain", Frogmore, St. Albans 1974 u.ö., S. 41.

[46] Werner F. Bonin, „Lexikon der Parapsychologie und ihrer Grenzgebiete", Bern 1976, S. 469 „Steinwürfe". – Herbert Thurston, S.J., „Poltergeister", Luzern 1955, passim, besond, S. 47ff., 177-189. – Die Zahl verläßlicher Belege für den spukhaften Steinwurf ist so groß (2-300 in die Literatur eingegangene Fälle – Bonin), daß das eine Phänomen allein schon die „andere" nicht-alltägliche Wirklichkeit gegen jeden methodischen Zweifel bewährt. Wer trotzdem, nach Einsicht in die Berichte, am Zweifel oder gar am Ableugnen festhält, besitzt nicht etwa ein Mehr an kritischem Vermögen, sondern ist im Nachteil durch einen Mangel an eigentlicher Erkenntniskraft; denn nicht erst der Syllogismus, sondern schon das bloße Existentialurteil bedarf allerdings geistiger Stärke. Oder, mit Sri Aurobindo, ebenfalls im Zusammenhang mit spukhaften Steinwürfen gesprochen: „Die landläufige Meinung, daß man beurteilen könne, was jenseits des gewöhnlichen Bewußtseins liegt, während man gleichzeitig noch in diesem gewöhnlichem Bewußtsein steckt, ist unhaltbar." – Eröffnet sich aber mit dem einen Phänomen ein neuer Ausblick auf die eigentliche Wirklichkeit, dann ist damit eine Erweiterung des Gesichtsfeldes auch für weitere Phänomene angebahnt. Aus diesem Grunde wird hier anmerkungsweise gerade der spukhafte Steinwurf besonders hervorgehoben. Fragen wir aber nach der „Ursache" seines häufigen Vorkommens und der gehäuften Berichterstattung, so ergibt sich ganz schlicht gerade aus dem Widerspruch zwischen dem Phänomen und der alltäglichen Erscheinungsweise des Steinigen, wie ich sie eingangs charakterisiert habe. Ergänzend ließe sich noch sagen, daß jeder Wurf des Lebenden in der ungeordneten natürlichen Landschaft am Ort des Auftreffens eine – mehr oder weniger beständige – Mitte setzt. Der spukhafte Wurf dagegen hat die Tendenz – darin entspricht er dem spukhaften Chaos – die Ordnung der Mitte wieder aufzuheben, sie von der Regelung durch den Lebenden zu entlasten; er erfolgt daher aus der Mitte heraus, und darin liegt überhaupt erst seine mediale – und auch die zauberische – Möglichkeit!

bis zwanzig Meter seitlich davonschweben.[47] Bei einem Spuk zur Zeit Justinus Kerners verschwindet mitternachts mit ungeheurem Krachen der Gewichtsstein einer Schloßuhr von mehreren Zentnern Schwere; er wird später zwischen zwei Holzböden gefunden, die nicht angeschlagen sind.[48] Weitaus häufiger wird von spukhaften Schwärmen kleiner Steine erzählt, von Steinregen und Steinhagel, und dazu sei hier nur vermerkt, daß auch die beiden großen indischen Epen, Mahābhārata und Rāmāyaṇa, von solchen Erscheinungen berichten, also schon vor rund zweitausend Jahren.[49] Interessanter ist für uns, daß dergleichen auch im Kult nachgeahmt wird, um damit symbolisch die Anwesenheit von Geistern anzuzeigen.[50]

Noch bedeutsamer sind Berichte, nach denen im Kult die Steine selbst zu zauberhafter Bewegung veranlaßt werden. Beim Ojibwa-Ritual der Medizinhütte – midewiwin – beobachtet ein Teilnehmer, wie der Leiter zweimal im Kreise herumgeht und wie danach, als er ein Lied anstimmt, ein großer runder Stein seine Bewegung nachvollzieht.[51] Bei den Sioux hatte man Spähersteine, darunter solche, die das Jagdwild ausfindig machten. Sie wurden ausgesandt, kehrten auf das rotbemalte Büffelleder zurück, das dazu diente, und berichteten auf Befragen über das Jagdwild; sie konnten dabei auch sogar einen Kieselstein oder den Sproß einer Heilpflanze mitbringen. Ein Teilstamm der Sioux besaß einen solchen Stein zum Ausspähen der Feinde. Er kehrte nicht auf ein Leder zurück, sondern auf einen Erdaltar aus feinem rotem Pulver. Man sandte auch Steine aus, um nach verlorenen Gegenständen zu suchen. „Je weiter ein solcher Stein reisen mußte, um so länger dauerte es, bis er zurückkehrte." Aber nicht nur die Medizinmänner hatten geweihte

---

[47] Vincent H. Gaddis „American Indian Myths and Mysteries", New York 1978, S. 33.

[48] Fanny Moser, „Spuk", Baden bei Zürich 1950, S. 297f.

[49] „Mahābhārata", Vanaparvan 110: Auf dam Berge Hemakūta löst das bloße Aussprechen von Worten Wolkenansammlungen und tausendfachen Steinschauer aus. – „Rāmāyaṇa", Bāla-Kānda 26: Eine Yakṣiṇī, also eine Fee oder Geistin, löst einen Schauer von Steinen aus, der auf ihre menschlichen Gegner fällt.

[50] Werner Müller, „Weltbild und Kult der Kwakiutl-Indianer", Wiesbaden 1955, S. 77: „So folgt eine Trommelzeit der anderen, wilder und heftiger werdend. In den Pausen singen die Quequtsa ihre Geheimgesänge. Die Robben geraten in Erregung, die Bärentänzer schreien, die Narren werfen Steine, die Geisterpfeifen der Hamatsas ertönen: die Gottheit des Winterrituals hat das Haus betreten." – Zum Verständnis ist nur noch hinzuzufügen, daß in der Narrenrolle zumeist die Toten verkörpert sind.

[51] Dennis und Barbara Tedlock, „Über den Rand des tiefen Canyons", Düsseldorf 1978, S. 141.

Steine: „Steine sind heilig. Jedermann braucht einen Stein als Helfer", so in aller Kürze ein Sioux.[52]

Derlei Gebräuche sind natürlich nicht spezifisch indianisch; wir finden sie in vielen Teilen der Welt. Doch sei als besonders eigenartig noch ein Festbrauch der nordwest-kalifornischen Yurok erwähnt. Die Neulachsfeier an der Mündung des Klamath-Flusses konnte erst beginnen, wenn ein bestimmter großer Felsblock, der am Strande stand, in Bewegung gesetzt worden war. Der Medizinmann forderte die jungen, starken Männer dazu auf, und dann mühten sie sich daran ab mit Zerren, Drücken und Stoßen, auch zu mehreren, aber alle vergeblich. „Danach sprach der Alte ein Gebet, trat an den Felsblock, legte seine Hand darauf und bewegte den ganzen Leib in einer besonderen Weise, als ob er irgendwie ein Teil des Weltalls sei, und dann pflegte sich der Block dorthin zu bewegen, wohin er ihn haben wollte." Der Bericht sagt leider nichts aus über die Funktion des Steines in dem nun folgenden Ritual.[53]

Stein – nicht unbeweglich oder unbewegt – und auch nicht stumm, wie wir nun wissen. Stein auch nicht dicht, undurchdringlich, dunkel im Innern, wie wir nun darlegen werden. Innerlichkeit des Steines und Lichtung in seinem Innern hängen miteinander zusammen, so daß wir in der Darstellung die beiden nicht scheiden können. – Es versteht sich, daß derjenige, der sich der Steine bedient, sie oftmals schon nach dem Gesichtspunkt Farbe, Schimmer, Leuchten, Lichtspiel auswählt; Bergkristall und ähnliche durchleuchtete Mineralien werden dann bevorzugt. Doch ist die Lichtung im Stein durchaus nicht immer mit Durchsichtigkeit gepaart. Eine glatte spiegelnde Oberfläche ist ebenfalls Mittel visionärer Erscheinungen im Stein. Von einem Otomi in Mexiko stammt die folgende Aussage über den Stein einer Bruja, die Kranke heilte. Er war dunkel und durchscheinend. „Sie sah Wolken in ihm. Wurde sie aber wegen eines Kranken angerufen, dann schaute sie in den Stein und sah eine Gestalt. Wenn diese aufrecht stand, mit offenen Augen, wurde der Kranke bald gesund, kniete oder hockte die Gestalt, so dauerte die Kur lange, und lag sie mit geschlossenen Augen da, mußte der Mensch sterben."[54] – Dieser Steingebrauch ist also der auch bei uns geübten Kristallschau nah verwandt.

---

[52] John Fire / Lame Deer and Richard Erdoes, „Lame Deer – Seeker of Visions", New York 1972, S. 186f., 113.

[53] Vinson Brown, „Voices Of Earth and Sky. Happy Camp", California 1974, S. 152.

[54] Sigrid Lechner-Knecht, „Reise ins Zwischenreich", Freiburg 1978, S. 26.

Schauen und horchen wir in den Stein! – Bei Boitin in Mecklenburg steht im Walde der „Steintanz", älter „Kägeldanz" genannt, also ein Kreis von kultisch gesetzten Steinen. Einer von diesen heißt „Brautlade". „Wer den rotseidenen Faden zieht, der in der Johannisnacht aus dem Stein heraushängt, dem öffnet sich der Stein, und ihm fällt der reiche Brautschatz zu, der in dem Steine ruht."[55] – In Hessen liegt auf einem Vorberge des Altkönigs im Walde ein bemooster Fels, der „Hauptstein" genannt wird. „Darin soll eine purpurrote Henne mit goldbefiederten Küchlein wohnen", offenbar Sinnbilder inneren Lichtes.[56] Im Zusammenhang mit diesem Licht stehen sicher auch die Sagen von den Hinkelstein genannten Steinpfeilern im rheinischen Gebiet.[57] Von ihnen wird erzählt, daß man die Hühner darin gackern höre. Dies wäre vermutlich so zu verstehen – wenn wir Brautlade, Hauptstein, Hinkelstein, Hahnenschrei und Morgenrot zusammenschauen –, daß der Hahnenkraht das gehörte Gold des Morgens ist. Solche sagenhaften Vorstellungen entspringen nicht lokalen Zufälligkeiten, nicht dem Aberglauben begrenzter Volksschichten. Auch anderswo als in Mecklenburg kann man dem Stein etwas entnehmen. Ich habe schon die algonkinische Midewiwin-Zeremonie erwähnt. Einer ihrer Ritualleiter, „Gelbe Beine", pflegte mit dem Messer auf den Kultstein zu klopfen. „Der öffnete seinen Mund, und Gelbe Beine holte einen ledernen Medizinbeutel heraus. Er mischte etwas von der Medizin mit Wasser, reichte das Getränk herum, und jeder nahm einen kleinen Schluck."[58]

Es wird oft – und nicht ganz ohne Anlaß – um die Echtheit dessen gestritten, was Castaneda in seinen merkwürdigen, nun schon auf sechs Bände angewachsenen Berichten vermittelt. Hören wir einmal ein Zitat aus dem fünften Bande. Juan Matus übt seine Schüler im Schauen an verschiedenen Gegenständen in der Natur, Blättern, kleinen Pflanzen, Bäumen, Tieren, vorzugsweise Insekten. „Der nächste Schritt war, Steine zu beschauen. (La Gorda) ... sagte, daß Steine sehr alt und mächtig seien und ein besonderes Licht besäßen, das man eher grünlich nennen könnte im Vergleich zum weißen Licht der Pflanzen und zum gelblichen Licht der beweglichen Lebewesen. Steine eröffneten sich nicht leicht für den Schauenden, aber es sei der Mühe wert, sich beharrlich dazuzuhalten, weil Steine in ihrem Innern besondere Geheimnisse verborgen enthielten, Geheimnisse, die den Zauberern bei

---

[55] John Meier, „Ahnengrab und Brautstein", Halle/Saale 1944, S. 5.
[56] Carl Heßler, „Sagenkranz aus Hessen-Nassau", Cassel 1913, Nr. 223.
[57] Ernst Christmann, „Menhire und Hinkelsteine in der Pfalz", Speyer o.J.
[58] Dennis und Barbara Tedlock, „Über den Rand des tiefen Canyons", Düsseldorf 1978, S. 141.

ihren Traumunternehmungen helfen könnten." – Diese Hilfe besteht für La Gorda seltsamerweise darin, daß beim Schauen in das mittelste Innere des Steines sich sein eigener besonderer Geruch bemerkbar mache, und daß dieser Geruch zur Führung und Orientierung bei Traumreisen dienlich sei.[59]

Ist der Stein innerlich offen und licht, so kann er auch Einlaß gewähren. Daß der Stein impenetrabilis, undurchdringlich sein soll, ist, wenn wir die Sagenwelt in Rücksicht ziehen, ein Vorurteil des Verstandes. Welcher Mensch mit der Ausbildung unseres Jahrhunderts würde wohl hinter der Formel: Sǫkmĭmis und der Seinen lichter Saal – salr bjartr þeira Sǫkmímis – einen massiven Felsen vermuten von der Größe eines Hauses! – Aber in diesen Felsen geht ein schwedischer König am Abend eines Festtages hinein, ohne wiederzukehren. Sein ganzes Leben hindurch hat es ihn danach verlangt, dem Odin zu begegnen, eine fünfjährige Ostreise hatte er dazu schon unternommen. Nun, daheim, winkt ihm ein Zwerg, der unter der Tür des Steines steht: dort werde er Odin treffen. Sveigðir sprang in den Stein, und der Stein schloß sich hinter ihm.[60] – Diese Königssage könnte zu mancherlei Überlegungen Anlaß bieten; wir beschränken uns hier darauf, die Vorstellung zu vermerken, daß der dichte Fels sich zu öffnen vermag, um dem König Zugang zu bieten zu dem Gott, nach dem es ihn zeitlebens verlangt hat.

Die ungewöhnliche oder unglaubliche Vorstellung im alten Schweden steht dennoch nicht allein da. In den mitteleuropäischen Gebirgen gibt es zahllose Steinwände, die sich zur rechten Stunde oder für den Wunderschlüssel öffnen. Auch Tolkien hat das Motiv wiederholt verwendet. Eine Sage von der Ausmündung des Zillertales ins Unterinntal erzählt, wie eine unausgesegnete Wöchnerin abends nach dem Aveläuten von einer Stampa ergriffen wird: „Ein Fels im Jaudenstein spaltete sich, und dort zog jenes … Weib … die Unselige samt ihrem Kinde hinein, und der Felsen schloß sich wieder und für immer."[61] – Von der heiligen Odilia erzählt die elsässische Legende, daß sie auf der Flucht vor dem Vater und dem Bräutigam, den jener ihr aufdrängen wollte, sich an einer Felswand zum Gebet niederwarf, daß der Fels sich auftat und sie aufnahm und erst wieder entließ, als der Vater das Vorhaben, sie zu verheiraten, aufgegeben hatte.[62]

[59] Carlos Castaneda, „The Second Ring of Power", Harmondsworth 1979, S. 259.
[60] „Snorris Königsbuch (Heimskringla)", Bd. I. Thule Band 14, Jena 1922, S. 38.
[61] Johann Nepomuk Ritter von Alpenburg, „Österreichische Alpensagen", neu hrsg. von Lothar Borowsky, Wien o.J., S. 62.
[62] August Söber, „Die Sagen des Elsasses", St. Gallen 1858, Neudruck Lindlar 1979, S. 172.

Auf einen froheren Ton gestimmt ist die Kärntner Sage vom „Gedrahten Staan". Da läuft ein Knecht, der arm und mit einem armen Mädchen versprochen ist, mit der Stirne an jenen grauen, halbmannshohen Stein. Nun gewahrt er ein offenes Türlein in der Wand, wandert in den Gang hinein und kommt in einen von Gold und Silber blinkenden großen Saal. Dort steckt ihm eine schöne Frau die Taschen voll Steine und weist ihm einen silbernen Sessel, in dem er dann einschläft. Nach dem Erwachen läuft er eilig zur unterbrochenen Arbeit hinaus, aber die Mitknechte sind fort, und im Felsen ist auch keine Tür mehr zu sehen. Nun glaubt er, er habe geträumt, doch als er heimkommt, ist er über sieben Jahre fortgewesen, und die Stoana, wo mir „dås dålkate Weibsbild in Såck g'steckt håt", sind Klumpen lauteren Goldes, mit dem er nun heiraten kann.[63]

Daß Riesen und Zwerge im Gefelse wohnen, ist ein verbreiteter Sagenzug. Altnordisch werden die Riesen geradezu „hraunbúar" genannt, was etwa mit Felsbewohner zu übertragen wäre. Bei den Zwergen ist in den Sagen oftmals die Rede von den Türen im Gestein – so „Vǫluspá" 48: stynia dvergar fyr steindurom. Wir würden aber den Sinn der Aussagen mißverstehen, wenn wir von den Felsbewohnern nur annähmen, daß sie zwischen den Felsen, und von den Zwergen, daß sie in türverschlossenen Höhlen, im ausgehöhlten Gefelse wohnten. Richtig ist, daß diese Wesen, wie die Berggeister unserer Bergmannssagen, im unerschlossenen, dichten Gestein siedeln.

Sehr schön gelangt etwas Verwandtes auch zum Ausdruck in einer Sage der Krähen-Indianer, die zu den Sioux gehören. Dort war ein Knabe mit dem Gesicht ins Hüttenfeuer gefallen und war geflohen, weil er das narbenentstellte Gesicht im Lager nicht mehr zeigen mochte. Er blieb lange völlig verschollen, bis zwei Frauen in die Gegend kamen, wo er Zuflucht gefunden hatte. Die beiden, Mutter und Tochter, waren von den Lacotas entführt worden und versuchten, zu ihrem Volke zurückzukehren, ein sehr schwieriges Unterfangen, bei dem sie längere Zeit in einem Bergland mit einem tiefen Canyon ausharren mußten. Hilfe erhalten sie dort von jenem Verschollenen und von seinem Volk, wie er es nennt, regelrechten Zwergen, wie in unseren Sagen. Der Mann liefert den Flüchtlingen Felle für ein Zelt, und die Zwerge schleppen die Stangen dazu heran, ein gutes und schönes Obdach. Doch die ältere Frau rät ihrer Tochter, des Verschollenen Weib zu werden. Er indes lebt im Gefelse, in das er durch die glatte Felsmauer des Canyons einzutreten

---

[63] Georg Graber, „Sagen aus Kärnten", Graz 1944, S. 102.

pflegt. „Die Tochter wartete auf eine Gelegenheit, um in die Wand des „Schwarzen Canyons" einzutreten. Sie wußte wohl, daß sie dort nicht hineingehen könnte, bis der Mann sie einließe. Daher wartete sie darauf, daß er wieder herauskäme. Als er dann wieder hineinging, folgte sie ihm und legte sich drinnen neben der Tür nieder. Aber er schickte sie wieder hinaus. Dreimal tat sie dies, und dreimal schickte sie der Mann wieder aus seiner Behausung. Als sie aber das vierte Mal wieder hineinging, erkannte der Mann, daß sie tapfer war und nahm sie als sein Eheweib an." – Tapfer war das Mädchen, wenn man nur an das schrecklich entstellte Gesicht des Mannes denkt; tapferer noch angesichts seines Wesens als „hraunbúi", als Felsbewohner. Denn als Jahre später einmal einige Krähenjäger in die Berge kommen und ihn beobachten, wie er einen ganzen Wapiti auf der Schulter trägt, erschrecken sie ob seiner Stärke; wie sie aber sehen, daß er in eine schiere Steinwand eintritt, da bekommen sie es mit der Angst zu tun und laufen weg.

Derlei gehört für uns zu den unglaublichen Wundergeschichten. Deshalb wollen wir den Blick noch einmal auf eine Einzelheit richten, die uns die Folgerichtigkeit auch in solchen scheinbar absurden Überlieferungen erkennen und erst recht und eigentlich über sie staunen läßt. Bis zur Rückkehr in den Stamm, die mit jener Entdeckung durch die Jäger eingeleitet ist, lebt die Tochter mit ihrem Manne im Stein und gebiert ihm in der Zeit sogar einen Sohn. Aber die Mutter bleibt all die Jahre hindurch außerhalb der Felswand in der Hütte aus Fellen wohnen.[64]

Zum Abschluß noch ein Wort zur Wirkungskraft der Steine, zu ihrer Schicksalsmächtigkeit, zu ihrer potentiellen und wirklichen Mitwirkung in unserem Leben. Ein bedeutender Mann unter unseren Zeitgenossen hat sich näher dazu geäußert, Carl Gustav Jung. Er hat nicht nur ein Gedankengebäude errichtet, sondern fühlte sich gedrungen, auch im Stein zu gestalten: „Ich mußte", sagt er, „meine innersten Gedanken und mein eigenes Wissen gewissermaßen in Stein zur Darstellung bringen – oder ein Bekenntnis in Stein ablegen." Dieser Drang führte zur Errichtung der eigenartigen Burg am oberen Zürichsee mit einem Turm als Anfang und bleibender Sinngebung. „Der Turm gab mir das Gefühl, wie wenn ich in Stein wiedergeboren wäre." Später wurde einmal in einem Steinbruch eine größere Menge Steine bestellt, und bei der Anlieferung ergab sich, daß der Hauptstein, der „soit-disant Eck-

---

[64] Frank B. Lindermann, „Pretty Shield, Medicine Woman of the Crows", New York 1974, S. 183-195.

stein", sagt Jung, „ganz falsche Maße hatte: anstatt eines dreikantigen Steines hatte man einen Kubus gebracht. Es war ein vollkommener Würfel", viel größer als bestellt, und der Maurer wollte ihn zurückgehen lassen. Jung aber sah und sagte: „Nein, dies ist mein Stein – den muß ich haben!" Er fügte sich zwar nicht in die geplante Mauer, sagen wir, aber in Jungs eigenen, aus dem Unbewußten quellenden Lebensplan. Es war *sein* Stein, aber er wußte noch nicht, was mit ihm zu beginnen war. Dann fiel ihm ein, diesen Stein mit dem anderen Schicksalsstein in Zusammenhang zu bringen, der die Jahrhunderte hindurch bis an die Schwelle unseres Zeitalters menschliche Geschicke und zumal auch Jungs Gedankenarbeit mitbestimmt hat, mit dem „Lapis philo- sopherum", dem „Stein der Weisen" – und Jung meißelte in ihn Worte ein, die im Mittelalter ein Alchemist geprägt hat: „Hier steht der Stein, der unan- sehnliche. / Zwar ist er punkto Preis billig – / er wird von den Dummen ver- achtet, / um so mehr aber von den Wissenden geliebt." So lautet die deutsche Wiedergabe der lateinischen Inschrift.

Schon früher einmal hatte Jung einen solchen Zufallsstein gefunden. Wie unter Zwang hatte er mit Steinen gespielt, als ein Erwachsener, den seine Visionen, seine in ihm erwachende Gedankenwelt so tief aufwühlten, daß er nur im Spiel mit Steinen wieder zur Ruhe kommen konnte, im Aufbauen eines Dorfmodelles aus kleinen aufgesammelten Natursteinen. Aber eine Ortschaft braucht ein Zentrum, und dies war hier der Altar in der zentral- symmetrisch angelegten Kirche. „Aber ich scheute mich, ihn zu bauen." In der Tat findet sich der bedeutende Stein dann auch von selber an, er gibt sich selbst, dürfen wir sagen, nämlich ein roter Stein, eine kleine vierseitige Py- ramide im Uferkies des Sees, zugeschliffen von wogenden Jahrhunderten. – In einer viel späteren Schicksalskrise, als der besagte Eckstein zum Burgen- bau sich schon angefunden hatte, nach dem Tode seiner Frau, der ihn unge- heuer aus sich selbst herausgerissen hatte: „Da brauchte es sehr viel, um mich wieder zu stabilisieren, und die Berührung mit dem Stein hat mir geholfen." – Haben wir versucht, das Wesen des Steines ans Licht zu stellen, so begreifen wir leicht, von welcher außerordentlichen Wirkungskraft der Stein für das Los eines Menschen sein kann, der unter Urbildern, aus den Archetypen und durch sie zu leben gewohnt ist.[65]

Gewöhnlich unterschätzen wir die Kraft, die aus den Dingen selber strömt, die uns zu fördern, die uns im eigentlichen Sinne selber, wir selber

---

[65]   C.G. Jung, „Erinnerungen, Träume, Gedanken", Zürich1967, S. 227ff., 177f.

werden zu lassen vermag – und wir überschätzen das, was uns aus Lehrbüchern und von den Klugen und Fortgeschrittenen an Belehrung zuteil werden kann. In anderen Kulturen ist dieses Bewußtsein, daß unser Bestes von den stummen Begleitern kommen kann, die sich uns scheinbar zufällig zugesellen – wie jener Altarstein aus dem See und jener vermeintlich falsch behauene Block aus dem Steinbruch – weitaus stärker. Dafür ein Beispiel aus einem sich selten eröffnenden Bereich, nämlich von dort, wo ein weißer Mensch demütig genug ist, von den Indianern sich belehren zu lassen. Evelyn Eaton hat sich in den Gebrauch der heiligen Pfeife einweihen lassen, und im Laufe der Zeit wehen ihr auch die Federn zu, die man dazu braucht. Auch den Stein, den man braucht, erhält sie – von einem zwölfjährigen Indianerbuben, der angelaufen kommt, ihr den Stein, dunkelrot mit Bändern anderer Mineralien, in die Hand drückt und wieder wegrennt: weder vorher noch nachher waren sie jemals nur so unter zweien. Der Stein ist rund, hat eine gewölbte Oberseite und eine flache Unterseite, die vollkommene Form für Heilzwecke. Sicherlich ein „alter Stein, von einem Medizinmann schon früher verwandt, und seine Schwingungen leben noch darin. Er war glatt geworden von vielerlei Reibung in seinen Händen und vielleicht anderen Händen vor ihm, bis er vibrierte von Kraft." Evelyn Eaton bemerkt nun, daß das Handhaben des Steines zeitlich in Beziehung steht zu Besuchen Hilfesuchender und zu dem Vermögen, ihnen auch wirkliche Hilfe zu spenden. Trotzdem erwartet sie noch eine besondere Unterweisung und begeht eines Tages den Fehler, wie sie sagt, den Medizinmann, der ihr am nächsten steht, um die notwendig scheinende Ausbildung zu bitten. Erst schweigt er, dann, auf eine erneute Bitte, fragt er: „Was willst du eigentlich? – Lernen, wie man eine Medizinfrau wird. – Ich kann dir da nicht behilflich sein. Niemand kann es." – Und als ein Zugeständnis an meine Dummheit fügte er hinzu: „Du hast doch alles, was du brauchst: du hast deine Pfeife, du hast die Fasten bestanden, du hast deinen Stein, du hast deine Federn … Alles andere liegt bei dir." – Es folgt ein langes Schweigen, dann zeigt der Mann sein seltenes warmes Lächeln und legt ihr seine Hand auf die Schulter: „Du bist auf dem rechten Wege. Geh weiter! Wir alle müssen weiterschreiten. Du hast alles, was nötig ist." Nun sieht sie schließlich ein, daß Ausbildung und Belehrung nicht das Wichtigste sind. Sich zu entwickeln, das verlangt Hingabe, Ausübung und Hinhorchen. Die eigentliche Ausbildung, sagt sie mit indianischem Sprachgebrauch,

geschieht durch die Großväter, die uns in unserem Innern belehren[66], und dies
– fügen wir hinzu, eben auch durch den Stein.

Derartige Vorstellungen von einer Wissensvermittlung durch Steine begegnen uns in aller Welt. Über eine besondere Art von weissagenden Steinen berichtet die chinesische Überlieferung: „Steintrommeln, das heißt Steine, die wie Trommeln aussehen, fangen plötzlich an zu klingen und sagen Regen oder Krieg voraus."[67] – Ein pommersches Märchen erzählt von einem großen Stein, der in einem menschenleeren Schlosse in der Mitte eines hellerleuchteten Zimmers steht. Um Mitternacht kommen drei Tauben zu ihm, und an sie richtet der Stein die Weisungen, die für Orakelsuchende, die sich dort eingefunden haben, wichtig sind.[68] – Die bewandertsten unter den altlappischen Schamanen, den Noaiden, konnten vermittelst geweihter Steine mit den übernatürlichen Mächten verkehren.[69]

Haben wir eingangs das Wort Goethes angeführt von den Steinen als stummen Lehrern, dann erscheinen sie uns in den folgenden beiden Überlieferungen auch als durchaus beredte Schulmeister. Die erste stammt aus dem alten Irland. Sie erzählt, wie in lang zurückliegender Zeit einmal die Kunde von der „Táin Bo Cuailnge" verloren zu gehen drohte, von dem großen Epos vom Rinderraub. Die Dichter erinnerten sich nur noch einzelner Bruchstücke. Man erschrak – so, wie wenn bei uns die Kunde von den Nibelungen nur noch undeutlich nachhallte. Doch hieß es, daß im Osten ein Mann lebe, der das Epos in einer Pergamentschrift bewahrt habe, und einige Dichter machten sich auf, um nach diesem Schreiber zu suchen. Auf dem Wege kamen sie in Connacht an dem Grabe des Fergus Mac Roich vorüber, und einer der Männer blieb dort, während die anderen weiterzogen, um eine Unterkunft für die Nacht zu suchen. Jener eine aber saß einsam vor dem Grabstein, dem Menhir des Fergus, der selbst einer der Helden der „Táin Bo" gewesen war. Der Sänger aber hob an, ein Lied vor dem Steine zu singen, als wäre dieser Fergus selber.

> „Wäre dieser Königsstein, Sohn der Roig, du selbst, mit Weisen hier
> verweilend, Obdach suchend du selbst, die Táin Bo fänden wir, o Fergus, in ihrer Gänze."

66 Evelyn Eaton, „I Send a Voice", Wheaton, III. 1978, Kap. 25.
67 Wolfram Eberhard, „Lexikon chinesischer Symbole", Köln 1983, S. 276.
68 Ulrich Jahn, „Volksmärchen aus Pommern und Rügen", Norden 1891, Neudruck Hildesheim 1977, S. 353f.
69 Louise Bäckman and Åke Hultkrantz, „Studies in Lapp Shamanism" Stockholm 1978, S. 77.

Da fiel dichter Nebel um den Sänger, drei Tage und Nächte lang blieb er unauffindbar für die Gefährten. Ihm aber erschien in grimmer Hoheit Fergus Mac Roig, wie er zu Lebzeiten gewesen war: mit braunem Haar, in grünem Gewand, im rotbestickten Kapuzenmantel, mit ehernen Schuhen, gegürtet mit dem Schwerte mit goldenem Knauf. Auf dem Wagen stehend trug er die ganze „Táin Bo Cuailnge" vor, alles, was da geschehen, von Anfang bis Ends, drei Tage und drei Nächte lang. Wie aber Fergus entschwunden war und der Nebel sich hob, da wußte der Sänger sich an alles zu erinnern, es fehlte nicht ein Stückchen mehr aus der großen „Táin Bo".[70] – Dieser irischen Dichterlegende würde bei uns eine Sage entsprechen, nach der Hagen von Tronje am Hünengrabe erschienen wäre, um dem Nibelungensänger das Lied vom Burgundenuntergang vorzutragen.[71]

Von anderer Art und Herkunft ist ein weiteres Gebilde dieses Schlages, der merkwürdige Anhub eines Märchens mit einem eigentlich lehrhaften Stein. Das Motiv findet sich in einem Zweibrüdermärchen, das um 1860 in Niederösterreich aufgezeichnet worden ist. Dieser Märchentypus beginnt oft so, daß ein besonderer Fisch gefangen wird und dieser selbst dem Fänger den Rat gibt, was er mit ihm tun soll. Der Rat führt immer durch Verspeisen zu Zwillingsgeburten, oft auch bei Stute und Hündin zu Zwillingsfohlen und -welpen, dazu auch etwa zum Aufsprießen von Waffen aus den vergrabenen Eingeweiden. In der hier bedeutsamen Fassung nun sagt der Fisch auch voraus, daß beim Aufschneiden des Bauches auf der einen Seite sich ein Goldklumpen, auf der anderen ein Stein finden werde. Den Stein solle der Mann unter einem Baume eingraben. Durch das Gold wird er wohlhabend und kann die Zwillingsbuben daher in die Schule schicken. Als er aber einmal dem Lehrer begegnet, fragt ihn der, warum er seine Söhne nicht in die Schule

---

[70] Erika Dühnfort, „Am Rande von Artlantis", Stuttgart 1982, S. 37f. – „Der Rinderraub. Altirisches Epos", deutsch von Susanne Schaup, München 1976, S. 23 – (Cuailnge sprich: Kulinge).

[71] Die Erscheinung des Fergus am Menhir ist, wie sich versteht, nicht allein und nicht einmal vorzugsweise in der Natur des Steines begründet, sondern in der des Males, als das auch der Pfahl, der Baum und der Hügel dienen können. Allerdings schickt sich der aufgerichtete Stein aus mehreren Gründen dafür vorzüglich. Daß der Tote an dem wie immer beschaffenen Mal zu erscheinen vermag, rührt natürlich daher, daß jede Malsetzung in der landschaftlichen Unendlichkeit urzeugerisch eine Stätte mit vielfältigen Eigenschaften setzt, u. a. denen der Mitte und der Grenze. Mit ihnen entstehen auch erst die urbildlich geordneten Wege des Richtungskreuzes und der Weltachse und wird den Toten die Möglichkeit eröffnen, Opfer zu empfangen und sinnvoll, hilfebringend, statt lediglich spukhaft, zur Erscheinung zu kommen. Auch das folgende Beispiel aus dem niederösterreichischen Märchen hat am Malcharakter Anteil.

schicke. Der Vater ist ganz verwundert und fragt die beiden daheim, wohin sie denn in die Schule gingen. Da antworten sie ihm, das dürften sie erst mit zwölf Jahren sagen, und da sie fleißig lernen, so läßt er sie auch gewähren. Aber mit zwölf Jahren gestehen sie dem Vater, „daß sie zu dem Baum in die Schule gegangen seien, bei welchem er den Stein begraben habe."[72]

Es ist immer wieder erstaunlich, was noch in später Volksüberlieferung an den Tag kommt: der Stein unter dem Baume, hier vergraben, eine geheimnisvolle, Weisheit spendende Mitte, in der die zu Großem bestimmten Geburten ihre Unterweisung ohne Dazwischentreten eines menschlichen Schulmeisters empfangen. Ob hier nicht auch von einem der Geheimnisse des Steins der Weisen die Rede ist, des „Lapis Philosophorum", der auch lebenspendend und schicksalgebietend ist und für den wirklichen Weisen jedenfalls Wesenkraft schenkend und nicht mit Gold überschüttend. Ob nicht der Stein viel mehr den Finder fände und ihn zum Weisen machte, als daß der Weise derjenige wäre, der den Stein zu finden und auf dem Herde zu bereiten wüßte? – Eine alte alchemistische Schrift, „Der kleine Bauer", spricht von dem Stein mit folgenden Worten:

> „Unser Stein wird gefunden
> auf allen Straßen und Gassen,
> in Tälern und auf Bergen.
> Man bekommt ihn zwischen Himmel und Erden.
> Ist offenbar allen Menschen.
> Die Armen haben ihn mehr als die Reichen.
> Das Gute davon werfen die Leute hinweg,
> und das Schlechte behalten sie.
> Ist sichtbar und unsichtbar.
> Die Kinder spielen damit auf der Gasse."

Doch heißt es in einem anderen Gedicht der Alchimisten auch folgendermaßen:[73]

> „Doch weit, weit muß er wandern
> über fremdes Reich und Meer,
> der den alten Bergen nachgeht,
> wo der Stein der Weisen wär …"

---

[72] Theodor Vernaleken, „Österreichische Kinder- und Hausmärchen", Wien 1864, Nr. 35.
[73] Alexander von Bernus, „Alchymie und Heilkunst", Nürnberg 1948, S. 87.

In der Tat, die beiden Sprüche vereint geben den Weg an, auf dem der Stein der Weisen gefunden wird. Jene Märchenzwillinge haben gewiß seinen Ruf vernommen und sind ihm gefolgt, des Drachen mächtig und der Todeshexe.

Anmerkung:

Die Kasuistik dieser kurzen Abhandlung ist, obwohl ich um eine gewisse phänomenologische Abrundung bemüht war, nicht vollständig. So habe ich unter anderem den umfangreichen Komplex der „petra genitrix", des gebärerischen Steines, beiseite gelassen.

STEINE UND STEINKREISE IN DER GRALS- UND ARTUS-SAGE

In meinem Vortrag „Vom Wesen der Steine" ging es darum, wie im allgemeinen der Stein erlebt werden kann, und mit der Reihung verschiedenartiger Erlebnisse ergab sich ein umfassendes Bild von Wirklichkeitszügen des Steinigen. Mit dem heutigen Thema ist dagegen eine Welt gesetzt, das Weltbild miteinander verwandter literarischer Gebilde, und das Thema betrifft die Funktion der Steine innerhalb dieser Welt. Damit sind Fragen gestellt, zu denen das Material nicht ohne weiteres die Antworten preisgibt wie in dem früheren Vortrag. Die Gründe für diese Verschwiegenheit oder Verschlossenheit sind verschiedene.

Zum ersten handelt es sich in keiner Weise um eine einheitliche literarische Überlieferung. Das Thema taucht im 12. Jahrhundert bei einem bestimmten französischen Dichter auf, bei Chrestien de Troyes, der aber vor der Vollendung seines „Perceval" stirbt. Nach diesem Anfang ist in Frankreich und in Europa eine Fülle von Dichtungen entstanden. Unter den Fortsetzern und Vollendern ist bei uns am bekanntesten Wolfram von Eschenbach, bei dem der Gralsheld „Parzival" heißt. Im Französischen entstehen unmittelbar an Chrestien anschließende Fortsetzungen, aber auch immer weiter gehende Umdichtungen. Eine merkwürdige Kombination von Wolframs „Parzival" und den beiden frühesten Vollendern des „Perceval" wurde um 1555 in Straßburg geschaffen, der „Parzifal" von Claus Wisse und Philipp Colin. Der Stoff ist noch Jahrhunderte hindurch immer wieder umgedichtet, in episodischen Einzelwerken ausgestaltet und schließlich auch in Prosa umgegossen worden. Im 15. Jahrhundert hat der englische Ritter Sir Thomas Malory eine Reihe der so entstandenen Hauptwerke unter dem Titel „Le Morte d'Arthur" in englischer Prosa zusammengefaßt.

Fragen wir nun zunächst nach der Welt der mittelalterlichen Dichtungen, in der die Steine und die Steinkreise vorkommen und die ihnen den Sinn gibt! Es liegt auf der Hand, daß von Chrestien bis Malory, vom Hochmittelalter bis zum Anbruch der Neuzeit, sich diese Welt gründlich gewandelt haben muß. Mit ihr hat sich auch der Sinn der Dichtung gewandelt. Bei Wolfram, am Anfang des 13. Jahrhunderts, zur Zeit der staufischen Kaiser, heilt Parzival den Gralskönig und wird selber dessen Nachfolger. In den späten französischen Ausformungen gibt es kein Gralsreich mehr, die Kleinodien des Reiches, Lanze und Gral, werden in den Himmel aufgenommen. Das Reich des

Artus geht in einem entsetzlichen Blutbad unter; König und Königssohn versetzen einander die Todeswunde. Die Überlebenden versinken im Jammer.

Dergestalt nimmt der Ablauf eine christliche Wendung, und die Welt erliegt einer christlichen Wertung, am deutlichsten kenntlich in der Entrückung der Gralskleinodien in den Himmel: eine Himmelfahrt nicht nur eines Gottessohnes, sondern im Grunde alles wesentlich Heiligen insgesamt, also eine radikale Entheiligung und Entlichtung dieser Welt. Es ist dies aber nur der Schlußpunkt in einer langen Entwicklung, durch die aus Symbolen der Kelten Gegenstände der christlichen Überlieferung geworden sind. Denn der Gralsspeer war ursprünglich nicht die Longinus-Lanze und der Gral selber nicht der Abendmahlskelch, sondern beide gehörten zur altkeltischen Königssymbolik. Diese Anschauung ist, wie sich versteht, kontrovers. Es gibt Forscher, die eine entgegengesetzte Ansicht vertreten. Speer und Gral hätten nicht mit der Artussage zusammengehangen; erst Chrestien habe das christliche Mysterium mit dem Artuskreise in Verbindung gesetzt. Andere stellen dies in Abrede, und es gibt in der Tat viele Einzelzüge in der Gralssage, die aus einem christlichen Ursprung nicht zu verstehen wären. Andererseits haben die Kleinodien des Gralsreiches verständlicherweise frühzeitig christliche Deutungen an sich gezogen, und in dem Maße, wie aus der Ritterdichtung Mönchsdichtung geworden ist, hat sich auch allmählich eine christliche – oder hyperchristliche – Sinndeutung durchgesetzt, bis am Ende Perceval gar nicht mehr zum Gralshelden taugte – sowenig wie Gâwân oder Lanzelot – sondern ein neuer Erlöser eingeführt werden mußte, Galahad. Er konnte als solcher nicht mehr ein ritterlicher Held sein, sondern mußte die Christusrolle selbst übernehmen. Allein schon solche späten Abwandlungen sollten eigentlich die Wahrscheinlichkeit erhöhen, daß man, wenn man die Entwicklungslinien in die Vergangenheit extrapoliert, auf rein europäische Altertümer und Ideen stößt.

Zu den zwei genannten Schwierigkeiten, der Vielgestaltigkeit der literarischen Überlieferung und der christlich-ureuropäischen Kontroverse, kommen noch mindestens zwei weitere hinzu. Die eine besteht darin, daß sicherlich zu den erwähnten Strängen geschichtlicher Verwurzelung, der keltischen und der christlichen, noch weitere Einflüsse hinzukamen: arabische, persische, wohl gar indische, und daß dergleichen in die Tradition auf unüberschaubaren Wegen hineingewachsen ist, zum Beispiel über die Katharer, über den Templerorden, und daß wiederum deren Geistesgut infolge der Vernichtungskriege nur unvollständig überliefert ist. Als vierte Schwierigkeit sei schließlich erwähnt, daß wir das Gewicht der einzelnen Quelle, des Einzelwerkes oft nicht abzuschätzen vermögen, nicht wissen, wie nah oder fern es dem Ursprung steht und aus welchem Ursprung es herrührt. Demgemäß ist die Bewertung mancher Dichtungen sehr unterschiedlich, und was den einen Kenner fasziniert, dünkt den anderen banal.

So weit die Einführung und einige der notwendigen Einschränkungen, – nun zur Welt der Grals- und Artussage – oder, noch entschiedener, der Sage Artus-Gral. Ich will damit ausdrücken, daß es sich um *ein* Gebilde handelt, daß es keine Gralssage und dazu eine andere, die Artussage, gibt, sondern daß es *eine* Sage ist, die sich ursprünglich in *einer* Welt abspielt. Von dieser stellt der Artuskreis eine Seite dar, die Erdenwelt der Leiber und der Schicksale. Artus hält Hof in einer bestimmten Stadt der Bretagne, feiert seine mailichen Feste in einer allbekannten Flußebene; jeder fahrende Ritter vermag ihn aufzusuchen. Freilich ist sein Hoflager, wie das aller alten Könige, beweglich; doch auch dies ist Ausdruck seiner Raumbezogenheit. Die Gralsburg aber ist, ihrem Wesen nach, überhaupt nicht lokalisiert; landauf landab, kreuz und quer durch Wald und Täler streichend, findet der sie nicht, der nicht die inneren Voraussetzungen dazu besitzt. Und selbst derjenige, der dort hingelangt ist, der aber angesichts der Wunder und Aufgaben jener Zone versagt hat, findet sich am Morgen, wenn er erwacht, nicht mehr auf der volkreichen Burg, wo er sich niedergelegt hat, sondern im Freiland, in menschenleerer Öde. Die Gralsburg liegt im Seelenland, zugleich überall und nirgendwo, und ist daher nur von innen her, auf dem Wege der Innerlichkeit zugänglich. Nur dürfen wir gegenüber einer solchen Feststellung nicht in den Irrtum verfallen, daß der Gral in der beschränkten sogenannten Psyche des Einzelnen aufgefunden wird. Wir haben es nicht mit Psychologischem zu tun, sondern ausschließlich mit der Wirklichkeit der altkeltischen Mythologie. Diese Wirklichkeit ist zweiseitig, und ihre innere Seite ist mindestens so selbständig, das Seelenland ist mindestens so eigenständig wie das Reich der Leiber. Die Reduktion der gesamten seelischen Wirklichkeit auf das Unterbewußtseinsbeutelchen in unserer jeweilig einzelnen Brust ist ja einer der fundamentalen Irrtümer der Neuzeit, und unser Denken ist darin wie in einem Spiegelkabinett eingekerkert, eine echte Verrücktheit.

Das Seelenland, das Land der Götter, der Feen, der Toten ist welthaft und der Potenz nach ebenso allgegenwärtig wie die leiblich-erdhafte Wesensart. Dementsprechend kann es überall in Erscheinung treten; zu erscheinen ist die

Wesensart seines wirklichen Daseins. Die keltische Sagenwelt ist bis auf den heutigen Tag voll von Berichten über spontane Erscheinungen der Wesenwelt, über den Verkehr zwischen den beiden Seiten der Gesamtwelt und über das Bemühen des lebenden Menschen, der Begegnung mit Erscheinungen und Erscheinenden teilhaft zu werden. Es besteht aber umgekehrt auch auf der anderen Seite oftmals ein dringendes Anliegen, daß ein lebender Mensch sich ihr zuwenden möge, um dort eine Aufgabe zu erfüllen, – eine uns völlig fremd gewordene Vorstellung: unserem Himmelsgott kann nichts passieren, unser Erlöser kommt von drüben hier herein. Auch im Märchen aber pflegt das Verhältnis gerade umgekehrt zu sein: Erlöser ist immer der junge, nichtsahnende Lebensanfänger, der unversehens in eine Verpflichtung zur anderen Daseinshälfte gerät. Der Gedanke, daß die Atombombe letztlich auf eine Katastrophe im Seelenland zurückzuführen sein könnte, daß Gott ins Unheil gefallen, lebensgefährlich versehrt sein könnte, – diese Vorstellung liegt uns wahrhaft weltenfern. Gerade die Gralswelt aber bietet ein Bild dieser Katastrophe. Der Gralskönig ist schwer verwundet – im Zeugungsorgan, er leidet, er liegt in Schmerzen, sein Hof lebt in Trauer.

Wie ist das möglich? Woher rührt das? – Auf diese Frage gibt es allein eine mythologische Antwort; die Alte Welt langweilt uns nicht mit rationalistisch-kausalen Erklärungen, sondern gibt metaphysische Auflösungen in bildhafter Form. Die Frage, die wir gestellt haben, ist im übrigen gerade die Gralsfrage, die dem Erlöser auferlegte Frage, und bei Chrestien hat sie diese Form: „La lance, por quoi ele saingne?" – Es ist die Lanze, mit der ein immer wieder erwähnter „coup douloureux", ein Schmerzensstreich geführt worden ist, und der hat den König drüben getroffen. Durch diesen Schlag wird nicht nur der Gralskönig zeugungsunfähig, sondern die Reiche draußen werden unfruchtbar. Erst mit der Heilung des Gralskönigs wäre auch die Not hier wieder behoben. Der junge Held aber, der dazu berufen ist, dies sei noch vermerkt, ist blutsverwandt sowohl mit Artus wie mit dem König auf der Gralsburg. Daß seine Mutter „von drüben" sein kann, ist ja in der Alten Welt nichts Ungewöhnliches, da Liebesverhältnisse und Ehen dieser Art oft geschildert werden.

Bis hierher führt unsere Darstellung jener Welt, in der die Sage Artus-Gral sich abspielt. Diese Einführung war notwendig, um die Funktion von Menschen und Dingen in dieser Welt zu verstehen. Auch Menschen und Dinge sind nämlich, wie die Welt, zweiseitig, beidseitig. Der feierlich aufgerichtete Steinpfeiler steht auch in der anderen Welt; die feierlich gelegte

Steinplatte liegt auch in der anderen Welt. Am Pfeiler steht der Mensch an der Grenze zur anderen Welt, auf der Steinplatte fußt er schon in der anderen Welt, und dies nicht nur sozusagen, sondern wirklich, weil einander die beiden Seiten der Welt durchdringen – und weil sich diese Durchdringung am ausgezeichneten Ort, am ausgezeichneten Gegenstande aktualisiert.

„Sitja á haugi" war im alten Skandinavien ein Verfahren, um Erscheinungen zu haben, und gleich so haben die Helden und Könige der irischen und der walisischen Sagen Erscheinungen, wenn sie auf dem Hügel sitzen.

Erfassen wir mit diesen Überlieferungen aus der Grals- und Artus-Welt und mit der Sichtung ihrer Stein- und Steinkreis-Motive alteuropäische Vorstellungen, dann taucht damit die Möglichkeit auf, daß wir auf diesem Wege auch etwas von der Gedankenwelt der Megalithiker unmittelbar erfahren, – nicht mittelbar, nicht erschlossen mit Hilfe archäologischer Funde, sondern im Worte selbst überliefert, – bruchstückhaft, verworren, halbvergessen, verflochten mit neuen Vorstellungen, mit fremden Gedanken, – all dies gewiß, aber doch darin und darunter auch eine ferne Kunde, auf die zu hören sich lohnen könnte.

Der ausgezeichneten Gegenstände sind im alten Irland vier, und sie spielen alle vier auch in der Gralssage eine wichtige Rolle: die schon erwähnte Lanze, das Gefäß als Kessel, Schale oder Kelch, das Schwert und der Stein. Unter den Gesichtspunkten unserer Einleitung ist es ohne Schwierigkeit zu verstehen, wieso diese Dinge von zauberhafter Wirkung sein können: es ist ihre Teilhabe am Binnenland, die ihre Wirkung hier in der Außenwelt als Zauber, als zauberhaft erscheinen läßt. An der Lanzenspitze sammelt sich unaufhörlich Blut und fließt am Schafte herab. Wenn der Gral hereingetragen wird oder über der Tafel spontan erscheint, füllen sich Teller und Schüssel mit Speisen. Das Schwert, in zwei Teile auseinandergebrochen, vermögen die Hände des dazu Bestimmten ohne Schmiedefeuer und Hammer wieder zusammenzufügen. – Was können die Steine? – Auf diese Frage zunächst eine Antwort aus dem „Wigalois", einem Epos aus dem Artuskreise von Wirnt von Gravenberc, entstanden in den Jahren 1210 bis 1215.

Wigalois, ein junger unerprobter Ritter, kommt nach Karidöl, dem traditionellen Sitz des Königs Artus. „Da ritt er auf den Hof und sah bei einer Linde einen breiten Stein liegen, dessen Kraft (tugent) ihm ins Herze leuchtete. Der Stein war viereckig, nicht rund. Rote und gelbe Streifen liefen schichtenweise da hindurch. Im übrigen war er blau, klar wie ein Spiegelglas. So große Kraft lag in dem Stein, daß kein Mensch, der etwas Unehrenhaftes begangen hatte, ihn mit der Hand berühren konnte. – Der junge Gast ritt zu der Linde, band das Pferd an einem Aste fest und setzte sich mitten auf den Stein. Sein Herz war ohne Falschheit, ledig aller Bosheit; sein Sinn war immer auf das Beste gerichtet. Wer aber jemals etwas Lasterhaftes begangen hatte, der konnte sich dem Steine niemals weiter als bis auf eine Klafter nähern. Sie wurden alle zurückgestoßen, wenn sie auf den Stein zuschritten; sie mußten alle Abstand nehmen. Das war bis dahin noch niemals geschehen, daß man jemanden auf dem Steine gesehen hätte; den König ausgenommen, denn der war ganz ohne Makel."

Die letzten Worte besagen klar, daß der vierseitige Stein unter der Linde der Königsstein ist. Er erweist den König als königlich, und er erweist den namenlosen Neuling als potentiellen König, indem er ihn annimmt. Die eigentliche Bewährung muß dann freilich immer erst folgen; sie wird errungen in einer Begegnung mit der Binnenwelt. Was aber dort gewonnen wurde, das wird zum *offenbar* Erreichten erst in der Welt um Artus, und das Entsprechende gilt für das Scheitern. Auch Perceval- Parzival ist der potentielle König. Nachdem er beim Gral, durch Unterlassen der Frage, versagt hat, wird sein Unheil durch die Gralsbotin am Artushof verkündet und erhält dadurch überhaupt erst das schicksalhafte Gewicht. In einer Fassung, im „Perlesvaus", tritt diese Verfehlung im Gralsbereich sogar an Artus selbst unvermittelt zu Tage – in der Weise nämlich, daß er sogleich eine ganz wesentliche Königstugend verliert, die Freigebigkeit. Er hört dadurch auf, Vorbild zu sein für die Ritterschaft, und insgesamt bedeutet das eine schlimme Lebensstockung in dieser Welt. So einhellig stellt sich also der Zusammenhang der beiden Weltseiten dar.

Zum Vergleich richten wir den Blick auf den bekanntesten aller keltischen Königssteine, auf den „Lia Fáil", den Königsstein von Tara in der irischen Grafschaft Midhe = Mitte. Der Stein, der heute als „Lia Fáil" bezeichnet wird, ist ein Pfeiler und sicher nicht der alte Stein. Der echte Stein war ein Lia, also ein Lei, das heißt eine Platte, und er soll nach Scone in Schottland entführt worden sein. Nach der Occupation durch die Engländer ist dieser schottische Königsstein zerteilt und das Hauptstück in den englischen Königsstuhl in Westminster eingefügt worden. Vor der letzten Königskrönung in England, der Elisabeths, ist er noch einmal von schottischen Nationalisten entführt worden; sie haben ihn aber dann doch noch rechtzeitig zurückgegeben.

Der „Lia Fáil" nahm den König durch einen Schrei an, wenn er ihn betrat. Diese wiederholt bezeugte Nachricht schließt einen Pfeiler aus. Auch ein Beschuldigter konnte auf den Stein gesetzt werden, und wenn er sich mit Recht als unschuldig bezeichnete, so färbte sich der Stein für ihn rosa und weiß. War er aber schuldig, so zeigte er an einer auffallenden Stelle einen schwarzen Fleck. Unter einer Frau, die nicht empfangen hatte (oder einer überhaupt unfruchtbaren?), schwitzte er Blut, unter einer schwangeren Milch. Bevor der Königsanwärter den Lia betrat, wurde er drei andersartigen Proben unterworfen. Er mußte den Königswagen besteigen, der kippte unter dem Unwürdigen um, und die Pferde traten ihn unter die Hufe. Er mußte den Königsmantel anlegen, und für den Unwürdigen war er zu weit. Er mußte zwischen den Zwillingssteinen „Blocc und Bluigne" hindurchgehen, und sie öffneten sich nur für den Würdigen. Darauf erst folgte die endgültige Erprobung durch den „Lia Fáil".

Gar unsinnige Deutungen hat der Gelehrtenverstand für „Blocc" und „Bluigne" angeboten, doch sind sie nur auf eine Weise sinnvoll zu verstehen: sie stellen am Kultplatz die Symplegaden dar, die Klappfelsen, die in den Überlieferungen der ganzen Welt den Zugang zur Binnenwelt verschließen oder freigeben können. Auf dem irischen Kultplatz öffneten sie sich für den seherischen König, dessen Seele imstande war, in der Vision zwischen den Klappfelsen hindurch ins Seelenland hinüberzuschreiten. Denn diese Fähigkeit, mit dem Land drüben zu verkehren, war die wesentliche Voraussetzung eines wirkungsstarken Königtums, – was auch zahlreiche Märchentypen bezeugen.

Wir rühren damit bereits an die Thematik der Steinkreise, bleiben indes vorerst noch beim einzelnen Stein. Die Sonderbarkeiten der Überlieferung nötigen uns, auch einen Stein aus Stahl anzuführen. In einer lokalen Sage vom Gralshelden, nämlich in der aus Wales, die aber schon im Mittelalter aufgezeichnet wurde, heißt der Held Peredur. Er nun muß sich erproben an einem Ystwffwl aus Eisen, was neuerdings richtig mit Eisensäule übersetzt wird. Zweimal gelingt es ihm, die Säule mit dem Schwert zu zerschlagen, wobei das Schwert zerspringt. Säule wie Schwert vermag er aber ohne weiteres wieder zusammenzufügen. Beim drittenmal gelingt ihm die Heilung nicht, und sein Oheim, der dem Gralskönig entspricht, deutet dies so, daß er erst zwei Drittel seiner Stärke erlangt hat.

Das Hauptinteresse liegt für uns in dem Wort „Ystwffwl". In dem keltischen Text, dem Kymrischen der Walliser, ist nämlich gerade an dieser zentralen Stelle ein germanisches Lehnwort eingesprengt. Das Wort gehört zu hd. Staffel, nd. Stapel und bezeichnet die Rechtssäule, die auf einer Steinplatte, oft auf einer Dreistufenpyramide steht, in germanischen Landen ein höchst wichtiges, Mitte und Weltall bedeutendes Symbol. In dem frühmittelalterlichen, in Tegernsee entstandenen lateinischen Epos „Ruodlieb" wetzt zur Bekräftigung der Verlobung der Bräutigam sein Schwert an einer solchen Staffel, die dort Pyramis genannt wird. Im Französischen wird diese Pyramide als Perron bezeichnet, und beispielgebend war mit seiner Form der Lütticher Perron, dessen Säule oben von einem Pinienzapfen bekrönt wird. Im flämischen Gebiet heißt diese Form sonst auch einfach „Steen". An solchen Säulen können auch Ringe aus Edelmetall angebracht sein – als Symbol, dürfen wir wohl sagen, für den Königsfrieden.

Haben wir „Ystwffwl" richtig gedeutet, dann verstehen wir auch einen weiteren wichtigen Stein der Artussage, nämlich den, der über Artus eigene Königswahl entscheidet. Bevor er als der Königserbe erkannt wird, bemerkt man zu Weihnachten, als der gesamte Adel des herrscherlosen Reiches in London zum Gottesdienst versammelt ist, auf dem Kirchhof, auf der Altarseite der Kirche, also im Osten, einen großen viereckigen Stein und in dessen Mitte so etwas, heißt es, wie einen fußhohen stählernen Amboß. In diesem aber steckt mit der Spitze ein Schwert, und eine Inschrift besagt, daß derjenige, der das Schwert herauszuziehen vermöge, der rechtgeborene König Englands sei. Wir hätten hier also ebenfalls eine Pyramis der besagten Art, und in ihr das Schwert, das nur der echte Königserbe zu ziehen vermag.

Der Stein im „Wigalois-Epos", die genannten Pyramidensteine haben unterscheidende Kraft. Im Hauptstrange der Überlieferung aber gibt es noch etwas ganz Entsprechendes, das dort in einem weiteren Zusammenhang steht und für den Ablauf des Geschehens noch bedeutungsvoller ist: „le Siège Périlleux", „Siege Perilous", den Sitz der Fährde im Ringe der Artusritter. Es ist ja allbekannt, daß Artus der König der Tafelrunde ist, und in dieser Runde gibt es einen Sitz mit jenem Namen. Die Tafelrunde, das sind einerseits jene 149 oder 150 Ritter, die zum Hofe gehören, die Artus' eigene Gefolgschaft bilden. Andererseits ist es ein Tisch, den Merlin gefertigt hat, der Zauberer, der in Artus' Jugendgeschichte verflochten ist, und es wird ausdrücklich gesagt, daß er den Tisch als ein Abbild der Welt geschaffen hat. Der gefährdende Sitz bezeichnet also eine Stelle in der Runde der Welt. Wir werden nicht daran zweifeln, daß es jene Stelle ist, in der sich diese Welt gegen die andere hin öffnet, in der ihr Treiben der Prüfung ausgesetzt ist, von der aus sie aber auch, wenn sie in Verwirrung geraten ist, Hilfe erwarten kann, ebenso wie jene Welt dort ihrem Helfer offensteht. „Siège Périlleux" ist der vorbestimmte Sitz für den Gralshelden, und nach einigen Überlieferungen ist dieser Sitz ein Stein. In einer Fassung zerreißt krachend dieser Stein, sobald sich Perceval darauf setzt, und der Riß soll sich wohl wieder schließen, wenn der Gralsheld seine Gralsaufgabe gelöst hat. Doch nicht allein mit dieser Berufung zu einer gefährlichen Aufgabe für eine gefährdete Welt steht der Name des Sitzes in Zusammenhang. Er bezeichnet auch die Gefahr für den, der es wagt, ihn zu besetzen. Eine Fassung erzählt, wie ein Unberufener, Anmaßender, der sich darauf niederläßt, augenblicklich vom Blitze verzehrt wird.

Ein steinerner Sitz in der Artusrunde, – ist vielleicht diese Runde selbst auch ursprünglich ein Circel von Steinen? Sie wäre dann entstanden aus einer rituellen Runde von Königsmannen, die im Kult, innerhalb des Steinringes, alle ihren funktionsbedingten, durch einen Stein bezeichneten Ort besetzt hätten. Dergleichen hat es nicht nur am Himmelsaltar von Peking gegeben oder bei der Königswahl in skandinavischen Steinkreisen, sondern auch bei uns in einer vergleichsweise so unbedeutenden Anlage wie dem Botdingstein zu Stade an der Elbe. Wir wissen über einen solchen Ursprung der Artusrunde nichts, wenn wir auch der symbolischen Übereinstimmung sicher sein können: die Tafelrunde von Merlin gedacht als ein Abbild des Kosmos, eine Vorstellung, die auch allen kultischen Kreisen zugrunde liegt. Etwas mehr Aussicht auf eine stichhaltige Antwort verheißt eine andere Frage, nämlich die, ob die Artussage Hinweise darauf gibt, daß es umgekehrt in den Steinkreisen etwas gegeben hat wie den Stein der Gefährdung, wie „Siège Périlleux".

Mit diesem Ziel im Sinne wenden wir uns nun den Steinkreisen der Sage selbst zu und beginnen mit dem Stonehenge. Der Vater des Artus, dessen Thronfolger er ist, war Uther Pendragon. Dessen Vorgänger war sein Bruder und trug den Namen Aurelius. Er hatte die Sachsen besiegt und den Vortigern, der sie ins Land gerufen hatte, in seiner Festung verbrannt. Nach diesen Siegen besuchte er die Stätte, wo der britische Adel bestattet war, den Hengist bei einer Beratung verräterischerweise hatte erschlagen lassen.

Dort „begann er zu überlegen, auf welche Weise er am besten diese Örtlichkeit dem Gedächtnis überliefern könnte; denn würdig des Gedenkens erschien ihm der grüne Rasen, der so viele edle Krieger deckte, die für ihr Land in den Tod gegangen waren." – Auf den Rat Merlins wird dazu ein

Steindenkmal aus Irland geholt, das dort auf einem Berge steht und den Namen Riesentanz trägt. Die Iren, die ihr Heiligtum verteidigen, werden besiegt, und es gelingt dem technischen Ingenium Merlins, trotz der anfänglichen Skepsis des Königs, die Steine abzubauen, zu transportieren und wieder zu errichten, und zwar so, daß sie jene Begräbnisstätte einfassen. Merlin teilt bei dieser Gelegenheit ebenfalls mit, daß die Steine ursprünglich von Riesen aus den fernsten Gegenden Afrikas herangeschafft und in Irland, wo sie damals lebten, aufgebaut worden sind. Ihre Hauptabsicht sei dabei gewesen, die Heilkraft der Steine auszunutzen. Denn wenn man sie mit Wasser bespült und das Wasser zu Bädern sammelt, kann man Kranke damit gesund machen, – und fügt man noch Kräuter hinzu, so taugt das Bad auch dafür, Verwundete zu heilen.

Die Quelle für diese Nachricht ist Geoffrey of Monmouth kurz vor 1140, und seine „Historia Regum Britanniae" beruht zum großen Teile auf Sagen, so auch die Vorstellung, daß der Stonehenge ein Begräbnisplatz gewesen sei. Nach Geoffrey waren später auch noch die Könige Aurelius, Uther Pendragon und ein Nachfolger des Artus dort bestattet worden. Aber man hat innerhalb des Ringgrabens bisher nur zwei unbedeutende, leider auch undatierte Körperbestattungen gefunden, dazu in der Peripherie Brandbestattungen aus der ersten Zeit nach der Erbauung. Was zutrifft und für uns von großem Gewicht bleibt, ist die Sage von der Einholung des Heiligtums aus der Ferne. Um davon ein noch deutlicheres Bild zu erhalten, ist es nötig, daß wir uns die beiden völlig verschiedenen Baubestandteile des Stonehenge vergegenwärtigen. Der ins Auge fallende Anteil sind die gewaltigen Sandsteine, die herkömmlicherweise mit dem unerklärten Wort „Sarsen" benannt werden. Trotz vieler fehlender Steine und trotz der Zerstörungen und der Einstürze ist deren Baugestalt und kosmische Einrichtung leicht erkennbar geblieben: der Kreis aus dreißig aufrechten Monolithen mit rings umlaufenden Oberschwellen – und das Hufeisen aus den fünf sogenannten Trilithen, Dreisteinen, die jeweils aus zwei stehenden Steinen und der Oberschwelle bestehen. Das Hufeisen ist nach Nordosten geöffnet, dorthin verläuft auch die sogenannte Prozessionsstraße, und zwar auf den Ort am Horizont zu, der durch die extreme Sonnen- und Mondaufgänge gekennzeichnet ist.

Die Erbauer des Sarsen-Monumentes haben in ihrem Heiligtum aber noch die Steine eines älteren Baues aus Basalten aufbewahrt – aus welchen Gründen immer. Ursprünglich mögen es etwa 80 Steine gewesen sein, von denen etwa 60 ihre natürliche Form behalten haben. 22 sind auf das sorgfältigste bearbeitet. Zwei von ihnen haben je zwei Zapfenlöcher, dienten also ursprünglich als Oberschwellen von Tor-Durchgängen. Zu ihnen gehören Pfeilersteine, die ursprünglich einen Zapfen aufwiesen, der aber später weggemeißelt worden ist. Die Oberschwellen stecken heute, und zwar seit uralter Zeit, zweckentfremdet als Pfeiler im Boden; ihre Zapfenlöcher schauen nach außen, sind also von der Mitte her nicht sichtbar.

Von den 22 Basalten entfallen also 6 auf die beiden offenen Tore. Von den verbleibenden 16 liegt einer als sogenannter Altarstein in der Mitte des heutigen Heiligtums, hat aber ehedem dort ebenfalls aufrecht gestanden. Die Tore lassen wir in dem alten Basaltring nach Osten und Westen schauen; für seinen Nordpunkt nehmen wir einen besonders hohen Steinpfeiler in Anspruch – und zwei Pfeiler für den Südpunkt – zwei aus einem sogleich anzugebenden Grunde. Dann bleiben 12 Pfeiler verfügbar, das heißt, 3 für jedes Viertel des Kreises. Dergestalt erhalten wir eine Kompaßrose mit vier Kardinalpunkten und den gewöhnlichen zwölf Nebenpunkten. Die zwei Pfeiler aber, die nach unserer Annahme im Süden beieinander gestanden haben, gehören unzweifelhaft dicht nebeneinander; denn der eine weist der Länge nach eine Leiste auf, der andere eine Rille. Sie stehen heute nicht zusammen, haben aber zweifellos einmal, wie zwei Bretter mit Nute und Feder ineinandergeschlossen, dagestanden.

Wir wissen, daß die rohen Sarsenblöcke von einer verhältnismäßig nahe gelegenen Fundstätte stammen, die Basalte aber von einer Örtlichkeit, die viel weiter entfernt liegt und die auf dem Landwege nicht zu erreichen ist, nämlich von den Prescelly-Bergen aus Pembrokeshire in Wales. Um die Einholung dieser Steine in uralten Zeiten aber dürfte es auch in der eben angeführten Merlin-Sage gehen. Von einem englischen Vorgeschichtswissenschaftler, Stuart Piggot, ist dieser Transport auch mit einer anderen sagenhaften Überlieferung zusammengebracht worden. Sie findet sich in den höchst altertümlichen kymrischen „Mabinogion", und durch sie erfahren wir auch etwas von der Innerlichkeit, von dem Wesen eines solchen alten ringförmigen Stein-Heiligtums.

Auch dort wird von einem Kriegszug gegen Irland erzählt und von der Heimkehr der sieben Überlebenden mit einem Heiligtum, hier in der symbolischen Form eines göttlichen Hauptes. Es ist das Haupt des Bran, der in verschiedenen spätzeitlichen Abwandlungen auch in der Sage Artus-Gral auftritt. Bran hat den sieben Männern vorausgesagt, daß sie an einem Ort in Penvro (= Pembrokeshire in Wales) 4 x 20 Jahre verweilen werden – so lange, bis sie die nach Cornwall, das heißt, die nach Süden gerichtete Tür öffnen. Dann müßten sie aufbrechen und das Haupt in London bestatten. In der Tat kommen sie an dem bezeichneten Ort in eine weite, schöne Königshalle, die aufs Meer hinausschaut. Wir werden nicht irregehen, wenn wir annehmen, daß derlei Bauten in alter Zeit nicht königliche Wohnhäuser waren, sondern, wie oft auch das Schloß im Märchen, Orte des Erscheinens, Kultstätten.

„Zwei Türen sahen sie offen, die dritte, nach Cornwall gerichtete, war geschlossen. ‚Seht dort‘, sagte Manawydan, ‚die Tür, die wir nicht öffnen sollen.‘ Und an jenem Abend dort kargten sie nicht, und sie waren voller Freude. Und trotz all des Schlimmen, das sie vor Augen gehabt hatten, und trotz aller Leiden, die sie selbst durchgemacht hatten, kam ihnen dort doch kein Gedanke an jenes Leid oder überhaupt ein Leid in der Welt. Und dort verbrachten sie viermal zwanzig Jahre, und es war ihnen nicht bewußt, daß sie je eine Zeit fröhlicher und ergötzlicher verbracht hätten als diese. Nicht ein Tag war dort beschwerlicher als der erste Abend, und sie konnten einander nicht ansehen, daß so lange Zeit vergangen war. Auch war es nicht beschwerlicher, den Kopf dabei zu haben, als wenn Bendigeid Bran lebend bei ihnen gewesen wäre. … Dies aber war es, was Heilyn, der Sohn Gwyns, eines Tages tat: ‚Schande meinem Barte‘, sprach er, ‚wenn ich jene Tür nicht öffne, um zu erfahren, ob das, was man von ihr sagt, wahr ist!‘ Er öffnete die Tür und sah auf Cornwall hin und Aber Henfelen. Und wie sie schauten, war ihnen jeder Verlust, den sie je erlitten hatten, so gegenwärtig, und jeder Hintritt eines Verwandten oder Freundes und alles Mißgeschick, das sie je befallen hatte, als ob es ihnen eben dort zugestoßen wäre, und über allem das Leid wegen ihres Herrn. Und von diesem Augenblick an hatten sie keine Ruhe, ehe sie sich nicht mit dem Haupt nach London aufgemacht hatten."

So weit die uralte Sage aus Wales. Meines Erachtens besteht ein unmittelbar ersichtlicher Zusammenhang zwischen der sagenhaften Königshalle in Penvro mit ihren zwei offenen Türen und der einen geschlossenen im Süden – und den bearbeiteten Basalten am Orte des Stonehenge. Nach dem petrographischen Befund stammen diese Steine aus Penvro – und ihre Beschaffenheit gestattet oder verlangt es sogar, aus den Relikten zwei offene Tore zu rekonstruieren und ein geschlossenes – in Gestalt jenes Steinepaares mit Rille und Leiste nämlich. Die kymrische Sage zeigt aber vor allem, wie der offene Steinkreis Symbol ist nicht nur einer tod- und trübelosen Ewigkeit, – sondern dazu auch eine Stelle aufweist, wo er aufzuklaffen vermag oder aufgebrochen zu werden droht gegen den Zeitenfall hin, gegen Tod und Schicksal hin. Daß einer da ist, der dies tun zu müssen glaubt: „Schande meinem Barte …", gehört zur Problematik des Menschen. Einen allerdings gibt es, für den sich diese Schließsteine freiwillig öffnen, für den König nämlich, der hinüber und herüber wechseln muß. Das ergibt sich aus der Überlieferung von jenem erwähnten Steinepaar in Tara mit Namen „Blocc" und „Bluigne". In dieser Gestalt ist, meine ich, in wirklichen Steinkreisen der Stein der Fährde, der Schicksalsstein vertreten. – Für den Stonehenge der Sandsteine ist übrigens im Südpunkt des Kreises ein entsprechendes symbolisches Bauglied zu vermuten.

In der Sage Artus-Gral kommt noch ein weiterer Steinkreis vor, als dessen Erbauer ebenfalls Merlin genannt wird, der aber keine unmittelbare archäologische Beziehung hat. Er ist auf einem Berge errichtet, der „Mont douloureux" genannt wird, was Philipp Colin mit „Leidiger Berg" überträgt. In der Mitte erhebt sich ein Pfeiler aus Kupfer und vergoldet, wohl einen Pfeilschuß hoch. Im Ring herum stehen fünfzehn steinerne Kreuze von zwölf Klaftern Höhe. – Die Maße sind gewaltig übertrieben; in Bezug auf die goldene Mittensäule ist aber an die in Deutschland gefundenen goldenen Pfeilerbekrönungen der Bronzezeit zu erinnern, nämlich an den sogenannten Goldhut von Schifferstadt – im Historischen Museum der Pfalz zu Speyer – und an den schlankeren Goldkegel von Etzelsdorf-Buch – jetzt im Germanischen Museum zu Nürnberg. Die Kreuze statt der Pfeiler im Ring sind, wie sich versteht, späte Umformung. Ihre Anzahl, fünfzehn, ist symbolisch nicht unmittelbar verständlich, nennt aber grade die Hälfte der Pfeiler im Sarsenkreise von Stonehenge und die Gesamtzahl der Bausteine im Hufeisen der Trilithonen (5 x 3). Bemerkenswert ist aber die Angabe über ihre Farbe: fünf rot, fünf weiß und fünf lasurblau: nicht angestrichen, sondern von Natur so gefärbt – „one verwen worent sü also, von naturen so reine, gar von hertem steine, die iemer werent …" – so Philipp Colin.

Die Schicksalsstelle in dieser Anlage erscheint nicht im Außenring; vielmehr ist am Mittenpfeiler selbst – wie an manchen Stufenpyramiden – ein kostbarer goldener Ring angebracht, der hier auch eine Inschrift trägt. Sie besagt, daß nur derjenige sein Roß daran binden könne, ohne Schmach zu erleiden, der sich den Besten seiner Zeit vergleichen könne. Dies ist eben die Bedingung, die auch für das Besetzen des Gefahrenstuhles in der Tafelrunde gilt. Unmittelbar bevor Perceval auf den „Leidigen Berg" gelangt, wird ihm von einem Ritter berichtet, der den Berg bestiegen hat, der darauf wahnsinnig

geworden ist und als ein Irrer durchs Land streicht. Der Ring und seine Inschrift haben aber noch einen weiteren merkwürdigen Zusammenhang mit
einem Steine außerhalb des Steinkreises. Es wird nämlich gesagt, daß Perceval gar nicht lesen kann, daß er, was am Ringe steht, schon früher erfahren
hat, und zwar in einer höchst sonderbaren, überaus gefährlichen Lage. Auf
seinem Wege stößt er nämlich bei einem Kreuz unter einem Baum auf einen
Marmorsarkophag. Unter der Marmorplatte, die den Sarg deckt, hört er die
Jammer- und Hilferufe eines Ritters hervortönen, und auf die Bitte des unter
der gewaltig schweren Platte Gefangenen hebelt er den Stein mit Hilfe eines
dazu abgeschlagenen Astes hoch. Indes, sowie der Ritter befreit ist, stößt er
Perceval in den Sarg und läßt die Platte über ihm zufallen. Dann versucht er,
zuerst mit dem einen und dann mit dem anderen Reittier Percevals davonzu-
kommen, mit seinem Maultier und seinem Roß. Aber sie gehorchen ihm
nicht, und darauf hebt er den steinernen Sargdeckel wieder hoch, mühelos,
wie es scheint, läßt Perceval heraus, legt sich selbst wieder ins Grab, und der
Deckstein schlägt wieder zu. Er handelt so, wie aus seinen Worten hervorgeht, weil er Perceval als den besten Ritter erkannt hat, und darum weist er
ihn nun auch zum „Leidigen Berge" und macht ihm kund, was er dort zu
bestehen hat.

Das sonderbare Verhalten des im Sarge Gefangenen wird in der Dichtung
selbst durch eine sicherlich unzutreffende Plattheit erklärt: er sei nämlich ein
Räuber, der auf diese Weise die Vorüberkommenden ausraube. Andererseits
geht aus seinen Worten klar der Sinn der Stätte hervor: es handelt sich um
eine initiatische Erprobung dessen, der das Abenteuer der Mittensäule auf
dem „Leidigen Berge" bestehen soll. Die Grablegung des Initianden ist ja ein
häufig vorkommender Ritus. Der aber, der ständig dort weilt, der die des
Weges fahrenden Ritter erprobt und auch freiwillig unter die ungeheure
Steinplatte zurückgeht, und zwar ohne böse Miene, wie ausdrücklich gesagt
wird, kann nur der Genius der Stätte selber sein. Darum dürfen wir ihn vielleicht mit dem Erbauer des Steinkreises auf dem Berge, mit Merlin identifizieren.

Zwar ist davon in diesem Zusammenhang keine Rede, wohl aber berichtet
eine andere Überlieferung, daß Merlin am Ende unter einen Stein gerät und
dort immer noch fortlebt. Er war nämlich verliebt in eine junge Dame, und
um ihre Gegenliebe zu erlangen und obwohl er vorauswußte, wie's ihm erge-
hen würde, lehrte er sie dennoch all seine Zauber bis zum letzten hin. Sie
indes gewann dergestalt die Macht, den lästigen Liebhaber loszuwerden. In

Cornwall zeigte er ihr einen Felsen, der reich an Wundern war, und diese rührten von einem Zauber her, der unter einem großen Steine wirkte. Die Dame brachte Merlin dazu, daß er unter den Stein ging, um ihr von den Wundern zu künden. Da aber bannte sie ihn, so daß er trotz aller seiner Künste niemals mehr herauskam. Ihn ließ sie dort, und selbst ging sie von dannen. Er jedoch blieb am Leben, und noch lange vernahm der Wanderer unter dem Stein seine Stimme. Wirklich mag daher auch der Prüfer der Fahrenden, der Ritter im Steingrab am Wege zum Steinring auf dem „Leidigen Berge" der Erbauer der Stätte selber, Merlin gewesen sein. Zu einer solchen Beziehung zwischen einem Steinkreis und einer Steinplatte außerhalb des Kreises gibt es vielleicht eine archäologische Parallele. Bei britischen Steinsetzungen kommt nämlich nicht selten außerhalb des Ringes ein einzelner Stein vor, den man „outlier" genannt hat. Er könnte ein alter Siege Perilous gewesen sein, ein Stein der Fährde, an dem man die Initianden erprobt hat, bevor sie zur Weihe im Heiligtum des Ringes zugelassen wurden.

Zum Abschluß werfen wir noch einmal einen Blick auf den Stein, dessen Gefahr Merlin selbst erlegen ist. Ein Ritter, Badgemagus mit Namen, kam zufällig dorthin, wo die Dame vom See Merlin unter den Stein gebannt hatte, und hörte seine lauten Klagen. Badgemagus hätte ihm gern geholfen und trat zu dem großen Stein. Er fand ihn aber so schwer, daß hundert Männer ihn nicht gehoben hätten. Merlin aber, als er merkte, daß er da war, riet ihm, von dem Unterfangen abzulassen, denn es wäre ganz vergeblich. Hilfe könne ihm nur von der kommen, die ihn darunter gebracht hätte. Da machte sich der Ritter wieder auf seinen Weg.

Auch wir sind damit endlich bei einem Steine angelangt, den wir nicht mehr aufheben können, und wollen bei ihm ebenfalls von unseren Bemühungen abstehen.

IM AUFTRAG DES BAUMES
Betrachtungen zum Ursprung des Stabbrauchtums

Dem Andenken gewidmet des streitbaren Forstmannes Dr. Theodor Haakh

[Erschienen in „GORGO". Zeitschrift für archetypische Psychologie und bildhaftes Denken, Heft 15, Jahrgang 1988, Raben-Reihe, Schweizer Spiegel Verlag, S. 47–57]

Als Karl von Amira im ersten Jahrzehnt dieses Jahrhunderts seine grundlegende Arbeit über das germanische Stabbrauchtum[1] verfaßte, folgte er nicht nur in dem Bestreben, für die mannigfaltigen Formen eine Urform zu ergründen, einem Zuge der Zeit, sondern auch bei dem Anliegen, den Wanderstab als diese zu erweisen; denn es war das Jahrzehnt, in dem der „Wandervogel" gegründet worden war. Indessen ist die Forschung ihm weder in dem einen noch dem anderen gefolgt. P. E. Schramm[2] hat den Entwicklungsgedanken für die Herrschaftszeichen überhaupt als unzureichend bezeichnet und vor dem Verfahren gewarnt, einen Stammbaum aufzustellen, in dem sich die Einzelformen unterbringen ließen, da es in diesem Bereich keine Entwicklung gäbe, sondern nur das absichtsvolle Gestalten, das aus Eigenwilligkeit und aus Sondereinfällen in Sprüngen und Rückgriffen sich ergehe. Indes scheint uns in diesem Punkte der ältere Forscher im Rechte zu sein; schon wenn man vom Kronen- oder vom Stabbrauchtum spricht, kommt man nicht darum herum, eine ideelle Form – der Krone oder des Stabes – anzusetzen, an der alle diese Gestaltabwandlungen sich vollziehen. Freilich wäre erst noch zu erweisen, daß dieser ideellen Gestalt auch eine Urform entspricht, die den geschichtlichen Formen vorausläge. Die Suche nach einer derartigen ideellen oder historischen Form ist indes unumgänglich, wenn wir verstehen wollen, wie überhaupt ein derartiger Gegenstand als Herrschaftssymbol dienen könne. Erst wenn mit der Urform eine Einsicht in den ursprünglichen Sinn gewonnen ist, ließe sich auch bestimmen, welcher Art die Abwandlungen wären, die der einzelne Herrscher an seinem Kleinod vornimmt, wie weit ihn der Ursinn des Zeichens dazu befugt und wie weit er ihm gewaltsam etwas aufprägt, das es zu tragen gar nicht imstande ist. Von daher ergäben sich

---

[1]   Karl von Amira, „Der Stab in der germanischen Rechtssymbolik", Abhandlung d. kgl. B. Akad. d. Wiss., Ph.h.Kl, XXV. Bd., 1. Abh., München 1909.

[2]   Percy Ernst Schramm, „Herrschaftszeichen und Staatssymbolik, ... mit Beiträgen versch. Verf.", 3 Bde., Stuttgart 1954-56.

weite Ausblicke auf seine anderen Taten, insofern sie mit dem Sinn seiner Stellung harmonierten oder ihm widersprächen und inwieweit sein etwaiges Scheitern schon an der Art sich ablesen ließe, wie er mit den ererbten Kleinoden umgegangen ist, – ein Verfahren also, das P.E. Schramm schon auf Friedrichs II. Kronschatz angewendet hat, das aber, nur von symbolischen Grundsätzen geleitet, in noch tiefere Gründe vorzudringen vermöchte.

Wir können demnach ein Verfahren wie das von Amiras in seiner Stab-Abhandlung keineswegs grundsätzlich ablehnen und haben daher die Frage zu stellen, inwiefern jener Rechtshistoriker recht gehabt haben könne oder wo er nachweisbar geirrt hätte. Daß der Stab als Stütze wirklich eine uralte Form des Stabgebrauches ist, liegt auf der Hand. Stein und Stock liegen dem Urmenschen handgerecht, und als man vor Jahrzehnten daran ging, den unter der Last seiner Tierheit sich aufrichtenden Urmenschen nach den Knochenfunden plastisch darzustellen, setzte man ihm unwillkürlich einen Knüppel unter die Faust. Nicht diesen Knüppel jedoch konnte von Amira gebrauchen, sondern er bedurfte – und hier liegt die erste Unfolgerichtigkeit seines Beweisganges – eines „vollkommenen" Wanderstabes; er brauchte mehr als die bloße Geh- und Stehstütze, er mußte, um der Fülle der Überlieferung mächtig zu werden, dem Wanderstab noch die Eigenschaften des Zauberstabes, also unheilabwehrende und heilmehrende Kräfte beilegen. Die Geschichtlichkeit dieses ideellen, von ihm geschaffenen Wanderstabes zu erweisen, wäre seinem Schöpfer freilich, hätte er es ernsthaft unternommen, schwer gefallen; denn der Stab begegnet ja nirgends in dieser postulierten Form, sondern stets in den, wie es scheinen müßte, mannigfach abgewandelten Formen eines weit entfalteten und von Fall zu Fall höchst bestimmt zugeschnittenen Brauchtums. Der Bettelstab scheint zwar eine ganz einfache Urform zu sein, und darstellerisch war es in diesem Falle ohne Zweifel geschickt, hier anzusetzen; eine wesentliche Erkenntnis aber, ein tiefer und erhellender Durchblick ließ sich an dieser ärmlichsten Entfaltung des Phänomens gerade nicht gewinnen.

Daß der vollkommene Wanderstab auch zaubermächtig sei, hätte zudem nicht aus der Zweckmäßigkeit, sondern aus seinem Sinn als Wanderstab abgeleitet werden müssen – mit einer klaren Vorstellung dessen, was unter „Zauber" denn eigentlich und ebenfalls wiederum: *ursprünglich* zu verstehen sei. Man sieht, daß jene Zeit zu so allgemeinen Schlüssen und Ideenverbindungen noch gar nicht gerüstet war; wir sind es heut noch nicht einmal.

Wenn von Amira dem vollkommenen Wanderstabe Zauberkraft beilegte, so nötigte ihn dazu freilich nicht nur das Bedürfnis einer möglichst *umfas-*

senden Form; das Stabbrauchtum verriet in vielen Zügen auch einen *tief* begründeten Sinn, und diesen vermochte er in dem bloß wandernden Stabe denn doch nicht zu erkennen. Gleichwohl beherrscht dieser von Amiras Deutung von Grund aus, und er bestimmte den Stab als die Sichtbarkeit eines Auftrags, den der Stabträger vom Auftraggeber an den Destinatär überbringt. – Man sieht, der Zauber ist in dieser Definition vergessen. Er wird überhaupt nur dann hervorgeholt, wenn, wie es nicht fehlen kann, der Wanderstab sich im einzelnen als unzureichende Grundform erweist.

Es ist fernhin bemerkenswert, daß von Amiras Ausgangsvorstellung, der Wanderstab, sich mit seiner entwickelnden Erklärung des Stabes als Destinationssymbol nicht völlig vereinen läßt. Es liegt ja eigentlich in der Idee des Wanderstabes viel mehr von der Vorstellung der in sich befriedigten Bewegung, des je gegenwärtigen Durchgangsortes, des bewegten Verweilens, als von der ruhlos gerichteten, zwischen Ausgang und Ankunft gespannten Bestimmung, des Auftrags, der Destination. Wäre der Forscher sich dieser Doppelheit im Wesen des Wanderstabes bewußt geworden, der Coincidenz von Verweilen und Gesendetheit, dann hätte er vielleicht den wirklichen Zauber, den tieferen Zauber des Daseins selber, die eigentlich lebendige Weihe im Wanderstabe entdeckt.

Im einzelnen besteht kein Zweifel, daß es von Amira gelang, einen beträchtlichen Teil des Stabbrauchtums auf Grund seiner Anschauung zu deuten, und diese Deutung bleibt vielfach richtig, auch wenn der vollkommene Wanderstab nur eine Hypothese und keine geschichtliche Tatsache ist. Seine Deutung versagt aber vor allem dort, wo es den Stab des Auftraggebers, und zwar des ursprünglichen selber, zu verstehen gilt, das heißt den des Königs. Dann zerfällt dem Gelehrten nämlich, anscheinend ohne daß er es bemerkt, der vollkommene Wanderstab wieder in seine zwei Teile, aus denen er ihn ursprünglich zusammengestückt hatte. „Gesetzt nun aber" – so fragt er am Ende dieses Abschnittes – „wir dürften den germanischen Königsstab in seiner ursprünglichen Bedeutung als zauberkräftigen Stab auffassen, so wäre noch zu fragen, in welcher Eigenschaft der König ihn führte, ob als Bote des Volkes, das ihn wählte? ob als Inhaber zaubrischer Kräfte, als der er galt? Für jenes würde vielleicht die Form des Gehstockes sprechen, für dieses die Rutenform." –

Sehen wir für den Augenblick einmal von der angebotenen zweiten Lösung ab – die ja in Wahrheit nur eine Notauskunft ist, da sie gar nicht in der Linie seines Hauptgedankens liegt –, so erscheint hier das Paradoxon, daß der letzte Auftraggeber seinerseits, wenn der Stab in seiner Hand erklärt werden soll, wieder zum Boten degradiert werden muß, die Frage aber, was denn nun letzten Endes der Stab dort bedeutet, wo er dann herkommt, nämlich in dem auftraggebenden Volke, wird nicht gestellt. Beim griechischen Königsstab bietet sich dem Gelehrten eine andere Möglichkeit, und er ergreift sie mit Vergnügen: da in einigen Fällen überliefert ist, daß der Königsstab vom Gott verliehen wurde, so erscheint der König im Lichte seiner Stabdeutung hier als Beauftragter des Gottes und der Stab, wie von Anfang an, als Wahrzeichen des Auftrages. Wieder unterbleibt die einzige Frage, die letztlich Licht in das verworrene Hin und Her wandernder Botenstäbe, die immer nur von Boten herzukommen scheinen, fallen lassen würde: was denn der Stab in der Hand des Gottes bedeuten könne, da er hier doch weder als Auftrag, noch – billigerweise – als bloße Spiegelung des Königsgebrauches erklärt werden dürfe. Die Antwort auf diese Frage könnte von Amira freilich niemals geben, da bei seinem Ansatz der durch und durch migratorische Stab nirgends Ursprung und Ruhepunkt findet, und da er andererseits auch für den zaubrischen Zug am Wanderstabe, das heißt auch für die zweite Deutung des Königsstabes, die er anbietet, für die Zauberrute, den Quell des Zaubers oder der Weihe in seinen Voraussetzungen nicht zu entdecken vermöchte. Demnach war von Amira, da er den Stab des Auftraggebers, des mit dem Wanderstabe Belehnenden, nicht zu deuten vermochte, gerade an der Herkunftsfrage, die er lösen wollte, gescheitert.

Die Antwort, die wir bei von Amira vermissen, ist inzwischen angebahnt worden, das heißt der Ursprung des „Auftrages", der Ort, da, bildlich gesprochen, der Wanderstab geschnitten wurde, ist seither aufgedeckt worden. Im Schutzzweig erblickt Friedrich Focke[3] die Urform des Botenstabes. Damit ist die ältere Arbeit, die in diesem Punkte versagt, jedoch keineswegs entwertet. Gibt es nämlich einen Ort, da der Stab „ruht", sozusagen auftragslos, dann dürfte sich daraus ergeben, daß in den vielen Fällen, da er – als Zeichen eines Auftrags – wandert, der nicht ortsfeste Wanderstab wirklich eine Seite vom Sinn und Wesen des Stabes ausdrückt: eben das Abgeleitete, das Vermittelnde, Übertragende, für einen Ort Bestimmte. *Ableiten* lassen sich von der Handstütze die Zweige, die Ruten und Gerten, viele der szepterartig in der Hand aufrecht getragenen Stäbe freilich nicht. Von Amira hatte sich, auf

---

[3] Friedrich Focke, „Szepter und Krummstab, eine symbolgeschichtliche Untersuchung", in: „Festgabe für Alois Fuchs", Paderborn 1950.

Grund seines umfassenden Ansatzes, hier mit der simplen Auskunft beholfen: die Gerte sei der geschulterte Wanderstab. – Man sieht, wie unbemüht die Zeit war um den im Bilde erscheinenden Sinngehalt: daß der Wanderstab, sobald ich ihn umdrehe, mit eins überhaupt keiner mehr ist, vermochte sie nicht zu erkennen, sie glaubte, Wahrzeichen (= Symbole, eine Gleichung von Amiras) ließen sich auf eine Sache als ihren Ursprung zurückführen. In Wahrheit aber sind in diesem Bereich die unrückführbaren Wesenheiten die Lebensgefühle, während die Sachen, die scheinbar so starren und wandellosen, durch und durch plastisch und grenzenlos abwandelbar sind. Der eine stützende Stab, an dem in diesem Augenblick die erdfällige Schwere eines bedrückten und seiner „Stütze“, des Sohnes, beraubten Greises erscheint, vermag im nächsten Augenblick, wenn der aufflammende Greis den Rachefluch spricht, zum Himmel erhoben, zur blitzeschwangeren Wolke des Weltenrichters, der die Nemesis beschwörende Machtstab, ja, Sitz der rächenden Mächte selber zu sein. Wer wollte diesen Stab aus jenem „erklären“, bloß weil der Mensch die identische Sache so oder so zu halten vermöge! Auch die „Vollkommenheit“ des Wanderstabes beinhaltet nicht jene machtsammelnde, götterherabrufende Gebärde des sich Aufreckens, die gerade im Stabbrauchtum so charakteristisch erscheint.

Fragen wir also zunächst nach der Herkunft des Zweiges; denn hier verrät für einmal die sachliche Herkunft die Abkunft im Wesen. Der Zweig des Schutzflehenden, des Fremden, der Verbindung herzustellen sucht, ist vom Baume gebrochen. Es ist der durch keine Kunst veränderte frischgrüne Bruch, den jeder versteht und der daher in soundsovielen Reiseabenteuern und Entdeckerfahrten – gleichviel ob erdacht oder historisch! – in aller Welt seine Rolle spielt. – Wie kann er das? Nicht jedenfalls – und damit wünschen wir einen bei Focke angebahnten Gedankengang zu voller Klarheit durchzuführen –, weil die Zweige von einem heiligen, etwa dem einer Gottheit geweihten Baume gebrochen waren. „Die Zweige waren heilig“, meint der genannte Autor, „und ihre schutzverbürgende Heiligkeit war darin begründet, daß sie – in Wirklichkeit oder gedanklich – von einem fruchttragenden, dem Gotte heiligen Baum genommen waren.“ – In dieser Form erscheint mir der Gedanke noch allzu eingeschränkt. Das Gerüfte, das der Fremde mit dem geschwenkten Zweige erhebt, das der Beheimatete vernimmt, muß seine Verstehbarkeit einem noch allgemeineren Grunde verdanken, als eine bestimmte gottgeweihte Baumart oder gar ein individueller Baum es sein kann: dieser Grund kann nur der grünende, wachsende Baum schlechthin vor aller

Heiligkeit und Götterweihe überhaupt sein. Der Zweig ist gebrochen vom Baume des Daseins, der im Ursprungsmythos des Menschseins erwächst, und es winkt mit ihm der Mensch dem Menschen.

Der Schutzflehende stößt nicht eine Stange in den Boden, und er pflanzt den Zweig nicht in die Erde, die er als Fremdling betritt. Die aufgepflanzte Stange gebührte sich schlecht als Zeichen eines Ankömmlings, wohl gar eines heimatsuchenden Vertriebenen: sie wäre bereits die Daseinsbehauptung, kaum weniger als eine Kriegserklärung, mindestens ein Eingriff in den Bereich des Beheimateten. Der abgelöste Zweig aber fragt nach dem Ort, da er wurzeln, dem Stamm, an dem er blühen möge, und so wird denn auch folgerichtig in den „Schutzflehenden" des Aischylos, sobald die Bitte erhört ist, der Zweig im Tempel der heimischen Götter niedergelegt – er hat seine Heimstatt gefunden. – In sehr ähnlicher Weise finden wir die „Einkehr" des Zweiges in das Heiligtum bei einem ganz anderen Ereignis: am Ende des altrömischen Triumphes wurden die Lorbeerzweige, die der Triumphator trug und die, mit denen die fasces der Liktoren umwunden waren, in den Schoß des Juppiterbildes auf dem Kapitol niedergelegt; von einem Heiligtum waren sie entnommen – in späterer Zeit der villa ad gallinas –, in das Heiligtum des Gottes kehrten sie zurück.

Daß das Altertum seine geweihten festlichen Zweige dem Heiligtum zurückgab, ist nicht zu verwundern. Es überrascht aber doch, daß es bei uns und bis an unsere Zeit hinan einen Brauch gab, bei dem die Botschaft – und vielleicht auch der sie begleitende Stab – in umso urtümlicherer Form geradeswegs beim Baume einkehrte und zu ihm zurückkehrte. Jedenfalls ist dies in einem westfälischen Brauche bezeugt, den Sartori[4] 1929 mitteilt: eine Todesbotschaft wird von Haus zu Haus getragen; doch über Mitternacht darf sie unter keinem Dache liegen bleiben, sonst gäbe es auch dort bald einen Toten. Darum wird die Botschaft für die Nacht einem Baume anvertraut, bis man sie am Morgen weiterträgt. Auch der letzte Empfänger behält sie nicht bei sich, sondern bringt sie dem nächsten Baume, womöglich einem hohlen, – auch dies angeblich aus Furcht vor weiterwirkendem Sterben. Ob nicht ursprünglich darum, weil der „Destinatär" einer jeden Botschaft letzten Endes der Baum war – und sollte er deshalb hohl sein, damit der Botenstab dort innen abgestellt werden konnte? –

---

[4]   Sartori, „Westfälsche Volkskunde", 2.Auflage, S. 101.

Dem inneren Ursprung des Stabes entsprechen in alter Zeit und bis weit heran an unsere Tage seine Formen. Zum Dichterstab schneidet sich im Auftrage der Musen Hesiod „den Sprossen des blühenden Lorbeers".[5] Der Sänger, der im Gelage das Lied anstimmt, hält in der Hand den Lorbeer- oder Myrtenzweig. Der Rhabdos ist das Standeszeichen der Rhapsoden. Der Rechtsstab, den Achill im Rate bei seiner Rede hält, ist ein entrindeter, entblätterter, goldbeschlagener Zweig.[6] Aber bei uns ist der Richterstab in bewahrten Stücken und auf Bildern noch bis in die Neuzeit hinein oft eine einfache knotige Rute.

Der Umstand, daß die frühbezeugten Stäbe Zweigform haben, weil sie eben aus Zweigen mit wenigen Kunstgriffen herzustellen waren, sollte uns nicht skeptisch machen gegen die Erkenntnis, daß der Stab auch seinem inneren Sinne nach, nicht nur aus technischer Notwendigkeit, vom Baume herstammte. War der Stab Träger einer Weihe, so mußte diese von einem Heiligtum herrühren. Die ursprünglichste Weihestätte ist der in der Weltmitte wachsende Baum, von ihm geht alle Weihe aus. Wo sie von Ort zu Ort gebracht wird, trägt man sie in einem Stück des Heiligtums selber.

Haben wir den Stab aus dem Zweige abgeleitet, so ist er doch diesem damit nicht gleichgesetzt. Der Stab ist das handlich gemachte, oft als Zeichen zu bestimmtem Sinn zurechtgebogene, beschnittene, gebundene, gefärbte, mit Metall beschlagene, bewahrte und tradierte Reis, der Menschlichem angeähnelte, der Werkzeug gewordene, seiner Urnatur entkleidete, zum Kulturding gestaltete Zweig. Dem Stabe entsprechen auf der Seite des Males statt des Baumes Stange, Pfahl und Säule – künstliche Bäume, welche, rituell aufgepflanzt, an „Macht" dem Baume gleichkommen oder durch Opfermacht, die der Ritus ihnen lieh, ihn noch übertreffen. Gleichwohl bleibt auch im Stabe die Zweignatur und bleibt in der Stange die Baumnatur lebendig. In der indischen Ritualsprache werden Kultstab wie Opferpfosten und sogar der baumentstammende Kultwagen gleichermaßen wie der Baum als „Herr des Waldes" angeredet.[7] Bei der Einweihung zum Pferdeopfer übergibt der Priester dem Opferherrn einen Stab von Feigenbaumholz. Der Opfernde erhebt ihn und spricht: „Richte dich auf, O Herr des Waldes! Aufgerichtet, beschütze mich gegen das Böse bis zum Ende des Opferfestes!"

---

[5] Hesiod, „Theogonie" Z. 30.
[6] „Ilias" I, Z. 234 ff.
[7] P.-E. Dumont, „L' aśvamedha", Paris 1927, p. 64 n. 264.

Wie eng der lebendige Zusammenhang von Stab und Baum ursprünglich war, davon legt noch die spätaufgezeichnete Volkssage überraschendes Zeugnis ab. Mancher Irrweg bliebe der Forschung erspart, wenn sie nicht die oft schon zerdachten Deutungen der Pergamente höher einschätzte als die unmittelbaren Aussagen des Volksmundes, der oft Uraltes unverfälscht verlautbart. Wir gehen aus von einem charakteristischen Gebrauch des Gerichtsstabes: dem Zerbrechen angesichts des zum Tode Verurteilten. Von Amira hat gezeigt, daß in allen Fällen, da der Amtsstab zerbrochen wird, der Sinn in der Beendigung, der Rückgabe, der Aufkündigung oder Ablieferung des Auftrages liegt. Dem Verurteilten gegenüber, so deutet er, bezeichnet das Stabbrechen das Ende der richterlichen Amtstätigkeit. Diese Handlung kann demgemäß während oder nach der Urteilsausgabe, bei der Enthegung des Gerichtes und auf der Richtstätte vor oder nach dem Vollzug der Todesstrafe stattfinden. Auf dem Festlande ist der Brauch erst recht spät und keineswegs überall im Bereich des germanisch beeinflußten Rechtswesens belegt; zufrühst – um 1250 – ist er in England bezeugt und mag auch wohl daher stammen. Trotzdem dürfen wir vielleicht die Frage nach dem Ursinn einer solchen Handlung stellen. Gemäß unserer Ableitung des Stabes müssen wir den ihm innewohnenden „Auftrag" als eine Art Weihe auffassen. Nun kann ein Auftrag zwar beendet sein und als solcher zunichte werden. Von einer Weihe könnten wir uns das weniger leicht vorstellen. Wo bliebe sie? Die Antwort kann nicht zweifelhaft sein. Ist der Hinzurichtende ursprünglich ein Opfer, so bedeutet das Zerbrechen des Stabes ihm gegenüber keineswegs einen bloß verneinenden Akt: es wäre vielmehr seine Consecration; die Weihe würde nun ihm zuteil, daß sie mit ihm zu den Göttern zurückkehrte. Wurde er gehängt, so kehrte sie geradeswegs zurück an den Baum.

In diesem Sinne wage ich eine Sage zu deuten, in der nicht der Gerichtsstab zerbrochen wird, sondern der Stab des Verurteilten selbst, unzerbrochen eingepflanzt, zum Baume erwächst. Die Sage geht dabei meist von dem für den Erzähler gegenwärtigen Baume aus, dem Baum auf der Richtstatt oder an dem Wege dahin. So ward etwa von der Eiche auf dem Galgenberg zu Eutin erzählt, daß ein altes Mütterchen, das unschuldig als Hexe gerichtet werden sollte, dort oben seinen dürren Stab in den vom Regen erweichten Boden gestoßen habe mit den Worten: „So wahr Gott weiß, daß ich unschuldig bin, so gewiß wird er euch ein Zeichen davon geben und diesen Stock grünen lassen."[8] – Der Stock belaubte sich und erwuchs zur mächtigen Eiche.

Den Richterstab selbst sehen wir zum Baum erwachsen in der Tannhäusersage, da der Papst dem Ritter die Lossprechung versagt mit den Worten: „Wann der dürre Stecken grünen wird, den ich in der Hand halte, sollen dir deine Sünden verziehen sein, und nicht anders"[9] – In Schlesien wächst in einem Schloßgarten an einem Stein eine mächtige Linde, die aus dem abgebrochenen Reise einer unschuldig Verurteilten erwachsen ist.[10] Ebenso wurzelt dort der Eichenbruch des frevlerisch erschlagenen Boten in der mit seinem Blut getränkten Erde unter dem Racheblitz des Himmels ein. – Wie nahe wir uns mit diesem Sagenmotiv zentralen kultischen Motiven befinden, erhellt daraus, daß in diesem Zusammenhang oft der umgekehrte Baum erscheint: die Schwester pflanzt auf der Richtstatt den Birnbaum umgekehrt für den gerichteten Bruder ein, und sein Wachstum zeugt für die Unschuld.[11] – Stallmann hat auf Grund seiner Sichtung eines umfangreichen Sagenmaterials festgestellt, daß der grünende Stecken usw. meist zu einer Linde, die dann Gerichtbaum ist, erwächst.[12]

Daß wir uns hier wirklich auf dem Boden alter Opferkulte bewegen, mag eine mecklenburgische Sage bezeugen, nach der in Heiligenhagen (!) bei einer Viehseuche eine junge Kuh, mit einem Weidenzweig im Maul, begraben und der daraus erwachsende Baum als Zeichen für die Versöhnung des „Bösen" angesehen wird.[13] Der ergrünende Opferstecken ist also das Zeichen für die Annahme des Opfers. Umgekehrt erkennen wir hier die Methode, einen heiligen Baum auch als einen bleibenden Zugang zur Gottheit zu gewinnen – den Baum, „von dem niemand weiß, aus welcher Wurzel er wächst."

Wie unmittelbar der Zusammenhang zwischen wieder ergrünendem Stecken und heiliger Mitte des Gerichts noch im Mittelalter gesehen wurde und wie klar er noch bewußt war, bezeugen diejenigen Notariatssignete, welche auf der Dreistufenstaffel – der Pyramis, dem französischen Perron – teils ein neu erspießendes Aststück, teils Stäbe mit gekappten Zweigstummeln, die

8 Müllenhoff, „Märchen, Sagen Lieder", 2.Auflage, Nr. 210.
9 Grimm, „Deutsche Sagen", Nr.171.
10 Richard Kühnau, „Schlesische Sagen", Bd. III, Nr. 1643.
11 Ebenda Nr. 1644.
12 Eckhard Stallmann, „Der Baum der deutschen Volkssage", Phil. Diss. Masch. Erlangen 1951, S. 103.
13 Karl Bartsch, „Sagen aus Mecklenburg", Bd. I, S. 584.

wieder ausschlagen, zeigen.[14] Die spät aufgezeichnete Sage steht also wirklich in einem engen und alten Zusammenhang mit der alten Gerichtspraxis und höchst wahrscheinlich mit dem älteren Opferkult.

In wie weiten Zusammenhängen wir uns mit der Sage vom ergrünenden Stabe befinden, sowohl der Zeit wie dem Raume nach, mögen wir aus zwei Nachrichten des Altertums entnehmen. Bei Sophokles, in der Elektra, schaut Klytemnestra in einem Wahrtraume, wie das Szepter des Agamemnon am Herde Wurzeln schlägt und zu einem das Land beschattenden Baume erwächst. Ein uralter, historisch bezeugter heiliger Baum des Morgenlandes, die Eiche von Sichem, soll aus dem Reise oder Szepter (rhábdos) eines himmlischen Boten (ángelos) erwachsen sein.[15]

In das Hin und Her zwischen Baum und Reis und Reis und Baum mischt sich in der Gründungssage von Lindelbrunn noch ein weiterer Stab von ganz besonderer Art ein.[16] Es sollte dort die Linde am Schloßbrunnen aus dem Stabe eines steinalten Mütterchens erwachsen sein. Als unter zwei Brüdern ein Erbstreit entsteht, trifft der vertriebene jüngere im Walde auf eine Uralte, die sich seiner annimmt. Sie stößt ihre Kunkel in den Schloßbaum, daß er verdorrt – mit Ausnahme des Zweiges, mit dem die Alte für den Jüngeren eine neue Baustatt bezeichnet und der wieder zum Baume erwächst. Die Kunkel ist hier der eigentliche, dem Baume übergeordnete Machtstab, – ohne Zweifel der Stab der Göttin oder Urahne, gemäß jener verbreiteten Symbolik, welche in der Waffe – vor allem dem Schwert – die Sippe im Mannesstamm, in der Spindel oder Kunkel die weibliche Linie abbildet, ein Verhältnis, das in den Wortpaaren: swertmagen : kunkelmagen – oder: sperehand : spillehand – Ausdruck fand. In dem englischen Wort für Kunkel: distaff < ae. dîsstæf = „Flachsbündelstab" wird die Kunkel geradezu als Stab bezeichnet, also auch durch den Namen unter das mannigfaltige Brauchtum der Stäbe gezogen. In der Lindelbrunner Sage begegnet sie uns als ein dem lokalen Heiligtum noch überlegener Weiheträger in der Hand eines mythischen Wesens, das den Baum pflanzt, verdorren läßt und wieder aus dem Reise ergrünen.

---

[14]   Friedrich Leist, „Die Notariatssignete", 1896. – „Germanien", Bd. XII, 1940, S. 98-100, Tafel II, b, c; III, a.
[15]   Robert Eisler, „Weltenmantel und Himmelszelt", München 1910, S. 581, Hesiod, „Theogonie", nach Synkellos.
[16]   F. W. Hebel, „Pfälzische Sagen", Kaiserslautern 1925, Nr. 12.

234

Fragen wir nun entschiedener, angesichts der mannigfaltigen Zusammenhänge zwischen Baum und Stab, nach dem Ursprung des Herrscherstabes, des Königsszepters, so mangelt es nicht an klaren Aussagen über seine Herkunft vom Baume. Geo Widengren[17] hat die Zeugnisse aus dem alten Orient gesammelt, nach denen Könige und Priester Zweige oder Holzstäbe vom heiligen Baume in der Hand tragen oder zur Thronbesteigung erhalten; es müsse daher als erwiesen gelten, sagt er, „daß der König einen Zweig vom Baume des Lebens in der Hand trägt." – Den besten Beweis für die Geltung dieses Zeugnisses in weit ausgedehnteren Bereichen liefert die Tatsache, daß im Altertum der Baum selbst, ein Stab in idealisierter Baumgestalt oder andere Weltmittensymbole selber als Königsinsignie, als Götter-, Priester- und Botenszepter erscheinen. Noch in Byzanz steht, aus altorientalischem Erbe, der Baum am Throne – aus vergoldeter Bronze gebildet, mit künstlichen Vögeln besetzt, die singen, und mit brüllenden Löwen darunter.[18] Von dort ist der Baum unter anderem auf die Pantokrator-Platten der Stephanskrone gelangt, wo deren zwei den Thronsitz flankieren. – Selbst der bewegliche Hermesstab, geflügelt und schlangenumwunden, bildet den Baum ab zwischen dem chthonischen und dem empyräisch-ätherischen Tiere. – Daß das Szepter des Zeus und der als Zānes geltenden griechischen Könige nur eine verkleinerte Nachbildung der heiligen Zeuseiche sei, hat schon Eisler – nach Cook – festgestellt.[19] Er weist ferner auf das Flügelszepter hin, das schon hethitisch belegt ist und das ohne Zweifel zusammenhängt mit ähnlichen Zentralsymbolen, dem assyrischen Flügelbaum, der geflügelten Eiche des Pherekydes, der geflügelten Weltachse – und schließlich der Stange mit dem Vogel darauf, die in weiten eurasischen Bereichen in mannigfaltigem Gebrauche belegt ist. – Die einfachste Form dieser Art Herrschaftszeichen, durch die der König nicht das Zeichen des Auftrages, sondern das der Herkunft selber in der Hand hält, ist die Stange statt des Stabes, – oft mit einer besonderen Sinnbereicherung obendrein, in Gestalt des Speerschaftes nämlich.

Bedenken wir, daß der durch das Mittensymbol ausgezeichnete Amtsträger damit nicht allein einen staatsrechtlichen Auftrag erhält, sondern diesen sogar lediglich in zweiter Linie, in erster aber einen rituellen, so sind zwei

[17] Geo Widengren, „The King and the Tree of Life", Uppsala 1951, S. 20 f.
[18] H.P. L'Orange, „Keiseren på Himmelstronen", Oslo 1949, S. 132-135.
[19] Robert Eisler, „Weltenmantel und Himmelszelt", München 1910, S. 581.

weitere eurasische Belege von großem Gewicht. Bei den Jenissejern ist das Schamanenszepter nichts anderes als eine Darstellung des Schamanenbaumes, also jenes jenseitigen Weltbaumes, von dem die Schamanen herstammen[20] – Von den irischen Druiden berichtet Henri Hubert, daß sie „Stäbe führen, die vom Holze ihres Lieblingsbaumes geschnitten sind und mit denen sie ihre Macht ausüben, – oder silberne Reiser, die die Zweige eines heiligen Baumes nachbilden oder auch des Lebensbaumes, der in der anderen Welt wächst. Mit diesen Bäumen sind die Druiden verbunden wie die Clans einer totemistischen Gesellschaft mit ihren Totems."[21]

Durch alle diese Zeugnisse, ob sie nun den reinen Schamanen betreffen oder den König in seiner ursprünglich schamanischen oder rituellen Aufgabe, wäre die Herkunft des königlichen Auftrages, dem von Amira vergeblich nachgeforscht hat, klargestellt: sie stammt von dem heiligen Baume in der Mitte der Welt. Mit dieser Einsicht wird ebenso entschieden die Meinung Fockes widerlegt, daß „das Königsszepter" seiner Herkunft nach ein Richterstab" sei: auch die richterliche Funktion ist jener ursprünglichen Weihe noch untergeordnet, und wenn der Weltenrichter in germanischen wie asiatischen Mythen alltäglich sich an den Stamm des Weltenbaumes begibt, um zu richten, so läßt das Bild aufs klarste erkennen, wo die umfassendste Macht ihren Ort hat, woher jede Ermächtigung letzten Endes stammt. Richtig ist danach die umgekehrte Ansicht: daß im Richterstab nur eine der Möglichkeiten wirksam wird, die dem Weihezweig innewohnt.

Wollen wir mit dürren Worten, im Sinne von Amiras, aber ergänzt durch die hinzugewonnenen Erkenntnisse, einen großen Teil des Stabbrauchtums erklären, so würden wir den Stab erkennen in der Bewegung von Baum zu Baum, von Stange zu Stange, – und wenn er am Ort seiner Bestimmung zerbrochen wird, dann darum, weil, was ihm an „Auftrag" innewohnt von seiner Herkunft, bei seiner Ankunft bestimmungsgemäß in das örtliche Heiligtum übergeht. Auf dem Wege aber vermag der Stab, vermögen Handstütze, Szepter oder Rute immer zugleich auch Abbild ihrer Herkunft zu sein, der wie immer beschaffenen „Stange", letzten Endes immer des Baumes, und sie übertragen daher zeitweilig dessen Ort, als Freistatt, Richtstatt usw. auf jeden beliebigen Fleck. Der Stab ist – wohlverstanden – Wanderstange!

---

[20]   Hans Findeisen / Heino Gehrts, „Die Schamanen", Köln 1983, S. 115.
[21]   Henri Hubert, „Les Celtes … ", Paris 1932, S. 276.

In dieser Möglichkeit des Stabes, zur Stange zu werden, und zwar augenblicklich, gründet zum Teil die Sage vom ergrünenden Stabe. Der verdorrte Stecken ist in Wahrheit lebensträchtig, – und nicht in erster Linie, weil das Wunder grüner Belaubung noch in ihm ruht, sondern weil er wirklich zum lebendigen Male ergrünen kann, sobald die wandernde Weihe eine Statt findet, zu verweilen. Sichtbar und anschaulich vermag in der geschnittenen Gerte allerorten sich das Bild zentraler Mäler zu verwirklichen. Wir haben auf diese Möglichkeit schon vorausgedeutet, als wir bemerkten, wie sehr doch von Amira seinen eigenen Wanderstab verkannte, als er nur seine ruhelose Bewegung zwischen Auftraggeber und Destinatär beschrieb. Wir fügten dort schon hinzu, daß der echte Wanderstab zugleich auch überall ankommt. Dies denn ist der ursprüngliche Zauber des Stabes, dies die echte Ergänzung zum vollkommenen Stabe. Und es ist ein Zauber des Lebens selber, des Raumes, der überall Mitte, der Zeit, die jederzeit Gegenwart zu sein vermag. –

VOM WESEN DES SPEERES

[Erschienen in „Hestia 1984/85" – Jahrbuch der Klages-Gesellschaft, Bouvier Verlag, Bonn 1985, S.71–103]

Der Speer*, der in Europa zujüngst noch lebendig war, wenn man von der heute eher dekorativen Saufeder und von dem sportlich spezialisierten Wurfspeer absieht, ist mir noch vor wenig mehr als einem halben Jahrhundert begegnet, bei einem Manöver der Reichswehr nämlich, deren Kavallerie damals gerade noch mit Lanzen ausgerüstet war, zwanzig Jahre vor Hiroshima. Noch dreißig Jahre jünger war der emblematische Speer, den einer meiner Freunde auf Mallorca antraf. Die beiden vorhandenen Umkleidekabinen für Männer und Frauen wurden dort nämlich von den Gästen zunächst ärgerlicherweise promiscue benutzt und darum kurzweg durch zwei Bilder unterschieden, das eines Mannes, der in der Rechten einen Spieß hielt, und das einer Frau, die einen Korb auf dem Kopfe trug, – eine uralte Polarität, wie wir noch sehen werden.

Der älteste** Speer, den wir kennen, ist der von Lehringen bei Verden an der Aller, – aus Eibenholz, 2,40 Meter lang, mit Hilfe von Steinmessern zugespitzt, im Feuer gehärtet.[1] Nach der astronomischen Theorie der Eiszeiten wird sein Alter auf 150 Tausend Jahre geschätzt. Er steckte zwischen den Rippen eines Altelefanten. Jahrhundettausende Begleiter des Menschen, – wie sollte das Wesen des Speeres nicht tief mit dem des Menschen verwoben sein, – wie sollte er, wenn er Aktualität nicht mehr durch sein Dasein hat, diese nicht um so mehr durch sein Nicht-mehr-zuhanden-sein besitzen!

Von dem, was einem solchen uralten Gerät des Menschen an Sinn innewohnt und was von den verschiedensten Völkern und Zeiten daraus entfaltet und in Sinnerlebnissen ausgestaltet worden ist, soll im Folgenden ein winzi-

---

* Zur allgemeinen Unterrichtung: Percy Ernst Schramm, „Herrschaftszeichen und Staatsymbolik. Beiträge zu ihrer Geschichte vom 3. bis zum 16. Jahrhundert,...mit Beiträgen verschiedener Verfasser", Bd. 1-3, Stuttgart 1951-1956. Besonders: S. 492-537, Die „Heilige Lanze".

** *Anmerkung von Wolfgang Giegerich: Inzwischen wurden im niedersächsischen Schöningen Holzspeere entdeckt, die noch viel älter sind: 400 000 Jahre alt. Hartmut Thieme in „Nature", Bd. 385, 1997, S. 807.*

[1] Gustav Schwantes, „Deutschlands Urgeschichte", Stuttgart 1952, S. 25. Bei Datteln in Westfalen wurde neben dem Schädel eines Riesenhirsches eine fein gearbeitete Speerspitze aus Mammutelfenbein gefunden, Alter rund 75 000 Jahre: Rudolf Rohrbach, „Ölschiefer-Geschichten und andere", Balingen 1973, S. 71.

ger Bruchteil erörtert werden. Aus der Fülle dessen, was mit Name und Bild des Speeres zusammenhängt, sei hier vorweg erinnert an so wichtige Formen im Brauchtum und in der Literatur wie den Herrscherspeer, die Reichslanze im besonderen, den Longinusspeer der frühchristlichen Legende, den Gralsspeer der mittelalterlichen Sage, den Odinsspeer der altnordischen Mythe, den Kultspeer der skandinavischen Felsbilder, die Speer-Idole vieler Völker. Angesichts eines solchen Waldes von Lanzen vermögen wir nur eine schmale Schneise zu beschreiten, freilich eine solche, die wie ich glaube, in die Mitte des Waldes führt, zum Wesen des Speeres, von dem die genannten höchst besondere Ausprägungen sind.

Bei dem Speer von Lehringen, dem ältesten ihrer aller, liegt der jagdliche Zweck auf der Hand, und was wäre auch einfacher, so mag es manchen bedünken, als ein solcher Beginn. Doch setze ich voraus, daß der Speer für den Menschen, der ihn damals geführt hat, außer dem Zweck auch einen erlebten Sinn besaß. Die rational verfahrende Forschung ist oft geneigt, diesen zu übersehen, zumindest aber, ihn geringzuschätzen, ihn als etwas bloß Hinzukommendes, Zufälliges anzusehen. Die eigentliche Substanz sei das zweckdienliche Ding, das im Bilde erscheinende Wesen sei nur Akzidens. So teilen Lindig und Münzel in ihrem vor einigen Jahren erschienenen Indianerbuche mit, daß die Jagdspieße gewisser Stämme „gewöhnlich zugleich als Embleme von Kriegerbünden dienten ... Auf diese Weise in ihrer ursprünglichen Funktion verändert", fahren sie fort, „behielten sie auch dann noch eine Bedeutung, als sie durch das Gewehr ersetzt worden waren."[2] Der Speer als Sinnträger gilt diesen Ethnologen also als eine Abwandlung am zweckvollen Jagdgerät, – obwohl sie doch selber wissen, daß die Jagd für die Urvölker weithin Jagdritual war und der Speer demgemäß Zeremonialgerät, – um es mit aller Entschiedenheit so zu formulieren.

Meine Darlegungen fußen also auf der Voraussetzung, daß der Mensch in einem Gerät, das heißt in dem Träger eines Zweckes, stets auch ein Wesen mit erlebt habe und daß die Verwendung des Gegenstandes und seine Wandlungen in einer sehr wesentlichen Weise von diesem erlebten Sinne mitbestimmt worden seien. In dieser Voraussetzung stehen mir zumindest alle diejenigen Forscher zur Seite, die schon die Erfindung der Urgeräte in den Bereich des Sinnerlebens und Sinndarstellens verlegen und die eine zweck-

---

[2]   Wolfgang Lindig, Mark Münzel, „Die Indianer", München 1976, S.97.

volle Verwendung erst danach anheben lassen, – womit dann auch eine Sinnentfremdung einsetzen könnte.[3]

Selbstverständlich wird auch am späten Heergerät noch etwas viel Reichhaltigeres erlebt, als Kampfzweck und Drill es vermuten lassen. Die Abschaffung der Lanze begegnete darum noch in jüngeren Zeiten dem Widerstand nachdenklicher Truppenführer. Nicht ohne Grund hat noch im 17. Jahrhundert ein so bedeutender Heerführer wie Raimund Montecuccoli, Feldmarschall, Führer der Reichstruppen, neben Turenne der bedeutendste Militärschriftsteller seiner Zeit, den Ausspruch getan: „Die Lanze ist die Königin der Waffen.“[4] Auch Bismarck sprach sich 1870 gegen die Abschaffung der Lanze bei der gesamten Reiterei aus. Seine Begründung ist psychologisch, eine Schlußweise, die bei den Taktikern oft zu kurz kommt; Bismarck meint nämlich: „Die Lanze gebe dem Manne großes Selbstvertrauen.“[5]

Wie sich das Selbst des Mannes im Speer darstellt, sein Gewicht in der Gemeinschaft des Stammes, mag aus einem Brauch der äthiopischen Hamar hervorgehen, bei denen nur der zwanzigste Teil der Männer ein Recht hat, in der Volksversammlung zu sprechen.[6] Die wenigen Sprecher aber bilden wiederum eine Hierarchie, in der die Reihenfolge ihrer Auftritte geregelt ist und die auch wieder bestimmt wird von dem Auftreten des Mannes bei seiner Rede. Auch beschränkt sich der Auftritt nicht auf eine Ansprache, sondern ist gestaltet und gegliedert, setzt ein mit Anklagen und Schelten gegen die Masse der Männer, setzt sich fort mit deren chorischer Antwort und mit dem Auftreten weiterer Einzelredner, – ein Geschehen von dramatischer Bewegtheit, auf das wieder stürmische Tänze folgen, an denen alle Krieger und ihre Mädchen teilnehmen. Der Beginn aber des Ganzen, das in einen entscheidungsvollen Feldzug ausmünden kann, liegt darin, daß der Hauptsprecher seinen Speer enthüllt. Denn „jeder Sprecher besitzt einen Speer, der sein

---

[3]   Adolf E. Jensen, „Die getötete Gottheit. Weltbild einer frühen Kultur“, Stuttgart 1966, S.11ff., mit Hinweis auf: Ed. Hahn, „Die Entstehung der Pflugkultur“, Heidelberg 1909.

[4]   „Brockhaus“, 14. Aufl., XI. Bd., Leipzig 1903, S. 1005 (Montecuccoli), und ebd. X. Bd., 1902, S. 963 (Lanze).

[5]   „Bismarck Gespräche“, hrsg. von Willy Andreas (und) K. F. Reinking, Birsfelden-Basel o.J., Bd I, S. 310.

[6]   Harald Dieter Budde, „Der Ethnologe Igor (richtig: Ivo) Strecker untersuchte die Sexualrituale der Hamar“, „Sexualmedizin“ 1978, vermutlich nach Schallplatte und Filmen des Ethnologen. Siehe dazu: Ivo Strecker, „Hamer Speech Situations“, in: „The Non-Seimitic Languages of Ethiopia“, Edited by Lionel Bender, East Lansing, Michigan. Ferner: Jean Lydall, Ivo Strecker, „The Hamar of Southern Ethiopia I-III“, Arbeiten aus dem Inst. f. Völkerkunde zu Göttingen, Bd. 12-14.

Privileg symbolisiert … (und) ehe der Hamar zu sprechen beginnt, löst er die lederne Hülle, die die scharfe Schneide seines Speeres schützt …" Dann bestreicht er sich mit dem Mageninhalt des Opfertieres und beginnt seinen rhetorischen Tanz. Die folgenden Redner aber können erst beginnen, nachdem ihnen jener zuerst enthüllte Speer übergeben worden ist.

Es begegnet dieser Sinn, das Selbst des Mannes in seiner Lanze, auch schon in altertümlichen oder urtümlichen Zeugnissen, und einige dieser Nachrichten seien hier angeführt. In den „Argonautica" des Apollonios von Rhodos, I, S.460f., verschwört sich Idas, der Bruder des Lynkeus, daß die Fahrtgenossen kein vernichtendes Unheil treffen solle, kein Wagnis mißlingen, solange er sie unterstütze, selbst wenn ein Gott ihnen gegenüberträte, und er leistet diesen Schwur bei seinem Speere, „der mir hilfreicher ist als Zeus selber." Tiefer als diese vermessene Rede erscheint, was eine Saga aus Island von einem Jüngling namens Ref erzählt.[7] Sie führt uns ihren späteren Helden zunächst, wie in vielen Geschichten, als den Kohlenbeißer vor, der sein Leben am Herde verliegt. Auf die Stichelreden seiner Mutter hin, die eine Rachetat von ihm verlangt, bricht er wirklich auf, und zwar so, „daß er immer den Speer vorauswarf und dann hinterdreinsprang." Die Rache an dem Bedränger seiner Mutter gelingt, doch muß er zunächst das Land räumen und gelangt damit zu weiteren Großtaten und lebenstüchtigem Wirken. – In diesem beispielhaften Aufbruch sehen wir in einer höchst eigenartigen Weise, wie der Held sich mit dem Speer im unwegsamen Neuland seines Lebens einen Pfad bahnt, der ihn am Ende in die Erfüllung des ihm zugemessenen Schicksals geleitet. Mit dem Speer erweitert er den engen Raum, den sein Selbst bisher erfüllt hat, zu der ihm eigentlich gemäßen Weite.

Ref gelangt mit seinen initiatischen Würfen über sich selbst hinaus, über das, was bisher sein Selbst gewesen ist, bleibt aber doch immer in der leibhaften Welt der ihm auferlegten Taten. Die Märchen schildern ähnliche Würfe, bei denen jedoch der Mann die Grenze der Leiberwelt aufklaffen läßt gegen die Welt der Wesen hin, wo der Wurf mithin dem eigentlich menschlichen Drange über alles Daseiende hinaus „Raum" gibt. Es handelt sich um ein weitverbreitetes Eingangsmotiv, das auch in einheimischen Märchen vorkommt und das wir ebenso aus dem Märchen von „Achmed und der Peri Banu" kennen, wo die prinzlichen Brüder mit Pfeilschüssen um die begehrte Braut wetteifern. Der Pfeil vertritt hier, wie oftmals in den Kulturen des Bo-

---

[7] „Grönländer und Färinger Geschichten", Thule Bd. 13, Düsseldorf 1965, S. 143.

241

gens, den Speer des Mannes. In einem Märchen aus Kordofan[8] bedienen sich die drei Brüder ihrer Lanzen; doch werfen sie nicht damit um die Wette, sondern die älteren stoßen ihren Speer innerhalb der Ortschaft vor dem Hause der erwählten Braut in den Boden, und nur der jüngste tut den Schicksalswurf in die unübersehliche Weite hinaus. Wie Prinz Achmed findet er seine Waffe nicht in dem Bereich, den sie gewohnterweise erreicht haben könnte und auch weit darüber hinaus noch lange nicht. „Meine Lanze", sagt er, „war mein bester Freund, seit ich ein Bube war, sie kann mir nicht fortgelaufen sein wie ein widerspenstiger Sklave." – „Meine Lanze ist nicht dumm wie eine Hüttenstange. Sie weiß, daß ich sie suchen muß, wie die Mutter ihr Kind. Was hat meine Lanze getan?" – Als er später das Affenmädchen im Hause hat, das auf dem von seiner Lanze durchbohrten Baume saß, und er zum erstenmal ihr feenhaftes Wesen zu durchschauen beginnt, ihre golddurchflochtenen Seidenhaare unter dem Tierfell erblickt hat, läßt er die Hand über den Speer gleiten und sagt zu ihm: „Mein Freund, du kannst gut fliegen und weithin eilen, aber sprechen kannst du nicht. Was würdest du mir sonst wohl hierüber sagen können?"

In der hochgespannten Symbolsprache eines ossetischen Märchens[9] nimmt sich die Schicksalsbahnung folgendermaßen aus. Der Geleiter des Helden, sein Mutterbruder, hat sich für die Brautfahrt des Neffen aus Wagenladungen von Stahl einen ungeheuren Bogen und einen Pfeil geschmiedet. Beim Aufbruch spricht er dieses Gebet: „O mein Gott, Gott der Götter! Ich schieße diesen Pfeil ab, laß ihn vorangehen, laß ihn eine Furche ziehen wie mit einem Pflug und dorthin gelangen, wo sich … (die Braut, Licht-des-Herzens) … befindet; dort aber soll er in der Erde steckenbleiben!" Dies geschieht, und die beiden reiten auf dem „gebahnten Wege". Am Ziel steckt der Pfeil in der Erde, und sieben Riesen mühen sich vergeblich, ihn herauszuziehen.

Auch „Licht-des-Herzens" ist eine Braut aus der Welt der Wesen wie das zunächst in Affengestalt erscheinende Mädchen des vorigen Beispiels. Noch deutlicher wird dies in einem Märchen der Tschuktschen[10], wo der Mann eine Bärin geheiratet hat und deren Brüder sie ihm wieder entrücken. Um sie

---

[8] „Das Schwarze Dekameron, Geschichten aus Afrika", ges. von Leo Frobenius, Düsseldorf 1969, S. 199ff. – Das Märchen gehört zum Typ 402, genauer 402 A Ind. Deutsche Verwandte sind: Grimm Nr. 63, 106.

[9] „Märchen aus dem Kaukasus", hrsg. v. Isidor Levin, Düsseldorf 1978, Nr. 17, S. 109f.

[10] „Märchen aus Sibirien", hrsg. v. Hugo Kunike, Jena 1940, Nr. 41, S. 171.

heimzuholen, bricht er auf in das Land der Bären und muß dazu „das Meer" überqueren. Das geschieht auf die Weise, daß er nacheinander vier Pfeile ins offene Meer schießt, daß dort dann jeweils ein Streifen Landes in seiner Wegrichtung entsteht, bis er mit dem letzten Pfeilschuß das jenseitige Ufer erreicht und auf die ihm von der Bärin geborenen Söhne stößt.

In einem Mythenmärchen der ostsibirischen Koryaken wird die erreichte andere Welt geradezu mit ihrem Namen genannt.[11] Dort ist das Weib des Ememqut, eines Sohnes des Großen Raben, von einem Kala, einem Unterweltsdämon entrückt worden, und zwar war er durch das Herdfeuer aufgestiegen und dort auch mit ihr entschwunden. Erst nach einer Weile erfährt Ememqut von einer Spinne, daß dies geschehen ist, und erhält von ihr einen Pfeil, um sich damit den Weg zu bahnen. Er „ging heim, nahm den Pfeil, schnellte ihn ins Feuer, und es öffnete sich vor ihm ein Pfad in die Unterwelt. Wie er dort ankam, fand er die Kalau alle im Schlafe liegen. Er nahm sein Weib und ging mit ihr durch den Herd zurück. Dann zog er den Pfeil heraus, der Pfad schloß sich, und das Feuer flammte wieder auf." – In den rituellen Kulturen sind die Mitten, auch der Herd des Hauses, die gewohnten Tore zur oberen und unteren Welt. Ein Pfeilwurf eröffnet in unserem Beispiel den Zugang.

Es gibt Kulturphilosophen, die auch beim Speer von einer Organprojektion reden, so als sei er ein Messer, vorn an einer Stange befestigt, damit der Mensch auch da noch schneiden kann, wo er gar nicht ist. Wenn aber von einer Projektion die Rede sein soll, dann möchte, was da projiziert wird, doch wohl kein Organ sein – welches wohl überhaupt? – sondern das Selbst, die Seele des Speerwerfers selbst. Mit diesen Worten möge auch an die Mystik des Bogenschießens erinnert sein, wo der Kreis des gespannten Bogens das All bedeutet, der Pfeil auf der Sehne aber den Bogenschützen selbst.

Mit unseren Belegen für die schicksalhafte Wegeröffnung durch Speer und Pfeil, mit dem Ziel einer Selbstverwirklichung des Mannes, sind wir bereits weit vorgestoßen bis in den Bereich, wo der geworfene Speer eine schöpferische Kraft offenbart. Wenden wir uns zunächst noch einmal diesem selber zu. Von vornherein seien dabei für den verarmten Begriff des Speeres, wie ihn die rationale Forschung entwickelt, einige erlebte Bilder eingesetzt. Das erste entstammt dem tibetischen „Gesar-Epos" und bietet die Beschrei-

---

[11] Waldemar Jochelson, „The Koryak", Memoirs of the Am. Mus. of Nat. History, VI,1. New York 1905, S. 140f.

bung eines Speeres, an der zugleich auch die Hauptteile dieser Waffe deutlich werden, nämlich der Schaft mit seiner gehandhabten Mittelzone, die Spitze und der Schuh.[12] „Die mit der Hand erfaßte Lanze ist ein emporgewachsener schwarzer Bambusbaum. Von der Mitte aufwärts wurde sie in Giftwasser gehärtet. Der ... Feind wird mit diesem schwarzen ... Gift getötet. Von der Mitte abwärts wurde sie mit den sechs besten Medizinen eingerieben. Mit dieser Medizin wird der Helden Herz genährt (...). Die Lanzenspitze wurde von starkem Eisen angefertigt. Die Mitte wurde aus festem, heißem Eisenfluß gehämmert. Die scharfe Spitze (d. h. wohl der Schuh) wurde aus heißer Bronze geschlagen. ... Wenn die Lanzenspitze gleich einer flammenden Feuerzunge zum Feinde kommt, der gleich trockenem Grass ist, wird er sogleich rot entzündet. Wenn die Lanzenmitte gleich einer aufbäumenden Giftschlange mit der giftigen Schlangenzunge spricht, gibt es keine Rettung. Wenn der Lanzenschaft sich an den ... Felsen lehnt, vermögen ihn hundert starke Männer kaum zu bewegen,“ – die Funktion des Lanzenschuhs, die Erdfestigkeit.

Die irische Heldensage erzählt von dem Speere Celtchars, Luin mit Namen, dem raschen, tatenreichen, der vor den Schlachten, wie viele andere wunderbare Waffen, in Unruhe gerät und sie vorausverkündet. So voll von Feuer ist dieser Speer, daß es in roten Fluten aus dem Schafte hervorbrechen und seinen Träger verbrennen würde, stände nicht dauernd ein blutrünstig schwarzer Kessel bereit – mit dem scheußlichen Blute von Hunden, Katzen und Zauberern gefüllt – und vier Söldner, die seine Spitze alle Stunde, wenn die Speerwut über ihn kommt, hineintauchen, um seinen giftigen Zorn zu löschen.[13] Der erlebte Speer ist ein lebendes Wesen, sagen wir. „In jeder guten Waffe liegt Zauberkraft“, schreibt Ernst Jünger in den Marmorklippen, „wir fühlen uns schon im Anblick wunderbar gestärkt.“[14] – Die Dichter Tibets und Irlands haben diese Wirklichkeit der Speerwaffe in erregenden Bildern eingefangen.

In den Visionen von seinem inneren Wesen erscheint der Speer als von Feuer erfüllt. Die Stelle, an der das Feuer zum Ausbruch kommt, ist die Spitze. Sichtbar wird es dort auch bei uns – in Gestalt des Wimpels oder der

---

[12] „Das National-Epos der Tibeter Gling König Ge sar“, ... übersetzt von ... Matthias Hermanns SVD, Regensburg 1965, S. 612.

[13] „Mesca Ulad, or the Intoxication of the Ultonians“, With Translation ... by William M. Hennessy, Dublin 1889, Todd Lecture Series Vol. I, Part 1, S. XIVff., 37.

[14] Ernst Jünger, „Auf den Marmorklippen“, Hamburg 1939/41, S. 83.

Fahne. Die alten Fahnentücher Europas waren daher rot oder golden. Die französische Oriflamme, das heißt die „flamma auri", und des Reiches Feuerbanner, wie es bei Karl IV. heißt, führen aus diesem Grunde derlei Namen[15]. Im alten Iran achtete man vor dem Hintergrunde der Feuerlehre besonders auf derartige Wirklichkeiten. Der göttliche Bannerträger, VrΘragna, der Gott des siegbringenden Angriffs, wird daher in einer unserer Quellen (Videvdat) geradezu „barô.xvar e na" genannt, himmelfeuertragend.[16] Diese Anschauung ist indessen nicht etwa eine iranische Ansichtssache, sondern eine Einsicht in das Wesen, die sich dort auf Grund der besonderen Einstellung eröffnet, und daher von allgemeiner Geltung.

Wir gehen von dort noch einen Schritt weiter. Wenn der uralte Speer von Lehringen vorne versengt ist, dann muß man nicht unbedingt sagen, er sei zweckmäßigerweise im Feuer gehärtet, sondern man kann auch sagen, er weise sinnvollerweise an der Spitze die Spur des Feuers auf. Dazu werden wir noch Weiteres vorzubringen haben; doch wenden wir uns nun, nach diesem an mancherlei Zusammenhänge anklingenden Vorspiel, systematischer dem räumlichen Wesen des Speeres zu.

Der tibetische Krieger beschreibt seinen Speer nicht als gefällt, im kavalleristischen Anreiten gegen den Feind, sondern in der aufrechten Haltung: die Spitze ist oben, nicht vorne, der Schuh unten, nicht hinten, der ganze Speer ist ein gewachsener Bambusbaum. Die eigentliche Macht und das Wesen des Speeres offenbaren sich hier und in zahllosen Nachrichten in der Vertikalen. Darum werden selbstverständlich auch die großen Speer-Individuen alle stehend aufbewahrt, und auch wir würden einen Speer nicht liegend aufheben. Einige Speerbräuche aus Rom und Germanien beruhen auf diesem Sinnverständnis. Die römische „hasta", ein Name, der unmittelbar zu deutsch „Gerte" gehört (got. gazds, an. gaddr), vereint den Sinn von Stange und Lanze. Sie war altrömische Nationalwaffe; der Name, den die Römer als Staatsbürger trugen, Quirites, ginge nach Macrobius auf ein sabinisches Wort für Spieß, curis = quiris, zurück.[17] Der Speer war ferner „das uralte Abzeichen der römischen Könige" und in Gestalt der eisenlosen „hasta pura" die älteste militärische Auszeichnung. Rechtlich war die „hasta" Symbol des „justum

---

[15] Herbert Meyer, „Die rote Fahne", Zs. d. Sav. Stftg. f. Rechtsgeschichte, German. Abt., Bd. 50, Weimar 1930, S. 310-353, besond. S. 322, 340.

[16] E. Benveniste et L. Renou, „Vṛtra et VrΘragna, Étude de Mythologie indo-iranienne", Cahiers etc. III, Paris 1934, S. 28, 49.

[17] Pauly-Wissowa, „Real-Encyclopadie", Bd. VII, 1912, Sp. 2501-09.

dominium", und sie stand als „ hasta fixa oder posita im römischen Forum, besonders im centumviralgericht".[18] Ein solches Gericht einzuberufen hieß: „centumviralem hastam cogere", wörtlich: den Hundertmännerspeer versammeln.[19] Im Zeichen der aufgerichteten „hasta" wurde auch eine Anzahl von Rechtshandlungen, Versteigerungen, Verpachtungen durchgeführt, – daher noch jüngst in der deutschen Rechtssprache das Wort „Subhastation" für die Zwangsversteigerung von Grundstücken – unter der stehenden „hasta".

Auch für das germanische Ding haben wir uns den Speer als das Mal in der Mitte der Hegung vorzustellen. Dahin weist ein Wort wie das langobardische „gairethinx", zu „Ger" und „Ding", dahin mancherlei Einzelbräuche, von denen wir Kunde haben. So schlägt nach einem Weistum der Zenner, also der Richter in einer Hundertschaft, bei den feierlichen Aufrufen und Verkündigungen, bei Verfemung, Verbannung und Verurteilung, jeweils dreimal an den aufgerichteten Speer, – beispielsweise zu dem Ruf: „du schuldiger mensch, ich verweise dich heutzutag, dein weib zu einer wittib, deine kinder zu armen Waisen, König Carls gebot soltu leiden, einen dürren baum soltu reiten ..."[20] In anderen Fällen – und zumal in späterer Zeit – wird dieser Wesenszug des Speeres von dem Stab des Richters übernommen. Während der ganzen Gerichtsverhandlung hält er ihn aufrecht; das Aufrichten und das Niederlegen bedeuten Hegung und Enthegung des Gerichtes. Oder es wird der Speer auch durch den einfachen Schaft oder eine Kronenstange vertreten, an denen der Schild des Schirmherrn hängt, unter dessen Schutz das Gericht oder eine andersartige Versammlung steht. Als höchst feierliche Mitte, an der die gesamte lehentragende Ritterschaft vom Herold zu nächtlicher Wache zusammengerufen wird, erscheint der Speer oder Schaft (lignum) bei dem Reichstag auf den ronkalischen Feldern. Er wird hier „in altum", also wohl auf einem dazu vorbestimmten Hügel errichtet und ein Schild daran gehängt, hier sicherlich Friedrichs I. Schild, des Kaisers, als Zeichen, daß die Versammlung in seinem Frieden stattfindet. Die Aufrichtung des Herrenschildes, setzt Jacob Grimm hinzu, schiene immer „das feierliche symbol der

---

[18] Jacob Grimm, „Deutsche Rechtsaltertümer", Nachdruck Darmstadt 1974, Bd. 2, S. 483, Anm. 1.

[19] K. E. Georges, „Lateinisch-Deutsches Handwörterbuch", s. v. centumviralis.

[20] Jacob Grimm, „Deutsche Rechtsaltertümer", Nachdruck Darmstadt 1974, Bd. I, S. 59, 481, Bd. II, S. 484f., 524.

gegenwart des fürsten im heer oder im gericht."[21] Behalten wir die Wörter „Aufrichtung" und „Gegenwart" im Gedächtnis; sie sind für die hier zur Sprache kommende Symbolik von ausschlaggebender Bedeutung.

Als eine besonders charakteristische Form, in der Herrenspeer und Mannenspeer im Brauchtum erscheinen können, sei hier noch das angelsächsische „wǣpentac" angeführt.[22] Der altenglische Ausdruck bezeichnet auch einen Gerichtsbezirk, und zwar nach der Gepflogenheit, mit einem „wǣpentac" den neuen Gerichtsherrn zu begrüßen. Er selbst steigt am gewohnten Ort vom Pferde, richtet dort seine Lanze auf, und alle, die hinzugekommen sind, berühren mit ihren Lanzen die seine und befestigen auf diese Weise den Frieden des Bezirks und des Gerichts. – Man dürfte sagen, daß der Gefolgsmann selbst in Gestalt seines geneigten Speeres dem Herrn, der in Gestalt des aufgerichteten Speeres auftritt, huldigt. – In ähnlicher Weise verpflichten sich in Deutschland die Schöffen der Mitte der Dingversammlung, indem sie ihre Spieße „mit den spitzen zusammen in die erden innerhalb der schranken" stecken, „die also bis zur endung des gerichts und verlesung der urtheil stekken pleiben", so in Kalchofen[23] – und bei einem holsteinischen Gericht, noch in der Neuzeit: „Düsse framen Holsten ... se hebben ere klüven (= Schäfte) angefatet, se hebben ere spere upwarts gekeret, se hebben ere andlat (= Vorhaben?) tom rechten gekeret."[24]

Wir haben nun eine kleine Anzahl von Belegen angeführt für den aufrechten Speer, den Speer, der in einer Mitte aufgerichtet ist, und wir haben Anlaß gehabt, mit diesem Speer die schlichte Stange, den Stab und auch den wachsenden Baum zu vergleichen; letzteres wurde in dem tibetischen Beleg geradezu ausgesprochen. Offensichtlich wird der aufgerichtete Speer als ein Mal der Mitte erlebt und zeigt sich dadurch verwandt mit der Säule als der beständigen Gerichtssäule, mit der Gerichtslinde, mit dem Pfeiler und Menhir als Mittenmalen, mit dem Opferpfosten in der Mitte des gehegten Kultplatzes. – Hier handelt es sich sicher um ein Urerlebnis des Menschen von der Mitte und dem aus ihr aufstrebenden Mal, und aus dem Gehalt dieses Erlebnisses dürften wir Aufschlüsse erwarten auch über das Wesen des Speeres.

---

[21] Ebenda Bd. II, S. 484 und Anm. 1.
[22] Ebenda Bd. II, S. 384f.
[23] Herbert Meyer, „Das Handgemal. Forschungen zum deutschen Recht", Bd. I, H. 1, Weimar 1934, S. 88, Anm. 4.
[24] Ebenda S. 88. Das Wort „andlat" habe ich nicht aufgefunden. Ahd. „antlâz" = Erlassen hat offenbar einen anderen Sinn.

Wir hätten uns also die Frage vorzulegen, was eigentlich geschieht, wenn in einer Mitte ein Speer aufgerichtet wird.

Um dessen unmittelbar innezuwerden, berufen wir uns auf einen Mythos, und zwar ganz im Sinne des Satzes von Bachofen: „Der Mythos ist die Exegese des Symbols."[25] – Der berufene Mythos ist sicher einer der ältesten der Menschheit, denn er ist allgemein verbreitet und kommt also auch in Australien vor, dessen Erbe ja sonst vielfältig abweicht. Es ist ein alter Mythos der Menschwerdung, dessen seelischer Sinn auch noch fortwirkt, wo er selbst völlig vergessen ist: es ist der Mythos von der Scheidung des Himmels von der Erde, die ursprünglich dicht aufeinanderlagen, vom Nahbleiben der Erde und vom Entfernen des Himmels in seine blaue Höhe hinauf – und dies beides wiederum verbunden mit der Aufrichtung des auf der Erde fußenden Menschen gegen den Himmel hin.[26] Das Wesen, das die Himmelsfernung betreibt, ist entweder ein Urgott oder schon der Mensch selbst, und es begegnet auch die aufwachsende Pflanze, mit der ein Urgott emporsteigt oder die selber den Himmel nach oben drängt. Als Werkzeug bedient sich das Urwesen oft des Stabes, auch wohl der Spindel oder des Stampfholzes – so auch unabsichtlich – oder des Speeres. Wohlbekannt ist zumal der ägyptische Mythos von Schu, der die Himmelsgöttin Nut emporstemmt, während Geb, der Erdgott, in der Tiefe liegenbleibt. Auf den bildlichen Darstellungen sind manchmal auch die vier Gabelstützen des Himmels eingezeichnet, die den Himmel tragen. Auf zahlreichen ägyptischen Bildwerken, die den Himmel emblematisch als ein langgezogenes Rechteck oder einen Bogen zeigen, wird er seitlich von zwei Uasszeptern gestützt. Angesichts dieser Bildwerke, der mythischen Erzählungen und ihrer Werkzeuge – können wir geradezu von einem Mythos des Baumes, des Stabes, des Szepters, des Speeres sprechen. In Germanien läßt sich der Mythos von der Himmel-Erde-Fernung nur indirekt nachweisen[27]; dagegen gibt es von den Himmelsträgern mehrere Überlieferungen. Wir denken dabei zumal an den Mythos von der Weltesche, von Yggdrasill, dem besten der Bäume in der Mitte der Welt, an dem täglich die Götter sich zum Gericht versammeln, – und an die Irminsul, die columna universalis quasi sustinens omnia – die Trägerin des Alls. Und noch in die-

---

[25] J.J. Bachofen, „Oknos der Seilflechter. Ein Grabbild", 1859, Vorwort.

[26] Willibald Staudacher, „Die Trennung von Himmel und Erde", Inaugural-Dissertation, Tübingen 1942, Belege aus aller Welt, S. 3-43.

[27] Heino Gehrts, „Die Gullveig-Mythe der Voluspá", Zs. f. d. Philologie, Bd. 88, S. 321-378, besond. S. 335.

sem Jahrhundert wurde in der Reichenhaller Gegend eine Sage aufgezeichnet, die eine Riesentanne auf dem Walserfeld als Stütze des Himmels bezeichnet, und „würde sie zusammenbrechen, dann würde der Himmel auf die Erde fallen …"[28]

Was leistet nun dieser Mythos für unser Verständnis vom Mittenmal, insbesondere vom Speer und seiner Aufrichtung? – Offensichtlich gibt uns der Mythos ein ganz ursprüngliches Bild vom Da-Sein. Mit der Aufrichtung der Himmelsstütze öffnet sich für die menschliche Lebendigkeit der freie Gegenwartsraum, gewinnt sie die Luft, um zu atmen, das Licht, um in die Gegenwärtigkeit der Welt hineinzuschauen, – was in den Mythen oft auch ausdrücklich miterzählt wird. Im Gegenwartsraum lebt die Seele ihre Offenheit, und es verwirklicht sich ein erstes Zeitgefühl, das noch nicht als horizontales Vergehen, sondern als eine pflanzenhaft-vertikale Erhebung erlebt wird, – und das in menschlicher Gestalt sich in der urtümlichen Beterstellung ausdrückt – mit den geöffneten Armen gegen den Himmel empor, mit den Blicken zu den Gestirnen hinauf. Dazu einige Sätze Johann Gottfried Herders, in denen gerade die Richtung der Pflanze mit der Aufrichtung des Betenden verglichen wird: „Wie also die Blume dastand und in aufgerichteter Gestalt das Reich der unterirdischen, noch unbelebten Schöpfung schloß, um sich im Gebiet der Sonne des ersten Lebens zu freuen, so stehet über allen zur Erde Gebückten der Mensch wieder aufrecht da. Mit erhobnem Blick und aufgehobnen Händen stehet er da als ein Sohn des Hauses, den Ruf seines Vaters erwartend."[29]

Dies ist also, vom Mythos der Himmel-Erde-Fernung her gesehen, das Urbild des Menschen, ein echtes und überliefertes, das heute freilich vergessen ist. Der Bilderband des Fotografen Ernst Haas, „Die Schöpfung", mag dafür als symptomatisch gelten. Er enthält außerordentlich gute, typisierende und erhellende Bilder vom Leben der Elemente, der Landschaften, Pflanzen und Tiere – und versagt völlig beim Menschen, indem er dort ein nacktes Menschenpaar undeutlich im Grase krabbeln läßt: Verlust des Lebenssinnes im Bilde, Verlust des Baumes, der Himmelsäule, des Mittenmales und eben auch des Speeres im Bilde des Menschen. Es ist verständlich, daß sich dieser

---

[28] „Sagen, Märchen und Geschichten um Karlstein…", ges. von Alfred Dieck, hrsg. v. d. Gemeinde Karlstein, S. 39.

[29] „Ideen zur Philosophie der Geschichte der Menschheit", V. Buch, 6. Kap. – Vgl. auch IV. Buch, 2. Kap.: „Kurz, der Mensch ist, was er sein soll (und dazu wirken alle Teile), ein aufstrebender Baum, gekrönt mit der schönsten Krone einer feinern Gedankenbildung."

zentrale Verlust auf allen Gebieten bemerkbar macht. Der Mensch bedurfte jahrhunderttausendelang einer Weltachse als eines Sinnbildes seiner Existenz, zumal des Speeres als eines ständigen Begleiters, als eines zweiten Selbst, und die Menschheit gibt die alte Gefolgschaft solcher stillwirkenden Symbole nicht ohne schwerwiegende Folgen auf.

Werfen wir nun, um uns des bisher Erreichten und der Universalität des Speerwesens zu vergewissern, geschwind einen Blick nach Afrika.[30] Auch dort zeigt der aufgerichtete Speer vielfach die *Gegenwart* des Königs an. Ein typisches Beispiel: in Nyoro wurde der Königsspeer des Nachts im Thronsaal neben dem Throne aufbewahrt; aber am Tage mußte er von einem Manne in einem der Höfe des königlichen Anwesens aufrecht gehalten werden. Er durfte nicht abgelegt, sondern mußte zum Pausieren an einen Stellvertreter übergeben werden, und nur im Notfall durfte er in einen dazu vorbereiteten Ständer eingestellt werden. Wenn der König verhindert war, die heiligen Kühe selbst zu hüten, wurde er bei der Herde durch einen der königlichen Speere vertreten. – Des Königs Tod durfte im Bereich des heiligen Königtums gewöhnlich nicht unumschrieben benannt werden. Man sagte daher etwa: Ein mächtiger Baum ist entwurzelt worden! – und bei den Saramo standen unter anderem die folgenden Ausdrücke zur Verfügung: Der Himmel ist heruntergefallen! – Der Speer ist umgefallen! – Womit der eigentliche, der mythisch-rituelle Zusammenhang noch einmal in der einfachsten Weise ans Licht gestellt wird.[31]

---

[30] Tor Irstam, „The King of Ganda", Studies in the Institution of Sacral Kingship in Africa. The Ethnographical Museum of Sweden, Stockholm, New Series. Publ. Nr. 8, Lund 1944, S. 92f., 150.

[31] Zur Etymologie der indogermanischen Speernamen sei hier das Notwendigste nach den bekanntesten Wbb. vermerkt. (C. D. Buck, „A Dictionary of Selected Synonyms in the Principal Indo-European Languages", Chicago 1949, S.1390ff. s. v. Spear. – Julius Pokorny, „Indogermanisches etymologisches Wörterbuch", Bern 1959. – Friedrich Kluge, „Etymologisches Wörterbuch der deutschen Sprache", 17. A., Berlin 1957. – Jan de Vries, „Altnordisches etymologisches Wörterbuch", Leiden 1961. – Allgemein ist festzustellen, daß im gesamten Indogermanischen unser Gegenstand Namen führt, deren Sinn in den Bedeutungen Wurf, Stoß, Spitze und Stange wurzelt. Im Text wurde erwähnt der Zusammenhang von „hasta" und „Gerte", womit der Sinn von Zweig und Stab verbunden ist. Speer gehört zu sperren und Sparren, bezeichnet also keineswegs den Speer geradeswegs als Waffe; vielmehr bezieht sich das Wort auf den Sinnbereich des Stemmens, Stutzens, Verspreizens, der zu dem raumgewinnenden, raumerhaltenden Wesen des Speeres paßt. Die Synonyma „Spieß" und „Ger" sollen beide vermutungsweise ursprünglich den Treibstachel bezeichnen, – was angesichts des Uraltertums des Speeres und der Spätzeit des Hirtentums unwahrscheinlich dünken könnte. Doch geriete man mit solchen Erwägungen an die überaus schwierige Frage der Sprachschöpfung und ihres zeitlichen Einsetzens. Die Lanze, aus lat.

Haben wir im aufrechten Speer einen wichtigen Wesensanteil entdeckt, nämlich das Aufrechterhalten des Daseins und auch eines bestimmt gearteten Daseinszustandes, zum Beispiel der königlichen Gegenwart, zum Beispiel des Gerichts, so wollen wir nun nach Bildern fragen, in denen der Speer beweglich wird, und zwar zunächst danach, wie er aufgerichtet wird. Dergleichen finden wir nun besonders in der Herrschaftssymbolik, eben im Errichten, Aufrichten, Einrichten einer Herrschaft, Ausdrücke, die ursprünglich sehr bestimmte raumsymbolische Handgriffe bezeichnen. Hier sehen wir dann auch, wie wichtig das untere Ende, der Schuh des Speeres ist, den wir daher neben Spitze und Schaft nicht geringschätzen dürfen. Aus der Karlssage dieses Beispiel. Roland wird mit der Spanischen Mark belehnt, indem ihm der Kaiser feierlich einen bewimpelten Speer überreicht, und er selbst verspricht, die Heiden zu taufen und zu beschirmen. Dann besteigt er mit der Fahnenlanze eine Höhe, einen schönen Bühl, und stellt sich dort oben auf einen Stein. Da entweicht dem Steine seine Kraft, so daß der Speerschaft anderthalb Fuß wie in einen Teig in ihn eindringt.[32] – In dieser Sage erblicken wir das Zusammenwirken zweier Herrschaftszeichen: die Erde empfängt in ihrer Mitte, im Steine auf dem Bühl, den Lanzenstich, der das Reich des vorbestimmten Königs festmacht und seiner zuvor gewissermaßen schwebenden Gewalt den unverrückbaren Ort inmitten ausgebreiteter Fluren verleiht.

Noch bemerkenswerter ist eine sagenhafte Episode der deutschen Kaiserchronik. Es handelt sich um ein weit früher zu datierendes Ereignis, den Kampf eines Bayernherzogs namens Adelgêr gegen den Kaiser Severus.[33] Die Bayern dringen gegen Abend, Kriegslieder singend, vor, die Welschen wissen weder zu fliehen noch zu fechten, der Kaiser selbst wirft sein Schwert aus der Hand (was nichts anderes besagt, als daß er selbst der potestas entsagt) und wird von dem bayerischen Fahnenträger erschlagen. „Da steckte der Bayernherzog seinen Schaft an den Haselquell: ‚Das Land hab ich ge-

---

„lancĕa", über afrz. „lance", wäre ihrer ursprünglichen kelt-iberischen Bestimmung nach ein Wurfspeer, doch haben gerade die Reiter ihre Stoßwaffe als Lanze bezeichnet, – einer der vielen Belege für einen tiefgreifenden Unterschied zwischen historisch gewordenem und ursprünglichem Wortsinn. Doch ist die eigentliche Etymologie des Wortes „Lanze" unbekannt. Das frz. Zeitwort „lancer", aus spatl. „lancĕāre" = „eine Lanze schwingen", hat einen sehr allgemeinen Sinn angenommen, so daß man auch Steine und Blicke, „lancieren" kann.

[32] Der Stricker, „Karl der Große", hrsg. v. Karl Bartsch, Quedlinburg 1857, V. 3930ff.

[33] „Kaiserchronik", hrsg. v. H.F. Massmann, Quedlinburg 1849, V. 7127ff.

wonnen, den Bayern zur Ehre. Hinfort soll es ihnen gehören.'" – Es versteht sich, daß in deutscher Frühzeit der haselumstandene Quell ein Heiligtum ist, vergleichbar der Steinplatte auf dem Bühl, – daß also Adelgêr nach gewonnenem Siege, vom Lande besitzergreifend, den Speer an oder in einem Heiligtum aufrichtet.

Der Herzog verwendet in seiner Formel, mit der er Besitz ergreift, das Wort Ehre. Welches Gewicht dies Wort und sein Gehalt in derartigen Zusammenhängen haben kann, soll noch einmal aus dem folgenden Geschehnis hervorgehen – von einer verlorengegangenen Art, Streitigkeiten im Zeichen des Speeres kriegerisch auszutragen. In einer Dichtung des Rudolf von Ems aus dem 13.Jahrhundert befehden einander in unaufhörlichem Kleinkrieg der Graf des Hennegaus und der Herzog von Brabant.[34] Streitanlaß sind ursprünglich Grenzfragen, danach auch die aus den Fehden entstandenen Schädigungen. Ein Schlichtungsversuch des Herrschers von Frankreich, der mit beiden nahe verwandt ist, scheitert. Da macht der eine der beiden Gegner diesen Vorschlag: Der Streit solle an einem bestimmten Tage ausgefochten werden: „Da will ich, daß man einen Speer zwischen Hennegau und Brabant in die Erde stoße. Wer den im Kampfe zu nehmen vermag, der soll Sieger sein." Später wird der Speer so beschrieben: „Inzwischen war auch der Speer ûfgestôzen worden, und oben war ein rotes Fahnentuch daran gebunden worden, das weithin leuchtenden Glanz gab. Ein nicht zu hohes Berglein erstreckte sich dort durch die Ebene, darauf sah man den Speer stehen." Nachher heißt es noch einmal: „der Bühl, da der Speer zum Streite ûfgestôzen war". – Hier handelt es sich also um ein echtes „Schwertding", was vor allem durch die Mittenstellung der Fahnenlanze auf dem Bühl des Schlachtfeldes zum Ausdruck kommt – im entschiedenen Gegensatz zur sonst beobachteten Zweiteilung des Feldes um die beiden gegnerischen Stander herum.

Das Erstaunlichste an dem ganzen Geschehen ist nun aber die Rechtswirkung, die das Gewinnen des Speeres durch die eine Partei haben soll, und diese Regelung wirkt um so fremdartiger angesichts dieses Streites um Mein und Dein, als der Herzog dem Vorschlage des Grafen sofort ohne Vorbehalt zustimmt: „Wer die Lanze von hinnen führt, ohne daß der andere ihn mit seiner Macht daran hindern kann, der besitze hinfort des anderen Preis und Ehre und lasse ihm seine Leute unvertrieben und unverbrannt das Land!" – das heißt, der in dem Treffen *Unterlegene* wird in seinen Besitzansprüchen

---

[34] Rudolf von Ems, „Willehalm von Orlens", hrsg. v. Viktor Junk, Berlin 1906, V. 396ff.

befriedigt und bestätigt, während der Sieger ihm ein in der Lanze verkörpertes *höheres* Gut entführt. –

In den Sagen von Roland und Adelgêr bedeutet die Aufrichtung der Lanze eine Occupation. Der Bühl, der Stein, der Haselquell sind schon da als geweihter Ort, und der Herrscher oder sein Beauftragter bringen den Speer, der die Herrschaft bestätigt, hinzu und stoßen ihn in den Mittenort.

Solchen Occupationen geht oft ein Speerwurf voraus, der die Mitte des zu beherrschenden Bereichs überhaupt erst erlangt und der, um sie zu erreichen, zuvor die Hegung um diese Mitte brechen muß. Hier dringt also nicht der Speerschuh in den Boden, hier hat die Spitze die Führung. Solche Riten sind uns aus weiten Teilen der Welt bezeugt. In Germanien hätten wir dahin den Speerwurf zu zählen, der die Schlacht eröffnet, der das Feld und seine Gefallenen dem Odin weiht, eine Wiederholung des mythischen Speerwurfes, mit dem Odin den ersten Heerkrieg eingesetzt hatte.[35] Die Spartaner warfen charakteristischerweise in ähnlicher Form einen Opferbrand zwischen die Schlachtlinien, einen Brand, den die unverletzlichen Pyrphoroi dem Heer wie eine Fahne vorantrugen.[36] Nicht in der Schlacht, jedoch als Eröffnung des Krieges warfen bei den Römern besondere Amtsträger, die Fetialen, einen Speer über die Grenze des Feindes.[37] Dieser Speer war die berühmte „hasta sanguinea praeusta", eine Lanze also, blutrünstig vom Blute des Opfertieres – und vorn versengt wie der Speer von Lehringen, aber nicht nur der Härte halber, sondern gewiß auch vom Opferbrand.

In mehrfacher Ausprägung kennt auch die Sage von Alexander, dem typischen Eroberer, diesen Speerwurf oder Speerstoß, der die Hegung um das Feindesland bricht oder seine heilige Mitte besetzt.[38] Schon vom Meere aus tut Alexander, als er über den Hellespont setzt, einen solchen Wurf auf den Strand. Der Speer fliegt dem von Siegeszuversicht Geschwellten voran in den Bezirk, in dem die Entscheidung fallen wird, ja, der Speer leistet im Bilde schon das, was als des Werfers Tat noch folgen soll, die Inbesitznahme des Landes. Bei allen Unterschieden der Zeit, der Ziele und Zone, – wie nah ist dieser Speergebrauch doch dem spontanen des Isländers Ref verwandt, der

---

[35] Martin Ninck, „Wodan und germanischer Schicksalsglaube", Jena 1935, S. 94f. „Edda", Vǫluspá Str. 24.

[36] Friedrich Schwenn, „Der Krieg in der griechischen Religion", ARW XXI, 1922, S. 58-62.

[37] „Livius" I, 32.

[38] „Diodorus Siculus" 17,7 – „Justinus" 11,5 – „Itinerarium Alexandri" c. XVIII – „Pseudo-Kallisthenes" I,42 – „Julii Valerii Res Gestae Alexandri" I,56.

sich den Weg zur Rachetat bahnt. – Pseudokallisthenes und nach ihm Julius Valerius erzählen des weiteren – vielleicht hinzudichtend, vielleicht die Geschichte des älteren Wurfes abrundend – daß Alexander nach der Schlacht bei Issus, als er sich wieder nach Griechenland zurückwendet, auf dem Scheitel des Taurus einen gewaltigen Speer einrammt, „fixiert", und dabei denjenigen, der es wagen sollte, ihn herauszuziehen, mit Vernichtung bedroht. Auf der Bergeshöhe erfüllt er also das Versprechen, das er mit jenem ersten Speerwurf gegeben hat. Im „Itinerarium Alexandri" stößt der König schon kurz nach der Landung beim feierlichen Opfer für die Götter und Heroen Ilions dort den Speer in den Boden, also ohne Zweifel an dem Ort, der für ihn damals der heiligste in Asien war, wie er denn auch nach anderer Quelle die Gräber des Patroklos und Achilleus bekränzt, dem Palladion seine Waffen weiht und gegen die alttrojanischen Heldenwaffen austauscht.

Dem occupierenden Speerstoß folgt, wenn wir dem germanischen Paradeigma nachgehen, ein anderer vielfältig bezeugter Wurf, sozusagen aus der Mitte heraus, ein Wurf, der die äußerste Grenze bezeichnet, die Reichweite der Macht, den Bezirk der Freiheit, den Raum für das Selbst. Dafür gibt es zahlreiche Belege auch im Bereich des Zivilrechts, und dort können die Würfe auch mit dem Stein oder der Axt, mit dem Hammer oder der Pflugschar ausgeführt werden.[39] Der Herrscher tut diesen Wurf mit dem Speer. Als Karl der Große in Spanien die Sarazenen geschlagen hat, bringt er am Grabe des Heiligen Jakob, das heißt des Landesheiligen, seine Dankgebete dar und zieht dann über diesen Ort hinaus bis an den Grenzstein. Dort stößt er seine Lanze ins Meer, dankt dem Heiligen erneut und beteuert, daß er darüber hinaus nicht vorrücken könne.[40] – Paulus Diaconus berichtet von dem Langobardenkönig Authari, er sei über Spoleto und Benevent bis Reggio vorgedrungen, also bis in die letzte Stadt des festen Landes, Sizilien gegenüber. Daselbst ist in den Meereswellen eine Säule gesetzt; bis zu der sprengte Authari auf seinem Roß, rührte sie mit der Spitze seiner Lanze an und rief: „Hier soll der Langobarden Grenze stehen!" – Bis auf den heutigen Tag heiße diese Säule Autharis Säule.[41]

Von dem Hohenstaufen Lothar weiß die Kaiserchronik nur wenig zu berichten, aber ihre Verse beschließt sie ebenfalls mit einem solchen Wurf:

---

[39] Jacob Grimm, „Deutsche Rechtsaltertümer", Nachdruck Darmstadt 1974, Bd. I, S. 78 ff.
[40] „La chronique de Turpin. Les textes de la chanson de Roland", t. III, Paris 1941, c. III, S. 679
[41] „Paulus Diaconus" III, 32.

nachdem er Italien befriedet und einen Herzog in Bari eingesetzt hat, „will er es nicht unterlassen, nach Otranto zu reiten: seinen Speer schoß er in das Meer. Er regierte zwölf Jahre, zwölf Wochen und zwölf Tage", man möge für ihn beten.[42] In diesem Bericht, da auf den Speerwurf unmittelbar das Ende des Kaisers folgt, scheint der Wurf in eigentümlicher Weise die Reichweite des kaiserlichen Lebens zu bezeichnen, eben das eigentliche Bild zu sein für die Vollendung einer herrscherlichen Lebensaufgabe.

Das Äußerste geleistet zu haben kommt auch zum Ausdruck in einem anderen Speerwurf aufs Meer hinaus: als nämlich König Dietrich, doppelt und dreifach zur Blutrache verpflichtet, um des Bruders und um der Königssöhne willen, den Wittich verfolgt, dieser in die See sprengt, wo ihn die Ahnfrau empfängt, und dem König entkommt: „Dietrich warf ihm seinen Speer nach", sagt die nordische Fassung der Sage, „und der Speerschaft blieb stecken, wo er an der Flußmündung in die Erde gefahren war. Da steht er noch heute, und jeder, der dahinkommt, kann ihn sehen."[43] – Auch hier also eine Malsetzung.

Weitaus wesentlicher und geheimnisvoller als der occupierende Wurf ist derjenige, der die Mitte überhaupt erst findet und begründet. Für diesen Wurf liefert uns die römische Sage ein vortreffliches Beispiel. Auf dem Aventinischen Berge holt Romulus für die Gründung Roms das Vogelwahrzeichen ein, und dann wirft er von dort die „hasta" auf den Palatinischen Berg, wo die Lanze sich einbohrt, grünt und zum Baume erwächst.[44] - Ein Ritual, das für eine neue Siedlung den Mittelpunkt gewinnt, ist für alle urtümlichen Völker eine unumgängliche Notwendigkeit. Das unbesiedelte Land, in dem es das Neuland zu erschließen gilt, – die Heide, wenn wir das Wort im alten Sinne verwenden –, wird nicht durch Straßen und Rohrleitungen erschlossen, sondern durch eine Mitte und ihr Mal; durch die vier Hauptrichtungen, die sich aus dem Zusammenspiel von Mittenmal und Welthorizont ergeben, und durch die Achse, die hinauf und hinunter *weist* und *führt*. Die Sage vom Speerwurf des Romulus ist eine von den Überlieferungen, die von der rituellen Urzeugung eines solchen Mittelpunktes berichten.

---

[42] „Kaiserchronik", hrsg. v. H.F. Massmann, Quedlinburg 1849, V. 17170ff.

[43] „Die Geschichte Thidreks von Bern", Thule Bd. XXII, Jena 1924, S. 365. Der Speerwurf fehlt in der entsprechenden Episode der Rabenschlacht V. 962ff.

[44] Servius zu Aeneis III, 46 – bei: J. Vahlen, „Über das Stadtgründungsaugurium bei Ennius", Sitzungsber. der Akademie der Wiss. zu Berlin 1894, II. Hbd. S. 1149 Anm. 1. – Ohne Zusammenhang mit dem Augurium wird der Speerwurf erwähnt Plutarch, „Romulus" c. 20,5 und Ovid, „Metamorphosen" 15,560.

In Japan hören wir von einem ganz ähnlichen Vorgang, durch den eine heilige Mitte gewonnen wird. Von einem Großmeister der Buddhisten, Kukai oder Kobo-Daishi, dem Begründer der Shingon-Sekte, erzählt die Legende, daß er auf einer Pilgerreise in China seinen Eisenstab gen Himmel schleuderte – mit der Voraussage, daß die Stätte, wo er zu Boden fiele, auch die Lehre verbreiten und zur Blüte bringen werde. Der Stab fiel auf den Koya-Berg herab, südlich von Kyoto, wo dann Kukai das berühmte Urkloster seiner Sekte gründete. An der Stelle, wo der Stab niederging, wächst nun die Eisenstabkiefer vor dem Heiligtum.[45] Daß es sich hier nicht um einen Speer handelt, braucht uns bei dem Vergleich nicht zu beirren. Der Stab des geistlichen Oberhauptes ist in anderer Gestalt der Speerschaft des weltlichen.

Wird mit der Zeugung einer heiligen Mitte auch die Erschaffung des sie umhegenden Bezirkes angebahnt, wie wir das soeben im Hinblick auf den Wurf des Romulus dargetan haben, so läßt sich nicht verkennen, daß der Vorgang auch der ursprünglichen Schöpfung einer menschlichen Lebenswelt in unwirtlich-ortloser Urwildnis gleichkommt. Wir kennen die Mitte der Roma in klassischer Zeit, es ist der „mundus", eine Grube im ältesten Teil des Forums, im „Comitium", dem alten Versammlungsort der römischen Bürger, eine runde Grube zum Verkehr mit der Unterwelt, gewöhnlich mit einem Steine verdeckt, nur an bestimmten Opfertagen geöffnet. Dieser „mundus" befand sich also nicht auf dem Palatin, aber wir müssen uns vorstellen, daß die Sage von der niederfahrenden „hasta" des Romulus einen anderen älteren „mundus" ebenso als das mittelste urrömische Heiligtum bezeichnet hätte, wie die deutsche Sage den Bayernherzog Adelger seinen Schaft am Haselquell niederstoßen läßt – als ein Herrschaftssymbol, als ein Rechtssymbol, zutiefst aber als die Achse eines Heiligtums. „Mundus" heißt auch „Welt", und wir könnten den merkwürdigen Doppelsinn des Wortes begreifen von jener Urschöpfung des „mundus" her. Per „hastam", könnten wir doppelsinnig sagen, „Romulus creavit mundum": mit dem Speere erschuf Romulus die Welt.

Hinzuzufügen hätten wir dem Gesagten noch, daß die niedergefahrene „hasta", indem sie zum Baume erwächst, eine Wesenswandlung erleidet. Denn es wird nicht bloß das Ding umgedreht, nicht bloß der Schaft des Gründerspeeres *benutzt* als Mittenmal, sondern die Wesensrichtung wandelt sich, und was grünend nach oben wirkt, ist nicht dasselbe wie das, was grün-

---

45 Ueda Akinari, „Unter dem Regenmond", übers. von Oscar Benl, Stuttgart o.J., S. 83f., 168.

dend nach unten wirkte: Wachstum das eine, menschliches Wirken als Mannestat das andere. Indes kommt in der Baumverwandlung zum Ausdruck, daß der Palatinische „Genius loci", gemäß dem „Aventinischen Orakel", den Gründerwurf des Romulus annimmt und bestätigt. Das hervorsprießende Laub bezeugt die Fruchtbarkeit der rituellen Berührung zwischen dem Zeremonialgerät und dem „Genius loci". Eben dies bezeugt auch die Eisenstabkiefer vor dem Heiligturn auf dem Koya-Berg. Etwas Verwandtes kommt in zahlreichen deutschen Sagen zum Ausdruck. Auch hier ergrünt das von Menschenhand zugerichtete tote Holz aufs neue, nämlich an dem Stab oder Stekken, den der unschuldig Verurteilte in den Boden stößt, in der Tannhäusersage der Richter selbst, und das knospende Laub zeugt für die Unschuld des Gerichteten. Sehr oft ist es in diesen Sagen gerade die Gerichtslinde selbst, die aus einem solchen dürren Stabe erwachsen ist, aus dem Stabe des Opfers das Mittenmal des gehegten Bezirks.[46] – Die Gleichsinnigkeit der Vorgänge in Nord- und Südeuropa und in Ostasien muß durchaus nicht auf kulturhistorischem Zusammenhang beruhen, viel wahrscheinlicher dünkt es mich, daß sie hier wie dort entspringt aus dem gleichartigen menschlichen Sinn-Erleben.

Wir vertiefen die Einsicht in die welterzeugende Kraft des Speeres durch einen kosmogonischen Mythos der Japaner, der nun in der Tat als Wirkung eines Speergebrauches im Chaos die Coagulation eines Ortes stattfinden läßt – und als unmittelbare Folge davon die Aufrichtung einer Mittelachse und die Ausgestaltung der Welt – in der Mythe vom Juwelenspeer[47] nämlich. Wir fassen die Rezension des Kojiki und die Varianten des Nihongi zusammen, und zwar gemäß dem in ihnen allen ausgedrückten Sinn. Im Urbeginn entsteht zunächst eine Dreiheit selbstgenügsamer, unkörperlicher Gottheiten, dann entsprießen dem Lande, das schwimmendem Öle oder treibenden Quallen gleicht, andere Gottheiten, die ebenfalls selbstgenügsam und körperlos sind, und schließlich fünf Götterpaare, deren letztes, Izanami und Izanagi, berufen ist, in geschlechtlicher Zeugung die Länder hervorzubringen. *Zuvor* jedoch erhalten sie von den Himmelsgottheiten den „Himmlischen Juwelenspeer" und den Auftrag: „Schaffet, befestiget und vollendet dieses umhertreibende Land!" –

---

[46] Eckart Stallmann, „Der Baum in der deutschen Volkssage", Phil. Diss. Masch., Erlangen 1951, S. 103.

[47] Karl Florenz, „Die historischen Quellen der Shinto-Religion…", Göttingen 1919, S. 10ff., 126ff.

Demgemäß stehen die beiden Gottheiten nun auf der Schwebenden Brükke des Himmels oder inmitten des Himmlischen Nebels oder sitzen auf dem Hohen Himmelsgefilde und stoßen mit dem Speer nach unten. Der Erfolg dieses Stoßes wird in den Varianten mit kleinen Abweichungen geschildert; in allen Fällen taucht die Speerspitze ins Meer, und das Ergebnis dieser Berührung ist die Insel Onogoro, „die von selbst Geronnene". Merkwürdig ist der in dieser Mythe nun ebenfalls anklingende Gedanke, daß es sich nicht eigentlich um eine zeugerische Berührung handelt, sondern um eine Findung, die Fixierung einer Mitte im Schwankenden und Verschwommenen, eine Ortung im Ortlosen. Die japanische Urmythe verläuft nun auch durchaus im Sinne einer solchen rituellen Mittenfindung weiter. Die beiden Gottheiten steigen auf die Insel hinab, und das erste, was sie dort zu tun haben, ist wie zu erwarten, das Mittenmal zu setzen: sie richten den Himmelspfeiler auf. Nach den Kommentatoren wäre dies der Juwelenspeer selbst. Doch der Mythos spricht dies gar nicht aus, eben weil er nicht dinglich verselbigt. Um den Pfeiler erbauen dann die beiden Gottheiten eine Achtklafterhalle, weiten also von der Mitte her eine Raumeswelt aus – in Gestalt eines kosmischen Palastes. Damit ist die Möglichkeit der räumlichen Begegnung und der Zeugung geschaffen. lzanagi und Izanami entdecken ihre leibliche Verschiedenheit, und der Gott spricht: „Da dies so ist, so wollen wir beide, ich und du, um diesen himmlischen Pfeiler in entgegengesetzter Richtung herumgehen, einander begegnen und dann auf dem Ruhelager zusammenkommen."

Hier sehen wir also, wie der Urspeer den ersten Ort im richtungslosen All hervorbringt, wie in diesem Ort die Weltachse aufgerichtet und die weltbedeutende Behausung errichtet wird. Danach erfolgt die Einrichtung der Wesen insofern, als die beiden Arten der Umwandlung erfunden werden, linkshin und rechtshin um den Mittenpfeiler, und dadurch wird auch die zeugerische Begegnung möglich. – Haben wir damit in dem Speer eine urzeugerische Natur entdeckt und fänden sich im ursprünglichen Material auch Zeugnisse für eine *phallische* Auffassung, dann verständen wir diese phallische Seite des Speeres nun richtig. Wir sollten darauf jedoch nicht die gedankenlose Redensart von der symbolischen Identität anwenden. Wie oft werden nicht Sätze geprägt wie dieser: In dieser Mythe ist der Speer ein Phallos. Richtig und wohlverstanden dürfte ein solcher Satz allein lauten: In diesem Zusammenhang ist der Speer *auch* ein Phallos (das heißt, ein zeugerisches Organ) – aber: mit dem *Wesen* des *Speeres*! –

Für den bewegten Speer sei nun noch ein merkwürdiger Rechtsbrauch erwähnt, der im gesamten germanischen Bereich belegt ist, der aber gegenüber allem früher Betrachteten ein völlig anderes Bild bietet. Der Speer erscheint dabei nämlich weder stehend noch gefällt oder geworfen, sondern gehalten, und zwar in der Quere. Es scheint darin ein gewisser Widerspruch zu liegen zum Wesen des Speeres; trotzdem wirkt es auch in dieser Weise noch raumschaffend, zwar nicht im Seelenraum und bildhaft, doch wohl im Sachraume und messend. So gehalten, dient er nämlich dazu, die gebotene Breite der Königsstraßen und der Tore zu gewährleisten.[48] Der Landesherr oder sein Beauftragter, ursprünglich wohl immer ein Mann des Königs, soll nämlich mit einem „recht gemessenen Speer", meist war er 16 oder 18 Fuß lang, den er quer vor sich im Sattel liegen hat, in der Mitte der Straßen und Tore reiten. Was die Enden des Speeres erreichen, Bäume oder Gebäude, muß gefällt oder abgerissen werden. Wie altertümlich die Bestimmung war, geht daraus hervor, daß in einem Falle als Reittier des Königs der Ochse genannt wird; denn dieser ist uns als Zugtier des Königswagens besonders von den Merowingern bekannt und geht dort sicher auf alte Kulte zurück. Demgemäß würden wir meinen, daß auch die Räumung mit der quergetragenen Königslanze im Kult und dessen Sinnzusammenhängen wurzele. Den weihevollen Umzug des Königs kennen wir aus dem Brauchtum. Der Heilige König hatte nicht nur seinen Sitz in der Mitte, sondern er übte auch seine rituelle Funktion aus, wenn er diese Mitte im Sonnensinne, die Landesviertel durchreisend, umkreiste. Erwähnen wollen wir noch, daß in Norwegen, um die Landstraßen zu räumen, an den Enden des Speeres Weidenringe aufgehängt wurden, einer an der Spitze, einer am Schaftende, und daß die unzulässige Berührung dann eintrat, wenn einer der Ringe abgestreift wurde. Dieser Brauch wurde „baugreid" genannt, Ringritt. Indem uns die Ringe am Schaft an den bekränzten Maibaum erinnern, kommt uns noch einmal zum Bewußtsein, daß in der quer sich erstreckenden Fällung der Lanze etwas unorganisch Gewaltsames liegt, das auch im genötigten Fällen der Bäume und Abbrechen von Gebäudeteilen zum Ausdruck kommt. Das Wirken eines allgemeinen Staatsrechtes, gegen örtliches Wachstum und Bauwesen, wird in der quergetragenen Lanze noch ganz sinnfällig. Freilich dürften wir uns auch an die

---

[48] Jacob Grimm, „Deutsche Rechtsaltertümer", Nachdruck Darmstadt 1974, Bd. I, S. 98. – Heinrich Frhr. von Minnigerode, „Königszins, Königsgericht, Königsgastung im altsächsischen Freidingrechte", Göttingen 1928, S. 84-94; Ochse als Reittier S. 87.

Wagenachse und ihre Räder erinnern, eine raumgreifende Neuerung, für die das Maß der Straße noch wichtiger ist als für den Reiter.

In einer keltischen Überlieferung werden Herrenrecht und Rechtsdurchsetzung, die Verirrung in Gewaltsamkeit und Übermut deutlich ans Licht gestellt.[49] Nach einer irischen Erzählung, die an Ereignisse des 6. Jahrhunderts anschließt, hatte der Speerträger des Königs Dermot, Aedt Baclamh, ein Jahr lang krank gelegen und fragte nach der Genesung seinen Herrn, ob in dieser Zeit die königliche Friedensordnung gewahrt worden sei. Der König hat keine Minderung bemerkt, aber der Speerträger will zur Prüfung rundherum durchs Land ziehen, mit dem Königsspeer über beide Armbeugen gelegt. Alle Hallen will er prüfen und quer über alle Schwellen weg den Speer tragen – in Begleitung des Herolds, der den Königsfrieden verkündet. Als aber ein Grundherr, der in seine Palisade aus roter Eiche allerdings schon eine genügende Öffnung gehauen hat, sich weigert, auch seine Haustür zu verbreitern, gibt es Streit, und der Hausherr erschlägt den königlichen Speerträger. Im Gefolge dieser Tat kommt es zwischen Dermot und der Geistlichkeit zu Kämpfen, die den König schließlich das Leben kosten und die sogar der angestammten Königsherrlichkeit von Tara, der alten Hauptburg Eires, ein Ende bereiten. – Das merkwürdige Beispiel läßt einmal in eigentümlicher Weise in der Abwandlung der Speersymbolik und der Verkehrung ihres ursprünglichen Gehaltes, das heißt, in ihrer Mißachtung, die Ursache für eine geschichtliche Katastrophe durchschauen.

Weit großartiger und tief verwoben mit anderen symbolischen Gebilden ist eine Reihe von Geschehnissen in der Gralssage, an deren Anfang ebenfalls ein Speermißbrauch steht und die ebenfalls auf eine Katastrophe hinauslaufen, – eine Katastrophe, die zunächst im Innern hereinbricht, im Gralsreich, die aber in der Folge auch die äußere Reichswirklichkeit, das Königtum des Artus, in das Verderben hineinreißt. Es handelt sich um eine Kernszene im Anhub des ganzen Sagenkreises, nach meiner Anschauung um die bedeutungsvollste Fassung von einem der wenigen ganz zentralen Vorgänge um den Gral, um eine der Schilderungen nämlich von dem „coup douloureux", dem „dolorous stroke", dem Schmerzensstreich.[50] Denn diese Erzählungen

---

[49] Silva Gadelica, „A Collection of Tales in Irish", ed...and transl. by Standish H. O'Grady, London 1892, Vol. II, S. 70, 80.

[50] „The Works of Sir Thomas Malory", Ed. by Eugène Vinaver, Oxford 1948, S. 79ff., mit Vergleich der französischen Quellen S. 1308ff. – Vgl. auch Jean Marx, „La légende arthurienne et le Graal", Paris 1952, S. 167ff.

sollen es eigentlich begründen, warum der Gralskönig, der auf seiner Burg das köstlichste Wunder hegt, das spendende Füllegefäß, ein Leidender ist mit einer unheilbaren Wunde, der einer Erlösung bedarf.

Nach der Fassung, die Thomas Malory wiedergibt, ist Artus dabei, sein Reich und die Tafelrunde zu begründen, und zwar so, daß er sich die Kleinkönige Britanniens unterwirft wie später Harald hárfagr die Norwegens. Wesentliche Hilfe leisten ihm dabei die Zwillingsbrüder Balen und Balan. Nun soll einmal der aktivere der beiden, Balen, einen Ritter an den Artushof führen, und er verspricht ihm mit Ritterwort dazu sicheres Geleit. Jedoch wird dieser in seinem Schutz reitende Ritter von einem unsichtbar umherstreifenden Reiter mit dem Speer erstochen, und daraus erwächst dem Balen die Verpflichtung, den Getöteten zu rächen. Es erwächst ihm danach noch eine weitere Verpflichtung ähnlicher Art, und er gelangt bei der Verfolgung des Totschlägers auf die Gralsburg. Der Mörder ist nämlich der Bruder des Gralskönigs.

Dazu sei in aller Kürze erwähnt, daß in einem höchst merkwürdigen altfranzösischen Gralsroman, in dem der Held des Grals den Namen „Perlesvaus" führt, ebenfalls eine solche brüderliche Doppelung vorkommt, daß aber diese Brüder tödlich miteinander verfeindet sind, daß dem Düsteren unter den beiden das Schloß des Todes gehört und daß dieser Todeskönig zeitweilig die Burg seines Bruders, des Gralskönigs, belagert – eine mörderische Verfeindung der brüderlichen Pole Tod und Leben.[51] Hierin scheint sich jedoch eine christliche Wendung der Gralssymbolik anzuzeigen. In unserer Fassung heißt der tödliche Bruder „Garlon" und wird bei Malory als schwarzgesichtig beschrieben, in seiner französischen Quelle aber als rothaarig, was in der keltischen Mythologie deutlich auf den Totengott hinweist. Eine spukhaft erscheinende und verletzende Lanze, dem Anscheine nach ohne Träger, also jedenfalls aus dem Unsichtbaren wirkend, kommt aber auch in einem anderen Zweige der Gralssage vor, in der Prosafassung des Lanzelot, und zwar hier nun gerade auf der Gralsburg.[52] Dies scheint mir für eine urtümlichere Polarität zu zeugen, vor der Verzwistung der Brüder. Die Wunde, die der Speer dem Neuling beibringt, hat initiatischen Sinn, sie gibt dem Initianden auf der

---

[51]   „Le Haut Livre du Graal. Perlesvaus", edited by William A. Nitze and T. Atkinson Jenkins, Chicago, Vol. I, 1932, Vol. II, 1937. Die Besetzung der Burg des Fischerkönigs durch den König des Todesschlosses Z. 5086ff.

[52]   Siehe bei Jean Marx, „La légende arthurienne et le Graal", Paris 1952, S. 260, 359. „The Works of Sir Thomas Malory", Ed. by Eugène Vinaver, Oxford 1948, Buch XI, Kap. 4.

Lebensburg das Todeszeichen. Sein Blut aber, des Jünglings *vor* der Weihe, wäre es, das im Gefäße aufgefangen würde. Balen aber, dem Vorkämpfer des seine Herrschaft aufrichtenden Artus, ist es beschieden, diesen opferlich-zeremoniellen Zusammenhang aufzureißen.

Seiner Racheverpflichtung nachkommend, erschlägt Balen den Garlon über der Tafel im Gralsschloß mit höchster Selbstaufopferung; denn nun stürzt sich die ganze anwesende Ritterschaft auf ihn, allen voran, mit einer grimmen Waffe, der Gralskönig Pellam. Balen sucht mit dem Schwerte zu parieren, dies zerbricht, und darauf flüchtet er waffenlos auf der Burg von Zimmer zu Zimmer. Er gelangt schließlich in eine kostbar eingerichtete und ausgezierte Kammer, wo ein mit goldenem Laken gedecktes Bett steht und auf goldenem Tische mit Silberbeinen ein wunderbarer, eigenartig beschaffener Speer. Nach der französischen Quelle Malorys schwebt der Speer ungehalten, mit der Spitze nach unten, über einem kostbaren Gefäß aus Gold und Silber. „Den Speer packte Balen, wandte sich gegen Pellam und brachte ihm eine schwere Wunde damit bei", – zwischen den Schenkeln, wie wir aus anderen Fassungen wissen, in der „heidruos sîn", heißt es bei Wolfram, in den Hoden. Pellam brach zusammen, und zugleich stürzten Mauern und Dach des Schlosses ein; auch Balen fiel nieder und vermochte nicht Hand noch Fuß zu bewegen noch sich zu besinnen. Infolge dieses Schmerzensstreiches lag der größte Teil der Burg in Trümmern, und auch drei Länder verfielen augenblicklich in Not und Tod: das Motiv des „Gaste Pays", des „Waste Land", des verödeten, unerlösten Reiches, das ohne Geburt und Frucht bleibt. –

Merlin kommt nach drei Tagen, weckt Balen auf, gibt ihm ein Pferd und läßt ihn entreiten, zunächst durch das „Waste Land", wo die Überlebenden Wehe über ihn rufen. – Balens Schicksal erfüllt sich in der Weise, daß er seinem Zwillingsbruder Balan begegnet und daß die Brüder einander unerkannt erschlagen. Diesem Ansatz gemäß führen die mittelalterlichen christlichen Bearbeiter die Gralshandlung derart zu Ende, daß die heilige Lanze und das heilige Füllegefäß aus dieser Welt in den erdfernen Jenseitshimmel aufgehoben werden, während sich im irdischen Reiche der König und sein Sohn, Artus und Mordred, in einem menschenmordenden Endzeitkriege gegenseitig in den Tod schicken. – Dies sind großartige Vorgesichte vom gegenwärtigen Weltalter, von Vorgängen im Innern, deren körperlich-geschichtliche Auswirkungen wir selbst darleben.

Leben und Tod sind Urpolaritäten; ohne Sterblichkeit treten Fülle und Zeugung nicht ins Dasein. Darum sind Gralskönig und Todeskönig ursprünglich Brüder. Der unter dem Todesschicksal stehende Mensch verwirklicht die Verbrüderung im Opfer. Balen, ein menschlicher Zwilling, sprengt das brüderliche Miteinander der beiden Symbolgestalten Garlon und Pellam, indem er einer – vermeintlichen – Racheverpflichtung folgt: er erschlägt den Todeskönig und beraubt danach den Gralskönig, an dessen Waffe die eigene zerbricht, mit dem Speer seiner Fruchtbarkeit. Den eigentlichen Umschwung bewirkt er dadurch, daß er den in der Gralskapelle stehenden heiligen Speer fällt und als Stichwaffe mißbraucht. Damit trifft er zugleich das Königreich, zerstört es in seinem opferlich-magischen – kultbiologischen – Zusammenhang und wirft es zu Boden.

Es sei dazu erwähnt, daß die germanische Mythe ein möglicherweise vergleichbares Geschehen überliefert, die Tötung Baldrs nämlich, die sich durch einen ähnlichen Umschwung anbahnt und die ebenfalls den Bestand der Welt gefährdet.[53] Es ist ja der blinde Höðr – der Name gehört etymologisch zu Hader –, der mit dem Speer den lichten Friedensgott erschießt. Auch dieser Speer erscheint in der eddischen Dichtung für unseren Blick zunächst in der Senkrechten, bevor er zum Todesgeschoß geneigt wird: „hochgewachsen überm Gefilde, stand der wunderschöne Mistelsproß." In der Folge wird er noch „meiðr" genannt, ein Ausdruck, mit dem man nur schwer das Bild der buschigen Schmarotzerpflanze vereinigen kann, das man sonst als Mistel kennt. Denn „meiðr", im Altnordischen gleich Kufe, Balken, Pfahl, Galgen, Baum, auch im Althochdeutschen „meit" gleich Baum, bezeichnet sogar den Weltenbaum.[54] Indes, auch ohnedem genügen uns die eben angeführten Worte der Edda, um den bezeichneten Umschwung einzusehen: eben noch Höhensproß, wird er von Loki ausgerissen – mit den Wurzeln, wie der Upsala-Codex der „Snorra-Edda" sagt –, und in seiner Hand verwandelt sich der schlanke Baum in die „harmflaug hætlig", das häßliche leidbringende Geschoß. – Nach dem Mythos verwendet Loki das Bäumchen als Todeswaffe, weil es wegen seiner Jugend allein unvereidigt geblieben ist. Doch gibt eben die symbolische Bedeutung dieser Umwendung den Schlüssel für das Geschehen; wie ein Vorzeichen deutet sie auf den grundstürzenden Umschwung des Weltgeschickes hin und gerade auch – unter einem nur scheinbar ganz anderen Bilde – im Hinblick auf den Kernvorgang in der Balensage.

[53] „Edda", Vǫluspá Str. 31f.
[54] „Edda", Grimnismál 34,9; Hávamál 138, 2,7. – Jan de Vries, „Altnordisches etymologisches Wörterbuch", Leiden 1961, S. 331.

Haben wir mit der Gralssage diejenige Überlieferung einbezogen, die in der ausgeprägtesten Weise das Bild des Speeres verwendet, so wollen wir abschließend dessen Zusammenhang mit dem Füllegefäß erörtern. Fassen wir zunächst das Bild des Gefäßes ins Auge, so haben wir da den Vorteil, daß wir, im Gegensatz zum Speer, alltäglich seine verschiedensten Formen handhaben – in Gestalt von Töpfen, Tassen, Bechern, Schüsseln. Damit ist freilich nicht gesagt, daß uns darum der Sinn dieser Geschirre um so offenbarer wäre. In der Tat, gerade in uns fremderen Formen, in Urnen, Amphoren, Trinkschalen, Pokalen, Bütten, Kesselwagen mag uns der Sinn des Umfassenden, Enthaltenden, Darbietenden, die erfüllte und schenkende Fülle, deutlicher erscheinen. Nur im Kelch des Abendmahles besitzen auch wir noch ein bedeutendes Gefäß. Besinnen wir uns daher auf das Wesen des Enthaltenden, indem wir an zwei Sagen uns deren Nicht-Dasein zum Erlebnis werden lassen.

Erinnert sei zunächst an die wunderbare indische Fabel von der Brahmanenfrau, die keines Gefäßes bedurfte, um Wasser zu schöpfen, sondern über deren geweihten Händen sich das Wasser zu einer klaren Kugel formte. Bis sie in den Wellen das lächelnde Antlitz eines jugendschönen Gandharven erblickt und, im Innersten verwirrt, fortan das Wasser zwischen ihren Fingern verrinnen sieht.[55] Oder jene merkwürdige Geschichte von dem Führer des irischen Kriegerbundes, dem Finn[56]. Seine Frau hatte einen seiner Vorkämpfer mit dem Bann ihrer Liebe belegt, nun aber ist dieser von einem zaubrischen Eber zu Tode verletzt worden. Nur das Wasser *einer* Quelle und nur wenn Finn es selber ihm aus seinen Händen einflößte, vermöchte ihn zu heilen. Dreimal unternimmt dies Finn, aber schon zweimal hat das spöttische Wort eines Übelwollenden die Heilsgabe verhindert, jedesmal verläuft sich das Wasser zwischen den erschütterten Händen. Nun schreit beim dritten Male der Spötter: Gar köstlich ist der Heiltrank aus den Händen des Hahnreis! – Wieder beginnen dem Finn die Hände zu zittern, und das letzte Wasser verrinnt zwischen den Fingern. – Die hohlen Hände sind ein wunderbares, aber auch ein unvollkommenes Gefäß.

Die Hand und nach ihr das Gefäß dient zum Schöpfen. Wir kommen in unserer Welt kaum noch dazu, so einfache und zugleich bedeutungstiefe Handlungen auszuführen wie das Schöpfen. Aber dergestalt hob einst der

---

[55] Nach Goethes Ballade „Legende". Vgl. Heinrich Zimmer, „Maya. Der indische Mythos", Zürich 1952, S. 193ff.

[56] „Irische Volksmärchen", hrsg. v. Käte Müller-Lisowski, Düsseldorf 1957, S. 52-54, in der Geschichte von Diarmuid und Gráinne.

Mensch aus dem großen silberklaren Born der Welt seinen Anteil. Oft bewahren die Rituale das Alte, auch das Behelfsmäßige, weil es sinnfälliger die wirklichen Zusammenhänge zur Erscheinung bringt. Bei dem altertümlichen Herzogsritual auf dem Zollfeld in Kärnten schöpfte der Bauer, der den Herzog einsetzte, mit einem Hute einen Trunk Wassers für ihn.

Das Gefäß dient auch dazu aufzufangen. Wo an Moosen und Grashalmen nur ein spärlicher Wasserfaden herabsickert, bringt nur das Gefäß auf die Dauer die durststillende Fülle ein. In dem so dargebotenen Gefäß erscheint, weit stärker als beim Schöpfen, etwas von dem Sinn des Gebetes an schenkende Götter. Mehr auf den Sinn des Menschseins beschränkt sich das Gefäß, wenn es zum Mischen dient – von Wasser und Wein, von Milch und Honig. Des weiteren wird uns im Sammeln und Ansammeln, nicht nur des Wassers, sondern auch der gemolkenen Milch, der gesäuerten Milch, die hohe Bedeutung des Gefäßes für die menschliche Lebensweise klar. Wir vermögen uns – unter der Herrschaft eines sogenannten Versorgungssystemes – kaum noch klarzumachen, was das Sammelgefäß in einer weniger technisierten Kultur bedeutete. Die Feste der Jäger und Sammler, bei denen größere Scharen ohne Vorratsbildung zusammentreffen, bedürfen ganz bestimmter jahreszeitlicher und umweltlicher Vorbedingungen für den Unterhalt, ohne sie keine festliche Geselligkeit. Bei den Festen der Seßhaften, in den größeren Staaten der Vorzeit, bedarf es gewaltiger Vorräte, die nur geringfügig ergänzt werden können während der Festzeit, um Hunderte, ja Tausende von Festteilnehmern nicht nur notdürftig, sondern festlich üppig zu versorgen. Daher die Notwendigkeit einerseits der gesäuerten oder vergorenen und darum haltbareren Getränke – und andererseits jener mächtigen Gefäße der Vorzeit – der Bronzekessel, der Kufen und auch selbst riesiger, schön verzierter keramischer Schalen. Aus diesem Bedürfnis und aus der Lust an solchen Geschirren stammen die Fülle-Gefäße der mythischen Welt, die Kessel unerschöpflicher Trünke, unvertilgbarer Speisungen, die an den Gral erinnern und die gerade bei den Kelten vielfach bezeugt sind. Aber auch bei den Germanen ist der eine riesische Braukessel bekannt, den selbst die Götter zu ihrem Fest ausleihen müssen vom fernen Hymir am Gestade des Weltmeeres.

Im Schöpfen, im Auffangen, im Ansammeln und Mischen erscheint uns die Bedeutsamkeit des Gefäßes hinsichtlich des Habens und Haltens. Im Verbrauch ergeben sich ebenso bedeutende Formen. Zunächst das einfache genießende oder feierliche Trinken – mit den mancherlei Arten des Darbietens, Credenzens und Schenkens – mit dem Heilstrank und dem Willkommenstrank – mit diesem sogar als Beginn des Totenschicksals, da dem Helden, der in Walhall einreitet, als erstes die Walküre das Trinkhorn darbietet[57] – bis zu der höchsten Form, der Communication zweier oder mehrerer Menschen in einem Gefäß oder des Menschen mit dem Gott, Verbrüderungs-, Vergöttlichungstrünke – mit der Libation, einem Verspritzen oder Vertropfen, das noch einer göttlichen oder toten Lippe gedenkt – bis zum Verschütten, dem Gegenteil vom Schöpfen und Auffangen, einer todernsten Handlung, da sie die Unumkehrbarkeit alles lebendigen Geschehens zum Ausdruck bringt.

Wie hangen nun Speer und Gefäß ursprünglich zusammen? Eine der Urfunktionen des Speeres haben wir in der Gewinnung und Einrichtung des Males gesehen, das sich mit dem Umkreis zu einem Heiligtum oder einer Siedlung hegt. Die mit dem Speer gezeichnete Mitte bleibt dabei eine Quellstelle innerer, belebender Mächte, Stätte der Begegnung mit seelischen Mächten, Göttern und Toten. Aber das stoffliche Leben bedarf auch einer Erneuerung aus dem Umkreis. Denken wir an den urtümlichsten Speer, den von Lehringen, den Jagdspieß, so erfahren wir durch ihn, daß der vom Speer geschaffene Mundus fortdauernder Opferungen außerhalb seiner bedarf, um sich im Dasein zu erhalten. Er darbt, er verliert an Lebenskraft, und nur im Speere hielt der Mensch die Macht in der Hand, mit einem neuen Opfer die entwichene Kraft wieder einzuholen. Sobald sich das Jagdtier zeigt, erhält die Wildnis Sinn und Richtung. Die Wunde des Tieres, vom geschleuderten Speer erzeugt, setzt eine zeitweise lebenspendende Mitte. Daheim wird die Lanze mit der blutigen Spitze aufgepflanzt, und wir wissen nun, „por quoi ele saingne?" – Auf Altfranzösisch ist diese berühmte Frage ja zuerst gestellt worden: „Warum blutet die Lanze?"[58] – Wie immer die Antwort innerhalb der mittelalterlichen Literatur und wie sie von ihrer Vorgängerin, der altkeltischen Ritualweisheit, formuliert und spezialisiert worden sein mag: die nicht historische, die ewigmenschliche Antwort lautet: von Opferblut. – Das Gefäß, mit dem die „Frauen von Lehringen" das tierische Lebensopfer eingeholt haben, wird der Korb gewesen sein, der in feuchtem Zustand oder mit Lehm verschmiert auch tauglich war, das Blut zu fassen und zu enthalten. Einer der Körbe mag am Fuße der Lanze inmitten des Hüttenkreises niedergesetzt

---

[57] Zum Beispiel Eric Graf Oxenstierna, „Die Nordgermanen", Stuttgart 1957, T. 85 und Text S. 106.
[58] Chrestien de Troyes, „Li Contes del graal", V. 3518f.

worden sein, „sub hasta", ein Opfer für die Mitte; aus allen anderen Körben wird dem Weiler die Fülle der Kraft, des Opfergewinnes zuteil.

In diesem Entwurf zeigt sich also nun, neben der Lanze, die Genesis des Behälters. Das Tier zerreißt die Beute, der Mensch zerlegt sie, gibt einen Teil den Göttern, einen Teil dem Tierreich zurück – und empfängt seinen Anteil aus dem Behälter, der heilig ist wie der Speer, weil er die Opferspeise enthält und dadurch Spender der vom Speer erschlossenen Lebenskraft wird. Hier wird eine ursprüngliche Polarität des schöpferischen Speeres und des empfangenden und spendenden Behälters sichtbar, des Korbes, des Kessels, der Schale, des Kelches, – eine sehr verführerische Polarität ohne Zweifel, und sicher ist diese auch schon in produktiv-symbolischen Zeitaltern als eine mann-weibliche Polarität gesehen worden – im engsten Sinne, also als das zeugerische Beieinander von „membrum virile" und „vagina"[59]. Auch hier gilt aber das, was soeben vom Speer gesagt wurde: der Korb oder der Kelch als „vagina", gewiß, – doch mit dem Wesen des Kelches oder des Korbes. Wollte man nämlich derlei Symbolismen in einer Tabelle von Gleichungen systematisieren, dann bewegte man sich am Ende nicht mehr unter Symbolen, sondern bloß noch unter lauter erblassenden Allegorien, – die Wonne Europas.

Diese uralte, mit menschlicher Wesensart zugleich gegebene Polarität von Speer und Gefäß begegnet nun in der Tat in allerlei mythischen und rituellen Gebilden. In Athen finden wir Speer und Schale in den Händen der thrakischen Göttin Bendis.[60] In ähnlicher Weise, wenn auch ohne die verletzende Schärfe, trägt die Heilige Gertrud Stab und Becher.[61] In Ghana steht noch heute in vielen Dörfern ein Baumheiligtum; das ist ein Pfosten mit drei oder vier Aststümpfen, eine Schale mit Wasser steht darin, im Wasser liegt eine steinerne Beilklinge. Die Bedeutung dieser Doppelung ist wohl ähnlich wie

---

[59] Jessie Weston, „From Ritual to Romance", Cambridge 1920 u.ö., trat nachdrücklich für den initiatischen Charakter der Vorgänge auf der Gralsburg ein, ferner dafür, daß Speer und Gral uralte Geschlechtssymbole seien, daß sie als Lebenssymbole zumal dort erschienen, wo der Speer überm Grale schwebe, und in dieser Gestalt ihre Stelle hatten in einem Ritual zeugerischer Lebendigkeit: S. 75 der Taschenbuchausgabe New York 1957. – Andererseits kommt Eckhard Neumann, „Wesensmerkmale der Lanzensymbolilk", Phil. Diss. Berlin 1977, S. 57, nach gewissenhafter Durchmusterung des ethnologischen Materials zu folgendem Ergebnis: „Abschließend muß aus den genannten Erörterungen der psychoanalytischen Beiträge zur Speersymbolik gefolgert werden, daß eine Gleichsetzung von Speer und Penis durch empirisches Material bis heute nicht belegt werden konnte."

[60] Joseph Wiesner, „Die Thraker", Stuttgart 1963, T. V.

[61] Johann Wilhelm Wolf, „Niederländische Sagen", Nr. 359, Sankt Gertruden-Minne.

die des beweglichen Heiligtums, das dort jeder Priester mitführt: nämlich einen geschnitzten, mit Gold und Silber verzierten Speer, auf dessen Spitze eine Kokosnuß steckt: der Speer bezeugt, daß des Priesters Hilfsgeist den Tod zu geben, die Nuß, daß er Leben zu schenken vermöge.[62] Noch stärker erscheint dies Motiv in einem indischen Mythologem. Dort wird die tödlichste Waffe des Rudra-Shiva, die das Dasein der Welt zu gefährden vermöchte, im Amṛta-See aufbewahrt, also im See des Unsterblichkeitstrankes.[63] Im bretonischen Märchen „Peronnik", das Verwandtschaft zur Gralssage zeigt, sind die beiden zu erringenden Kleinodien Goldschale und Diamantspeer. Die Schale schenkt alle Reichtümer und belebt das Tote wieder, die Lanze tötet und zerstört alles.[64] Dabei erinnern wir uns daran, daß die jenseitigen Kostbarkeiten der Märchen nicht nur oft die Herrschaft über Leben und Tod verleihen – Wasser des Lebens, Wasser des Todes –, sondern daß sie auch oft in Gestalt von Trank und Waffe erscheinen, – da nämlich, wo der vorbestimmte Drachentöter erst den Krafttrunk genießen muß, ehe er die weltbefreiende Waffe schwingen kann.

Im winterlichen Sonnwendritual der Hopis wird ein Heilstrank bereitet – in einer geweihten Schale, die symbolisch in der Mitte der Welt steht. Wasser aus allen Weltrichtungen wird eingegossen, Steine, Muschelschalen, Knochen, Speer- und Pfeilspitzen, getrocknetes Feindehirn dazugetan, gekaute Käuterwurzeln hineingespien. Der Kriegsvogt steht auf der Nordseite der Schale, und zwar in der Rolle des Kriegsgottes. Sein Gehilfe hält einen Stab aufrecht in der Schale, an dem Pfeil- und Speerspitzen angebunden sind. Man betet, singt, der Gott rührt den Heilstrank und die Steine um, beraucht ihn, und in einer bestimmten Phase des Rituals versetzt der zweite Rollenträger dem Kriegsgott mit der steinernen Speerspitze, die er aus der Schale genommen hat, einen Stich – unter dem Kriegsgeschrei aller Ritualgenossen. – Das in diesem Ritual in der Schale entstehende „Lebenswasser" wird von den Kultteilnehmern zum Teil getrunken, zum Teil mit heimgenommen, und zwar im urtümlichsten Gefäße, im Munde nämlich, und die Angehörigen werden damit an Brust und Gliedern bestrichen, um ihnen auf ein weiteres Jahr das Leben zu sichern.[65]

---

[62] Eva L.R. Meyerowitz, „The Akan of Ghana", London 1958, S. 28 und Bildtext T. 5.
[63] „Mahābhārata" VII, 80f.
[64] „Französische Volksmärchen", übers. von Ernst Tegethoff, Bd. 2, Jena 1923, Nr. 35.
[65] Don C. Talayesva, „Sonnenhäuptling Sitzende Rispe", Kassel 1964, S. 165-168.

In der eindringlichsten Weise wird die Urpolarität von Speer und Lebenstrank in einem germanischen Relief auf einem frühchristlichen Kreuz dargestellt, auf dem „Gosforth-Kreuz" in Cumberland.[66] Dort sehen wir den Speer als das daseinschaffende Kultgerät in der rechten Hand des Mannes. Mit dem Speer hält er zwei ganz gleich aussehnde Ungeheuer auseinander, indem Spitze und Schuh jedes in einem der Rachen stehen. Dies ist sicherlich eine Signatur für den einen Weltdrachen, dessen Ober- und Unterkiefer das Kultgerät weltbewahrend auseinandersperrt. „Gap" ist das nordische Kult- und Mythenwort für den aufklaffenden, gähnenden Urraum – „Ginnungagap". Der Urgott hält diesen Speer mit der rechten Hand, und in der Linken hält er, vollkommen symbolgerecht, das Füllehorn, das hier, wie immer, der lebenspendende Behälter des Kulttrankes ist, des Unsterblichkeit schenkenden Metes, Bieres, Somas, Nektars.[67]

In mehreren Fassungen der Gralssage werden Gral und Speer auch räumlich in ihrem eigentlichen Bedeutungszusammenhang, nicht nur im Nacheinander des Gralsaufzuges vorgeführt. Wir haben oben in der „Balen-Episode" eine solche wunderbare Zusammenfügung schon erwähnt. Besonders eindrucksvoll wird das Doppelgebilde auch in der „Crône" des Kärntner Ritters Heinrich von dem Türlîn zur Anschauung gebracht.[68] Zwei Jungherren bringen den Speer, zwei Jungfrauen die Schale. „Gemeinsam stellten diese vier den Speer auf den Tisch, die Schale darunter, und darauf geschah vor den Augen Gawans (des Gralshelden) ein großes Wunder: der Speer warf

[66] Jan de Vries, „Altgermanische Religionsgeschichte", Bd. II, Berlin 1957, T. XVII.
[67] Nach Otto Höfler, „Germanisches Sakralkönigtum I", Bd. 1, Tübingen 1952, S. 154f., hätte Odin gemäß Hálfssaga für die Geirhild, die ihn um Hilfe beim Bierbrauen anfleht, um durch die Güte ihres Bieres die Rivalin beim Gatten auszustechen, – „seinen Speer ins Bräu" gehalten, eine rituell mögliche und bedeutsame Version, der aber in anderen Fassungen dieser Sage die Gabe göttlichen Speichels als Hefe gegenübersteht. Da indes gerade die Saga, auf die sich Höfler beruft, Ausgabe von A. Le Roy Andrews, Halle 1909, S. 71, eindeutig des Gottes hráki = Speichel erwähnt und nicht seinen Spieß, so scheint Höflers Version, die uns allerdings recht willkommen wäre und die auch von Josephine Bilz, „Märchengeschehen und Reifungsvorgänge", 1961, S. 109f., angeführt wird, auf einem Irrtum zu beruhen. Möglicherweise verwechselte Höfler in dem bei Axel Olrik, „Danmarks Heltedigtning II", Kopenhagen 1910, S. 182, stehenden und auf die Hálfssaga bezüglichen Satz: „han satte sit spyt til øllet", das Wort spyt = Spucke mit spyd = Speer. Indes bleibt der Irrtum des großen Germanisten, nun freilich in anderer Weise, ein merkwürdiges Beispiel für die erlebte Polarität von Speer und Weihtrankgefäß.
[68] Heinrich von dem Türlîn, „Diu Crône", hrsg. von G. H. Fr. Scholl, Neudruck Amsterdam 1966, V. 29409ff. – Vgl. auch „Le Haut Livre du Graal. Perlesvaus", edited by William A. Nitze and T. Atkinson Jenkins, Chicago, Vol. I, 1932, Vol. II, 1937. Text Z. 1409ff., 2425ff., Bd. II, S. 270.

vermöge des göttlichen Geheimnisses drei große Blutstropfen in die Schale, die bei ihm stand." Auch wird hier nun ganz klar gesagt, daß dieses Blut dazu dient, den *toten* Gralskönig am Dasein zu erhalten. Einmal im Jahr findet diese Speisung statt, bei einer festlichen Zusammenkunft der Toten mit den Göttinnen, die zu ihrer Pflege bestimmt sind. Das Geheimnis, die ganze Bedeutung dieser Vorgänge, wird nicht enthüllt; doch treffen auch hier sicher heidnische Erinnerungen mit christlicher Neubesinnung zusammen.

Bedenken wir, daß auch das eben erwähnte angelsächsische Relief, auf einem christlichen Kreuze erscheinend, synkretistisch gemeint sein muß, und richten wir demgemäß den Blick auf den Bühl von Golgotha, so sehen wir dort das Opferlamm am Baum, am Balken hangen. Die aufgerichtete Lanze stößt ihm in die Seite, und es strömen heraus Blut und Wasser, – das bedeutet: der Wein des Abendmahles und das Wasser der Taufe. Unter dem Kreuz steht die Ecclesia und empfängt im Kelche das Opferheil. In der Entwicklung, die die christliche Legende nimmt, erhält der Stratiotes des Johannes-Evangeliums, der Söldner, schon frühzeitig den Namen Longinus,[69] und im Mittelalter nimmt die Stelle der Ecclesia Joseph von Arimathia ein, der entweder mit der Abendmahlsschüssel oder mit dem Abendmahlskelch das Opferblut auffängt. In der Gralsdichtung hat sich diese Wandlung vollzogen; an dieser Stelle verknüpft sich die christliche Legende mit der keltischen Überlieferung, und der Streit ist noch unbeendet, ob die Gralsdichtung von Chrestien de Troyes im wesentlichen aus der „matière de Bretagne" entwickelt worden sei, also aus den Erzählstoffen der Inselkelten, oder aus der christlichen Tradition.

Nach dem, was wir vom Wesen des Speeres hier dargelegt haben, kann der archetypische Ursprung nicht zweifelhaft sein. Im zeremoniellen Gebrauch des Jagdspeeres der Vorzeit und des ihm notwendig zugeordneten Gefäßes – sind die späteren Ausprägungen schon angebahnt, und sie entwickeln sich unter den jeweiligen geschichtlichen Anlässen und den geistesgeschichtlichen Bedingungen und im Zusammenspiel mit den besonderen kulturellen Leitbildern – Entelechien – zu ihrer vollen Gestalt.

---

[69] In den Pilatus-Akten 16,7, die auch als Nikodemus-Evangelium bezeichnet werden.

VOM WESEN EINES DACHES

Eine Formel, wie die Überschrift sie nennt, ist mir höchst selten begegnet, – sofern damit nicht die Funktion eines Gegenstandes gemeint sein soll, seine stoffliche Beschaffenheit, sein Zweck, sondern jenes Wesen eines dinghaft Wirklichen, das sich für den Menschen im Spiel aller seiner lebendigen Zusammenhänge offenbart. Gelegentlich habe ich dergleichen selbst unternommen, so im „Wesen der Steine", im „Wesen des Speeres"; vorgefunden habe ich kunstvolle Proben einer solchen Aufhellung auch alltäglicher Dinge zumal bei Ernst Jünger in seinem „Abenteuerlichen Herzen".

Das Dach aber findet sich in dieser Formel bei Justinus Kerner in seinen Reiseschatten, eine einzigartige kleine Wesensschau, wie sie in seinen Werken sonst nirgends wiederkehrt.[1] Diese literarische Miniatur könnte daher wirklich von der Sprecherin stammen, der das Werk sie zuschreibt, von dem „fremden Mädchen" nämlich, das von einer Insel der Nordsee stammt. In diesem aber verbirgt sich die Hamburger Dichterin Amalia Schoppe, und es könnte sein, daß in ihrem überaus umfangreichen Lebenswerk noch mehr dergleichen Perlen aufzufinden sind. Kerner hat sie noch als Mädchen kennengelernt, noch als Amalia Weise, und er nennt sie „das wunderbarste Wesen, so ich je sah. Sie spricht über Musik, Poesie, Malerei wie ein Gott. Ich kann mir sie nie ohne Novalis denken." Da die Reiseschatten wirkliche Reiseerlebnisse in Dichtung verwandeln, so scheint es fast gewiß, daß die Amalia die Urheberin des hier folgenden Textes ist.

Der einleitende Satz dieser Wesensschau lenkt sogleich vom Dinghaften ab und führt in die lebendige Tiefe. „,Das Wesen eines Daches', sprach das fremde Mädchen zu mir, ,gibt einem doch schon als Kind eine ganz sonderbare Empfindung, die einem bis in das Alter bleibt.

Da oben guckt der Kaminfeger heraus und geht einsam die Katze hin und her, die schon ins Zauberreich gehört oder Dienerin geheimer Mächte ist.

Bei Nachtzeit setzt das Käuzchen sich auf das Dach, und sein Totenruf hallt schauerlich durch die Stille. Dann sieht man auf ausgebreitetem Leichentuche einen Sarg über das Haus fliegen, und bald wallt dann ein Zug schwarzer Männer aus dem Hause, die tragen den Herrn des Hauses zu Grabe.

---

[1]   Justinus Kerner, „Die Reiseschatten von dem Schattenspieler Luchs", Dritte Schattenreihe, Vierte Vorstellung.

Oft sieht man auch in stürmischer Nacht, wenn die Wetterfahnen klagend knarren, ein altes Weib auf einem Besen über das Dach hinfahren; dann fallen die Ziegel prasselnd nieder und wecken den Wachhund im Hof.

In einer verschlossenen Kammer da unter dem Dache, sieh! blick' durch das Schlüsselloch! da siehst du ein sonderbar gemaltes Bild, es ist eine schneeweiß gekleidete Frau mit hellem, gelbem Angesicht, – ihre Augen sind so schrecklich! Auch der Vater weiß nicht, woher dies Bild kam, es ist ururalt, und sprach die Großmutter auf dem Totenbette oft davon.

Der Vater wagt nicht, diese Kammer zu eröffnen, wir sollen es nicht sehen, – aber ich schleiche mich oft leis und langsam die Treppe hinauf und sehe durchs Schlüsselloch dies Bild an, bis es mir angst wird, dann spring' ich die Treppe hinab und halte den Atem an. Einstmals war mir, als winkte mir das Bild, es wollte auch sprechen, aber konnte nicht; hu! wie flog ich die Treppe hinab. Es wird einem so sonderlich zumute da oben; aber ich bin doch gerne da.

Sieh! da hängt auch ein Kleid vom Urgroßvater und ein Paar große Stiefel mit Sporen und ein langes Schwert!'

So sprach das fremde Mädchen."

Es ist höchst bemerkenswert, wie wenig hier auf das Dingliche geachtet wird, nicht einmal das schirmende Dach, das man überm Kopfe haben möchte, wird erwähnt. Nicht die Balkenlagen und die Sparren, nicht der aufsteigende Schornstein noch die Dachpfannen werden als solche genannt, der Kamin wird nur mit der belebenden Gestalt des Kaminfegers ins Bild gerufen, die Dachziegel erscheinen nur bewegt und hinabgeworfen vom Sturm. Alles wird als Erscheinung gefaßt; dort oben herrschen geheime Mächte, und es beginnt das Zauberreich. Zwischen dem Schornsteinfeger, der Katze, dem Vorspuk, dem Sturm, dem luftdurchfahrenden alten Weibe, der Bodenkammer, dem gemalten Bilde, dem Urväterhausrat wird kein Unterschied erlebt, im Schauder widerfährt alles Erschaute der Erlebenden. Die Bodenkammer, in die man durchs Schlüsselloch schaut, scheint wie für eine Vision dort eingebaut.

In Kerners Text entspringt der Zauber des Daches der kindlichen Phantasie. Wie er sich bis zum wirklichen Gesicht steigert, schildert eine elsässische Sage.[2] Die dunkle Wand auf dem Speicher, auf dem Dachboden also, öffnet sich für eine fremde, nie gesehene Helle. „Ein Knabe von dreizehn bis vier-

---

[2]   August Stöber, „Die Sagen des Elsasses", St. Gallen 1858, Nr. 138.

272

zehn Jahren, welcher in Barr mit seinen Eltern ein alterthümliches Gebäude bewohnte, hatte den Auftrag, täglich etliche Rebwellen vom Speicher herab in die Küche zu tragen. Eines Tages vergaß er über dem Spielen, seine gewöhnliche Arbeit zu verrichten und mußte nun spät Abends, ohne Licht, auf den Speicher gehen, um sein Rebholz zu holen.

Als er oben angelangt war, fiel ihm eine ungewöhnliche Helle auf, die zu einem Fenster hereinkam, an einer Stelle der Wand, wo er sonst niemals ein Fenster wahrgenommen hatte. Die Neugierde trieb ihn zu demselben hin, ohne daß sonst ein anderer Gedanke, geschweige Furcht, in ihm aufgestiegen wäre.

Er blickte durch das Fenster in eine helle, geräumige Stube, mit sonderbar aussehenden Mobilien ausgerüstet, die er nachher alle beschrieb. Am Tische saß, bei einer alterthümlichen, sehr hell brennenden Lampe, eine alte Frau und las, wie es dem Knaben vorkam, in einem geschriebenen Buche. Ein alter, seltsam gekleideter Mann ging die Stube auf und ab.

Der Knabe beobachtete diese Erscheinung mehr als zwanzig Minuten lang.

Endlich nahm er, in seinem jugendlichen Übermuth, seine Mütze und warf damit nach der alten Frau, die, von derselben etwas gestreift, verwundert in die Höhe schaute und den Knaben ansah. Darüber ging in dem erleuchteten Zimmer eine große Doppelthüre auf, und dasselbe füllte sich mit vielen Personen, die ebenso altfränkisch gekleidet waren wie die beiden ersten. Das Zimmer schien dem Knaben immer heller und größer zu werden, so daß er von den Rebwellen, auf welchen er gesessen, herabsprang, um seine Eltern und Geschwister zu rufen, damit sie mit ihm die seltsame Komödie sehen sollten, die, seinem Dafürhalten nach, in einem Nachbarhause vor sich gieng.

Als aber der Knabe wieder mit seinen Eltern und Geschwistern auf den Speicher gekommen, war Alles dunkel und schwarz. Die weggeworfene Mütze wurde weder denselben Abend noch seitdem wiedergefunden. Auch war nie eine Spur von einem Fenster auf dem Speicher zu finden.

Später sah der Knabe nie mehr das Geringste. Aber die Beschreibung, die er von dem Zimmer und von seinen Mobilien, sowie von den Personen, die er in demselben gesehen, und von deren alterthümlicher Kleidung gegeben hatte, blieb sich immer gleich."

Vielleicht steht in Barr, dessen altes Stadtbild wohlbewahrt ist, das merkwürdige Haus noch, auf dessen Dachboden sich einmal die Wand geöffnet hat für einen Blick in die Ferne, vermutlich die Ferne eines anderen Augenblicks.

Fast möchte man annehmen, daß Theodor Storm diese Sage oder eine andere ähnliche kannte, als er sein tragisches Märchen „Hinzelmeier" schrieb[3], denn auch dort gibt es, nun aber als schicksalhafte Vision, den Blick in den lichten Raum auf dem Dachboden. Der einsame Korridor des obersten Stockwerks trifft am einen Ende auf eine weiße Wand. Der noch sehr junge Hinzelmeier beobachtet, wie die Mutter mit dem Schnupftuch dreimal dagegen schlägt und die Wand einen Durchgang für sie freigibt. Dies Erlebnis vergißt er wieder, erinnert sich aber Jahre später daran, als er den Zipfel eines Tuches aus der Wand hangen sieht. Nun öffnet er für sich selbst durch dreimaligen Schlag die Wand, tritt hindurch, findet sich aber nur auf dem Hausboden mit den altvertrauten Überlebseln aus der eigenen und der elterlichen Vergangenheit. Allein, es gibt dort jetzt noch eine Tür, die ihm eigentlich bekannt sein müßte und die ins Haus hinabführen sollte. Doch nun erscheint sie ihm ganz fremd, und als er das Auge ans Schlüsselloch legt, sieht er nicht die dunkle Stiege hinab, sondern er schaut in ein helles geräumiges Zimmer. In dessen Mitte steht der goldene Schrein mit der wunderbaren Rose, die seinen Eltern immer wieder die Jugend erneuert. Eben knien die Eltern davor, und eines der schimmernden Blätter sinkt, in rosenroten Nebel zerstäubend, zu den Knienden herab. Die Vision endet in einer Betäubung, die Hinzelmeier durch den Stoß der sich öffnenden Tür erleidet. Indes hat er nun in das Lebensgeheimnis der Eltern einen Einblick gewonnen, und sie eröffnen es ihm vollends.

In den drei mitgeteilten Berichten, aus jugendlichen Phantasien, aus der Sage, aus dem erdichteten Märchen, sind es immer Kinder, die den Zauber des Daches erleben. Auch das vierte Zeugnis handelt von kindlichem Erleben, Seelenfahrten eines Knaben, die in diesem Falle von dem nur vorgestellten obersten Geschoß des Wohnhauses ausgingen. Als Vorschulkind hatte Ludwig Klages den Aufschwung zu wunderbaren Märchenreisen aus einem Balkonzimmer genommen. Die Einleitung dazu waren magische Figuren, mit der Hand in die Luft gezeichnet, und magische Laute gewesen. Damit verwandelte er sich und seine Umgebung und entschwebte in wunderbare Fernen. Durch Eingriff des Vaters ward dieser Zauberei ein Ende gesetzt; sie

---

[3]   Theodor Storm, „Hinzelmeier, Eine nachdenkliche Geschichte", Erstes Kapitel, Die weiße Wand.

erneuerte sich aber einige Jahre später auf den Schulwegen. Dabei wurde er sich selber und der Umgebung völlig entrückt; „wie es möglich war, daß er dabei wach blieb, ist unerfindlich." Bemerkenswert ist nun, daß er sich zu diesen Ausfahrten nicht etwa, wie man denken sollte, in jenes Balkonzimmer versetzte, das früher zum Aufbruch gedient hatte, sondern in einen höher gelegenen Raum. „Der Vater hatte im obersten Stockwerk noch eine Kammer, die ‚Warenkammer' gemietet, wo an den Wänden große Regale standen mit Ballen des herrlichen Stoffes ‚Kaschmir'. Hinter einem Regal nach der Seite des Blindengartens befand sich, so wußte Ludwig in seinen Visionen, eine Zaubertür. Von der gingen Drähte hinüber zur Blindenanstalt und zu allen Türmen der Stadt, um endlich zu münden in die Telegraphendrähte der Eisenbahn." Auf diesen Drähten nun bewegt sich der Knabe mit Hilfe eines Rades in sausender Fahrt dahin, erhebt sich von dort auch zu gewaltigen Aufschwüngen, bei denen er die Landschaft aus großer Höhe überschaut. „Der Zauber schwand, sobald er die Schule betrat, und begann auf dem Heimweg von neuem, wenn er das Glück hatte, allein zu gehen."[4]

Wir haben die Zaubertür oder das entsprechende Fenster auch in den anderen Berichten vorgefunden. Aus Klages' Erlebnis wird deutlich, daß diese Öffnung sinnvollerweise oben, unter dem Dach, aufgesucht wird, daß sie eine sozusagen organische Funktion des hochgelegenen Geschosses ist; denn sonst hätte er, seiner Erfahrung folgend, das schon erprobte Balkonzimmer im niederen Stockwerk als Absprungstätte gewählt.

Aus alter Tradition entnehmen wir Ähnliches einem schleswig-holsteinischen Märchen[5], hier nun freilich nicht aus einem kindischen Spiel, sondern als Vision zum Aufbruch ins Leben, als initiatische Vorschau. Ein Bauernsohn bricht von daheim auf – mit der Aufgabe, im Wettstreit mit den beiden älteren Brüdern die schmuckste und wackerste Braut heimzuführen. Er gelangt abends in einem großen Walde zu einer Hexe, wird als Knecht zur Pferdepflege und zum Ofenheizen angenommen, erfüllt seine Aufgaben und beschließt, dort zu bleiben. Aber ihm wird zum Schlafen der Dachboden angewiesen, und bei Sonnenaufgang, im Erwachen, springen die drei Bodenfenster auf. In jedem erscheint ein kleiner Vogel, singt ihm in einer Strophe eine Aufgabe zu und gibt ihm, auf seine Frage nach der Lösung, diese eben-

---

[4] Hans Eggert Schröder, „Ludwig Klages. Die Geschichte seines Lebens. Erster Teil. Die Jugend", Bonn 1966, S. 24f., 31f.
[5] Karl Müllenhoff, „Märchen, Sagen und Lieder der Herzogtümer Schleswig, Holstein und Lauenburg", NA. Schleswig 1921, Nr. 606.

falls an. Die Aufgaben sind jene drei, die sonst dem Wanderer gestellt werden, der den Vogel Greif mit den Goldfedern oder den Teufel mit den Goldhaaren jenseits des Stromes aufsucht, also der versiegte Brunnen, der verdorrte Baum, die kranke Königstochter (AT 461). Bemerkenswert ist, daß die Hexe am Morgen ihn nach seinen Träumen fragt, – wodurch für die Erscheinungen in den Bodenfenstern der visionäre Charakter bestätigt wird. Ursprünglich waren wohl die für ein altes Waldhaus ungewöhnlichen Dachfenster, die aufspringen, selbst auch schon als rein seherische Ausblicke gemeint. Die Waldhexe ist keine böse Zauberin, vielmehr findet sich in diesem Märchen ihre alte initiatische Funktion bewahrt. Auch leiht sie dem Burschen, als er die Aufgaben nennt, ihr zauberisches Pferd, dessen er zur Bewältigung seiner Unternehmungen bedarf.

Alle bisherigen Belege zeugten für die visionäre Funktion des Daches, auch die des jungen Klages, da seine hohe Fahrt aus der Zaubertür ebenfalls eher dem schauenden als einem wirklich ekstatischen Erleben zuzurechnen ist. Indes ermöglicht der Zauber des Daches auch ein eigentliches Wirken. In einer Sage aus Uri[6] möchte ein Büblein gern ein Wetter hereinbrechen lassen und geht mit dem Wunsch zu einer als Wetterhexe verdächtigten Frau. Sie erklärt sich, um ihm eine Freud zu machen, dazu bereit, gibt ihm ein Häfelein mit Wasser und Böhnchen in die Hand, daß es darin rühre, sie selbst aber geht „unter das Dach hinauf". Es kommen nun Regen und Blitz, und als das Büblein darüber erschrickt und das Häfelein in die Luft wirft, bricht ein furchtbares Hagelwetter herein. Daß der Wetterzauber im Obergeschoß ausgeübt wird, ist auch sonst belegt und hängt wohl mit der Weltsymbolik des Hauses zusammen, da ja der Wettergott im Weltenhause auch oben seinen Sitz hat.

Erfüllt von noch höherer Eigenart, zeugt für ein magisches Wirken, hier aus dem aufgebrochenen Dache heraus, der nun folgende letzte Beleg. In einem bosnischen Märchen[7] nimmt die sterbende Königin ihrem Gatten das Versprechen ab, die drei Söhne zugleich und gemeinsam zu verheiraten. Als dann auch der Jüngste herangewachsen ist, spricht der Vater so zu ihnen: „Geht … hinauf auf den alten Turm unserer Burg, und der älteste möge dort ein Brett aus dem schwarzen Dache heben. Aus diesem Brette schnitzt drei gleiche Bogen und drei gleiche Pfeile und schießt diese durch die Lücke im

---

6 Josef Müller, Hanns Bächtold-Stäubli, „Sagen aus Uri", Basel 1978, Band I, Nr. 162.
7 Milena Preindlsberger-Mrazović, „Bosnische Volksmärchen", Innsbruck 1905, S. 82-94.

Dache ab! Wo eure Pfeile niederfallen, dort werdet ihr eure Frauen finden. Also geht und laßt sehen, welcherart euer Glück ist!"

Das Ergebnis dieser Schüsse ist, daß die Pfeile der älteren Brüder in die Königsschlösser benachbarter Reiche fliegen, der Pfeil des Jüngsten aber im Bergwalde verlorengeht. Wie in allen verwandten Märchen, auch in dem bekanntesten des Typs (AT 402), der Geschichte des Prinzen Achmed und der Päri Banu aus Tausendundeiner Nacht, fliegt aber der dritte Pfeil zu einer Fee, die sich bisweilen und so auch hier zunächst tiergestaltig zeigt.

Wir verfolgen das Geschehen in diesem Märchen nicht weiter. Sein Dachmotiv ist mir noch niemals begegnet, aber wir mögen wohl im Recht sein, wenn wir dessen Verständnis ebenfalls unter der Anleitung von Kerners fremdem Mädchen suchen. Auch dies noch, auch der hochzeitliche Schicksalsschuß gehört noch zum Wesen eines Daches, und auch das ist noch die Wirkung seines Zaubers, daß der Pfeil nicht allemal zu den leibhaften Königstöchtern fliegt, sondern an dritter Stelle ins Reich geheimer Wesen.

.

Inhalt

Schriften zur Märchen-, Mythen- und Sagenforschung

Bislang in dieser Reihe erschienen:

Band 1

Heino Gehrts

**Gesammelte Aufsätze 1
Aspekte der Märchenforschung**

Mit einem Vorwort herausgegeben
von Heiko Fritz

Br., 304 Seiten
36,90 €
ISBN 978-3-86815-588-4

Igel Verlag, Hamburg 2014

Band 2

Heino Gehrts

**Gesammelte Aufsätze 2
Justinus Kerner und die Zeit der Aufklärung**

Herausgegeben von Heiko Fritz
Mit einem Vorwort von Sven Gallinat
und Uwe Schellinger

Br., 308 Seiten
36,90 €
ISBN 978-3-86815-700-0

Igel Verlag, Hamburg 2015